多视角看美国

——美国乔治城大学研修随笔

杭琛 著

中国金融出版社

责任编辑：肖　炜
责任校对：潘　洁
责任印制：丁淮宾

图书在版编目（CIP）数据

多视角看美国（Duoshijiao Kan Meiguo）：美国乔治城大学研修随笔/杭琛著．—北京：中国金融出版社，2017.4
ISBN 978－7－5049－8951－2

Ⅰ.①多…　Ⅱ.①杭…　Ⅲ.①随笔—作品集—中国—当代
Ⅳ.①I267.1

中国版本图书馆 CIP 数据核字（2017）第 061283 号

出版发行 中国金融出版社
社址　北京市丰台区益泽路 2 号
市场开发部　(010)63266347，63805472，63439533（传真）
网 上 书 店　http://www.chinafph.com
(010)63286832，63365686（传真）
读者服务部　(010)66070833，62568380
邮编　100071
经销　新华书店
印刷　保利达印务有限公司
尺寸　169 毫米×239 毫米
印张　25.75
彩插　4
字数　370 千
版次　2017 年 4 月第 1 版
印次　2017 年 4 月第 1 次印刷
定价　60.00 元
ISBN 978－7－5049－8951－2

全体学员在乔治城大学校园合影

“乔七班”学员在校园内奥巴马发表演讲的台阶上合影

作者在乔治城大学教室门口留影

作者在课堂上与同学们互动

聚精会神听讲的“乔七班”学员

作者与美联储前副主席、白宫管理和预算办公室前主任爱丽丝·瑞芙琳交谈

作者在“里格斯图书馆”与Derek博士交流

与班长在“波特马克河”河畔的乔治城大学合影

全班同学在华盛顿特区合影

全班同学在华盛顿像前合影

作者在国会大厅留影
（身后是艾森豪威尔将军的雕像）

作者在乔治城大学教学楼长廊留影

前国会议员、印第安纳州波利斯市市长Hudnut带领全体学员在国会山参观

学员们在美国银行业协会（ABA）交流

自　序

2014年夏天，我有幸参加了美国乔治城大学“商业银行经营管理高级专题研修班”（Executive Education Program on Commercial Bank Management & Strategy）的学习，这是建设银行自2005年在香港上市以来，在乔治城大学举办的第七届专题研修班，被称为“乔七班”。我们全班共有26人，其中，2/3的学员来自一级分行（1人来自海外的悉尼分行），8人来自总行不同条线的业务部门，另有人力资源部领队1人，国际业务部翻译1人。

乔治城大学的英文全称是“Georgetown University”，它位于美国首都华盛顿，是全世界最著名的高等学府之一。这所大学不仅培育了享誉全球的政治家和外交家，也培养了许多商界精英。乔治城大学坐落在华盛顿“波特马克河”河畔（Potomac River），是美国最古老的大学。换句话说，美国的历史有多久，乔治城大学的历史就有多长。

与往年的乔治城大学研修班比较，我们这个班学员的结构特点鲜明：一是来自全国业务量大的一级分行的行级领导人员较多，比如来自北京分行、上海分行和广东分行的行长。二是来自战略转型业务部门的总行部门级领导人员较多，比如来自个人存款与投资部、小企业业务部、投资银行部和养老金业务部的部门级领导人员。三是大家对这次能有机会脱产学习都非常珍惜，校方也高度重视，因为在这之前，建设银行赴美高级研修班已经停办了两年。

从国家层面讲，“乔七班”是国家提出实现“中国梦”的宏伟愿景的背景下，被派往美国学习的中国建设银行第一个高级专题研修班。从企业角度说，面对新金融形态的挑战，我们是在银行业务面对战略转型的特殊时期，被派往国外学习的。因此，出发前我用了两周时间，看了很多资料，进行了认真的准备。

乔治城大学不仅在美国有名，在全世界也非常知名，它成立于1789年，是由美国首位天主教主教约翰·卡罗尔建立的。美国内战结束后，位于华盛顿的这所天主教学校在帕特里克·弗朗西斯·希利的领导下有了进一步的发展。百年来，该校被认为是美国最好的25所大学之一，也是全球天主教耶稣会大学中最好的高校。尤其是乔治城大学的外交学院（Edmund A. Walsh School of Foreign Studies）在全球享有盛名。它培养出了很多优秀人才，美国前总统比尔·克林顿于1968年毕业于乔治城大学的外交学院；曾担任欧盟前主席的巴罗索和菲律宾前总统阿罗约以及中国台湾的政治人物宋楚瑜等都是这所大学的毕业生。

此外，在前总统克林顿执政期间的美国联邦参议院100位参议员中，有5位毕业于乔治城大学。在联邦众议院中，有16位议员毕业于该校。在当代活跃于美国政界的人物中，担任过美国国防部长的罗伯特·盖茨、前联邦安全事务助理詹姆斯·琼斯、曾是联邦参议院多数党民主党领袖的迪克·杜宾、众议院多数党民主党领袖斯蒂尼·洪耶以及担任过共和党全国委员会主席的米切尔·斯蒂尼等都是乔治城大学毕业生。

在法律界，美国最高法院大法官安东尼· 斯卡里以及前最高法院首席大法官爱德华·道格拉斯·怀特也是乔治城大学毕业生。

在企业和其他领域，乔治城大学的毕业生都很活跃。比如阿尔卡特—朗讯公司的首席执行官帕特里克·如梭、麻省理工学院（MIT）的校长苏珊·霍克菲德等人。目前，在乔治城大学校友中，有超过3%的校友被列入“侯爵”世界名人录，数量在美国所有大学中居第8位。

在教学实践中，乔治城大学不仅培养出了很多高级外交官，也聘请了一些退役外交官到学校任教。我们在那里学习期间，克林顿任美国总统时期的国务卿奥尔布赖特就在乔治城大学的埃德蒙·A. 沃尔什外交学院担任教授。尼克松任总统时的国务卿基辛格也在乔治城大学担任外交学院教授及国际战略研究中心顾问。

入学后，我发现乔治城大学对我们这期研修班十分重视，因此我们学习收获颇丰，具体体现在三个方面：第一，理论学习有内容，很实用。第二，通过前往国际货币基金组织（IMF）、美国消费者协会（CFPB）等机构实地参观与现场交流，逐渐地弄明白了一些多年来困惑我的“金融理论”问题。第三，提高了我全方位、多角度分析金融、经济问题的能力。我通过与授课专家的对话和交流，开阔了视野，拓宽了分析问题的思路。在整个学习期间，我认真听讲，全程做了学习笔记。

给我们授课的人员有美国前总统的高级幕僚、美国银行业协会的专家、美国社会保障领域政策的制定者、多所大学的教授、国际区域管理及国家战略管理的专家、银行及企业高管等。他们授课内容面广，涉及政治、金融、经济、外交等多个领域，很多主讲人给我留下了深刻的印象。当我与曾担任白宫管理和预算办公室前主任及联邦储备委员会前副主席（1996~1999年）的爱丽丝·瑞芙琳（Alice Rivlin）博士交谈后，我从她那里学到了很多的知识和经验。正因为这样，我愿意把我在美国学习的体会进行整理，编成此书，让更多的人能够受益。

从华盛顿回国已经两年多了，在回国的飞机上，我就决定要把在乔治城大学学习的体会写出来，以便让更多的同仁受益。可是我回国后，就加入到我国第一家由商业银行发起的养老金管理公司的筹备工作中，紧张而忙碌的工作，使书稿一拖再拖。如今，建信养老金管理公司已经顺利地进入运营阶段，我的工作也告一段落。我又重新拿起笔，完成了这部书稿。

由于笔者理论水平有限，对一些问题的研究尚属粗浅，欢迎读者批评指正。

杭　琛

2016年国庆节于北京“万明园”书屋

目录

又到美利坚

2014 年 7 月 5 日，北京的天气格外晴朗。中国建设银行赴美国乔治城大学“商业银行经营管理高级专题研修班”全体学员在首都机场集合，准备搭乘中午 12：45 的中国国际航空公司 CA817 航班飞往美国首都华盛顿。

这个赴美培训班是中国建设银行国外培训在中断了两年后的第一个班，也是建设银行 2014 年第一个被派往国外学习的团组，是建设银行在过去几年里派往华盛顿乔治城大学的“第七个银行高级专题研修班”，因此，大家自然而亲切地把这个班称为“乔七班”。在“乔七班”的 26 名学员中，有 8 人来自总行部门，其余人员是各地省一级分行的行级领导人员及哈尔滨培训中心的领导，班长是山东省分行的一把手薛峰行长。

作为“乔七班”中的一员，我非常珍惜这次出国学习的机会。与以往出国学习团组不同的是这个班有三分之二的学员来自省分行，而在以往的出国培训班里，多数学员来自总行各个部门。“乔七班”的学员分别来自山东省分行、安徽省分行、青海省分行、吉林省分行、广东省分行、内蒙古自治区分行、黑龙江省分行、辽宁省分行、江苏省分行、福建省分行、海南省分行、贵州省分行、北京市分行、上海市分行，1 人来自澳大利亚悉尼分行，1 人来自哈尔滨培训中心。总行学员分别来自授信审批部、个人存款与投资部、内控合规部、投资银行部、电子银行部、养老金业务部、国际业务部和小企业业务部。此外，总行人力资源部派了领队 1 人，国际业务部派了翻译 1 人。

我对于这次能被总行选中，赴美国脱产学习，感到庆幸。出发前，受总行党委委托，组织部专门召开了动员会。在动员会上，总行党委组织部领导及人力资源部的负责人到会讲话，传达了总行党委对大家的期望。同时，宣布了出国纪律。

关于出国纪律，我比其他学员有更多的了解。20多年前，我曾担任过总行外事处处长，起草过中国建设银行第一套外事纪律和管理规定，先后两次被组织上长期派驻国外机构工作，担任首席代表及海外分行副总经理（副行长）职务，在外常驻18年。此外，我在从事涉外工作30年期间，短期到国外出差也有几十次，足迹遍及五大洲，还多次陪同领导出访，参加过国家级领导人与外国首脑的重要会谈，但我还是全程参加了这次出国前的集中学习，因为这是一个态度问题。

动员会上，我看到了一些熟悉的面孔。在来自省分行的行级领导人当中，很多人我都认识，比如山东分行的薛峰行长、广东分行的李民副行长、福建分行的黄汾行长助理、哈尔滨培训中心的纪委书记王建立等同事，这与我过去两年分管全行条线养老金业务营销工作有关。我在2011～2013年负责全行养老金业务条线管理，与各分行打交道的机会比较多，带领业务人员跑遍了各个分行。

过去几年里，为了迅速提高建设银行养老金业务在各地市场的占比，在营销策略上，总行制定了争抢国家国资委所属企业年金市场份额的战略；以地方国资委企业为突破口的市场深度拓展战略，在市场营销处的基础上，专门成立了养老金业务条线管理处，负责指导全国分行养老金业务的开展。由于养老金业务不是银行的传统业务，工作中，总行需要不断地派人到分行讲解国家政策和业务特点，向分行和当地政府部门介绍先进国家的经验，我带领的条线管理处触角直接深入到全国的二级分行，我和“乔七班”同学黄汾、陈中新初次相识，就是在他们分别任泉州分行行长、保定分行行长的时候。

2012～2014年，建设银行养老金条线管理成效显著，中标的地方项目包括开滦集团、河北钢铁集团、云南红塔集团、包头钢铁公司、太原自来水集团、上海银联、重庆机场、福特中国、江西财大、九江学院、河南武警总队等一大批客户，与地方社保局建立了密切的合作关系，为日后国家启动机关事业单位职业年金计划、营销地方养老金客户开了个好局。我想，我们通过在本期研修班的交流，能更加有效地推进建设银行全条线养老金业务的发展。

早在2013年2月，总行就曾决定选派我去牛津大学学习三个月，但后来因故那个班被取消了，我为此一直感到遗憾。这次能够顺利成行，我非常高兴，算是一个弥补吧，因为这是我入行20多年以来参加的第一个境外培训班。在过去的20多年里，我虽多次出国，但全都是考察或参加国际会议，每次出国，来去匆匆。这次与之前的出国相比较，最大的不同是时间很充裕。我暗下决心，要尽可能地利用所有时间，学到更多的东西。

在从北京前往华盛顿的飞机上，我一直在想，身为一名建设银行员工，我很骄傲。中国建设银行自2005年10月在香港上市以来，拉开了我国大型商业银行向市场化、国际化、全功能方向发展的帷幕。截至2016年第三季度末，建设银行资产是上市前的5倍，规模达到了20.5万亿元。应该说，上市以来，建设银行业务发展迅速。除了银行主业外，还先后成立了各类非银行金融机构（子公司），比如建信基金公司、建信租赁公司、建信保险公司以及正在运筹中的建信养老金管理公司（笔者担任筹备组副组长），使建设银行成为一家全功能的金融控股集团，我必须要把握好这次难得的学习机会。

我从飞机行李架上取下手提箱并找出学校发给每位学员的材料，从材料中可以看到此次赴美国接受培训的内容包括：（1）政治、公共政策及研究方法；（2）美国政府政策制定背后的领导力分析；（3）全球金融市场重组与发展分析；（4）当前金融热点话题分析以及美国网络金融案例分析；（5）美国联邦存款保险公司制度及实践；（6）国际商务和国际市场营销；（7）美国住房金融与金融衍生品；（8）美国养老金制度演变与投资管理；（9）美国小企业贷款与风险管理；（10）美联储货币政策及其对美国经济的影响；（11）企业成本控制及评价；（12）美国金融业监管局及自律组织的作用；（13）人力资源管理、核心领导力与优秀企业文化；（14）2008年国际金融危机后美国银行业的新法规介绍；（15）信用管理与风险管理；

(16) 以价值为导向的财务分析；(17) 美联储的新货币政策将如何影响美国商业银行等。

从乔治城大学给我们安排的授课人的背景简介看，有政治家、企业高管、联储高管、银行行长、教授、作家、公共演说家、电视评论员、美国政府智囊库成员、前议员、民选地方官员和神职人员等。除了讲解美国不同时期的经济政策出台背景、具体的国际银行业务之外，双方也将就“美中关系和经济发展对全球的影响”、“美国银行家对中国经济改革及银行业务转型的看法”以及“《巴塞尔协议Ⅲ》实施后的银行监管”等热点话题交换意见。

课程表上显示，我们在美国期间，除了上课外，还将前往国际货币基金组织（IMF），美国联邦储备委员会（FED）、美国银行业协会（American Bankers Association）、世界银行（The World Bank）、共和党领导人办公室（Office of the Republican Leader）、纽约证券交易所（NYSE）、美国金融业监管局（FINRA）、美国金融消费者保护局（CFPB）、标准普尔公司（S&P）、摩根士丹利公司（Morgan Stanley）、摩根大通银行（JP Morgan Chase & Co.）、花旗银行（Citi Group）、普林斯顿俱乐部（The Princeton Club）和高盛集团（Goldman Sachs）总部等机构进行交流。

第一次去美国的印象

“美利坚合众国”的英文全称是：The United States of American，简称美国。早在20多年前，当我还在国务院部委工作时，就去过美国。当年，我在国家部委外事司协助领导分管美国、加拿大事务，司长是唐闻生。唐司长出生在美国，少年时代在美国接受的教育，英文极好。在20世纪中美建交初期，她担任毛泽东主席、周恩来总理的翻译，她曾手把手传授给我许多外事经验。她派我第一次去美国是在1992年7月，任务是了解美国的铁路工业及运输管理。

说到美国铁路，在20世纪初，这个产业可是支撑美国经济的主要支柱。那个时候，美国铁路局的总指挥是货币监理署署长威廉·麦卡杜，可见铁路产业的作用和影响，铁路曾一度长期支撑美国经济和金融服务业。

那一次在美国期间，有两家著名的铁路公司与我们洽谈生意，一家叫“美国国家铁路客运公司”（National Railroad Passenger Corporation of the USA），另一家叫“美国联合太平洋铁路公司”（Union Pacific Company），前者我们习惯地称之为“Amtrak”，后者则被简称为“Union Pacific”。那次在美国工作期间，我们也曾前往世界银行汇报、交流，因为我们国家当时建设新乡—菏泽—兖州铁路专线使用的是世界银行贷款，我们需要向世界银行亚洲事务部做贷款资金使用说明。

美国铁路工业的管理架构与我国有很大区别，铁路客运主要由“Amtrak”承担，货物运输则由“Union Pacific”负责。美国人给我的印象是工作十分认真、招待非常简朴。汇报的当天，我们在华盛顿吃的是麦当劳。而他们每次来中国，我们都招待得非常热情。

第一次到美国出差，我们从美国西海岸的旧金山进入美国领土，横穿了美国全境，足迹遍及西部科罗拉多州的丹佛市、中西部伊利诺伊州的芝加哥市、中部堪萨斯州的堪萨斯城、中东部的俄亥俄州五大湖地区、东部的纽约市和华盛顿特区、南部的佛罗里达州等地。

那时候，我们中国人对外面的世界较陌生，看到什么都觉着新鲜，至今回忆起来还觉得“津津有味”。幽静的丹佛小镇，让我体会到了什么是悠闲、平静的生活。在佛罗里达的白色海滩上，使我第一次看到了这个世界上除了黄色沙滩外，还有吸引人眼球的白色沙滩。

丹佛市是美国的一个交通枢纽，七条铁路线都从这里经过。丹佛大学的国际关系专业在美国很有名气，美国第66任国务卿——赖斯就毕业于丹佛大学。

在丹佛小镇，我每天的工作就是在铁路两侧与美国同行交流铁路传感器的安装与应用，这种传感器被安装在铁路沿线轨枕的下面，每公里安装一个，列车经过时，铁路各站场管理人员可以得知车上装载的货物信息。

1992 年作者在丹佛机场留影

丹佛的居民对我们这批远道而来的中国工程技术人员十分热情，铁路员工邀请我们去他们家里做客。除了居民的热情外，小镇的房屋给我印象也很深刻，最高的房屋为二层小楼，分散在铁路两旁。这里仅有一家本地银行为当地居民提供金融服务。

丹佛小镇当地人告诉我，这里的人们外出时不锁门，很像韩国济州岛 100 年前的居民生活。丹佛小镇风景独特，该镇位于南佩雷特河（South Platte River）东岸，依托于韩府山、翠屏山、将军山三座原生态森林山体而建，小镇周围曲水环绕，鸟语花香。那里幽静、和谐的生活环境至今仍令我难以忘记。由于需要考察美国铁路在各个州的沿线管理，我们又从丹佛前往中部的几个地方，之后还去了最南端的佛罗里达州，东部城市纽约和首都华盛顿特区。

工作闲暇时，我去了佛罗里达州的海滩。当我看到白色海滩上耍蛇艺人惊心动魄的高超技艺表演后，使我感受到了美国人勇于挑战的精神。据史书记载，美国于 1819 年从西班牙买下佛罗里达，从此它成为美国的一个州。在美国人的心目中，佛罗里达是一个具有梦幻色彩的地方，1958 年美国第一颗卫星“探险者一号”从太空发来地球的影像，黑夜中的佛罗里达半岛犹如绣着金色蕾丝边的黑色绒布，在大西洋沿岸和墨西哥沿岸灯火璀璨，但中部却死寂般黑暗。然而在几十年后的今天，这块黑色绒布的金色蕾丝边却变成了金色的大写英文字母“H”，意味着这块土地的惊人崛起，这是一个堪比在沙漠中营造拉斯维加斯城的故事。

佛罗里达海滩上耍蛇的美国人（左一为作者）（1992 年 8 月）

20 世纪 60 年代初，美国航天中心在佛罗里达落成，这个航天中心被命名为肯尼迪航天中心，它见证了美国登月的历史，发射过举世闻名的“阿波罗号”，让阿姆斯特朗在月球上迈出了人类的一大步。

1992 年作者于美国纽约华尔街留影

在纽约的华尔街，美国发达的金融业给我留下了深刻的印象。在这座城市里，全世界发达国家的商业银行几乎都在那里建立了分行或代表处，我看到了渣打银行、汇丰银行、德累斯顿银行、瑞士信贷银行、法国兴业银行、新加坡星展银行、日本劝业银行以及韩国产业银行的 Logo。考察回国后，我下决心加入了当时的中国人民建设银行，从此与金融结下了不解之缘。

【日记】 2014年7月5日 星期六 晴

这次来美国，中美两国刚刚开通了北京直达华盛顿的航班，不像20多年前去美国，我们需要在上海、香港停留后，才能飞往美国。

我们搭乘的中国国际航空公司CA817航班于美国东部时间5日中午13点50分降落在华盛顿的机场，华盛顿时间与北京时间相差12个小时，所以，当我们到达华盛顿后，北京的家人此时已经入睡。

我们一行人中有几个球迷，在前往酒店的大巴上就提醒大家当地时间下午3点有一场巴西世界杯的比赛。入住酒店后，我打开电视机，看到比赛的双方分别是荷兰队和哥斯达黎加队。我虽然感觉有些困，但在周六下午能实时看到这场球赛，比在国内半夜起来看世界杯比赛，感觉不是那么辛苦。

看完足球比赛后，我还是没有睡意，回忆把我带回到最近的一次访美活动中。旧地重游，浮想联翩。

记得最近一次去美国是在2006年，那次访美有两个任务：一是拜访美国银行（Bank of America）的现金管理业务单证处理中心，学习美国银行开展现金管理业务的经验。二是陪同行领导宣布中国建设银行纽约代表处首席代表人选的换届，被宣布上任的人就是这次前往机场接我们的张广迎先生，他现在是纽约分行的副总经理。

2006年的美国之行，使我真正感觉到我们的商业银行与美国的商业银行之间的差距和区别，这种区别主要体现在三个方面：一是经营模式的不同，二是对经营的产品理解上的差异，三是中国人与美国人在思维管理模式方面的区别。

究其原因，这些差异源自中美两国包括商业银行在内的产业都是在不同文化根基上发展起来的，不能简单地说谁走过的路是正确的或谁的发展模式是不对的，只能说其具有各自鲜明的特色。

今天，中国已经取代日本成为世界第二大经济体，而美国是世界第一强国。双方相互学习、相互沟通最为重要。中美两国虽有着不同的政治制度和经济体制，但都对世界的和平与发展，有着其他国家无法替代的作用。就某一行业来说，没有太多的可比性，铁路管理如此，商业银行管理也不例外。

当然，对于管理中的共性东西，一方还是要学习另一方先进的东西，比如成功者的管理哲学与先进文化理念，这或许就是这次总行派我们赴美国学习的目的吧。

我们到达华盛顿的第二天是个星期日，乔治城大学的教授们还在享受周末，学校没有任何课程安排，纽约分行去杜勒斯国际机场接我们的同事张广迎先生已返回纽约，因为周一他还要上班。经集体商量，大家认为闲着也是闲着，因此，早餐后我们相约前往华盛顿景点参观。

我们的导游是一位40岁左右的北京人，名字叫吕国强。

交谈中，我得知他中学毕业于北京市西城区甘家口的110中学，一口京腔让我顿时感觉十分亲切。之所以说亲切，一是我居住在北京西城区阜成门，距甘家口步行约一刻钟的时间。二是当年我在北京外交学院上学时，出了校门后，穿过东西走向的自由市场就是甘家口，那个年代我和同学们常去甘家口书店买书。我一边与小吕聊天，一边透过车窗浏览华盛顿的街景，不知不觉就到了华盛顿的第一个参观景点，这次活动算是开课前的一次集体“研修”吧。

华盛顿特区（Washington，D. C.）是美国的首都，面积不足200平方公里，是美国的政治中心，美国的最高立法、司法和行政机关都设在这里。华盛顿也是世界银行、国际货币基金组织、美洲国家组织等国际知名机构的总部所在地。这座城市作为国际性的文化都市，每年都要接待数以万计的游客。这里有白宫、国会、华盛顿纪念碑和林肯纪念堂等重要建筑，每一个来这里的外国人都会去这些地方参观。

华盛顿特区靠近弗吉尼亚州和马里兰州，与纽约的曼哈顿、波士顿、芝加哥、旧金山等繁华都市情况类似，很难找到一个停车的地方，我们乘坐的大巴只得临时停靠在道路的旁边，大家下车后，我回头一看，车子很快就开走了，小吕告诉我，停车超时会被罚款。

我们先去参观了朝鲜战争纪念园（美国、韩国称之为“韩战纪念园”）、越南战争纪念园、美国卷入非洲事务和南美事务的纪念园。之后，我们去了华盛顿纪念碑，林肯纪念堂，还去了美国航空航天博物馆和白宫等外国游客必去的景点。

进入朝鲜战争纪念园，我一边看着配备先进通信器材和手拿先进武器的美军塑像，一边听着导游小吕先生对中美两国在朝鲜战争中得失的讲解与分析，使得我对那场战争有了更进一步的了解。中美两国只有加强理解与合作，才能实现双边利益的最大化。

作者在华盛顿“朝鲜战争”纪念园留影，背后雕像是配有先进通信装备的美军士兵

乔治城大学与美国

认识一个国家有很多的途径，通过旅游、探亲、访问、留学及培训都能了解一个国家的历史、政治、经济、金融及民风文化和习俗。自20世纪90年代以来，我虽然多次到美国出差，但让我真正深入地了解这个国家，要算2014年这次到乔治城大学脱产学习了。

乔治城大学的英文全称为“Georgetown University”，它是美国历史上最悠久的大学之一，其建校时间仅比美国建国晚了12年。美国的独立日是1776年7月4日，而这所大学是在美国建国后不久的1789年诞生的。

这所世界著名的学府位于美国首都华盛顿市中心，坐落在风景如画、美丽的“波特马克河”河畔，是美国声誉最高的综合性的私立大学之一，上百年来吸引了众多的世界各地的优秀学生，这些学生慕名而来，满意而归。

该学校地理位置距离白宫仅两英里左右，位于白宫的西北面。其地理位置的优越性使来这里的外国人可以获得许多特别的机会以及有价值的体会，既能享受美丽的景观，也能够深入体验华盛顿首府的生活。我和同学们在晚饭后到街头酒吧喝啤酒，身临其境地感受了那里的生活。

乔治城大学主校区位于美国首都华盛顿特区的市中心，主校区校园内的著名建筑Healy Hall被收录在美国国家史迹名录（National Historic Landmark）中。新建成的乔治城大学全球教育学院，以新式建筑和当代一流的教育资源配置著称。我们上课的地点全球教育学院位于华盛顿特区马萨诸塞州（Massachusetts）大街640号。

由于乔治城大学地处美国首都，许多外国使节的子女在此念书，校园内形成了多元的文化氛围，赋予了该大学很浓的国际色彩，并由此获得了“政客乐园”的称誉。与前几次来美国不同，以前我来美国都是工作（要么是考察、要么是谈生意），但这次我到美国是专程来进修的，这次的签证与工作签证也有区别。

我最初听说乔治城大学是在我的大学时代。20 世纪 80 年代初，中国刚刚实行改革开放，“出国取经”成为各行各业的迫切愿望。北京外交学院恢复招生时，教授们去美国接受培训的学校选择的就是乔治城大学。1997 年，我在外交学院读研时的学长王毅也被外交部选派到乔治城大学做访问学者，因为乔治城大学的外交学院是研究国际关系的学者们向往的学府。在这个世界上，有些事儿说起来就是那么的巧。当年在北京外交学院教我英语口语课的吴鹤年教授于 1952～1953 年曾在板门店担任志愿军与美军谈判的翻译，他就曾在乔治城大学的外交学院进修。1996～2005 年，我在朝鲜半岛工作了 9 个年头。而今，作为学生的我又来到当年导师在美国学习的学校进修。我在北京外交学院学习时，江泽均教授教我们阅读课，他用英文讲解红楼梦非常精彩。1981 年，江教授被外交部选派赴美国学习，所去进修的学校也是乔治城大学。

2014 年 7 月 7 日，当我走进乔治城大学的时候，心里有一种特别的感受，这种感受用一句话说就是——30 年前教授在乔治城大学学外交，30 年后学生在乔治城大学学金融。乔治城大学不仅在外交领域是全世界首屈一指的高校，也是当代金融领域的一所世界名校。在我们刚到华盛顿最初的几天时间里，同学们和我通过步行“中轴线”及“波特马克河”河畔的“Theodore Roosevelt”岛，熟悉了周边的环境。“Theodore Roosevelt”翻译成中文是“西奥多·罗斯福（1858～1919 年）”，他出生于纽约，是美国著名的军事家和政治家，美国第 26 任总统（1901～1909 年）。由于他成功地调停了日俄战争，获得了 1906 年的诺贝尔和平奖。西奥多·罗斯福是第一个获得此奖项的美国人，深受美国人民的爱戴，故美国人将这个岛命名为“Theodore Roosevelt”。这个岛上保持了原始森林地貌，空气格外新鲜。

在华盛顿，我每天的生活都是从早上晨练开始，一般在 6 点起床，第一件事就是到酒店对面的“西奥多·罗斯福岛”及河边跑步。傍晚，我还与薛峰、方秋月、郭元析、李从军等同学一起到 M 街“消食”。在头两天的生活里，大家都感觉很新鲜。

作者于 2014 年 7 月 7 日摄于华盛顿

2014 年 7 月 7 日本书作者摄于十字路口的标识（电子计数器）

清晨，从我们在美国首都华盛顿居住的 Marriot Bridge 酒店朝着“Theodore Roosevelt”岛方向一路小跑，首先看到的是一个竖立在十字路口的标识，这个标识上的数字显示了当天从这里通过的晨练骑车人通过的车/次，及当月通过的骑车人累计总数。

经过 3 天的观察，我发现这个电子计数器在日出时开启，在早上 8 点钟准时关闭，日均通过车/次约 210 辆。当骑车人从我身旁飞驰而过时，我感觉到了华盛顿炎热的 7 月里的一阵凉风。回头看时，我望着骑车人的背影，那些快速、靓丽的身影就是一道漂亮的风景线。

美国人骑自行车晨练时，无论男女老少，都装备齐全，如果在国内看到这样的情景，你会以为是某个专业队在进行体能训练。美国很多州的法律规定，骑自行车时，无论是骑车人还是乘车人都必须要戴头盔，以确保生命安全，违者会受到罚款。因此，我看到晨练的骑车人如同在运动会上参加自行车比赛的选手，头盔、护膝、手套、背包等一样都不少。

据史书记载，“Theodore Roosevelt”岛最早为美国印第安人部落居住的地方。1608 年 6 月 16 日，英国人约翰·史密斯带领其他 14 个人，最先踏足印第安人居住的这个地方，下图是他在后来出版的“弗吉尼亚”一书中绘制的部落分布图。从这张图里，我们可以看到当时印第安人的生活方式。

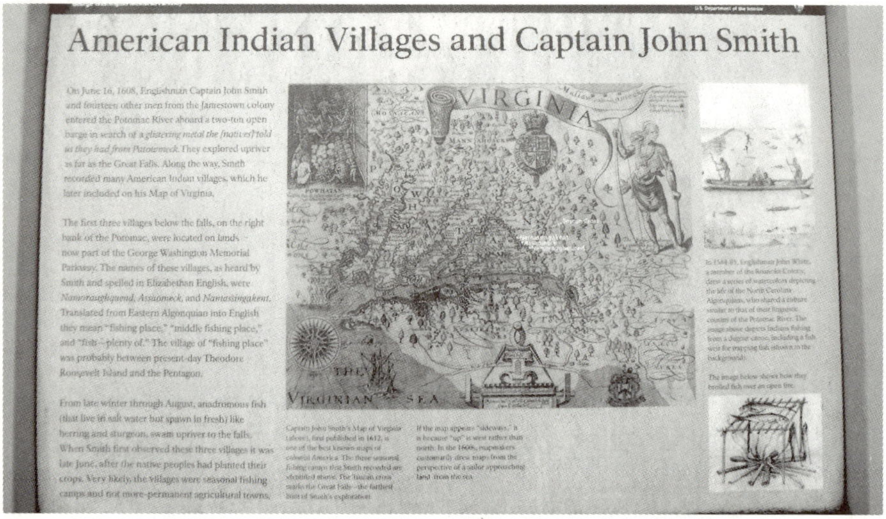

“Theodore Roosevelt”岛最早的地图，作者摄于 2014 年 7 月

这次来美国，我的作息时间很有规律。起床后，先进行两个小时的晨练，回到酒店后，冲个凉，之后去餐厅用早餐，然后大巴车接我们前往上课的地点，开始一整天的上课。进修期间，不管是晴天还是雨天，我每天早上都去这个岛跑步，从不间断，风雨无阻。

进入“Theodore Roosevelt”岛，人们体会到整个小岛绿树成荫、鸟语花香。行走在雨后的泥土小路上，好像儿时与小伙伴们一起到山间田野里游玩一样，我想今天在城里长大的孩子们是体会不到我对这种田园式生活的感受的。

在岛上，当穿过树林密布的地段时，我需要不时地用手剥去眼前的蜘蛛网，还要不停地拍打叮咬在四肢上的蚊虫。每天上岛晨练后，身上都会被蚊虫咬几个包。尽管这样，我还是坚持上岛，因为这里的空气太新鲜了，好像我国西南地区的原始森林一样。

在“Theodore Roosevelt”岛晨练时，我曾遇到了在那里锻炼的美国年轻军人，我们进行了非常友好的交谈。

作者与晨练的年轻军人合影

我们在乔治城大学第一节课的内容是“联邦制度与美国政府”。旅行社的吕国强先生在车上向我们介绍说，乔治城大学为了加强与中国建设银行等外国委托机构的合作，在华盛顿市区专门为继续教育学院买了新的房子，用于研修培训。据了解，除了建设银行外，委托乔治城大学进行培训的中国知名机构还包括中组部、东航集团、省一级的地方政府干部培训班等。

第一天进入教室后，我看到教室宽敞明亮，教学设备一流。入座后，詹姆斯（James Parenti）院长代表校方向来自中国建设银行的学员发表了热情洋溢的讲话。

从詹姆斯院长的仪表看，根据我的经验判断，他虽然是美国人，但祖辈应该是意大利人，因为他身上带着意大利人的那种浪漫和热情。他的讲话激情四射，学员们听了很感动。听一同来美国学习的总行人力资源部的同事讲，2013 年建设银行与乔治城大学的这种培训合作停了两年，今天再次开班，院长先生情绪激动可以理解。

据说，类似的培训在 2014 年都已重新启动，除了中国建设银行外，我国的农业部、广东省政府的干部培训班也都设在乔治城大学。我们这个研修班的名称为“商业银行经营管理高级专题研修班”。

陈宝东同学与詹姆斯院长合影（本书作者拍摄）

詹姆斯院长讲话结束后，我试图找到为什么有这么多我国的重要机构都选择到乔治城大学办班的原因。当我翻开校方手册后，似乎找到了答案。

明星璀璨是乔治城大学影响力的基石

查看校史，乔治城大学的办校初衷是“秉持价值观的传导，鼓励学生对真理的追求，教学中努力培养学生的领导能力”，这种价值观是乔治城大学建校的初衷，而且得到了很好的传承。

一方面，学校在整个教学活动中，潜移默化地传导自己的价值理念，行成于思。二百年来，乔治城大学在学士和硕士教育领域里均实现了其耶稣教哲学理念。乔治城大学悠久、闻名的历史，是其吸引全世界学生的向心力。乔治城大学的麦克多诺商学院（McDonough School of Business）培养出了许多高层次的企业经管人员，这些毕业生带领他们的团队，在激烈竞争的商战中取得了成功。

另一方面，乔治城大学非常重视学术研究，2008 年乔治城大学在研究上就投入了 1.43 亿美元。2007 年，该校获得了 1480 万美元的联邦基金用于课题研究。

2010 年，乔治城大学又从美国教育部获得了 560 万美元的专项课题研究基金，学校用这笔钱设立了专项国际奖学金。截至 2013 年底，乔治城大学毕业生已获得 23 次罗德奖学金、21 次马歇尔奖学金、26 次杜鲁门奖学金，可见其教学研究硕果累累。

在美国，乔治城大学毕业生起薪平均为 55000 美元，而事业中途薪水平均为 110000 美元，可见乔治城大学毕业生被社会接受的认可度很高。

在中国，乔治城大学也广为人知。在 2014 年 6 月 16 日，我在钓鱼台国宾馆参加了由中国证券投资基金业协会举办的“加快建设现代资产管理行业”的会议，会上我遇到一位乔治城大学的毕业生——Nancy Davis，她曾担任前美国总统办公室的金融委员会主任一职，现在 Quadratic 资本公司担任首席投资官。

乔治城大学是一个德智体均衡发展的学府，乔治城大学的运动队很出名，比如“惊叹”篮球队，这个男子篮球队曾七次获得美国大东联盟男子篮球锦标赛冠军，1984 年还获得了美国全国冠军。

乔治城大学在华盛顿特区共有三个校区，雇用了 1400 名全职及 920 名兼职人员，约有 8000 名本科生，5700 名研究生（包括麦克多诺商学院、护理健康研究院和继续教育学院），学生分别来自 140 多个国家和地区。除此之外，乔治城大学在意大利、土耳其、卡塔尔等国家还设立了分校。

2006年我去卡塔尔出差时，曾去过那里的分校参观。

【日记】 2014年7月7日 星期一 晴

我们在乔治城大学第一天上午的课是“联邦制度与美国政府”，主讲人是Sam Potolicchio博士。

课程开始后，我们当中有的同学不太理解，我听到有人在底下悄声说“我们是来学金融的，怎么讲上政治了”？但根据我当年在建行韩国分行工作的经历，特别是对于曾经亲身经历了1997年韩国金融危机的我来讲，能够理解这种安排，因为金融与政治密切相关。我想每一个外国人去美国学习，除了学习专业知识外，一定要先了解美国人的思维方式、了解美国的社会和文化，了解美国的政治制度。

Sam Potolicchio博士讲课的内容包括美国历史、美国政治制度的形成、美国人的哲学理念、美国人的宗教信仰、美国人的民主与人权、战争与和平、总统的职权与义务、美国的社会犯罪问题等。Sam Potolicchio博士在乔治城大学主讲政治制度、公共政策等课程。2012年曾被《普林斯顿论坛》评选为当年美国最佳教授之一，他是美国高校“政治制度与公共政策研究领域”唯一的获奖者。

乔治城大学继续教育学院詹姆斯院长介绍这位教授时说，Sam Potolicchio博士学术造诣很深，在美国高校非常受欢迎，在2011年获得过美国“高等教育未来领导人”的“K. 帕特里夏·克罗斯奖”。

担任我们这个班的组织者是一位在乔治城大学兼职的年轻博士，他叫王晓芃，到美国已有多年。

王博士祖籍江苏，本科毕业于中国传媒大学。在正式课程开讲前，他拿起麦克风对我们说：“美国教授讲课时希望大家提问，美国人认为这样可以促进学习，这点与国内上课不一样，希望大家积极提问”。其实，这种教学模式或交流文化对于在国外读过书的人来说，都非常清楚。

Sam Potolicchio 博士正在讲授第一节课

课堂上，担任同声传译的两位翻译分别是李红和袁旎，李翻译是广东人，先后毕业于北京科技大学口译班和美国蒙特雷国际关系学院口笔译硕士班，而袁翻译看上去也是我国南方人，皮肤细腻，说话语速较快。

在我们班上，总行也安排了一位国际部外事处的翻译，她的名字叫洪玮，2004 年入行，江西人，北大高材生。说来凑巧，小洪在北大的英语老师是我的表哥——我国著名英语教授张道真之长子张世云。

课堂上的洪玮

这样的翻译班子，从语言上讲应该说是较强的。至于翻译的是否专业？那要等上完金融专业课后方可得知。

课堂上，同学们的提问主要集中于以下几个方面：(1) 美国的竞选制度？(2) 美国的法案形成程序？(3) 美国人对斯诺登的看法？

我的体会与思考

Sam Potolicchio 博士的讲课内容很有意思，从 1776 年的《独立宣言》一直讲到奥巴马政府的新政，从“9·11”事件后的美国政府决策机制一直讲到美国 2008 年金融危机后的新制度的产生背景，方方面面、无所不及。但由于时间关系没有讲透，只能是一种意识形态的传导，或是对美国政治制度概要性地介绍。

茶歇时，我问了他一个问题，“美国人眼里的‘平等’指什么?”Sam 博士反问我“What's the name of this country?”（美国国家的名称是怎么说的?）我回答说“The United States of America”（美利坚合众国）。

从问答中，我间接地找到了答案。

我深知，若想全面了解一个国家是一件不太容易的事情，我经常问自己，虽然在科威特、韩国分别工作生活了 7 年和 9 年，你完全了解这两个国家吗？更何况像美国这样一个全世界各种民族汇集的大国。可以说，没有一个人能全面了解它。

读小学时，有一篇课文是“盲人摸象”，其实，每个国家都是大象，见仁见智。我从小就听大人们讲盲人摸象的故事，有人摸着大腿了，就把大象形容成“柱子”。有人摸着大象的耳朵了，就把大象说成是“扇子”。这些描述，都有很大的局限性。

美国的整套政治制度很复杂，它是经过实践、不断完善后才形成的，不是大家洗洗脑子、统一一下思想后，美国人就认为民主好、自由好、平等好，而是大家来博弈。高晓松说，“民主、自由和平等这三样东西是矛盾的，平等就会限制自由，……民主肯定会破坏平等”。

下课后，我想正是因为乔治城大学与美国首都华盛顿在同一个历史时期诞生，所以，在这所大学解读、讨论美国政治制度再合适不过了。Sam Potolicchio 博士在课堂上对美国政治体制做了简要介绍，我课后对他的 PPT

做了认真分析。

另外我一直在思考着以下问题，即：我们应该怎样评价一个政府？是否可从以下七个方面进行打分？

一是政府机制的有效调整，二是政府政策的制定原则，三是政府的组织架构是否合理，四是政府部门的职责必须清晰，五是政府的功德操守，六是政府的不足及需要改进的地方，七是政府面对挑战的勇气。

我在乔治城大学图书馆查阅了有关资料，发现美国政府在描述1933年经济金融危机的挑战时，在分析银行及非银行金融机构以及铁路的经营状况时，非常客观地描述了当时的状况，值得借鉴，英文原文如下：

About some new credit agencies, along with the foregoing developments directly affecting the country's system of commercial banks arose also numerous new credit or lending agencies, created and supervised by the national government with a view to helping overcome the effects of the depression. Like commercial banks, thrift institutions—such as saving banks, insurance companies, and building and loan associations—found themselves heavily encumbered with "frozen" assets. Railroads, too, suffered in the general decline of security values, and found it impossible to carry on their usual financial operations. ①

另外，Alan Grant 所著《美国的政治分工与操作程序》一书里，详细介绍了美国的政治体系。美国的政治架构（Framework of American Politics）包括两个元素，即美利坚合众国公民和迁移社会。公民一词好理解，迁移社会听起来不大让人能理解。

所谓"迁移社会"，英文是"mobile society"。

在美国，每年大约有18%的人在迁移中生活，这种迁移不仅仅是换房子，更多的美国人是在迁移中寻求事业的发展，美国人从西部的洛杉矶搬迁到东部的波士顿生活是件很正常的事情，我的一位美国朋友去年还在底特律工作，今年就举家搬迁到了佛罗里达州生活。我的另一位好友斯坦

① Frederic A. OGG & P. Orman Ray, Introduction to American Government, D. Appleton – Century Company Incorporated, New York, London, 1945, p. 521.

利·保罗，在旧金山出生长大，青年时期在东部的哈佛大学读书，现居住在波士顿。

《总统幕僚——在肯尼迪身边十一年》一书的作者，特德·索伦森（Ted Sorensen）出生于内布拉斯加州林肯市，毕业于内布拉斯加州大学法学院，之后去首都华盛顿谋求发展。在华盛顿，他以参议院助手、总统撰稿人和特别顾问的身份，陪伴肯尼迪总统走过了八年的参议员生涯和三年的总统任期，在肯尼迪的就职演讲、民权法案等一系列重大事件决策中，均发挥了重要作用。

在美国，1/4 的人都不是在自己出生的州上学、工作和发展，或许是没有“户口”限制的原因吧。这种情况对于我们中国人来讲，频繁迁移居住地的比例并不高，比如北京人、上海人、广东人一般都不愿意到外地去生活。

美国政策制定背后的领导力及影响

7月7日是我们来乔治城大学后第一天走进课堂。这堂课的题目是"美国政策制定背后的领导力及影响"，授课人是 Brad Blakeman（柏兰德·波拉克曼）先生。

学校发给大家的小手册里是这样介绍他的：Brad Blakeman 先生在 2001 ~2004 年担任美国总统行政事务办公室负责人，日常工作包括总统指令的传送、重要信函处理等。其间，他常以共和党战略评论家身份，在《福克斯新闻》（*Fox News*）、MSNBC、BBC、CNN 和 ALJezeera 等媒体上以及《政治家》、《美国新闻》及《世界报道》等刊物上发表政治观点。

课堂上的 Brad Blakeman 先生

我将他在课堂上主讲的内容概括为以下三个方面：一是领导人的核心领导力包括哪些内容？在课堂上，师生共同列举了"知识、经验、愿景、诚实、前瞻性、目标清晰、做人诚信、待人包容、启发下属、勇于承担风险、渴望成功和接受失败以及善于妥协”等。二是在美国二百多年的历史中，是什么使美国成为世界唯一的超级大国？Brad Blakeman 先生给出的答案是“好制度下的科技发明”。课堂上，他通过对过去 130 多年影响世界的伟大发明，一一列举来试图论证他的说法。三是什么是美国中期选举？有何意义？包括对 2016 年美国总统选举的预测。

学员课堂提问整理如下：

问：除了制度外，“发明”背后的其他原因是什么？

Brad Blakeman 先生回答：“更多的自由”、“更好的教育”、对其他文化的接受。

问：假如你是奥巴马的幕僚，你会如何建议总统对华政策的制定？

关于对奥巴马总统对华政策的评价，Brad Blakeman 先生说：“我不认可奥巴马的对华政策，我建议与中国多接触。”

我在课堂上也提了一个问题：“你说美国科技非常发达，怎么 MH370 客机至今没有下落？”

Brad Blakeman 先生回答说：“肯定有下落，但谁都不想说。”哈哈，我着实向他学了一招。

来自吉林分行的郭元析学员问：当你们选了一个没有经验的人当上总统，你们不担忧吗？

Brad Blakeman 先生回答：“美国的机制很好，不会选错。”

北京分行的方秋月学员问：“你刚才说到创新取决于总统的核心领导力，并以肯尼迪总统举例。登月计划不能说明肯尼迪总统有前瞻性，而是出于美国战略地位的考虑。”

Brad Blakeman 先生回答：“对。”（老师在回答这个问题时，脸都变红了）

总行的陈宝东学员问：“党”在美国怎么管理？有没有党委？

Brad Blakeman 先生回答：“有。”

第一天听课后，我的看法与思考如下：

课堂上同学们热烈参加讨论

首先，一个国家的法律制度，应是在其文化根基上形成的。文化根基也可称为文化基础，应包括哲学、理念、信仰等。其次，一个国家历史发展进程中遇到的碰撞与其他外来文化的冲击或影响都对其现行制度的形成产生很大的影响。

举个例子，当代韩国人的政治制度与管理文化是什么？韩国人有多少人信仰儒家思想？又有多少人信仰基督教？

根据我在韩国工作时对韩国人的研究，首先，传教士对韩国人的影响非常深刻。其次，战后美国人对韩国的托管使韩国人较为西化。可以说，如今韩国是一个由多种文化混为一体的国度，从韩剧中就不难看出这种混合文化影响下的当代韩国文化。我觉得今天韩国的政治制度是一种混合式的、具有东方特色的、受西方影响较大的制度。

我去韩国工作前，脑海里始终认为韩国人的意识形态是以儒家思想为主，认为韩国是一个根深蒂固的儒家思想主导的国家。我之所以有这种误判，一是出于对地缘政治经济学的浅薄认识。二是看问题的角度比较狭窄，仅从汉字文化圈的范畴进行主观推测，认为朝鲜半岛有相当长的时间曾经是中国的属国或宗主国。所以，那里的人们考虑问题的方式及国家制度的形成应与我国类似，但我判断错了。今天的韩国，人们的思维方式受到西方哲学的影响非常大。

在韩国工作了一段时间后，我深入地了解了这个国家，我发现韩国人的宗教信仰并非是我想象中的那样。韩国在经历过几次大的动荡与战争后，人们的思想已经随着时代的变迁不断地发生着变化，韩国人接人待物也变得更为实际。今天的韩国是一个以佛教、儒教、萨满教和基督教思想混为一体的多种思想组合的单一民族（nation）、单一语言的国家（state）。

在现代韩国人的生活里，周末的一项主要活动就是去教堂祈祷，从商业区到居民小区，教堂随处可见。据统计，韩国的基督教教徒占到其总人口的半数以上，超过2400万人，整个韩国竟有6061个教堂。而与之相比，韩国的寺庙仅剩下2500个，僧侣11000人，信徒1500万人，且前往寺庙的人大多数为老人，很少有年轻人。①

韩国受美国影响很大，每年的圣诞节要比其他节日热闹许多，这说明没有进行“明治维新”的韩国，在接受西方文化思想与影响等方面并不落后于其他亚洲国家，比如美国、英国等欧美国家最新出版的英文原著，在不超过一周的时间内，你就可以在首尔的书店里找到，而在韩国书店内出售的有关中国文化思想的书籍则少得可怜，即使可以找到，也是多年前的老版本了。日常生活中，也不难观察到这种变化。去过韩国的中国人都会发现一个现象，韩国人早餐和饭后都会习惯地喝一杯咖啡，但同是信仰儒家思想的我国百姓，早餐还是以喝茶为主。

韩国国会制度很像美国国会，权限主要包括：（1）立法权限；（2）财政权限；（3）对政府的监督权；（4）国情检查权；（5）政府部长的选任权和审批权以及对总统的弹劾权等。比如，朴槿惠事件。

结合Brad Blakeman先生下午讲课的内容，我认为“科技发明”只有在国家统一与政局稳定的环境下才能实现，在美国产生很多发明的年代里，亚洲国家大多都还处于内战阶段（时期）。所以，应该说民族统一、

---

① Roy E. Shearer, Wildfire: Church Growth in Korea, Win. B. Eerdmans Publishing Co., USA, 1966.

政局稳定才能产生好的政治制度，之后才是好制度下的发明与科技进步。

作者 2014 年 7 月 8 日在美国白宫前草坪留影

Brad Blakeman 先生列举的“美国国家科技发明统计表”

序号	年份	发明人	发明事项	发明人所在国家
1	1876	贝尔	电话	美国
2	1879	爱迪生	电灯	美国
3	1889	歌德利普·戴姆勒	汽车	德国
4	1890	德·弗雷斯特	收音机	意大利
5	1903	莱特兄弟	飞机	美国
6	1913	福特	汽车生产流水线	美国
7	1923	斯福罗金等人	电视	俄国/美国
8	1936	毛琪利和艾克德	电脑	美国/德国
9	1942	罗伯特·奥本海默	原子弹	美国
10	1953	艾卡特基等人	个人 PC	美国
11	1969	Kahn 博士等	互联网	美国
12	1973	马丁·库帕	手机	美国
13	1983	比尔·盖茨	微软 Windows	美国

Brad Blakeman 先生列举的一些美国发明家其实并不是土生土长的美国

人，比如发明蒸汽机车牵引的 Robert Fulton（1765～1815 年）是一位英国的移民。1876 年发明电话的贝尔则是苏格兰移民。所以，应该说美国的包容性是其科技不断创新、领先世界的主要原因。

现在再拿中国举例。1890～1905 年，中国处于抵抗外国列强入侵的时期，国内局势混乱。1910～1937 年，中国处于废除帝制，探索共和的时期，地方割据明显。1937～1945 年，中国处于抵抗日本侵略时期，无力顾及国家制度建设。1945～1949 年，中国处于内战时期，更谈不上治国。1950～1953 年，中国被迫参加朝鲜战争，国家处于百废待兴阶段。而在 20 世纪的 60～70 年代，中国周边国家受到外国侵略，外部政治环境恶劣，中国处于顾不上自己而无偿帮助他人的时期。因此，如果美国处在这种环境下，也谈不上制度建设与科技发明。所以说，Brad Blakeman 先生只是站在美国所处环境下，分析政治制度给社会和人民带来的“进步”。另外，还有一点也挺重要，上述表中有很多的发明家是获得美国国籍的外国人。

关于 Brad Blakeman 先生讲到的“核心领导力”（leadership）这个话题，自从 1999 年起，韩国的高校研究生院就已经开始讲授这门课程了，我国的北大光华管理学院之后也开设了这门课程。我在韩国担任建设银行首席代表时，曾就这门课程与到访韩国的北京大学的张维迎、陈平教授有过讨论。

在我以前看到的课件里，对“核心领导力”的解读可以说是五花八门，比如在韩国 KDI 商学院，教授能从孔子、孟子讲到凯撒；从罗斯福讲到斯大林；从丘吉尔讲到肯尼迪；从毛泽东讲到邓小平；从李承晚讲到朴正熙；从金泳三讲到金大中。韩国教授通过对领导人成长经历及个性分析，试图找出其领导能力形成的原因。

课堂上，Brad Blakeman 先生在谈到美国总统的领导力时，对肯尼迪总统预言的“星球大战”给予了“具有前瞻性”的很高评价。我读过《肯尼迪传》，肯尼迪总统的确有很强的领导艺术和能力。其实，美国第四任总统詹姆斯·麦迪逊、第二十六任总统西奥多·罗斯福、第三十二任总统富兰克林·德拉诺·罗斯福、第三十四任总统德怀特·戴维·艾森豪威尔等人也都有其个性化很强的领导能力。

关于领导人领导力的归因，我觉得应该包括以下内容：领导人处理问题时的应变能力，领导人对权利与义务的理解，领导人的哲学理念及价值理念，领导人的信心与带团队的能力，领导人对原则的把握尺度，理解下属和综合协调能力，演讲及沟通技巧的不断提高，有关绩效考核标准的制定，领导人对发展方向的预判，领导人的领导艺术等。

下课后，我到乔治城大学的图书馆借了一本有关美国历史的书，这本书的书名是 *AMERICA*，*Land of Freedom*。读后，我给自己提了两个问题，第一个问题是“如何看美国历史上最有影响力的总统?”第二个问题是“怎样理解美国总统制度?”

如何看美国历史上最有影响力的总统

美国经历了上百年的发展，有了国家权力相互制衡的政治制度，美国总统是服务于美国人民利益的代言人，美国总统与州长不是上下级关系，美国各级政府代表当地居民利益，分散在 town/county（城镇）、city（市）、state（州）层面。

追溯美国发展史，在奥巴马当选美国总统前，从乔治·华盛顿到乔治·W. 布什（小布什）总统，美国产生了42 位总统。在这些人中，共和党人与民主党人几乎各占一半。

我认为，对美国产生影响最大的人是乔治·华盛顿、托马斯·杰斐逊、詹姆斯·麦迪逊、亚伯拉罕·林肯、切斯特·艾伦·阿瑟、西奥多·罗斯福、伍德罗·威尔逊、富兰克林·德拉诺·罗斯福、德怀特·戴维·艾森豪威尔、理查德·米尔豪斯·尼克松和罗纳德·威尔逊·里根。

结合以上曾在任职期间为美国人民或美国利益作出贡献的美国前总统的生平，我对他们的贡献作出了以下概述：

乔治·华盛顿，英文名字是“George Washington”，1789 年 4 月至 1797 年 3 月担任两届美国总统，美国人把华盛顿称为“美国之父”。

华盛顿之所以受到美国人民的爱戴，是因为他带领美国安然度过了初创时期。华盛顿是一个正直的人，一生光明磊落。他积极投身到北美人民反对殖民主义的独立战争。战争中，他处事谨慎、富于进取，在遇到困难时，他有忍耐力。领导军队作战时，具有很强的人格魅力。每一次战斗中，他都骑着自己的白马冲锋陷阵，为军队和人民树立了领导人的好形象。

乔治·华盛顿有着常人难以想象的毅力，在特伦顿（Trenton）战役爆发之前，他领导的大陆军已经在波士顿、纽约和长岛等地接连战败，其军队人数与敌军的人数比为2400∶13000。而在纽约的失败则迫使华盛顿率军穿过了新泽西撤退到了宾夕法尼亚。当时位于费城的大陆会议决定把临时的都城南迁到马里兰的巴尔迪摩，以防止英国人的围剿。当时，华盛顿的大陆军损失惨重，只剩下2400人，军队的士气很低落。此时已经接近年末，为了提升士气，华盛顿必须在新年之前打一次胜仗，否则独立战争就可能会彻底失败。于是在1776年圣诞节前夕，华盛顿决定袭击特伦顿，一则提升士气，二则为切断普林斯顿和新布朗斯维克的英军的联系，为夺回新泽西而做好准备。

华盛顿在日记中写道“胜利或死亡”（victory or death），以示决心。1776年12月25日深夜，华盛顿在夜幕的掩护下，让约翰·格鲁夫（John Glover）指挥，用渡口的几只不大的船只，连夜把2400人渡到了特拉华河的东岸。由于天气恶劣，直到凌晨三点所有人才都完成渡河，约翰·哈斯莱特上校（John Haslet）甚至掉进河里差点淹死。而此时，特伦顿的守军毫无察觉。华盛顿以极小的代价占领了特伦顿，这大大地提升了军队士气。之后，在很短时间里，华盛顿在特伦顿又击败了英国军队，然后又成功地袭占了普林斯顿，独立战争的局势从此扭转。

在华盛顿的领导下，美国人民不仅取得了战争的胜利，还起草并通过了《联邦宪法》。而华盛顿并没有受过正规的学校教育，他是自学成才的典型代表，因为华盛顿非常勤奋，他通过自学，不断丰富自己，最终把自己塑造成为一位世界伟人，一个为全人类进步作出表率和巨大贡献的人。

在乔治城大学图书馆，我读了华盛顿写的《日记》，使我进一步了解了这位伟人。他那无与伦比的领袖风范和崇高的人格与威信，使他成为美国总统名单上唯一比政府本身更重要的人物。在美国人心目中，国父的地位是至高无上的，这也是美国人把首都定名为华盛顿的原因。

托马斯·杰斐逊的英文名字是“Thomas Jefferson”，1801 年 3 月至 1809 年 3 月担任美国总统，任期也是两届。杰斐逊是美国人最怀念的总统之一，主要原因有三个方面：一是他起草了《独立宣言》，这是他的独特贡献。二是他学识渊博，很有远见，他重视教育，创建了弗吉尼亚大学。三是杰斐逊为人谦和、清廉自律。在结束 8 年总统任期、离开白宫时，他欠了 11000 美元的债务，后来通过举债才还清债务。这在世界上大多数国家是不能让人理解的。托马斯·杰斐逊以他的人格魅力和自律，受到了人们的广泛赞誉。

詹姆斯·麦迪逊，英文名字是“James Madison”，他接受过良好的高等教育，毕业于新泽西学院（现在的普林斯顿大学）。担任了两届总统（1809 ~ 1817 年）。麦迪逊勤奋务实，为起草《美国宪法——权利法案》作出了巨大贡献，美国人称他为“美国宪法之父”。此外，麦迪逊有个很好的习惯——写日记，这些记录成了后人研究美国制宪历史的宝贵资料。它的笔记不但详细，而且对历史问题客观公正。

亚伯拉罕·林肯出身低微，1809 年 2 月 12 日出生于肯塔基州，林肯的英文名字是“Abraham Lincoln”，1861 年 3 月至 1865 年 4 月担任美国总统。

林肯肖像

林肯任职期内，颁布了《解放宣言》，解放了黑奴，被人们称为“新时代国家统治者的楷模”。当年我在外交学院读书时，认真学习过林肯的《葛底斯堡演讲》（*The Gettysburg Address*），这是南北内战中为纪念在葛底斯堡战役中阵亡战士所做的一篇演讲，是林肯演讲的杰作，也是美国文学中最漂亮、最富有诗意的文章之一。

在这个用时不到 2 分钟的演说中，林肯既表达了强烈的民族自豪感，也阐明了富有民主精神的“民有、民治、民享”的政治观点。他的演讲言简意赅，铿锵有力，气贯长虹，是演说中的经典之作。我国外语院校的学生都被要求背诵林肯的这段讲话。这段话的原文是："…That this nation, under God, shall have a new birth of freedom – and that government of the people, by the people, for the people…shall not perish from the earth."

切斯特·艾伦·阿瑟的英文名字是"Chester Alan Arthur"，共和党人，1881年9月至1885年3月担任总统，美国人对他的评价是"诚实尽责"。任期内，他发展、振兴了美国海军。一上任，他就签署了一项名为"潘德顿"的法案，组建了公职人员评审委员会，对贪官污吏进行大刀阔斧式的改革，通过设立公职人员考试任职的公平竞争制度，使政府管理透明化。美国人称他为"带领美国进入'金色年代'的总统"。

西奥多·罗斯福，英文名字是"Theodore Roosevelt"，1880年6月，毕业于哈佛大学。1901年9月至1909年3月，担任两届美国总统。西奥多·罗斯福曾任美国海军部副部长，参加过美西战争，是美国历史上最年轻的总统之一。

在西奥多·罗斯福任职期内，通过开展对"国家及社会发展综合征"进行治理的运动，收到了明显的效果，保护了自然资源。在他执政的7年时间里，将7800公顷土地资源转化为国有，为后代保存了大量的公园、矿藏、石油、煤田和水力资源。西奥多·罗斯福的独特个性和改革主义政策，使他成为美国历史上最伟大的总统之一，深受美国人民的爱戴。

在首都华盛顿，有一个以西奥多·罗斯福的名字命名的岛屿公园，在美国学习期间，我每天早上都去岛上跑步，从未间断过。

伍德罗·威尔逊，英文名字是"Woodrow Wilson"，1913年3月至1921年3月担任美国总统。他出生于弗吉尼亚州，是一名政治科学专业的教授，1902~1910年担任普林斯顿大学的校长，在他任校长期间，振兴了普林斯顿大学。

伍德罗·威尔逊是民主党人，新泽西学院法律专业本科毕业，霍普金斯大学国际法专业硕士毕业。身为教授的他出版过9本书，也担任过新泽西州的州长。

伍德罗·威尔逊总统的主要功绩是建立了联邦储备制度，领导美国经历了第一次世界大战并策划成立了国际联盟。

历史学家这样评价伍德罗·威尔逊：他是“使美国取得重大进步的具有远见卓识的伟人”。

伍德罗·威尔逊认为总统不仅是人民的管家，还是国家的大脑。他的著作《国会政府》，呼吁美国效法英国核心内阁制建立美国的政治体系。

自威尔逊时代起，美国人才真正认识到总统制的基础是政治意识形态。在外交政策方面，如果说西奥多·罗斯福以实用为重，而伍德罗·威尔逊则显得更为唯心主义和国际主义。他认为美国总统能够影响其他国家领导人，可以以一种开明的方式统治世界，这会有助于世界的稳定、繁荣与和平。但事与愿违，在他领导下的美国，由于有这种思想，在处理近邻墨西哥的事务上，导致美国军人付出了生命的代价。我想说，理想与现实总是有很大的差距。

富兰克林·罗斯福是全世界从事金融、经济的人们都十分熟悉的人物，当年我在国外读金融专业的研究生时，很多教授讲课时都提到了他的名字。毕业于哈佛大学的李炯弘教授、毕业于马里兰大学的文正元教授，无不赞扬富兰克林·罗斯福对美国作出的贡献。

富兰克林·罗斯福的全名是富兰克林·德拉诺·罗斯福（Franklin Delano Roosevelt），他是一个颇有正义感的人，年轻时做过律师，曾经为一个被欺压的华裔青年辩护，这个青年失手打死了一个侮辱自己的白人流氓。由于罗斯福的辩护，华裔青年得以无罪释放，这个人就是司徒美堂——中国致公党的创始人。[①]

在美国历史上，罗斯福是美国人民最喜欢的总统之一。他身残志坚，带领美国人民走出了 20 世纪 30 年代的经济低谷。1932 年，罗斯福上任

① 司徒美堂原名司徒羡意，字基赞，著名旅美侨领，14 岁赴美留学，17 岁加入洪门致公堂。追随孙中山先生参加辛亥革命，帮助筹款，组织安良堂，致力保护华侨在居住国的权利，深得美洲华侨爱戴。抗日战争时期，积极发动华侨筹资捐款，支持祖国抗战。新中国成立后回国，曾任中央人民政府委员、全国人民代表大会常务委员会委员，政协第二届全国委员会委员，华侨事务委员会委员等职务。司徒美堂创建的致公党是我国的民主党派之一。

时，美国整个国家经济处于瘫痪状态，金融机构事实上已经解体，金融危机给美国人民带来的创伤非常大。1933 年 3 月 6 日，罗斯福宣布美国全国的银行一律“休假”，银行全部停业，在整顿好之前不得复业，由此拉开了美国“大萧条”期间对银行的整顿和治理的序幕。

执政期间，罗斯福大力支持的“田纳西河水利枢纽工程”，被称为“罗斯福新政”的样板工程，远远超出了经济本身，成了当时美国人关注的焦点。“田纳西河水利枢纽工程”为美国历史上空前的大型水利工程，从开工到完工用了整整 10 年。该项目施工面积涉及美国的 7 个州，面积相当于英格兰加上苏格兰的面积。整个工程由国家统一规划，全国招聘专家进行精心设计，由政府担保，通过发行国债筹措建设资金，待私人资本进来后，国家再逐渐卖掉股份。用我们现在的话来说，“田纳西河水利枢纽工程”是一个成功的 PPP 建设项目，罗斯福在 80 年前就想到了。

“田纳西河水利枢纽工程”建成后，为美国人民带来了巨大的好处，年发电量 120 亿千瓦，相当于当时美国发电量的一半。制造了 17 万英亩的湖面，植树 2 亿棵，7 个州的农田灌溉有了保障，改善了生态环境，为地区的农业、养殖业、林业、轻工业的发展带来了机会。这项水利工程创造了上百万个就业机会。这样的领导人怎能不被记入史册？

在外交政策及处理战争问题方面，罗斯福反对侵略、维护和平，支持反法西斯战争的各国军民抗击外来侵略，其外交政策灵活有效。到第二次世界大战结束时，美国向包括苏联和中国在内的盟国提供了大约 500 亿美元的物资援助。

1941 年 12 月 7 日，日本偷袭珍珠港后，太平洋战争爆发，罗斯福领导的美国正式对日宣战。1942 年 1 月，在罗斯福的倡议下，美、英、苏、中等 26 国在华盛顿签署了《同盟国家宣言》，形成了世界反法西斯联盟。

1943 年 11 月，罗斯福、丘吉尔和蒋介石在开罗成功举行了会议，联合发表了《开罗宣言》。《开罗宣言》不仅成为战后处理日本问题的重要法律依据，而且加强了中国在战后世界中的地位。

1945 年，罗斯福第四次当选美国总统后，当年 2 月同英国首相丘吉尔、苏联领导人斯大林举行了著名的“雅尔塔会议”。可有谁能想到，罗斯福是在病魔缠身、身体极度虚弱的情况下，带领400人的美国代表团，长途跋涉8000公里前往雅尔塔参加首脑会议的。会议期间，他是由人搀扶着或是坐着轮椅出席会议。雅尔塔会议取得了两项重大成果，与会方达成一致意见，战后成立联合国（UN），苏联承诺对日宣战。雅尔塔协议来之不易，因为餐桌上的慷慨，并不等于谈判桌上的让步。

罗斯福是位意志非常坚强的领导人，他带病参加雅尔塔会议体现了他能把有限的精力、把有限的体力得以无限地扩充，为世界和平作出了重要贡献，值得尊重。他遇到困难时，总是勇敢面对，在解决问题时，智慧过人。美国人民在庆祝世界反法西斯战争胜利40周年的时候，在一首诗中对他做了如下的赞颂：

你虽然生在富豪之家，却一点也不自夸；
你是一个勇敢的强者，勇敢的开拓者，
病魔把你打倒了，你却以坚强的毅力，勇敢地站立起来。
在那令人恐怖的经济危机年代，你入主白宫，实行了新政，
你领导我们解脱了资本主义的危机，拯救了数以千万计的人。
……
珍珠港事件后，你勇领三军，坚毅勇敢。
你不惧花甲之年、病残之躯，远渡重洋，参加英、苏首脑会议，
虽然战争耗尽了你的精力，过早地夺去了你的生命，
你没能活到胜利这一天，但你死而无憾。
……
罗斯福，你像一座屹立在蓝天的丰碑，永远值得人民纪念，
永远活在我们的心中。

美国著名传记作家——曾先后担任过马歇尔大学、多伦多大学、阿斯兰大学教授的简·爱德华·史密斯在他撰写的《罗斯福传》一书里，把罗斯福称为“美国20世纪最伟大的政治家”、“美国当代总统的典范”，评价之高，实至名归。罗斯福在总统位置上长达13年的表现，展现了他无与伦

比的胆略和才能，被后人公认为同华盛顿、林肯相比肩的美国历史上最伟大的总统。罗斯福身残志坚，为世人在面对危机和困难时，如何努力与奋斗，树立了学习的榜样。在美国经济大萧条的20世纪30年代，他领导的政府建立了福利国家模式，给亿万美国人带来了希望；把孤立主义的美国变成世界大联盟的领导者；在他的提倡和支持下，联合国成立，为反法西斯战争的胜利作出了卓越的贡献。

罗斯福肖像

德怀特·戴维·艾森豪威尔（Dwight David Eisenhower）于1953年1月至1960年1月担任美国总统，是一位五星上将，退役后担任哥伦比亚大学校长，文武双全。在他任职期内，结束了朝鲜战争，建立了东南亚条约组织，提出了艾森豪威尔主义，即美国新的外交政策于1957年获得国会批准。1958年1月，美国的第一颗人造地球卫星“探险者一号”成功发射。他督促联合国于1957年建立了国际原子能机构，使美国核武器领先世界。

在美国国内政策方面，艾森豪威尔提出了“现代共和主义”，在他的大力支持与倡导下，美国的基础设施建设发展非常快。在民生政策制定方面，他批准了扩大社会保险，并把全国的工资增加为每小时1美元。

因此，美国人视艾森豪威尔为民族英雄。在战场上，他叱咤风云、英姿勃发、豪气万千，尽显英雄本色。在政府管理上，艾森豪威尔性格鲜明，尤其是他提出了新的外交政策。在美国历史上，他是一位影响深远的美国政治家。

罗纳德·威尔逊·里根（Ronald Wilson Reagan）是美国第49届总统，上任时已经是70岁的老人了。他当政期间，正值“冷战”后期。第二次世界大战后，由于美苏的军备竞赛，使两国大量的财政开支用于军备竞赛。面对这样的状况，里根通过与苏联领导人戈尔巴乔夫的频繁接触，化解了世界核武器大战的危机，显示出了里根总统高超的领导艺术。

有意思的是，里根在竞选总统前，有30年的时间活跃在美国影视界。

他过人的才华不仅表现在银幕上，也表现在担任领袖上。比如，对于行政管理，里根并不擅长，但他很会用人，相信自己的助手。平时里根只进行重大问题的决策，充分展现了“抓大放小”的领导艺术，具体事务和管理则放手他人和内阁成员去做。每当助手汇报情况时，他通常不发言，也不做评论。但在关键时刻，里根决策果断，用我们中国人的话说就是大智若愚。

里根担任总统期间，不仅振兴了共和党，而且重新树立了美国人民的自信，使国家经济复苏，并赢得了对苏联的绝对优势。他的保守主义思想和政策，对之后继任美国总统的布什影响很大。比如，布什总统对外强硬的外交政策及增加国防预算发展导弹防御系统的政策等，无不留着里根时代的烙印。

里根与布什

里根总统不仅演讲口才一流，文笔也非常出色，其执政期间的信函已经被出版成册，书名为《一生善于写信的里根总统》。

里根非常尊重美国军人为国家的付出，他常说“美国军人是伟大的群体”，这也赢得了军队对他这个总司令的尊重。在美国当兵，待遇非常好。比如，驻韩美军士兵的月收入平均为3000美元，还可以在马里兰大学韩国分校继续完成GPA学分，美国军人的这种待遇，与里根的努力有着直接的关系。

除了以上列举的人物外，还有一些总统候选人以及曾担任过美国总统的人值得学术界研究，比如，约翰·昆西·亚当斯（John Quincy Adams）。一位哈佛大学的教授称亚当斯是哈佛大学有史以来最有才华的学生，他一生力求成功，才华出众。

出自民主党的安德鲁·杰克逊（Andrew Jackson）被美国人普遍认为是史上最伟大的总统之一，面值20美元的纸币上就印有他的肖像。在美国历史上，只有极少数总统能够在第二任期结束的时候仍然像第一任期开始时那样受欢迎，安德鲁·杰克逊就是其中的一位。

印有安德鲁·杰克逊头像的美元纸币

毕业于耶鲁大学法学院的共和党人威廉·霍华德·塔夫脱（Willian Howard Taft），1901年担任菲律宾总督，1909年接任老罗斯福总统后，霍华德·塔夫脱主要应用于拉丁美洲的“金元外交”政策。这种政策替代了以往的“枪弹外交”政策，有学者认为这不过是美国“大棒外交”政策的变种而已。

关于约翰·菲兹杰拉德·肯尼迪（John Fitzgerald Kennedy），他是美国历史上颇有传奇色彩的一位总统。这次在乔治城大学进修期间，通过与美国人深入地交谈后，我发现以前在国内听到的对他的生平的说法不够客观。

的确，肯尼迪能进入哈佛大学学习并不是因为他的成绩好（他在波士顿拉丁学校的平均成绩是C），但哈佛大学录取学生还有其他因素，比如家族的社会关系、家族声望，或者学生与众不同的气质。面试官如果看中某个学生有潜能，这个学生就可能会被录取，肯尼迪就是这样走进哈佛大学的。他担任美国总统后，特别是在处理“古巴导弹危机”这一棘手问题上，表现出了他的智慧。

他在演说中的名句被写在美国学校的教科书里，激励着一代又一代美国青年人奋斗。这句话就是1961年1月20日就职演说中说的：“不要问你的国家能为你做些什么，而要问你可以为国家做些什么。”

肯尼迪的魅力和风格，影响了一百多年来的美国政治传统，他不安于现状、勇于创新，开创了现代美国竞选活动。1960年以来的所有美国总统候选人都以他为榜样，效仿其做法。

一位与我经常聊天的美国教授对我说，“近70年来，美国曾获得过三次可靠的情报，美国的国家安全受到了威胁”。由于我当年第一学历专业是国际关系，对自第二次世界大战以来的国际冲突多少有些研究，这三次威胁应该是：（1）1941年中国军队用无线窃听器捕捉到的日军突袭珍珠港的情报。（2）1962年美国侦察机拍摄到的古巴境内苏联布置的导弹。（3）“9·11”恐怖袭击情报。虽然每次危机都有不同的因素和背景，但只有1962年的“古巴导弹危机”，美国政府在肯尼迪的领导下，成功破解，避免了事态的恶化。

在肯尼迪总统身边工作过11年的特德·索伦森这样评价肯尼迪：“肯尼迪是一位道德领袖。作为美国总统——世界最强大军事力量的最高领导人，在任期内没有派往国外一兵一卒，也没有投出一枚炸弹；他用总统的职权打通了宗教和种族的隔阂，促成了宗教和种族的融合；他向贫困和受压迫的人们伸出援手；他鼓励美国人为社会服务，关爱他们的友邻，不论他们是何种肤色；他不对弱者宣战，而是与美国的贫穷、失学和精神疾病做斗争；他重新引起年轻人对政治的关注，派和平队和志愿者到其他国家服务。他在我的眼中就是一位道德高尚的总统，尽管他的私生活可能放纵无度，公众评价公职人员，不应该看他的私生活是否遵循清教主义，而应该首先看他们在公众面前的品行和公共服务的水平，看他们秉承的原则和制定的政策。”①

美国人对肯尼迪的评价，使我进一步了解了美国文化和美国人，他们

① Ted Sorensen, Counselor—A Life at the Edge of History, pp. 106 - 107, 2008, Harper Collins Publishers.

就事论事。1999 年当我还在国外担任中国建设银行韩国代表处首席代表时，肯尼迪的儿子飞机失事遇难，时任总统克林顿的评价是“Kennedy's Family have suffered a lot and given much”（中文意思是：肯尼迪家族对美国的贡献很大，但经历的苦难太多）。可见肯尼迪家族在美国人心目中的位置。

查德·米尔豪斯·尼克松（Richard Milhous Nixon）是一位颇为中国人民所熟悉的美国总统，导游吕国强先生特地带我们看了一眼“水门事件”的发生地点，好像我们中国人对因“水门事件”而下台的尼克松总统有一种好奇心，或是同情心。

其实，尼克松任内最大的贡献是在他任期内恢复了美中关系正常化。1972 年 2 月 21 日他率领美国代表团抵达北京，受到毛主席、周总理的接见。2 月 28 日，中美发表了《上海公报》，宣布两国关系走向正常化。从此，中国和美国的关系进入了一个新的历史时期。美国总统尼克松的这次“破冰之旅”是继乔治·凯南提出遏制政策以来，美国“均衡外交”政策的具体体现，美中两国实现了双赢目标。

尼克松总统的另一个贡献是美国从越南撤出了军队，拔出了陷入泥潭的脚，结束了使美国政府头痛的“越战”。

但尼克松的共和党下属制造的“水门事件”，成为民主党攻击共和党候选人的机会。我想，尼克松本人初期并不一定知道窃听计划。所以，管好下属对一位领导人来说是很重要的。

我对美国总统制度的理解

在乔治城大学学习期间，我在图书馆里看到了一本有关美国总统制的书，书的英文名称是 *The American Presidency*，结合乔治城大学老师的授课内容，我用 4 个小时一口气读完了这本书。

书中写道：“任何一个为了共同目标而聚集在一起的群体，不论他们的目标是生产曲别针或是以国家的形式共同生活，通常会被划分为领导者与服从者，领导者在美国就是总统。”但领导者只是一方面的解读，另一方面，总统是人民利益的服务者。

美国宪法明确，美国总统的权力是人民赋予的，总统必须代表美国人民的利益。总统的产生是人民选举的，当选总统在其任职期间，必须承诺竞选时的诺言，美国人民对其有监督的权力。对于不称职的总统，国会可以代表广大美国民众进行弹劾。美国总统既是一个承担着立法者角色的强权统治者，同时也是个极具说服力、受人欢迎的领导。

以上是我在乔治城大学学习后，对美国总统制的理解。一句话，美国总统是人民选举，民主执政，为民众服务，为美国国家利益最大化服务的美国国家最高级别的政治领军人物。从这点看，美国总统只是美国政客的代言人，美国总统的决策，既受到政治体制的约束，也受其智囊团的影响，比如艾森豪威尔时期的国务卿杜勒斯、尼克松时期的国务卿基辛格、克林顿政府的国务卿奥尔布赖特以及小布什执政期间的国务卿赖斯等，都对总统决策的形成产生过重要影响。

如何理解美国总统的权力

美国总统的权力更多地体现在军事使用方面，但总统的权力受两院约束，美国总统是政府政策的执行者。比如，战争爆发初期，美国政府连续召开高层会议，认定战争的性质是美国政府制定一切有关政策的决定性因素。多年前，我曾经看过美国学者 Jerel. A. Rosati（杰里尔·A. 罗塞蒂）写的有关美国政治制度形成过程的书籍，作者在 *The Politics of United States Foreign Policy* 一书里，对美国总统的权力和国会程序与立法均进行了介绍。

Jerel. A. Rosati 在书中是这样描写美国总统权力的：在多数美国人心目中，总统是美国最有权势的人物。事实上，我们许多人获得的是一种全能总统形象。从年轻时起，大人们就教导我们，总统像慈父一样，他统治着政府并代表美国人民。[①]

如果按照这种对美国总统权力的解释，美国总统是美军的总司令、美国头号外交家、国家元首、行政首脑、首席立法者、民众的代言人和首席司法官。根据以上说法，我的理解是：美国总统是头戴多顶不同帽子、承担着不同角色的权力行使者。

在美国的特殊历史时期，美国总统的权力确实使其在美国民众中树立了权威和良好形象。比如，1933 年 3 月当美国整个金融系统处于混乱时，时任总统罗斯福就像格兰特[②]一样，从容镇定地采取了措施，并给他的下属们发出了清晰的指令，成功领导美国人民走出危机，证明了美国民选总统的能力。

但是，美利坚合众国是一个三权鼎立的决策机制，国会对总统的权力通过立法予以约束，尤其在外交决策方面和金融政策方面，总统仅仅是美国人民利益的代言人，特殊时期和“冷战”时期除外。

追溯历史，美国从 1776 年的《独立战争宣言》到 1787 年的《费城宣言》，逐渐形成和完善了国家政治体系及架构，使国家宪法不断得以完善，比如第二十五条规定了副总统继任的条件；第二十六条规定了年满 18 周岁公民的选举权等。

1787 年后，国会又对 5000 多条针对宪法的修改建议进行了采纳，修改的主要部分就是有关权力的监督与分散等。但美国总统的权力还是比较大的，尤其是在美国的对外政策上的权力是任何人都无法左右的。当然，某些决定需要经国会批准。

美国总统是美国陆海空三军的总司令，意味着他对军队有至高无上的权力。根据美国宪法，军队由民选的文职领导人管辖。所以，从理论上，美国总统控制着美国军队，这就意味着当总统发布一项命令时，军队和美国国防部必须服从。依仗着总统的特殊地位，美国总统被看作“六星将

---

① Jerel. A. Rosati，The Politics of United States Foreign Policy，by Holt，Rinehart and Winston，Inc，1993.

② 格兰特是在美国内战期间，维护美国国家统一的、美国人民心目中的英雄。

军”，总统可以下令在美国境外使用美军。

自第二次世界大战结束以来，这样的例子就有很多。比如杜鲁门总统决定在1950年派遣美军在仁川登陆，全面参与了朝鲜战争；艾森豪威尔、约翰逊总统对越南战争的武力介入的不断升级的决定；尼克松总统决定秘密支持尼加拉瓜反政府武装的决定；里根总统做出的推翻尼加拉瓜桑迪诺政府的决定；乔治·布什总统下令军队进入巴拿马、派50万美军赴海湾作战；在“9·11”事件后的2001年10月7日，小布什总统下达命令对阿富汗进行军事进攻、下令出兵伊拉克抓捕萨达姆的军事行动；奥巴马总统下令武力干涉利比亚、叙利亚等，都代表着美国对外政策的一项重大承诺，代表着总统的决策。虽然，美国国会才拥有宪法规定的宣战权，但上述战争的命令却都是由总统发布的。

美国总统外交权力的掌握、与国会目标趋于一致性的现象是在“冷战”时期形成的。“冷战”时国家将外交权力集中到了总统的手中，同时这又保障了总统与国会之间的两党意见一致。领导力来源于总统，比如在北约（NATO）和马歇尔重建欧洲的计划政策制定中，国会最终都顺从了总统，两党人士认为总统在处理外交事务上没有党派偏见，只有美国利益。富兰克林·罗斯福的总统制牢固地确立了总统制定外交政策的地位，罗斯福在外交政策方面以实用为主，他认为这样能更直接和迅速地为美国带来好处。哈里·杜鲁门的统治又将这一角色转变为第二次世界大战后来之不易的“和平”，在他之后，没有一届国会能在外交事务上反对总统的行为，这与国家安全总统制的建立共同构成了杜鲁门留给美国总统这一职务最深远的财富。

浅析美国非西欧国家后裔政治明星

自1492年哥伦布发现美洲大陆后，当时海上强国的西班牙人在1519年就来到美国这片热土。之后，法国人于1524年也登陆北美这片土地，而荷兰人和德国人则于1609年分别来到了纽约和威斯康星。再后来，英国人搭乘“五月花号”来到了美国。不久，意大利人也来了。

有关资料显示，荷兰人是最早登陆纽约（原名“新阿姆斯特丹”）这片热土的移民，他们为这片土地最早起了名字。如果仅从对纽约金融业发展所作出的贡献看，在欧洲赴美移民中，荷兰人最值得尊敬。在欧洲，他们仅仅经历过一代人的自治，使荷兰成为欧洲的商业中心和金融中心。之后，他们又依托从印度洋延伸到哈德逊河的庞大海洋帝国，把自己改造成为世界上最大的贸易国，纽约之所以能成为当今的世界金融中心，与这批最早登陆的荷兰人所付出的努力有着直接的关系。

在美国，德国移民主要集中居住在威斯康星州、密苏里州和伊利诺伊州。我的一位美国朋友、风险投资人特丽萨就是居住在威斯康星州的德国后裔，我在美国学习期间，她专程到华盛顿、纽约看望我，我们一起讨论了私募股权基金、风险投资基金等问题。

外来移民经过200多年的奋斗，把美国建设成今日世界经济大国、军事强国和世界金融中心。据史书记载，15世纪欧洲人口急剧膨胀，北美洲大陆成为欧洲移民的目的地。这些西欧原工业和贸易发达国家移民美国后，推动了世界各地之间的文化交流，移民为土著印第安人带去了大麦、黑麦、燕麦、水稻等物种以及当时欧洲先进国家的农耕技术，同时把美洲大陆的橡胶、玉米、烟叶、香蕉、可可、马铃薯等带回欧洲并传遍世界其他地区。在这之后的100多年里，这些发达欧洲国家人的后裔成为美国的统治者，为美国的政治经济发展作出了重要的贡献。但是，近50年来，在美国的很多政治精英中，陆续出现了一批非最早移民美国的“欧洲先进国家”人的后裔。

在战后美国领导人当中，特别是最近30年以来，美国政府里有些优秀的政治精英出自不属于原西欧发达国家的后裔，他们非常优秀，赖斯、奥尔布赖特、鲍威尔、奥巴马、基辛格等人都属于这个群体，这些人是美国当代政治明星人物，是国家或总统政策制定的高级幕僚。这些人能够被写入美国的历史，一方面是由于他们的聪明才智和对一些国际问题具有前瞻性的判断影响了美国的对外政策，另一方面是由于美国的政治制度给了他们表现的舞台。

跨越理想的人——康多莉扎·赖斯

当年，我在中国建设银行海外分行工作时，赖斯正在美国国务卿的位置上履职，我在韩国教保书店，买了一本 Antonia Felix 撰写的 *CONDI—THE CONDOLEEZZA RICE* 图书并在一个晚上看完，书中不仅介绍了赖斯的成长经历、敏锐的政治直觉、渊博的知识，吃苦耐劳的敬业精神，还介绍了她的下属对她的评价。

赖斯作为美国南方黑人家庭的一员，在美国这个长期以来以白色人种为主导地位的国家，童年时内心深处过早地承受了白色人种孩子们不曾想象的生活压力，但她最终通过个人努力获得了成功，成为美国历史上继奥尔布赖特之后又一位女性国务卿。

赖斯2005年2月接替科林·鲍威尔成为美国国务卿，她是美国历史上第66任国务卿，是美国历史上就任此职的第一位女性非裔美国人国务卿，是继鲍威尔后的第二位非裔美国人国务卿，更是继马德琳·奥尔布赖特之后，美国历史上的第二位女性国务卿。

赖斯是非洲后裔的美国人，兼具黑人与妇女“双重身份”，她靠自己的努力，成功地跨越了以上两层障碍，成为美国历史上第一位黑人女国务卿。

赖斯激情澎湃，逻辑清晰，智谋过人，她用自己的人生谱写了至高荣誉的乐章。她的成功，传承了母亲安吉兰娜和她的外祖父阿尔伯特·罗宾逊·雷的基因。

赖斯的妈妈是一名女钢琴家，在中学担任音乐和生物教师。而她的外祖父阿尔伯特·罗宾逊·雷相信天道酬勤，为了家庭的生存和尊严，一生努力进取，从事过矿工、铁匠、建筑工人等职业，带领着这个黑人家庭过上了简朴但富足的生活，在当地（亚拉巴马州伯明翰）树立起了自己的威望，成了黑人中产阶级的代表，他代表着非洲后裔创业致富的梦想。

赖斯很幸运，家庭为她精心构造了一个色彩斑斓又富有尊严的童年。虽然，赖斯成长在种族仇恨与民权运动的斗争中，但她从小就下定决心，要靠自己的努力，从一层层歧视中求得自我解放。作为极少有的黑人女政治家，她最终成功走入美国权力最高的殿堂——白宫。

Antonia Felix 的书里这样写道：在赖斯不满 10 岁的那年，父母第一次带她去华盛顿旅游，一家人因为肤色被拦在了宾州大道的白宫栅栏外。她站在白宫前面的草坪上，长时间地注视着这座别致的建筑物。当职业为教师的父亲问她“你在想什么”时，小赖斯的回答出乎父亲的所料，当时赖斯对她父亲说：“爸爸，我知道我之所以不能靠近这座建筑物是因为我的肤色，但总有一天，我会到它里面去工作。”正是这种雄心壮志，25 年后，她终于如愿以偿，被布什总统任命为美国国家安全顾问。

赖斯的父母原本希望她成为钢琴家，从小培养她学习音乐，还因此给她起名 condoleezza。[①] 但成年后，赖斯却投身于政治事业，用艺术的智慧、在政治的象牙塔里孜孜不倦，沉浸在俄罗斯文化和外交学研究的学海中。

赖斯的童年是在美国的阿拉巴马州伯明翰度过的，伯明翰是美国南方

---

① 意大利音乐术语，寓意“甜美地弹奏”。中文译为：康多莉扎。

民权运动活跃的城市，在那里，男性在社会活动中的主导地位特别突出，或许就是在这样的文化背景下，使得赖斯从童年起就树立了她人生的奋斗目标——战胜或超越男性。在超越男性方面，她和奥尔布赖特性格一样。她的自信心和果敢的品格，就是在伯明翰养成的。因为，在那里，赖斯的父母为她提供了最好的教育。

赖斯政治仕途的发展与布什家族关系很大，她第一次进入老布什的圈子是在1987年斯坦福大学的一次晚宴上，她的几句简短而有特色的致辞引起了曾任福特总统国家安全事务助理布伦特·斯考克罗夫特的兴趣。

从赖斯的讲话中，斯考克罗夫特发现赖斯对苏联的看法与他的政治现实主义不谋而合。1988年大选之后，斯考克罗夫特成为老布什总统的国家安全事务助理，赖斯随后被任命为美国国家安全委员会苏联事务司司长。真可谓“命里有时终须有，命里无时莫强求”。人们不相信命运不行，赖斯与她的前任奥尔布赖特一样，这次偶然的机遇，改变了她的人生。

赖斯从小就树立了雄心壮志，这样的抱负培养了她的坚强性格。早在赖斯的大学年代，一堂国际事务课使她对研究苏联问题有了兴趣。那堂课的主讲者是约瑟夫·科贝尔，主题是列宁的继承者斯大林。课堂上，赖斯突然发现苏联政治居然那么有意思。应该说，这颗黑珍珠先是被伯乐科贝尔教授发现，后来又被老布什总统挖掘。

赖斯非常崇拜科贝尔教授，不仅因为这位教授是知名的国际事务专家、知识渊博，还因为他的真知灼见常常令赖斯茅塞顿开。在这个世界上，有些事情就是那么巧，科贝尔教授有一个比赖斯大17岁的女儿，这个女儿对苏联问题也深有研究，她就是赖斯的前任——美国第一位女性国务卿——奥尔布赖特。

由于赖斯政治观点清晰，很受美国前总统的欣赏，老布什任总统期间，她是布什总统家的常客。小布什总统上任，她成为总统的高参。小布什任总统期间，赖斯是小布什班底的核心人物。从白宫到国外出访，从得州的牧场到戴维营，人们总能在总统身边看见赖斯的身影。白宫对外事务委员会流传着这样的看法：总统会听取切尼的意见，对鲍威尔的提议也能重视，但总是在和赖斯商量后，做出最后决定。这些充分说明了小布什对赖斯的器重。在小布什做出打击伊拉克的决定过程中，赖斯起到了关键的作用。

康多莉扎·赖斯

赖斯个性突出，做事最讨厌废话连篇的报告，要求下属的报告必须简短，一两张纸就可以了，能说明问题足矣，布什父子对康多莉扎·赖斯的评价是“品质、信仰与智慧兼备之人才”。对于赖斯的工作能力，《纽约时报》驻华盛顿记者尼古拉斯·雷曼这样写道：“无论什么时间，无论面对什么事情，她总是充分准备，精密筹划。无论多琐碎、多复杂的小细节，只要一到她手里就通通变得有条有理。她很有教养，十分自信，也很迷人。可她又有些死板，有些傲慢。人们喜欢她，也喜欢她那无拘无束的笑容。好像没有什么事能让她惊慌失措。她会把一切事情安排得井井有条。”

赖斯的社会阅历也比较丰富，她早期的职业生涯是在美国的 Carnegie 公司工作，该公司是一家从事教育和国际安全研究的机构。赖斯还曾在美国第六大寿险公司（Transamerica）工作过，担任董事十年。1995 年，赖斯加盟 JP. 摩根金融控股公司，协助舒尔兹的工作，担任国际事务委员会顾问。从赖斯身上可以看出，傲慢与清高是她骨子里就有的，这些形成了她的做事风格。在美国历史上，赖斯是美国黑人后裔的杰出代表人物。

政治强硬派代表——奥尔布赖特

在美国当代历史中，另一位优秀的非西欧发达国家人后裔是美国历史上第一位女国务卿——奥尔布赖特。

奥尔布赖特的名字全称是“马德琳·科贝尔·奥尔布赖特”（Madeleine Korbel Albright），于 1937 年 5 月 15 日生于前捷克斯洛伐克的布拉格。

马德琳·科贝尔·奥尔布赖特

奥尔布赖特是美国第64任国务卿。她从领导岗位退休后，来到我们这次学习的乔治城大学任教，在埃德蒙·A. 沃尔什外交学院讲授外交学。其实，奥尔布赖特在从政前，就曾担任乔治城大学国际事务学的教授，当时她是该校国家政策中心主任，专门研究美国与俄罗斯和东欧国家的关系。

奥尔布赖特的人生经历与赖斯有着相同之处，她们的童年时期曾有过相同的经历，两人在其成长时期都是美国主流社会以外的人种。奥尔布赖特童年时代经历了战火的考验，四位祖父母中有三人惨死在集中营。她的父亲是一位外交官兼学者，曾任前捷克斯洛伐克驻前南斯拉夫大使。

第二次世界大战期间，她和家人居住在伦敦。10岁时，在瑞士上学并改名为马德琳。1948年，奥尔布赖特的父亲在联合国工作，负责处理印度、巴基斯坦问题。之后，由于其父被控从事颠覆国家的活动，全家在美国请求政治避难，并获得批准。

奥尔布赖特在回忆录中描述了那段艰难的日子，她写道："我和母亲Kathy John那个时候住在长岛的一间小屋子里，我不敢想母亲将怎样面对生活的改变。因为在母亲以往的生活里，要么是家中娇生惯养的女儿，要么是外交官夫人。但她现在不得不面对现实，在一个陌生的国家（美国）带着自己的孩子申请第二次难民庇护。那年母亲虽然只有37岁，可是在我一个少年人的眼里，她要比自己的实际年龄大了许多。"①

移居美国后，奥尔布赖特在马萨诸塞州的韦尔斯利大学学习新闻和政治学，1959年毕业。1976年进入政界，任参议员埃德蒙·马斯基（缅因州民主党人）的工作人员。奥尔布赖特是一位学者型外交家，她后来获得了哥伦比亚大学哲学博士学位，通晓英语、捷克语（母语）、波兰语、俄

① Madeleine Albright, "Madam Secretary", Miramax Books, 2003, New York, p. 18.

语（大学所学专业）和法语。1978 年出任吉米·卡特总统的国家安全委员会委员，在布热津斯基手下负责与国会的联络工作。1981 年里根担任总统后，她转入学术界，著有《波兰：政治变化中新闻界的作用》一书。

人生有很多事情就是这么有意思，多年后，奥尔布赖特又回到了政界。用中国的老话讲，命里有时终须有、命里无时莫强求。1988 年的一个偶然机会，奥尔布赖特认识了当时担任阿肯色州州长的比尔·克林顿。没想到，几年后克林顿成了白宫的主人，这为她日后再次登上美国政权舞台开辟了一条捷径。

克林顿上台后，她被任命为美国常驻联合国代表，是联合国安理会中唯一的女代表。她曾踌躇满志地谈起自己的那些男性同行："我既嫉妒他们，又同情他们，他们看起来太相像了。"她还面带微笑地向同行表示："我很喜欢这种万绿丛中一点红的感觉。"在联合国大使的岗位上，她善于强行贯彻美国的对外政策。

奥尔布赖特十分清楚，要想取得高级职务，她必须花些时间同那些能够左右和影响决策的人打交道。1995 年 9 月，联合国在中国召开第四次妇女大会，奥尔布赖特率领美国代表团前来参加，她邀请了第一夫人希拉里作为名誉主席一同前往。后来，她与希拉里频繁交往、成为闺蜜。1996 年 12 月，克林顿成功连任美国总统后，马上给奥尔布赖特打了电话，邀请她出任国务卿。之后，这位时年 59 岁的学者型外交家取代了此前一直由男性扮演的角色。

1996 年 12 月 5 日，奥尔布赖特被确定为美国第一位女国务卿。尽管在美国政府中，妇女的任职占 20% 左右，但由妇女出任国务卿这种高级职务在美国尚无先例。奥尔布赖特成为开创历史先河的人物，美国政界人士都瞪大了眼睛。当然，后来又有了女国务卿——赖斯。

奥尔布赖特个性鲜明，一方面，她热爱生活，总是喜欢身着红裙，这些连同其令人敬畏的政治声望，使她在那个历来都由男性主导的国际政治舞台上显得格外引人注目。另一方面，奥尔布赖特的政治观点甚至比男性同僚还坚定，她以立场强硬而著称。

上任后，奥尔布赖特说：“We must build a new framework—adapted to the demands of new century—to control the threats posed by weapons of mass destruction and terror; settle dangerous regional conflicts; maintain American as the hub of an expanding global economy; and defend cherished principles of democracy and law. At the center of that framework ‘are our key alliances and relationships’. These are the bonds that hold together not only our own foreign policy but the entire international system”.①（面对新世纪，美国需要建立一个新的架构，以应对大规模杀伤性武器和恐怖主义；处理好区域冲突；维护美国全球经济中心地位；捍卫民主与法律。美国要以这种框架为核心，保持好与重要盟友的关系，这样做不仅是为了推行我们的外交政策，也是为了维护整个国际秩序）。

以上观点，体现了美国希望自己永远是世界老大的政策方针，科索沃战争就发生在1999年。第二次世界大战后，从朝鲜战争到越南战争，从海湾战争到伊拉克战争，从阿富汗战争到利比亚战争再到叙利亚内战，美国都直接或间接介入。“美国人认为地球是他们的，他们是地球的家长，地球上哪里出了问题当然要管，这就是美国人的思维，这就是美国人的逻辑。”② 尽管事后并没有在伊拉克、利比亚发现大规模杀伤性武器。

穷人的孩子早当家——鲍威尔

在奥尔布赖特之后、在赖斯之前有一位著名的牙买加后裔出任美国国务卿，他就是军人出身的科林·卢瑟·鲍威尔（Colin Luther Powell）。

鲍威尔出生于纽约，在南布朗克斯（Bronx）长大，平民出身。他的父母都是来自牙买加的移民，父亲是码头的搬运工，母亲是缝纫工。童年的鲍威尔家庭非常贫困，但是艰苦磨难没有阻碍鲍威尔的奋发与成功，他

① Madeleine Albright, “Madam Secretary”, Miramax Books, 2003, New York, pp. 226 - 227.

② 刘植荣：《美国历届总统竞选辩论精选》，南昌，江西人民出版社，2009。

从一位军人走到美国国务院最高管理者的职位。2001 年 1 月至 2005 年 1 月，主掌美国国务院工作，表现出色。

作为一个移民的后代，鲍威尔是一个美国梦的实现者。作为一个职业军人，他的做事风格不同于一些纸上谈兵的美国政客。鲍威尔曾经两次被派往越南参战、20 世纪 70 年代初还被派往朝鲜半岛担任驻韩美军的高级指挥官，他熟悉亚洲，知道军人必须服从国家利益的选择，也深知美国海外军人的酸甜苦辣。

鲍威尔为人坦诚、观点鲜明，认为“军队的最终使命是缔造和平而不是一味追求胜利”，因此他颇受美国军人和他们的家属们爱戴。我在韩国工作时，曾参加过有他出席并发言的国际形势研讨会。当时，正值“六方会谈”在韩国举行会议，我去汉城（今首尔）的新罗饭店看望学长——中方代表王毅。之后，在韩国银行业协会举行的半岛形势分析会议上，我亲耳聆听了他对朝鲜半岛局势的演讲，印象深刻。

鲍威尔靠着诚实和自己的勤奋努力，在里根、布什和克林顿担任总统期间，在美国政府决策层都担任过高级职务，他是美国历史上第一位黑人上将、第一位黑人参谋长联席会议主席和第一位黑人国务卿。在韩国，我曾和鲍威尔面对面交流过，他给我的印象是憨厚、实在。

鲍威尔

由于敢说实话，鲍威尔得罪了一些人，早在布什政府内部强硬派和“单边主义”派盛行的环境下，鲍威尔萌生了退出政坛的想法。实际上，“9·11”事件前夕，鲍威尔在布什内阁中的地位已经恶化到如此地步，以致美国《时代周刊》以“不合群者”（Odd Man Out）为封面标题，直指鲍威尔是布什政府中的“不合群者”，使他在华盛顿政治圈中的影响日益黯淡。因此，鲍威尔从国务卿岗位退休后，没有在政治场合出现，专心在家撰写回忆录。但人们对他的评价还是正面居多，我看到过美国人对他的评价，有人这样说："两次伊拉克战争的成败使人越发认识了他的人品高贵和战略远见，"他任国务卿时的支持率曾高达80%以上，远高于他的前任和后任同行。他就像一瓶老酒，时间越长越显得珍贵。

从社会出身背景角度分析，鲍威尔和共和党强硬派之间产生矛盾是可想而知的事情。布什政府内的共和党右翼人士，大都来自富有的权势阶层，自幼养尊处优，一帆风顺。就以国防部次长保罗·沃尔福维兹为例，他出身于富裕家庭，大学上的是"常春藤盟校"之一的康奈尔大学数学系，随后又在另一名校芝加哥大学获得政治学博士。相比之下，鲍威尔出身于加勒比海贫苦的黑人移民家庭，大学就读主要招收普通平民的纽约市立学院。后来又以低级军衔去越南服役，历尽辛苦。他的成功，完全靠自己的努力。

鲍威尔人生态度积极，论事客观公正。在回忆录《美国之旅》（*My American Journey*）一书中，他这样描述了自己的成长经历："我是一个黑人移民的后裔，童年在南布朗克斯长大。我从一个士兵做起，能够成为美国总统的国家安全助理、参谋长联席会议主席有两个原因，一是靠工作努力，二是靠运气，即偶然的机会和好的时代。我的事业之所以能成功，要感谢帮助过我的人们和为我在战场上牺牲的战友。

变革总统——奥巴马

美国刚刚卸任的总统奥巴马也是非洲后裔的政治明星。奥巴马总统全名为：巴拉克·奥巴马（Barack Obama），他的身世复杂。奥巴马总统和克林顿总统都是出自民主党的美国总统，他竞选总统时提出的口号是"我们相信变革"（Change We Can Believe In）。

1961年8月4日奥巴马出生在美国夏威夷州檀香山市，父亲是来自肯尼亚的一名留学生，母亲是美国堪萨斯州的白人，二人在就读夏威夷大学期间相识。由于父亲此后前往哈佛大学求学，奥巴马从小由母亲抚养，两岁多时，他的父母婚姻破裂。六岁时，奥巴马随母亲和继父前往印度尼西亚首都雅加达生活，并在当地的一所小学就读了两年。四年后，他一家又回到了夏威夷，与外祖父母住在一起。从五年级起，他就读于位于火奴鲁鲁的私立学校——普纳荷学校（孙中山曾于此校就读）至12年级，于1979年毕业。若干年后，母亲与继父离婚，奥巴马随母迁居美国本土生活。

青年时期，奥巴马因为自己的种族背景，很难取得社会认同，十分自卑。他过了一段荒唐的日子，做了很多愚蠢的事，比如逃学、吸毒等，成了一个不折不扣的“迷途叛逆少年”。

应该说著名黑人诗人、记者和美国左翼活动家法兰克·米歇尔·戴维斯是深刻影响奥巴马的人物，20世纪世纪60年代戴维斯就成为奥巴马家里的常客，而给青年时期的奥巴马带来深刻影响的也不是他的母亲，而是他的外祖父斯坦利·埃默·邓汉姆和外祖母斯坦利·安·邓汉姆。他的外祖父斯坦利·埃默·邓汉姆曾跟随巴顿将军驰骋沙场；而奥巴马的外祖母斯坦利·安·邓汉姆那个年代则在一条轰炸机的装配线上做装配工人。

奥巴马的求学、从政之路并不平坦，早年在洛杉矶的西方学院求学两年，后转至纽约市的哥伦比亚大学的哥伦比亚学院学习，主修政治学及国际关系，1983年取得国际关系专业学士学位后参加工作，在国际商务公司工作了一年。1985年，奥巴马迁往芝加哥，创办了一个非盈利计划，协助教堂为穷困居民进行职业训练。1988年，奥巴马进入哈佛大学法学院学习，1991年获法学博士学位。1992年供职于芝加哥的一家律师事务所，之后撰写完成了自传体回忆录《父亲的梦想》，并在美国出版发行。在2004年国会选举中，奥巴马当选联邦参议员，从此走上从政道路。

在担任联邦参议员期间，他参与起草了有关控制常规武器的议案，推动加强公众监督联邦基金的使用，并支持有关院外游说、选举欺诈、气候变化和核恐怖主义等问题的一系列议案。其间，他出访了东欧、中东和非洲的一些国家。2007年2月，奥巴马正式宣布竞选总统。他在竞选演说中，以“变革”为主题，强调结束伊拉克战争、实现能源自给停止减税政策和普及医疗保险等，并承诺实现党派团结、在国际上重建同盟关系、恢复美国的领导地位。

2008年8月27日，他在民主党全国代表大会上获得总统候选人提名。2008年11月4日，美国各大电视网公布的初步统计结果显示，美国民主党总统候选人、伊利诺伊州国会参议员奥巴马在举行的总统选举中击败共和党对手、亚利桑那州国会参议员麦凯恩，当选第44任（第56届）美国总统，成为美国历史上首位非洲裔总统。四年后，他又获胜、连任总统，他的获胜成为美国现代选举历史上的一个里程碑，因为自1940年罗斯福总统以来，还没有哪位现任总统在失业率高达7.9%的情况下赢得连任。

在美国国内，奥巴马走马上任时正值美国金融危机，由于金融监管不到位和银行高管不作为而引起的贝尔斯登（Bear Stearns）、雷曼兄弟（Lehman Brothers）等一些金融机构倒闭，严重影响了美国民众对政府的信任。据说在贝尔斯登问题曝光的前一个周末，公司董事长吉米·凯恩还去底特律参加一场桥牌联赛，等他回到纽约后，华尔街没有一家银行愿意拆借资金给贝尔斯登银行，这位董事长的心思根本没有放在工作上。在国际问题上，美国卷入阿富汗、伊拉克战争后，消耗了大量的财力和人力。面对上述问题，美国上下要求变革的呼声日益高涨。在这样的形势下，形成了奥巴马治理国家的核心理念，即对外尽早结束伊拉克战争，对内出台一系列的针对民众期盼解决的政策，诸如医疗、教育及能源价格问题等。

在教育问题上，奥巴马说“如果我们真心想帮助自己的子女与北京和班加罗尔的孩子竞争未来的就业机会，就需要我们大家共同努力，确保我们的每一个孩子从呱呱落地到大学毕业一直接受一流的教育。”他的这种观点说到美国人心里去了。我始终认为，教育对于一个国家的未来非常重要。1996年至2005年当我在韩国工作时，亲眼看到韩国重视教育所取得的成绩。2000年我在陪同原国家体改办的领导参观三星集团时，看到三星电子依靠科技创新开发出的新产品后，我曾对我的老领导说：“未来十年是三星的时代，有索尼电子产品的地方，人们就会见到三星的产品，没有索尼产品的地方，也能见到三星的电子产品。”

奥巴马的“我们相信变革”进行国家治理的主要内容包括：第一，禁止政府官员把自己的行政工作当成将来游说职业的晋升台阶。第二，取缔滥用无竞标合同，禁止官员受贿。第三，政府聘用人员时，其衡量标准是拟被聘用人员的品行、资格、经验和能力。第四，实行公开、透明的管理制度。这些都值得我们学习。

现实政治的支持者——基辛格

说到基辛格，20 世纪 50 ~ 60 年代出生的中国人对他的名字都很熟悉，因为在那个年代出生的人，从小所受到的教育在基辛格访华后逐渐开始改变。随着中美两国在 1979 年正式建交，人民之间的了解不像朝鲜战争停战后的 20 年间那样片面。

基辛格是犹太裔美国人，1923 年出生在德国的费尔特市，在 20 世纪 30 年代希特勒进行的大屠杀中，为了躲避迫害，基辛格随父母迁居纽约。对此，基辛格的传记作者之一沃尔特·伊萨克森这样说：基辛格的几乎所有个性特征——他的哲学悲观主义、他的信心与不安全感的共存、他的因自己易受伤害而觉得空虚，以及他的因渴望赞誉而显得傲慢等都可以追溯到那场历史灾难中。

基辛格一家人到美国后，父母把他送进了华盛顿高级中学读书。这所学校有 5000 名学生，其中犹太人很多，当时基辛格的最大愿望是毕业后能做一名会计师。美国卷入第二次世界大战这件事改变了基辛格的命运，1943 年他加入美国籍，不久应征入伍，在美国陆军服役。

战争结束后，基辛格回到了美国。1947 年 9 月，他根据《士兵权利法案》获得奖学金并进入哈佛大学政治系学习。在哈佛读书期间，基辛格荣幸地得到了威廉·埃利奥特做他的导师。埃利奥特毕业于英国牛津大学，是哈佛的一个传奇人物，为黑格尔的信徒。他教授给了基辛格一套完整的保守主义政治哲学，并成为发现基辛格的伯乐。

基辛格是著名的外交家。作为一位现实政治的支持者，在1969～1977年，基辛格在美国外交政策中发挥了领导核心的作用。尼克松政府时期，基辛格担任美国国务卿，在中美建交中扮演了重要的角色。

基辛格先生

20世纪70年代初，基辛格是第一个到访中国的美国政府高级人物，从此他有了中美两国建交前的“拓荒者”之美誉。我曾看过很多关于介绍基辛格的书籍，也看过基辛格本人所写的书籍，比如《关于外交》（*Diplomacy*）、《论中国》（*On China*）等。

基辛格是中美建交的功臣，因为中美两个大国在朝鲜战争结束后几乎没有任何往来，在“冷战”时期，面对共同的对手，中美双方都渴望有机会能够接触，因此，基辛格起到了马前卒的作用。

“冷战”时期，中西方处在相互对立的特殊年代。那么，基辛格是怎样破冰来到中国的呢？当时为了避开新闻媒体，他绕道巴基斯坦才来到中国。有位学者这样写道：“在一个闷热的夏日，一位美国高级外交官突然‘肚子疼’，随即他被送往巴基斯坦总统叶海亚·汗远在深山的官邸，他的真实目的地其实是数千里之外一个仍和美国愤然相对的中国。”在北京经过48小时的旋风式访问后，时任美国国家安全事务助理的基辛格叩开了中美之间尘封20多年的大门。

其实，基辛格既是出色的外交家，更是外交学者，但他的从政和教学研究之路并非平坦，基辛格退出政坛时，起初想回哈佛任教，但被哈佛校长博克婉拒。基辛格认为，人生遭到他人拒绝不可拍，可怕的是放弃进取或不再继续努力。基辛格被哈佛校长拒绝后，他没有放弃，反而继续努力。后来，他受聘担任了乔治城大学教授，乔治城大学国际战略研究中心顾问，大通曼哈顿银行国际顾问委员会主席等职。

基辛格崇拜“伟人”，认为“伟人”可以创造历史。在 1975 年 12 月与记者的一次谈话中，他谈道：“戴高乐是伟人，罗斯福是伟人，毛泽东是伟人。”在基辛格眼里，“伟人”能使人民生活发生质的变化，如果没有他们，就很难设想历史会怎样。从基辛格的本科论文内容看，他具备成为哲学家的潜质。但基辛格志不在此，他渴望在国际政治舞台上检验他的哲学。他的哲学思想认为，每当思想意识起决定作用的革命运动的初期过去后，很多事情取决于人物的偶然性。如果由于某种原因领导人消失了，运动就可能崩溃或改变到无法辨认的地步。法国的恐怖时代由于去掉了罗伯斯庇尔这一个人而结束，如果列宁不搭那趟由德国开往俄国的著名列车，布尔什维克革命也许不会发生。

我学习过他的博士论文，基辛格的博士论文可以说是借古讽今，实际是一本研究如何结束战争、缔造和平和保持和平的著作。他在其著作的开头写道：“在那些回顾起来似乎最为和平的时代，人们最不必费劲去寻求和平。而在人们似乎无休止地寻找和平的那些时代，看来最无法取得安宁。当任何一个国家或国家集团把和平（其概念为避免战争）作为首要目标的时候，国际体系就处在国际社会中那个最霸道的成员的摆布之下。而每当国际秩序认识到即使为了和平也不能牺牲某些原则的情况时，至少还可以设想求得在力量均衡基础上的稳定。”但问题在于，稳定的国际体系如何才能实现？

基辛格提出，稳定有赖于“一种能普遍接受的合法性”，有赖于“有关各种切实可行的安排的性质以及外交政策所容许的目标与方法”的国际协议。他写道：“稳定的局面通常不是从谋求和平，而是由普遍接受正统而产生的。这里所指的‘正统’，不应该与公正混同起来。它只是意味着具有行得通的安排的性质和在外交政策上能够容许的目标于方法上的一种国际协议。它包含着这样的意思，就是所有主要强国都能接受国际秩序的基本安排，至少是没有一个国家对它感到如此不满，像凡尔赛和约以后的德国那样。”据此，基辛格把国际秩序划分为两种：合法的国际秩序和革命的国际秩序。他还把那些承认某一特定国际秩序为合法并主张通过谈判解决分歧的国家称为“合法国家”，相反则称之为“革命国家”。

19 世纪初，拿破仑时期的法国就是这样的“革命国家”。基辛格指出：任何国际秩序中，只要其中有一个“革命国家”，谈判便无法进行；外交家也许会进行会谈，但是达成有意义的协议的可能性却微乎其微。而当一个国际体系中有一个“革命国家”，而这个国家又很强大的话，通常的结果是出现军备竞赛或者战争。比如，第二次世界大战结束后的“冷战”时期。

换言之，基辛格观点认为，与革命国家达成妥协是不可能的，只有用武力对付它们。至于在战胜之后如何对待“革命国家”，基辛格赞赏梅特涅和卡斯尔雷在 1815 年维也纳会议上的做法，认为他们摆脱了对法国进行“惩罚性和平的勾引”。基辛格写道：“量度卡斯尔雷成为一位政治家的一个标准就在于 15 个月之前，他是拿破仑不共戴天的敌人，现在则以一个倡导一种充满协调精神的和平的人而出现了。”他认为，欧洲之所以能从法国大革命和拿破仑扩张所造成的“动乱”中获得“稳定”，“主要由于两个伟大人物的工作。”他们就是“以谈判促成国际和解的英国大臣卡斯尔雷，和使这种和解正统化的奥地利首相梅特涅。”

在其论文中，基辛格还从均势理论的角度批评了美国人的“道义外交”观念，认为“岛屿强国”一般总是不愿承认“战争可能由于内在的原因而产生”，他们宁愿相信是“坏人恶念”引起的。一个“没有满足不了的要求的大国”这种概念是非常投合岛国的心理状态的。这种概念给那种把战争转变为“十字军式的讨伐”，以便惩罚首先挑起战争邪恶势力的行为提供了决定性的解释。岛屿强国的这种情况，一方面是由于地理因素而引起，另一方面也与其国内结构和国内政治相关。上述两种情况导致了岛屿强国与大陆强国的不同政策目标，以及对均势的不同看法。总之，基辛格强调，梅特涅和卡斯尔雷的努力，给予了欧洲一种稳定的国际体系，并为和平得以维系一个世纪之久创造了条件。这是一个了不起的成就。但是，他也认识到了欧洲为享受好处也付出了代价，特别是维也纳体系的终结是以空前残酷和具有无比破坏性的第一次世界大战而告终的。

关于基辛格提出的“有限战争理论”，值得我们去研究。所谓有限战争是指与全面战争相对的一种战争样式，是“为了具体的政治目的而进行的，避免和另一个世界军事强国直接发生全面的战争。第二次世界大战后美国参与的朝鲜战争、越南战争、海湾战争、科索沃战争、阿富汗战争、伊拉克战争等都应该归属于“有限战争理论”界定的战争。我分析，基辛格“有限战争理论”应该是乔治·凯南（George F. Kennan）在20世纪40年代后期提出的“遏制政策”（Policy of Containment）的延续。

“有限战争”的政治目的是通过使用武力达到美国外交政策的预期设想，有限战争代表一种影响敌人的意志而不是摧毁它的企图，也就是使美国打算强加于对手的条件比继续抵抗更有吸引力，即力求达到特殊目的而不是把敌人全部歼灭。”基辛格在1957年出版的《核武器与对外政策》通常被认为是当代美国核战略与有限战争的代表作之一。在该书中，基辛格提出，核武器的发展和美国核垄断地位的丧失，已使美国战后政策面临要么进行全面战争、要么束手无策的可怕窘境。基辛格在《关于外交》一书中，对以上论点引用了乔治·凯南在1947年《外交事务》第25期上发表的观点，“In the American government, option papers nearly always urge the middle among three options. Because the foreign policy establishment tends to position its recommendations between the course of doing nothing and the course of general war, experienced bureaucrats know that the moral of their subordinates is enhanced if they pick the middle road.”①

可以说，第二次世界大战后，乔治·凯南提出的战略思想是相当长一段时期内美国外交政策的主轴，对美国外交政策产生了巨大的影响。用基辛格的话讲，就是乔治·凯南“创造了他所在时代的外交信条”。

基辛格对未来世界的判断有其独特的观点。20世纪80年代末90年代初，东欧剧变、苏联解体，延续了近半个世纪的冷战随之结束，世界进入了新旧格局的转换时期。冷战后的世界将向何处去，成为国际间关注的热

① Henry Kissinger, “Diplomacy” Simon & Schuster, New York, p. 486.

点问题。作为最著名的战略理论家之一，基辛格以其独特的战略眼光，对“冷战”后的世界新秩序提出了独到看法。

我读了基辛格的《关于外交》这本书，从以下几个方面均有所收获。它既是一本国际关系史的著作，也是一本美国外交史的著作；既是一本政治学的理论著作，也是分析当今世界格局及国际政治现实的力作。基辛格立足于均势理论，对未来世纪的世界新秩序进行了谨慎的预测。他认为，21 世纪的国际秩序会出现一个似乎自相矛盾的特点：一方面愈来愈分散，另一方面愈来愈全球化。比如中国经济的快速发展，IT 产业日新月异的变化等，都证明了他的判断是正确的。1996 年 10 月，我在《韩国商业周刊》上也发表了自己的论文，论文标题是“世界经济新秩序”。

在“世界新秩序”这个问题上，基辛格认为，在国与国的关系上，这个新秩序会更接近 18 世纪、19 世纪的欧洲民主国家模式，不像冷战时期严格划分的两大阵营——北约和华约。未来世界将由六大力量左右，即美国、欧洲（欧盟）、中国、日本，俄罗斯及印度。此外，还有一些新兴的地区力量。对美国而言，如何协调不同的价值观、维护世界秩序将是一种全新的挑战，新的形势与 20 世纪的孤立或“冷战”时期的美国霸主地位会完全不同，他给美国领导人提出了警示。基辛格“某种均衡”理论强调，“冷战”结束后，世界已变成一个“单极世界”或“一个超级大国”的世界，美国虽有能力在全世界干预他国及地区事务，但美国并没有比“冷战”初期更能单方面影响或主导世界走向的能力，因为权力的分散削弱了美国的影响。基辛格认为，均势体系虽不能避免危机或战争，但如能作妥善安排，其作用则在于使一国主宰他国的能力及发生冲突的规模受到限制。

基辛格勾画的 21 世纪的世界新秩序是建立在势力均衡基础上的多极世界，是政治多极化、经济全球化的世界，因此，它对“冷战”后奉行“单极战略”的美国政府无疑是一副清醒剂。但是，基辛格的观点中也存在一些矛盾，例如，他一方面批评美国领导人总是把自身的理想视为当然，很少认清这些价值对旁人而言是多么离经叛道，多么令人寝食难安；但另一方面，他又强调借由共同的价值观可以增强势力均衡。在现代世界，这些价值必然是民主的理念。基辛格对俄罗斯的看法也存在着偏颇。他一方面欢迎俄罗斯的转向，另一方面，他仍认为俄罗斯是一个“天然的”、“本能的”大国，它仍旧是美国的战略威胁，无论俄罗斯奉行什么样的意识形态都是一样。

品英文用词读懂国会山

2014 年 7 月 9 日上午，是我们“乔七班”到达华盛顿的第四天，根据乔治城大学的安排，我们来到美国政治决策中心“国会山”参观。在学校发给我们的简介手册里，国会山的英文名称是“Capitol Hill”，而我知道美国人更多对它的称呼是“United States Capital”。

下车时，天上下起了绵绵细雨，我们一行人三五成群地在国会山外面等候。我环顾四周，看到国会山周围几乎汇集了美国首都所有的政治景点和观光景点，也看到了许多来自世界各地的参观团。来这里观光的人们，在导游的带领下，按照预先设计的参观路线，成群结队地从我们身边擦肩而过。从游客的口音里，我判断出有中东国家的人、西班牙人、巴西人，也有日本和韩国人，而更多的则是我们中国人。这种现象与我 1992 年第一次来这里相比，变化非常大。

作者于 2014 年 7 月 9 日摄于美国国会山

事实表明，今天的中国与1983年3月我第一次迈出国门时相比已经发生了巨大的变化。生活改善后，中国人出国旅游越来越多，几乎在世界的各个地方都能见到国人的身影。而我在1983年3月第一次出国前往科威特时，首都机场的停机坪上仅有两架飞机。记得在1980年，北京汽车制造厂选派四名青年职工赴日本研修一事还上了《北京晚报》的头条新闻。那个年代，对于绝大多数的中国人来说，出国是件可望而不可即的梦想，而今天这些都已成为了历史。

2014年10月，我应邀赴法国参加国际会议，周末在巴黎的埃菲尔铁塔参观时，看到周围拍照的人中有80%都是来自中国。2012年我在苏黎世出差，商业街的手表商店里更是100%的中国人。这些现象充分说明，改革开放三十多年来，我国发生了翻天覆地的变化。

2014年作者在法国向参加国际会议的欧美银行介绍中国经济

参观国会山感受

这次来美国国会山参观，我觉得这里最值得一游的是国家广场沿街的史密苏尼博物馆群（Smithsonian Institution），该区到处都是政客议事的餐厅，很有特点。

在国会山入口处，我取出出发前导游发给我们的旅游手册，上面醒目地标明了各个景点的位置。比如，靠近东部市场（Eastern Market）重修后的联合车站（Union Station）和许多地铁车站都是不错的选择，但是我们没有那么多的时间，一些同学在国会山门口匆忙照了几张相，就赶紧去追赶已经快走到国会山入口处的“大部队”去了。

我一边走，一边环顾周边景色。国会山建在一个小山坡上。据说国会山的选址是在美国南北战争后，根据1790年美利坚合众国首届国会通过的《首都选址法》（*Residence Act*）确定的。

据说，那个年代国会为了在位于美国南北交界之处的波特马克河河畔选址，采用了法国建筑师的建议，选择了这里的一座小山坡。这个制高点叫作“詹金斯山”，是一座海拔仅25米的小山坡。

一年后的1791年9月9日，这个地址被定名为“华盛顿特区”，从此，华盛顿取代了纽约，成为美国的首都。在后来的几年里，一些政府建筑物拔地而起，把波特马克河河畔这座小山坡地带装扮成一座具有现代风格的美丽城市。

国会山接待大厅（作者拍摄）

国会山的英文介绍手册是这样描述这座建筑物的："它全长233米，共三层，中间是圆形中央大厅，用于政客讨论国事。"国会山从外面看上去，圆顶上有一尊自由女神像，高度为六米。大圆顶两侧有南北翼楼，分别为众议院和参议院。

国会山的建筑主要采用了大理石建筑材料，华丽而雄伟。根据历史记载，众议院于1857年开始在这座建筑物的南翼办公，参议院于1859年搬进建筑物的北翼办公。在议事大厅里，民主党代表（Democrats）的坐席在右侧，共和党代表（Republicans）的坐席在左侧。在以往当选美国总统的人中，民主党、共和党平分秋色。用乔治·华盛顿的话说，"在政治权力的运作过程中，相互制衡是必需的。"

在1787年的制宪会议上，美国制定了人类历史上的第一部成文宪法，即《美利坚合众国宪法》，它是检验政治权力的一种尺度，这就是美国的政治体制框架的雏形。国会山图书馆不仅是美国最大的图书馆，也是全世界最大的图书馆。

参观国会山时，我们的解说员叫Bill Hudnut先生，是一位已经84岁的美国前政客，走起路来有点蹒跚，但精神蛮好的。老先生是美国前国会议员，曾四次担任印第安纳州波利斯市市长。虽然高龄，但他讲解时精神抖擞，逻辑清晰。他带我们参观了国会山的每一个景点，全程下来花了两个多小时。Bill Hudnut先生讲述的内容主要有以下两个方面：

讲解中的Bill Hudnut先生（右三为作者）

首先，他介绍了美国参议院、众议院的历史及重要事件。其次，介绍了美国国会的议事规则及决策程序。说句实话，如果事先没有预习，很多专业术语根本听不懂。

参观中，学员们提问很多，主要集中在以下话题：

一是美国参议院、众议院两院的发展历史。二是围绕两院议员产生的程序、议员薪酬机制、议事规则等进行了提问。

参观国会山后的分析与思考

课后，我前往乔治城大学图书馆查阅了一些资料，进一步了解了美国当今政治体系形成的前后经过。国会在美国政治决策体制中的作用高于总统，美国联邦宪法赋予国会决策、监督、协商的权力，使其对美国社会产生了广泛而深刻的影响。决定美国国家意志的结果，都是通过选举体系进行的，美国联邦宪法对选举方法作了具体规定，这种模式主要受英国议会选举传统影响。

追溯历史，约翰·亚当斯最早对分权原则进行了阐述。在《独立宣言》之前，他就提倡建立一个拥有三个部门的新国家政府。美国的政治体制就是“三权分立”模式，具体体现为立法、行政、司法三个部分。

1776 年，美国人民要求建立自己的政府的意愿第一次变得强烈起来，正是有了这种需求，美国才形成了由众议院和参议院负责立法；由行政、司法贯彻执行的三权分立的政治决策体制。

美国的众议院、参议院相互制衡。众议院有制衡参议院的作用，没有得到众议院批准的提案，法令不能变成法律。参议院也有制衡众议院的作用，没有得到参议院批准的提案，法令也不能变成法律。乔治·华盛顿大学（The George Washington University）法学院博士 W. 克里昂·斯考特[①]在

① 斯考特是世界知名作家、演说家和教授，擅长美国宪法、经济学及历史学领域的研究。在美国联邦调查局工作 16 年，曾担任美国著名杂志《法律与秩序》主编 15 年。

其《飞跃5000年》一书里，对美国的建国者们设计的这种政治制度细分成16个方面。

1. 美国总统可通过行使他的否决权，驳回他不赞成的任何法案。

2. 国会两院有对总统权力加以制衡的作用，可通过被总统否决的提案，赞成票达到其各自的三分之二即可。

3. 国会可通过它为行政部门运作的拨款权，制衡总统。

4. 在任命行政部门重要岗位时，总统须获得参议院的批准。

5. 在与外国签订条约生效前，总统须得到参议院的批准。

6. 国会对行政部门有调查权，以确定使用资金是否合规、合法。

7. 总统对立法机构有一定的政治影响力。比如，可通过让立法机构知道他不会支持那些反对他纲领的人再次参选。

8. 总统通过使用其在建立军事基地、修筑大坝、改变通航河道、修建州际高速公路方面有决定权。如果总统提议得到地区代表的认同，行政部门也可影响国会。

9. 司法机构通过审核所有法律，有权断定是否符合宪法，可以对立法机构构成制衡。

10. 国会有约束司法机构的权力。

11. 国会对司法机构的法官有弹劾权。

12. 国会有批准新法官的权力。

13. 联邦法院的经费须经国会批准。

14. 国会对宪法可以提出修正案，但需要得到四分之三州的批准。

15. 国会通过两院决议案时，无须征得总统同意。国会可终止赋予总统的某些权力，比如发动战争的权力。

16. 美国民众每两年可更换一次他们选举的国会议员；总统每四年一届；参议院每六年一届。

国会山议事规则（程序及内容）大致包括以下几个流程：即会期、休会、法定人数、会议记录、议员特权等。美国国会的权力结构如同一座庞大的立法迷宫，任何法案要走出这个迷宫都需要层层过关斩将，极为复杂。但美国政客认为，国会内部设立的委员会、党团、非正式组织以及国会工作人员等机构和人员的设置与配备，能为走出这个迷宫提供帮助。但从实践来看，美国国会运行权力程序复杂，其委员会、党团等一系列相关组织规则则更为复杂、相互交叉。用国会研究学者奥尔德里奇的话说，就是“国会一直是一个由委员会构成、由政党来组织的多数统治机构”。此话虽很短，但简要说明了美国国会的特点。

美国国会山有两件事给我留下了深刻的印象，引发了我对历史的一连串思考，以至于在我回到酒店后，思维还停留在国会山的大厅内。

第一件事是宋美龄当年轰动美国的演讲。

抗日战争期间，宋美龄女士接受美国国会的邀请，于 1943 年 2 月 18 日，在美国副总统华莱士的陪同下，登上美国国会的讲坛，发表了轰动美国的演讲，控诉了日本帝国主义侵略中国的滔天罪行。演讲中，宋美龄一口流利的英语，使美国议员们倍感亲切。她那直率和极具说服力的言辞及过人的胆识，令听众折服。

据说，宋美龄是第一位在美国国会演讲的中国人，是继荷兰女王之后，第二位在美国国会演讲的女性，她是我们中国人的骄傲。

有文字这样记载：“演讲的当天，宋美龄身穿黑色中式旗袍，披着亮色披肩，一头黑色秀发优雅地盘在她的脑后。她脚穿通明高筒丝袜，配上轻便的高跟鞋，以典型的东方女性特有的高贵和典雅，一出场就征服了所有在座的美国政界人士。”为了给在抗战中的中国军队争取美国的援助和道义上的支持，宋美龄在她 20 分钟的演讲中，告诉美国人，中国军民正在英勇地抗击日本帝国主义的侵略。她的精彩演讲，被美国国会收集为“国会著名演讲”。我找出了她当时的演讲录音，认真地听了三遍。从录音中，我听到她的整个演讲多次赢得了美国人的热烈掌声，有一次掌声长达 5 分钟之久。

当时，面对美国媒体和世界各地记者们的尖锐提问，宋美龄应答得体，不仅为中国人、也为外国演讲人在美国国会发表演讲赢得了荣誉，更赢得了美国人民对中国军民抗战的同情。

宋美龄的演讲把世界人民打败日本侵略者和纳粹德国提升到了同样的高度，比如“驼峰运输线”就是美国空军对中国人民抗日战争做出的有力支持。美国的支援鼓舞了中国军民，痛击了日本侵略者的嚣张气焰，加深了中美人民之间的友谊。

第二件事是在美国国会大厅，我看到了著名将军德怀特·戴维·艾森豪威尔的塑像及对他生平的详细介绍。我自幼崇拜英雄、痛恨奸臣。艾森豪威尔将军就是我心目中的英雄之一，所以，我的英文名字也用了Dwight。

艾森豪威尔是美国陆军五星上将，英文名字全称是Dwight David Eisenhower。在大学读书时，我就看过他的自传。

艾森豪威尔的祖先1732年从欧洲移民美国，最初居住在宾夕法尼亚州。后来全家移居得克萨斯州。1890年10月14日，艾森豪威尔出生于得克萨斯州的丹尼森市。1969年3月28日过世，享年79岁。少年时的艾森豪威尔很贪玩，学习成绩一般，但体育课成绩突出。在各科成绩中，英语成绩和历史成绩最好。他的老师以为他将来会成为一名英语老师或历史老师，没有想到他最后成为一名优秀的军人，成为了一名有着很强领导力的美国总统。从艾森豪威尔将军的成长历程看，如果用“时势造英雄”来描述其一生，应该是最贴切不过的了。

1911年，艾森豪威尔在好友黑兹利特的怂恿下，两人一起报考了军校。由于艾森豪威尔非常喜欢运动，在他报考的两所军校中，均被录取。考虑到年龄已经超过了安纳波利斯海军学校的入学年龄，最终艾森豪威尔进入了西点军校学习。西点军校是美国军队培养优秀人才的摇篮，在1915年毕业时，25岁的艾森豪威尔是班上年龄最大的学生。可以说，西点军校的“诚信是一种美德，人无信不立，业无信难兴，政无信必颓”① 的做人准则深植在艾森豪威尔的内心深处。第二次世界大战期间，艾森豪威尔和麦克阿瑟将军都成为出类拔萃的西点军校培养出的最优秀指挥官。1942年，艾森豪威尔担任美国驻欧洲战区司令，为打败纳粹德国名扬世界。在

① 九天科技：《我的第一本西点军校男孩性格书》，北京，中国铁道出版社，2014。

同一时期，麦克阿瑟在亚洲带领美军抗击日本军队。

据历史记载，德黑兰会议后，罗斯福和丘吉尔在开罗会晤。决定任命艾森豪威尔为实施“霸王行动”（Operation Overlord）的盟军总司令，蒙哥马利为地面部队总指挥。他参与指挥的诺曼底登陆为盟军开辟了欧洲第二战场，使德军陷入了苏军和英美盟军的东西夹击之中，加速了德国法西斯的灭亡。这场战役是目前为止世界上最大的一次海上登陆作战，是第二次世界大战中最著名的战役之一。

与麦克阿瑟的傲慢性格形成鲜明对比的是，艾森豪威尔个性坚毅，但不傲慢，待人平和。第二次世界大战中，艾森豪威尔坚持在诺曼底登陆；让英国空军使用空降战略，并有计划地在联军打进德国后，顶住了英国领导人丘吉尔的压力，坚持不与苏联红军争占柏林，最终取得了一系列战役的胜利，这就是“霸王行动”。在美军的历史里，艾森豪威尔还是一个充满戏剧性的传奇人物。他的一生中获得很多个第一。美军共授予10名五星上将，他是晋升的“第一快”、出身“第一穷”、美军统率最大战役行动的第一人。他是第一个担任北大西洋公约组织盟军最高的统帅。他是美军退役高级将领中，担任哥伦比亚大学校长的第一人。

战后，艾森豪威尔成为美国第34任总统（1953～1961年），他是自1732年乔治·华盛顿担任美国总统以来，第一位来自得克萨斯州、登上总统宝座的人。当然，后来的布什总统家族也来自该州。

艾森豪威尔一生有很多名言，其中一句是“无论谁，在他接受部属的鲜血、朋友的牺牲换来的欢呼时，永远要记住谦卑。”这充分体现出他是一个知道感恩的人。从这句话中，我看出了他的人品。艾森豪威尔还告诉人们要坚信有这样一句名言——“天生我材必有用。”如果从孩提时就培养孩子们对家庭和幸福的责任感，使他们认识到自己也是家中的劳动者和贡献者、是一个有用的人。那么，当孩子们长大走入社会时，他们就能主动地发挥创造性才干，为国家作出贡献。

国会山中央圆形大厅的
艾森豪威尔将军雕像（作者拍摄）

尹同学在国会山演讲台前留影

【日记】 2014年7月9日 小雨

听了三天课，又参观了国会山，我觉得只有深刻品味英文用词的内涵，才能对美国政府运作机制及程序有更深刻的了解。

参观结束回到宿舍后，我搜集了一些政治词汇，通过反复细读、品味这些词汇，收获颇丰。我把读书心得写入书中，与读者分享，以便读者能更深刻地了解美国国会。

committee：译成中文是“委员会”的意思。美国国会由委员会构成，比如参议院委员会、众议院委员会等。委员会相当于政策制造的生产车间。“在制度上，委员会是政策制定、对联邦部门的监督和公共教育（通过委员会主持的听证会）核心单位。”①

subcommittee：译成中文是“分委员会”，参看“委员会”就能容易理解。

Campaign Committee：竞选委员会。

---

① Roger Davidson and Walter Oleszek, “Congress and Its Members, 9th ed.”, Washington, D. C. CQ Press, 2004 p. 193.

Co－sponsors：译成中文是“联署者”，多位议员共同提出某项议案，以增加影响力与重要性。

clerk：译成中文是“两院书记处代表”，代表议长接受议案，并根据议案的不同内容，分发到相应的委员会进行审议。

rules committee：译成中文是“规则委员会”，众议院决定议案在全会讨论程序的机构，负责议案文本的规范化。

speaker：众议院议长。

filibuster：是一种冗长发言现象。比如历史上冗长发言的最长纪录是在1957年参议院审议《民权法案》中，时任南卡罗来纳州国会参议员的Strom Thurmond创造了连续24小时18分钟的发言。自那以后，国会山才有了这个词汇。

prerogatives：参议员特权。比如24小时的“冗长发言”。

Conference Committee：协商委员会，如果一件议案在两院中的一个院通过，则需要提交给另一个院进入相应的立法程序。如果另一个院否决，该议案仍然无法在国会通过。这样由两院共同建立的协调机制机构，就叫做“协商委员会”。协商委员会的任务是协调另一个院通过或否决某项议案。

Steering and Policy Committee：指“本党指导与政策委员会”，负责提名众议院各委员会的主席和成员、主持会议、主导立法议程等。

Majority Leader：“多数党领袖”，是多数党在国会众议院内的第二号人物。多数党领袖与议长一样，由该党通过选举产生。具体负责安排立法议程、安排会议会期计划，保证党内团结，促成目标实现。

Minority Leader：“少数党领袖”，与多数党的第二号人物对应，但却是少数党的头号人物，也是通过选举产生。选举中如果少数党获得多数，少数党领袖就是当然的议长人选。

Whip：译成中文是“党鞭”的意思。党鞭与议长、党领袖一样，是通过直选产生的，职责是辅助政党领袖协调党内成员在立法等问题上与本党“意愿”保持一致，他（她）对引导成员遵守党的纪律、维持党内团结起着非常重要的作用。

Dean：译成中文是“元老”的意思，不能译成“院长或校长”。这个头衔只能由连续担任众议员时间最长的人担任，唯一的职责就是礼节性地主持议长的宣誓就职仪式。

Democratic Caucus：中文意思是“民主党党团”。

Republican Conference：共和党会议。

floor leader：会议领袖。

President pro tempore：临时议长。

caucus：译成中文是“连线组织”。自20世纪60年代初起，国会议员依照党派、议题、地区、个人兴趣等因素，形成了各种自愿而非正式的组织，共有六类。

Blue Dog Coalition：译成中文是“蓝狗连线”。由温和保守的民主党议员构成。

national constituency caucus：选民连线。比如国会黑人连线、拉美裔连线、妇女连线等，这些连线声称代表某类人群（选民）。

seniority：“资历制”。选择委员会主席的唯一标准，即由委员会成员中资历最长、服务时间最长的多数党议员担任。

The Committee on Committees：译成中文是“委员会席位分配委员会”。

deputy chief whip：一种职位，“首席副党鞭”。

100 – Hour Plan：100小时立法。由Louise Slaughter提出。

Young Guns：译成中文是“新枪手”的意思。共和党内持有保守立场的少壮派领军人物。

Tea Party Caucus：茶党连线。2010年中期选举中为共和党获胜立下大功的一股力量，其势力在国会内逐渐实现了制度化、组织化。到了2011年3月，茶党连线共和党人有61人，占第112

届国会众议院242位共和党人的四分之一。

Super－majority：超级多数门槛。20世纪70年代国会众议院中进行了政党集权改革，而在参议院中得到的唯一重要的响应是同意把强行停止冗长发言（filibuster）的门槛从全院的三分之二（67票）降低到60票，但这仍然是一个很高的超级多数。因此，出现了“超级多数门槛”这个词。

logrolling：换票。国会的运作按照市场交易方式进行，议员可以互相“换票”。比如修水坝、军售提案与堕胎、枪支自由等利益诉求的集团结成大多数，在国会全会中通过某个提案。

partisanship：译成中文较贴切的意思应该是“党争极化”。

bi－partisanship：译成中文应该是“两党合作”。“两党合作”与“党争极化”都是两党议员内部意识形态的差异系数统计。

2008 年金融危机产生的原因及应对措施

2014 年 7 月 9 日下午的课程是“金融危机与美国货币政策回顾”，主讲人是布利安·玛蒂甘（Brian Madigan）博士。从其言谈举止观察，这位博士很儒雅，学者风度尽显脸上。

讲台上的 Madigan 博士

Madigan 博士从政府退休后，目前担任乔治城大学经济系硕士研究生院主任。2008 年美国金融危机期间，他担任美联储货币事务局局长，是美国著名的经济学家。Madigan 博士 1979 年加入美联储，一干就是 30 多年，一生献给了美联储，直至退休。课堂上，关于美国 2008 年金融危机的起源与发展，Madigan 博士是这样讲解的：

第一，由于银行从业人员、监管机构责任心不强、放松了警惕，监管力度不够。因为 1985 ~2005 年是一个伟大的、现代化时代，美国金融市场稳定、低通胀。正是在这样的环境下，人们才出现了自满思想，造成非理性繁荣。第二，经济泡沫是在 1995 ~2005 年形成的，祸首是抵押贷款证券被投行炒作，最终导致雷曼等机构倒闭。第三，美国金融危机的产生受到国际问题的影响。第四，危机爆发的时间是在 2008 年春夏之交，当时，美国经济下滑，金融案件频发。比如，“房利美”、“房地美”被接管，AIG 处于破产边缘。

在这种情况下，美国政府不得不采取措施，干预市场。措施一，政府开始大规模地进行资产收购，截至 2013 年底，美联储资产规模达到 4.5 万亿美元，而在危机前，资产为 9000 亿美元。措施二，美联储对非银行金融机构启动了特殊的贷款计划。措施三，削减联邦预算。措施四，引导资金支持实体经济、促进就业等。

我一边听课一边思考，2008 年金融危机在美国这个全球监管最完善的金融市场发生应该还有更多的因素。可以说，早在 2008 年前美国的金融危机就有了端倪，最终导致了由于次级抵押信贷（sub - prime mortgage）衍生品市场的崩盘。在 2008 年 10 月 14 日，美国金融界的重要人物在白宫罗斯福厅举行了重要会议，参加的人员包括时任美国货币监理署署长约翰·杜根、证券交易委员会主席克里斯·考克斯、财政部部长保尔森、美联储主席本·伯南克、联邦存款保险公司主席西拉·贝尔、纽约联邦储备银行行长盖特纳。他们承认，金融危机早在 2007 年就已经出现。

的确，自 2007 年 6 月以来，坏消息就从美国频繁传出，先是贝尔斯登旗下两只对冲基金关闭，标准普尔和穆迪两家评级机构对超过 170 亿美元高风险抵押贷款支持的债券发出警告，美国家庭抵押信贷投资公司（A-merican Home Mortgage Investment）被迫关闭。8 月，美国最大的独立抵押信贷商全国金融公司（Countrywide）发布消息，称金融风暴已经波及高质量的按揭贷款，由次级抵押贷款引发的危机将全面爆发。11 月，市场继续像过山车般地动荡不安，投资者试图对不断恶化的危机形势做出评估，他们关注的焦点是那些主要的金融公司。人们看到抵押贷款相关证券和其他信贷产品的价格继续大幅下跌，使许多公司的资产发生大幅缩水。花旗首席执行官查克·普林斯决定“退休”，他成为这场金融危机中第二个下台的美国金融巨头掌舵人。早在他之前，美林集团首席执行官斯坦·奥尼尔就已经辞职。查克·普林斯在提出让位的前几个月，他在日本接受英国《金融时报》采访时就曾表示：“音乐停止时，事情会变得很复杂……”对于他的这番话，有不同版本的解释，有人解释为他面对困难的坚强信心。但我有不同看法，我认为，他的这种表态说明了花旗集团最高领导人当时面对压力时内心的痛苦。

英国《金融时报》是全世界最著名的金融权威媒体，当一个国家的金融出现巨大变化时，《金融时报》总是第一个冲向“前线”，他们的采访会同步在 BBC 和 CNN 播出。比如 2005 年中国建设银行在香港上市前夕，我曾陪同行领导接受过《金融时报》主编安德鲁·高尔斯（Andrew Gowers）先生的访谈。记得那天安德鲁主编的问题特别多，从我国的金融制度设计到为什么国家会首先选择建设银行在香港上市；从建设银行股份制改造到未来战略与发展方向，问题包括方方面面，采访时间长达三个多小时。

2005 年 5 月 16 日作者陪同行领导接受英国《金融时报》主编安德鲁·高尔斯先生的访谈

金融危机后，很多人都认为产生此次危机的原因是由于美国次级抵押贷款市场发展得太快，以至于监管没有跟上造成的。根据《华尔街日报》引用的一家名叫 Inside Mortgage Finance 的收费出版物的数据，2001 年次级抵押贷款市场规模仅为 1600 亿美元，但到了 2006 年，总规模猛增到 6000 亿美元，况且抵押贷款支持的债券长期以来并不为美国民众所熟悉。

也有学者认为，1929 年经济出现大萧条后，美国政府于 1933 年颁布了《格拉斯—斯蒂格尔法案》，规定商业银行与投资银行分业经营、分业管理的原则，这种状况保持了 60 多年的市场稳定。而美国在 1999 年后再度放开混业经营是导致此次金融危机的主要原因之一。持这种观点的人士认为：未能就次级抵押债在提供贷款服务的银行业、贷款证券化的证券业和购买债券或为债券提供保险的保险业之间解决和规避好利益冲突。①

课堂上，学员提问很多，比如“当金融危机发生时政策制定者应如何应对”、“你对中国金融如何有效服务实体经济有何建议”等，Madigan 博士没有对第一个问题进行回答，只是说“此话题一两句话说不清楚”。但他对第二个问题的回答很干脆：“我只熟悉美国的情况，对于中国经济结构、产业类别、企业结构、商业银行的资产构成等都没有研究过、说不上来。另外，中国政府在经济发展中的作用发挥，我也没有发言权。相信中国政府能够找出解决问题的办法。”美国人回答你的问题时就是这样直白，知道的说，不知道的从不“瞎说”。

如何应对危机？在今天这个世界，任何事物的发展都有其客观规律，有山峰就有低谷，居危要思安、居安要思危。我认为，对于“当金融危机发生时政策制定者应如何应对”这个问题，英国《金融时报》副主编马丁·沃尔夫的话有道理。他是这样说的：“在恐慌中，政策制定者们被两种压力挤在中间。一方面，有观点认为应当让那些犯了错误的机构倒闭，从而最大限度地减少‘道德风险’；另一方面，确实又要采取措施应对恐慌”。② 关于“中国金融如何有效服务实体经济”这个问题，我的看法是：

① 2012 年 10 月 9 日，《南方日报》。

② ［英］Martin Wolf. “The Shifts and the Shocks”, 2014, p. 140.

第一，需要与国家经济发展的不同阶段之需求一起来进行研究、讨论。第二，我们应该学习美国人的创新思维，创新思维能够改变一个国家在不同历史阶段对“实体经济”的定义。

我曾看过《乔布斯传》这本书，这本英文原版图书中有这样一句话：“The people who are crazy enough to think they can change the world are the ones who do.”这就是美国社会鼓励创新的文化氛围的体现。近十年来，苹果公司产品的不断创新足以说明创新来自有“古怪”想法的创业者。乔布斯是这类人，比尔·盖茨也是这类人。他们没能读完大学本科，都是在中途辍学后创新式地完成了让世人赞叹的事业。我在想，这个世界的诸多精彩，不仅来自市场引领者的创造，更来自少数思考者对未来的畅想。我们国家目前鼓励的“大众创业、万众创新”就是在营造一种全民族各行各业创新的气氛，这是一个新时代的序曲。20 世纪 70 ~ 80 年代，很多日本的电器公司按照市场行事，取得了令人瞩目的成绩，使日本电器风靡全球。随后，韩国三星电子也是依靠不断地创新，战胜了当年独霸市场的日本电子产品厂家。在当今中国，马云创造的神话更是震惊了世界，用他自己的话说就是“世界很多不可能的事情，倒着看就可以变成可能。”马云的“倒立思维”方式，是为了让员工学会换个角度看世界，未来只属于“有想法”的人，正如黑格尔所说——人是靠思维站立起来的。马云在金融支付领域创新的过程中，曾经遇到过大银行的白眼与不合作。但后来支付宝等产品最后获得了成功，对商业银行形成了挑战。马云说，“如果银行不改变，我们就来改变银行！”后来的事实证明，“不可能”变成了可能，这就是创新的魅力。我深信，包括我国商业银行在内的所有行业，在其发展的进程中必须做到与时俱进，把握时机、完成转型，否则，是没有出路的。没有创新的银行是没有出路的银行。

《商业银行法》第四十三条规定：商业银行不得向非自用不动产投资或者向非银行金融机构和企业投资。客观地讲，这一规定在某种程度上限制了商业银行的创新。在资本市场股权融资困难的同时，中小企业在信贷融资渠道上得不到支持。《中国科创企业 2016 展望报告》显示，2015 年仅有 2% 的受访企业主要资金来源渠道为银行贷款。中小企业，尤其是科技型中小企业，大部分采取轻资产模式，缺乏银行认可的可抵押资产或有效担保，获得银行资金难度大。那么，以往中国的商业银行的钱都投到哪里去了呢？可以说是都流向了利润最大的房地产行业了，这些钱的投放除了通过信贷渠道外，还有很多是通过信托渠道走的，加大了资金的风险。2008 年，为了拉动经济增长，国家投资 4 万亿元，银行跟着那些“有钱”企业的步子走，希望获得向这些企业发放贷款的商机。企业发现这些钱都是送上门来的，经营中如同打了兴奋剂。银行评估企业时，主要看你的固定资产，企业把厂房、土地抵押给银行而获得了资金。但随着问题的出现，自 2014 年以来，中国的银行“躺着都赚钱”的时代已经一去不复返了，因此，中国的金融改革势在必行，银行的钱只有投向实体经济和中小型高科技企业，经济才会有活力。

……

同学们的问题一个接着一个，而我一直在想与本节课题目有关的那个问题。我觉得金融危机爆发的原因很难在一堂课上讲清楚，比较复杂。如果说 1997 年韩国金融危机是由于企业高额负债、银企之间的“八爪鱼”关系造成的话，对于 2008 年美国金融危机来说，主要原因学者们都说是“次贷危机”造成的。那么，又是什么造成了“次贷危机”的呢？2008 年金融危机爆发前，美国经济看上去是一片繁荣景象，金融机构变成创造财富的机器，但泡沫也达到了顶峰。据统计，在战后相当长的时间里，美国各类银行、经纪公司、对冲基金等行业占 GDP 的规模大于美国制造业的两倍，这台庞大的机器把小泡沫吹成了大气球，金融服务业创造出美国 40% 以上的利润，而复杂的金融产品是美国经济的有力助推器。

再换个角度看 2008 年美国金融危机。

投行人士就是“聪明”，他们的聪明推动了美国金融衍生品证券市场的快速发展，抵押信贷支持证券能和债务抵押证券结合，规模不断膨胀。与传统购买企业债不同，传统的证券市场上，购买企业债后也就承担了这家企业毁约的风险，而信用衍生债可以把投资者的风险再次出售，以各种组合在市场流通。传统债券结构简单，属于单一买卖。而衍生债券可以无限制地交易下去。

什么是金融运作？真正的金融运作是推动资金依次流入最有效率的地方、最有效率的产业、最有效率的企业、最有效率的项目、最有效率的个人，从而实现资本的增值和扩张。但在美国，2008 年金融危机前，投资银行家们恰恰违背了这种规律，他们依靠“高智商”，人为地制造出各种类别的金融产品。这些证券化金融产品非常复杂，别说一般投资者不了解，就连很多企业的 CEO 和董事自己也搞不明白，用我们中国人的话说，金融机构里的产品创新“精英”忽悠了投资者，这种现象充分暴露出了美国金融监管制度在金融业快速发展时期的滞后。在令人眼花缭乱的金融产品创新过程中，次级抵押贷款业务在金融服务体系的产品创新中表现凸显。

长期以来，美国这类产品似乎已经成为一种合规且安全成熟的金融产品，只要申请人达到银行最基本的要求，证明自己有一定的收入来源，在合同上签上自己的名字，都可以轻松获得住房贷款。在房地产泡沫的高峰期，银行非常热衷于提供房贷，它们所提供的贷款是华尔街精英们精心设计的复杂创新产品的原材料，这些贷款不断地被打包、不断地证券化和切割打包，并向全球市场出售。因为，人们一直认为美国就如同世界的金融中心，那里的金融业不仅发达且规范，外国机构在购买此类产品时，忽略了对像雷曼兄弟这样的知名金融机构的风险考量。

如果追溯到 1994 年，除了“次贷”金融产品外，美国的投资银行家们还制造出了“金融衍生产品”这个东西，它的背后是失去了诚信。在衍生产品的世界里，1994 年 4 月 12 日是一个永远的耻辱日。那天，第一起重大的衍生产品亏损案件被公之于众。第一则公告来自美国第三大贺卡制造商——辛辛那提的吉布森贺卡公司，它公告了 2000 万美元的亏损，原因是一笔和当时的信孚银行之间的未经授权的利率掉期交易。第二起衍生产品亏损也在同一天发生，具有 157 年历史的宝洁公司在利率掉期业务中亏损了 1.02 亿美元。时任宝洁公司的董事长艾德文 · 阿兹特痛苦地说：“衍生产品是危险的，让我们吃了大苦头。”①

那个年代，在美国经营金融衍生品的经纪人年薪非常高，少则百万美元，多的超过数千万美元。当时，为了宣传金融衍生产品，经纪人们把金融衍生品比喻为美国橄榄球比赛时的四分卫，因为这个角色得到的赞誉和指责都超过了角色本身。2008 年金融危机爆发前，去美国学习“先进金融管理与产品创新”是业内人士的愿望。记得 20 世纪 80 ~ 90 年代，我的很多同事都想方设法为自己寻找去美国学习金融的机会，包括去高盛公司、摩根士丹利和雷曼兄弟公司学习。那时，美国的投行人已经开始制造“新产品”了。因为，在金融危机前的几十年里，金融业为美国 GDP 作出了巨大的贡献，银行创造了财富，所以，管理者根本没有意识到次级抵押贷款市场是制造流动性过剩的糟糕产品。

谈到“次级贷”，在洛杉矶工作的一位美国朋友 Hubin 告诉我说，那个年代，只要你告诉银行你的年收入达到了六位数，要想买房就可拿到银行开出的50 万美元的住房抵押证明，一个月后贷款到账。这样的宽松条件使得一些美国人将买房目的变成了投机行为，他们来回来去倒腾房子，有的人甚至还拿着银行的房屋抵押贷款享受高消费生活，这些行为暴露出美国金融监管出了问题。全球最有影响力的经济评论家，英国《金融时报》副主编马丁·沃尔夫是这样总结2008 年美国那场金融危机的：第一，金融系统本质上是脆弱的。它很容易出错，当然也很容易发生欺诈。欺诈是在危机产生过程中自然而然随之而来的。金融系统容易受到恐慌的影响，而恐慌又会放大可能导致危机的基础原因。这种脆弱性是金融系统的组成部分，内生于金融系统繁荣和萧条的周期中。第二，认为稳定通货膨胀是经济稳定的充分条件的观点已被证明是非常荒唐和错误的。第三，认为市场力量能稳定金融系统的观点也被证明是极端错误的，市场力量会带来快感，也会滋生恐慌。第四，学术界和政策制定者的无知和傲慢，以及鼓励管理人员和交易员短视的、具有误导性的激励机制，共同使西方金融体系

① F. I. A. S. C. O. by Frank Partnoy, 1997.

在危机发生之前的几十年里变得越来越脆弱。第五，直到危机已经达到最严重的2008年9月中下旬和10月时，政策制定者才采取了行动。在此之前，他们仿佛看不到危险，对危险熟视无睹。第六，可能最令人不安的是金融行业利用其资金和游说影响力来获得其想要的宽松监管环境的能力。第七，监管者将永远也赶不上形势的变化，他们缺乏资源，缺乏动机。最重要的是，缺乏知识。①

美国金融危机发生后很多问题全都浮出了水面，金融奇才创造出的低风险高收益的时代宣告结束。监管机构开始总结经验，美国的银行自营交易风险集中在巨量的金融衍生品——MBS、CDO、CDS等产品上，这些衍生产品都具有数十倍甚至近百倍的杠杆，给市场造成了极大风险。典型的例子就是贝尔斯登和雷曼兄弟以及花旗银行的表外资产为其带来的风险。初期，美国政府决定出手救市，这是美国历史上史无前例的，禁止自营交易，是政府强行对市场进行大规模的“去杠杆化”措施。

危机后，民众对美国的银行服务业失去了信任，房地产泡沫破裂拖累了整个金融板块，纽交所股价急速下跌，仅在2008年12月5日这一天，摩根士丹利就损失了1070亿美元，花旗银行损失了990亿美元。人们不再相信银行，他们发现次贷危机、信用掉期入市的资金达数万亿美元，很多人开始焦虑。30年来，由于监管的放手，金融产品的不断创新，华尔街这个“黑匣子”看似创造了奇迹，使银行从交易中获利。可是随着贝尔斯登、雷曼兄弟这样规模的金融机构一夜之间倒闭，美国人开始反思，如果银行失去信用，将会发生什么?

我想说，金融衍生品经纪人虽然头脑聪明、敏锐，但他们失去了诚信。他们靠金融产品研发获取了暴利，过去他们一直拿着暴力获取的钱，享受着奢侈的生活。由于他们制造的众多金融衍生品充斥了美国金融市场，给投资人带来了危险。很多衍生品设计得非常复杂深奥，别说平常百姓，就是业内人士也可能无法看出潜在的风险。某些金融工具会给投资者

① 马丁·沃尔夫:《转型与冲击》，中信出版集团，2015。

带来异乎寻常的收益，同时也会导致投资人血本无归。在这个金融业快速发展的阶段，美国的监管当局并没有进行干预。可以说，“杠杆赌博游戏”是造成美国金融危机的主要原因。

那么，当危机发生时，政策制定者应如何应对？在恐慌中，政策制定者们被两种压力挤在中间。一方面，有观点认为应当让那些犯了错误的机构倒闭，从而最大限度地减少道德风险。另一方面，确实又需要采取措施，以应对恐慌。恐慌，从字面上理解，是一种神经痛，并且根据科学规律，人们不能对其置之不理。因为让恐慌顺其自然发展，会造成严重的衰退，并对无辜的旁观者造成巨大伤害，那会重蹈 20 世纪 30 年代初的覆辙。

上文已经多次谈到，2008 年金融危机的原因是由于监管不到位以及金融产品不透明造成的，这些给民众造成了损失，最后都是由百姓埋单。因此，化解这次金融危机给美国民众心理造成的伤害成为奥巴马政府上台后首先要解决的问题。美国东部时间 2008 年 11 月 4 日，奥巴马以高票当选美国总统。如果说在大选之初，整个美国社会关注的焦点是伊拉克战争，但在新总统上台后，美国人关注的是政府如何处理金融危机。这次金融危机的出现，使美国政府面临着新的挑战。这次危机是继 1929 ~ 1933 年大萧条以来，美国最为严重的金融危机，不仅使美国、也让整个世界的未来充满了不确定性。

面对这种状况，奥巴马政府认为，领导美国所需要的不仅仅是勇气，更要有对策和想法。在这关键时刻，首先必须唤起对美国价值观的共同信念，即作为一个民族的认同感，维系彼此的共同信仰。在美国人民眼中，有很多这样的先例。比如，一个世纪前，西奥多 · 罗斯福总统召集商界和政界的领袖一同制定了 20 世纪基础设施计划，出台很多有效的政策，保护了国有资产。在 20 世纪 30 年代的大萧条期间，富兰克林 · 罗斯福总统宣布所有银行停业整顿，使美国的金融业完善了法律法规。50 年前，共和党人德怀特 · 艾森豪威尔和民主党人阿尔 · 戈尔合作建成了州际公路网系统，使美国人民除了搭乘铁路出行外，有了更方便的公路出行交通网络，同时公路建设拉动了投资，推动了战后美国经济快速发展的步伐。美国人民此时多么需要有处理危机能力的领导人和智慧的政府啊！历史经验提醒奥巴马政府，必须立即对美国的金融体制以及金融监管进行改革。

金融危机后，美国成立了一些新的监管机构。政府于2010年7月21日宣布成立了金融监督委员会，成员有财政部长（担任委员会主席）、美联储主席、消费者金融保护局局长、货币监理署署长、证券交易委员会主席、联邦存款保险公司主席、商品期货交易委员会主席、联邦住房金融局局长、全国信用联盟管理委员会主席、拥有保险经验的独立委员等。在上述机构中，消费者金融保护局是在2008年金融危机后新成立的机构，在我们这次美国之行的后几天里，会去消费者金融保护局交流，以上机构全部有投票权。金融监督委员会也有一些没有投票权的成员，他们是金融研究办公室主任、联邦保险办公室主任、（州）银行事务局局长、（州）证券事务局局长、（州）保险事务局局长。由此可见，美国采取上述办法，加强银行监管的目的是要防止出现系统性风险。

我的体会

金融危机后，美国政府接受了沃克尔的建议，《沃克尔法则》对美国银行业做出了重大改革，沃克尔的提议由美国参议院农业委员会主席林肯起草，最后，经奥巴马总统签字后实施。实际上，早在2007年10月，沃克尔在德国的一次研讨会上就发表了名为《重新思考全球金融体系的美好未来》的演讲，他在其中指出，金融机构的混业经营和分业监管的错配是金融危机爆发的一个重大根源。

从理论上讲，分业经营模式向混业经营模式的转变是建立在金融体系不确定性参数、风险回避系数、外部性因素和监管成本等减小的基础上的。细读《沃克尔法则》，该条款针对资金交易模式、私募股权基金、对冲基金等均作了详细的规定，以防止金融创新可能带来的风险。

《沃克尔法则》能够被美国国会通过并立法，美国的委托投资方应该感谢民主党领导人的游说。《沃克尔法则》强调了限制大型金融机构的规模可以避免金融机构产生系统性冲击的看法，他认为这样可以防范类似危机的产生，同时也可以避免金融监管机构进行救援时付出巨大的成本。

就这一点来说，有人把《沃克尔法则》和 1933 年“大萧条”之后美国通过的《格拉斯—斯蒂格尔法案》[①] 相提并论，指出二者在实质上都强调银行应当分业经营，并且希望重建已经被《1999 年金融自由化法案》拆除的防火墙，以修补此次危机中暴露出的风险漏洞。

我认为，金融危机深刻改变了金融业的竞争格局和游戏规则，主要包括六个方面：第一，2008 年金融危机后，包括美国民众在内的各类需求都要求重塑金融服务形象。就全球来说，未来的变革应来自金融机构内部对发展的需求，也来自人口老龄化对金融服务变革提出的挑战。第二，随着社会的发展，任何国家的金融机构自身就面临着机遇与挑战，比如金融模式创新、服务多元化、激烈竞争、产品同质化等。第三，行业整合、监管政策的变化、服务需求全球化。第四，包括资产证券化趋势在内的金融产品需求创新日益加剧，因此，对风险的管理需要加强。第五，新的金融监管政策标准频繁出台，比如《巴塞尔协议Ⅲ》对资本充足率的要求越来越严格。第六，电脑、智能卡、互联网等新技术的发展给全世界带来了一个全新的挑战。

结合我国资本市场近年来出现的不均衡发展现况，我们一方面需要鼓励多元化资本市场的发展，另一方面更需要进行规范化引导。我国未来的金融动荡很可能出现在提供资金需求与供给环节上，尽管目前非银行金融机构集资规模还很小。还有一点，中国的情况与美国不一样，在 300 多家商业银行中，无论是以储蓄占比进行分析还是以资产规模占比进行分析，中行、农行、工行、建行四大行的占比超过了 50%，主导了市场，这些充分说明了中美两国商业银行在结构上的不同。

我国的银行无论资产占比还是收入占比，仍以传统的存贷业务为主，自营业务规模极为有限。工行、农行、中行、建行、交行五大银行的存贷款利差收入占比普遍很高，以建行为例，最近五年来的中间业务收入仅占全部收入的 12% ~18%，80% 以上的收入来自利差收入。在利率市场化

① 参阅《格拉斯—斯蒂格尔法案》第 619 条。

后，面对包括互联网金融在内的“新金融”的挑战，我们需要不断学习，同时要借鉴美国金融监管改革的经验。下面我以中国的大型商业银行做一下剖析。

中国建设银行目前是资产规模排名第二大的银行（2013 年），总资产已经超过 17 万亿元，利润为 1900 亿元。中国工商银行的资产比建设银行还要多出约 3 万亿元，是全球资产规模最大的银行。但是，我们的银行带有很强的行政管理色彩，与国外一流银行相比，我们在产品创新、满足客户需求方面相对落后，80% 以上的收入来自利差收入，这与我国特殊的存贷款利差现状有很大的关系。

2013 年以来，大银行受到很多新的挑战。第一，随着国家对“6 + 3”行业的限制，四大行的信贷业务拓展面临很多问题。第二，随着支付宝等电子银行服务产品的创新，各大行存款在 2014 年都出现了大幅减少。根据我的调研，建设银行某分行 2013 年第一季度与 2012 年同期相比，下降了 63%，全行面临的压力和挑战可想而知。从这种市场变化就可以说明我们过去的垄断经营正在面临来自金融产品创新的强有力挑战。第三，2012 年以来，由于大银行对中小企业需求服务的滞后，社会上产生了很多非银行金融机构，比如 PE 公司和 VC 公司等。根据有关统计，截至 2013 年底，我国的信托资产规模达 12 万亿元，已经踩了监管红线。伞形信托、影子银行是造成信用风险的主要因素。这类信托大多是通过银行窗口做的，这样做潜在的风险非常大。风险首先是委托人不知资金投资的准确目标或方向，所集资金被企业管理者决定投向，造成潜在的风险。由于缺乏贷后监管，使得信托合同到期后，由于种种原因，委托人无法收回本息，造成严重的社会问题。这种社会现象必将造成银行信用下降。

与美国的商业银行比较，我们的商业银行低成本资金充裕。在我国商业银行的现金中，储蓄高达 56%，而美国的商业银行民众储蓄低于 12%。低成本的资金来源是我们与美国的最大区别。此外，中间业务收入美国的银行占全部收入的 70%，而我国的商业银行仅为 18% 左右。其中，有些还是以牺牲公司业务折算过来的数字。因此，我觉得我国商业银行的发展正在面临新的挑战。尤其是四大行，只是凭资产规模快速增长的模式已经不能说明银行的发展是正常的了。

关于银行混业经营模式，我的理解是，在混业经营模式下，金融创新往往导致杠杆化操作，效率提高的同时损失了稳定性，风险回避系数的变化趋势不明确。在一定程度上，混业经营的风险可能被低估了，混业经营的理论基础可能不扎实，由此可能导致监管体系的低效，还可能造成市场规则、保险、监管和流动性之间的平衡关系受到扭曲。

战胜危机靠什么?

我认为这不是一个难回答的问题。多年前，我曾读过一本书，这本书的名字是 *The Confidence Factor*，译成中文是《信心的力量》。该书的作者是一位美国人，名字叫 Briles，J. 。作者在给中国读者的信上这样写道："对于整个世界来说，'9·11'事件都是一次危机，是一次非常严重的危机。前纽约市市长鲁道夫·朱利安尼站好了最后一班岗，他充满了热情、充满了勇气——这是信心受到伤害时重建自信的两个重要步骤。"我在想，这个答案是否可以回答学员提出的个别问题呢?

人的一生无论遇到什么困难，都要勇敢地去面对，自信是一种力量，一种可以创造的力量。当初华盛顿带领 2400 人的军队在特伦顿战役中战胜了多于自己五倍的敌人靠的是什么? 勇敢和自信。20 世纪 30 年代初，经济"大萧条"后的美国农业凋敝、工业萎缩、商业萧条、银行业更是处于崩溃的边缘。当时，约三分之一的美国人处于失业状况，人民处于水深火热之中。这个时候，美国推选了一位总统——罗斯福。他以《唯一值得我们恐惧的就是恐惧本身》的演讲，激励了美国人民，重建了信心。罗斯福超人的毅力全都体现在他的核心领导力方面，他带领美国人民摆脱了经济危机，使美国成为战后世界经济强国。

奥巴马也是个很有自信的总统，他在 2008 年当选美国总统时，面对美国75年来最严重的经济危机，发表了公开讲话。奥巴马说："我们正面临历史性经济危机，这个问题不仅是美国，更是全球性的危机。"奥巴马在芝加哥召开的一次新闻发布会上，阐述了美国的问题，承诺就职后将推动一项耗资数千亿美元的计划，以刺激美国经济。对于处于困境中的美国汽车工业，奥巴马一方面称汽车工业是美国制造业的脊梁，不希望有企业倒闭。另一方面又同时强调，在获得政府援助前，汽车工业必须增加财务透明度，拿出清晰的重组改革方案。

奥巴马重用学院派和技术人才。他宣布提名纽约联邦储备银行行长蒂莫西·盖特纳（Geithne）出任政府的财政部部长，提名劳伦斯·萨默斯（Lawrence Henry Summers）为美国国家经济委员会主任，提名经济学家克里斯蒂娜·罗默（Christina Romer）为白宫经济顾问委员会主任。盖特纳的童年随同父亲在海外度过，他有在亚洲、非洲以及中东等多个国家学习的经历，具有国际视野。后来，他获得霍普金斯大学国际经济学硕士学位，对货币和金融政策理解深刻。盖特纳出任财政部部长后，提出了"Public private investment program 计划"，积极推动7000亿美元问题资产救助方案（TARP），为奥巴马政府稳定美国经济，作出了积极的贡献。萨默斯于1954年出生于康涅狄格州，父母亲都是教授，家族中有两位亲属曾获得诺贝尔经济学奖。他16岁考入麻省理工学院，之后获得哈佛大学经济学博士学位，曾担任克林顿政府的财政部部长、哈佛大学校长。而罗默出生于伊利诺伊州，是麻省理工学院经济学博士，夫妻二人都是教授。她是典型的学院派经济学家，对大萧条、美国财政政策、税收政策等领域有深入的研究。由他们三人组成的美国经济团队，是奥巴马期盼扭转经济局面的希望。

对美国货币政策的研究

美国金融危机出现后，在市场调节失灵的时刻，美国政府一是将传统激进的货币政策与非传统货币政策并行，以多种市场化手段和法律形式采取急救措施，对于稳定金融市场起到了重要作用。比如奥巴马政府提出的大幅减税和扩大赤字化开支的财政政策，有效地刺激了经济增长。二是美联储担当了货币政策的执行者，避开了党派不同观点的纷争。美国参与处理这次危机的主要政府机构有美联储、联邦政府财政部、存款保险公司、证券交易委员会（SEC）和美国国会。三是通过降低金融机构间拆借利率，直接增加了市场流动性，间接增加了个人消费支付能力，降低了企业经营成本，有效地缓解了失业率上升的社会矛盾。通过出台一种期限为 28 ~ 84 天的定期拍卖产品（TAF）（短贷），使联储贷款余额一度高达 9000 亿美元（截至 2008 年 12 月），接近了当时美联储的资产总额。根据 20 世纪初有关“在非正常和紧急情况下给予减息贷款”的条款，美联储为摩根大通银行收购贝尔斯登公司提供了 290 亿美元的贷款支持，[①] 增强了投资者信心、稳定了金融市场。道琼斯工业指数触底后逐步回升，至 2012 年 9 月初，已经恢复到金融危机前的水平。四是“赤字化”财政政策为经济复苏作出了贡献。这项政策首先针对人口老龄化所致的医疗健康领域开支增加的趋势，政府出台了一系列医改政策，获得了美国民众的支持。另外，继续保持低利率政策、促进家庭消费增长、使企业生产恢复，从而带动了整个经济的发展。使美国国家财政政策在紧缩与宽松之间找到了平衡。五是在市场正常运行时，企业回归私有化。即把美国政府在处理危机期间接管的银行、券商及保险公司等机构，在合适的时机重新放回私有化轨道。在处理金融危机的几年里，美国政府总共对超过 700 家的银行和非银行金融机构进行了投资，施行了危机期间的“国有化”政策。政府除行使股东权利外，还出台了享受政府资金援助的包括银行在内的金融机构高管薪酬监管规则。

通过上述深入化的管理，有效地约束了金融机构高管的权力，提升了金融机构的公信力。之后，财政部开始以市场直接出售、拍卖、获取分红

---

① *Financial Times.*

等方式，逐步收回资金，先后退出了花旗银行、摩根大通银行、美国银行、高盛和摩根士丹利公司等大型机构的股权。截至2012年第二季度末，政府对金融机构投资总额为2049亿美元、回收2179亿美元。美国应对2008年金融危机的做法，证明了“看得见之手”与“看不见的手”有机结合的必要性和重要性。

由此可以看出，美国治理2008年那场金融危机是一场自上而下、由内而外的方式。通过自省、反思，修正有关法律法规，使之逐步加以完善，提高了监管的透明度和有效性。

另外，长期以来，美国的货币政策制定和执行都是由美国联邦储备委员会承担。货币政策是美国调控国民经济和社会发展的主要宏观政策工具。美国法律规定，货币政策的目标是实现充分就业并保持市值的稳定，创造一个相对稳定的金融环境。在货币政策执行过程中，美联储积极运用有关金融工具以尽量减少利率和货币信贷量的变化，努力达到兼顾“充分就业、市值稳定”的目的。美联储的货币政策在宏观调控经济方面发挥着重要的作用。比如，在20世纪80～90年代，随着通货膨胀被抑制，美联储转向了平稳利率政策，并获得了极大成功。又如20世纪90年代初，美国经济陷入萧条，美联储在1990年7月到1992年9月间连续逐步降息17次，将短期利率从8%降到3%，促进投资与消费上升，从而带动了整个经济的发展。1994年到1995年7月，在美国经济过热时，美联储通过连续7次提高联邦基金利率，成功地实现了软着陆。1994年美联储主席格林斯潘指出，美联储将放弃以货币供应量的增减对经济实行宏观调控的做法，今后将以调控实际利率作为经济调控的主要手段。这标志着美国货币政策的重大转变。自2000年第四季度开始，美国经济增长出现停滞之势，“9·11”事件更是重大打击了美国经济，美联储又连续11次降息，美元一年期浮动利率从6.5%下降到1.75%，以刺激居民消费和投资的增长。

在传统货币政策失效的情况下，金融危机爆发后，美联储为了稳定金融市场，拯救低迷的经济，不得不采取量化宽松货币政策（QE）的权宜之计。比较日本的量化宽松货币政策，美联储的量化宽松货币政策的投放途径有所不同。日本主要是依靠银行等金融机构来加大对基础货币的投放，而美国则是以信贷投放为主，意在直接刺激企业的融资热情。美联储的量化宽松货币政策主要是通过创新货币政策工具，改变资产负债表的结构。经济数据表明，在首轮量化宽松货币政策后，美联储的资产负债表结构确实发生了巨大的变化。原先只占负债总额 4.7% 的存款准备金，因为特殊时期加上金融机构的借贷，所占负债总额的比例飙升到了 48%，成为了负债的最重要组成部分。原来占资产部分 90% 的国债比例有所下降，更多的创新金融工具进入了资产行列。在第三轮量化宽松政策推出后，次贷危机引发的连续多年对美国经济的不良影响开始逐渐好转。那么，应该怎样看量化宽松货币政策的理论基础和实际效果？一般认为，美国量化宽松货币政策有两大特点，一是规模超前，二是以改变资产负债表结构为核心。

需要进一步说明的是，美国在金融危机后所采取的“量化宽松”货币政策工具其实是有争议的，美国采取的“量化宽松”政策与十几年前日本采取的“量化宽松”政策工具有所不同。美国政府是通过收购数千亿美元的证券，进行大规模资产购买，这种做法是否可以称为“信贷宽松”？日本实施量化宽松的主要目标是增加货币供应量，而美联储收购政府债券和抵押贷款支持证券的主要目标则是为了推动长期利率的降低。之后，美国政府还想收购私营部门的债券，比如公司债或“私营品牌抵押贷款支持证券”，以此对这些证券的利率施加直接影响。在第一轮量化宽松政策下，美国政府一方面扩大抵押贷款支持证券的收购规模，另一方面开始收购国库券。

最后，我还想说一点，第一次世界大战结束后，尤其是布雷顿森林体系形成以来，美元一直在操控着世界经济。因为美元的全球市场是容易被操纵的，很多国家的政府时刻准备着大规模购买美元，我国的 4 万亿美元外汇储备[①]也是以美元为主的，这样使其偏离了自然均衡水平。很难知道

① 本文写作于 2014 年。

如果没有这些外部干预，美元的实际汇率是多少。我想肯定会比现在低很多，美国也不会采用现在的这样大幅的扩张性货币政策。人为地对美元频繁干预，要么推高美元的债务，要么增加美国的失业。[①] 很明显，美国选择了债务，而不是失业。因为他们的目标是维持高水平的就业，以及稳定的价格水平。美国没有自己的汇率政策，可以用自己的货币自由借贷，美联储成了全世界宏观经济的平衡器，美国经济成了全球经济的调控中心[②]。

之所以说“美联储变成了全世界的中央银行”是有根据的，美国实施“量化宽松”货币政策后，一些国家的央行很快陆续采取了量化宽松政策。2009 年 3 月，在美联储宣布扩大量化宽松规模之际，英国央行几乎在同一时间宣布了类似的计划，开始收购政府债券。英国版的量化宽松政策也将重点放在了收购政府债券上面，而且英国这一政策投入的资金总量与英国经济体量的比例，也类似于美国的量化宽松政策。在亚洲，日本央行也扩大了政府债券的收购规模，并实施了其他一系列旨在促进信贷流通的计划。以上事实说明，美国的货币政策不仅对美国经济复苏有至关重要的作用，也影响着世界经济的走向。

Derek 博士说得好，我们正处在一个世界“大转型”的时代，“大转型”正孕育和创造更进一步的变革的基础性力量。我们生活的世界正在转型，一是世界全球化趋势的发展步伐的加快。二是超大型经济体中国正在步入世界经济舞台，跨境资本流动攀升。这些现象都在影响和改变着今天的世界。我想说，银行的存在价值就是它一边吸纳社会的闲散资金，一边将这些资金导入到需要资金的地方。因此银行是社会的重要润滑剂，维持着社会的资金流通，利用吸纳的公众存款，帮助需要资金的企业进行发展，通过配置社会的资金资源从而提高社会的生产效率。如今，中国虽然已经成为全球第二大经济体，但是中国的金融体系还有待健全，是到了改革的时候了。

---

① Pettis，“The Great Rebalancing”，p. 16.

② Liaquat Ahamed，“Lords of Finance：The Bankers who Broke the World”，Penguin 2009，New York.

我赞同这种观点，中国的金融体系是由中国的商业银行主导的金融体系，这种关系在本质上其实是抵押文化。[①] 整个人类经济活动包括三大环节：生产、消费和交换，而“金融关系”是交换里最重要的关系，它决定着交换效率和发展效率。如果交换过程只能通过实物抵押，效率实在是太低了。但是在中国的诚信系统、契约精神没有成熟之前，担保和抵押成了“最恰当”的金融关系。抵押文化大大促进了中国房地产的繁荣，因为房地产代表的是硬资产行业属性，所有产业链上的企业基本上都能提供资产抵押，获得银行的信贷。所以，商业银行过去 10 年推动了整个房地产产业链快速成长。

① 水木然：《跨界战争——商业重组与社会巨变》，北京，电子工业出版社，2016。

从资本市场PE、VC中得到的启示

PE中文称为“私募股权”基金融资，源自于英文“private equity”，VC的中文意思是“风险投资”，源自于英文“venture capital”，二者在含义上存在一定的重叠，VC投资的项目绝大多数是PE投资行为，而PE投资的行为也会涉及VC投资。如果要想清楚地说明之间的区别，是否可以这样说，VC投资是风险资本投资或创业资本投资，而PE投资指私募股权投资。进一步讲，作为资本市场上一种独立的投资种类，PE意味着在股票交易所之外将自有资本投放到企业中，以支持企业或者行业的技术革新，开拓新市场，并从其发展中获利，这些最早就是出现在美国。

第二次世界大战结束后，“私募股权”在美国出现，当时美国和英国都出现了世界上首批机构性参股投资公司。1945年，美国研究和发展公司（ARD）在美国成立。同期，英国工商金融公司（ICFC）也成立了。这两家投资公司成为世界上最早的私募股权投资机构（institutes）。之后的1958年，美国推出“小型企业投资计划”（small business investment companies - program），加快了私募股权基金在金融市场的发展。随后，私人投资公司可以获得美国国家金融许可证，并以这种方式获得长期、低息、由国家担保的金融资本，这些机构利用国家贷款，同时募集私人资本。

到了20世纪80年代，美国又出现了“Buyout Fund”（并购基金，以下简称BF），它虽然比VC晚了10多年，但BF已经成为目前PE的主流，基金额度占美国整个PE行业各类基金总金额50%以上，同时也是媒体、大众最为关注的行业。在发达国家中，PE公司自20世纪80年代以来对上市公司的收购所带来的影响在业界和学术界炒得沸沸扬扬。仅在1983年，美国就完成了230起收购，约合45亿美元。在美国，随着PE行业如日中天的发展，众多机构如雨后春笋般地出现，标志着一个新的行业进入了繁荣发展的轨道。如今，在美国等金融业发达国家，私募股权融资和风险投资是构成当代资本市场的另类金融，它是整个金融体系当中的一个与银行、保险和投行等不太一样的金融机构。学习期间，我注意到美国的供气供暖、有线电视业等也都已经被PE控制了。这些对于习惯于从银行贷款的中国企业来说，显然理解还在初级阶段。

私募股权基金在组织结构、投资方法、回报机制上都与传统金融有着很大的区别，但也确实推动了经济的发展，实事求是地说，它在全球主流经济体中，经过几十年的发展，国际上的成熟大型机构已经从边缘地带走到了历史舞台的中心。然而，PE在中国的征途刚刚起步，在经济中的分量还不够大。

在私募基金业务发展方面，我国的大银行一般都不去考虑与PE公司的合作，因为是在初级阶段，中国的PE还不太成熟。为了鼓励PE发展、规范经营，2014年中国证监会要求全国的私募基金公司重新登记，截至2014年7月底，核准并重新获得私募股权投资基金经营执照的公司为3870家。证监会为此成立了私募基金监管部，但我国的PE经营仍以自律为主，风险管理仍有待进一步研究。

2016年9月初，李克强总理主持国务院常务工作会议，讨论促进创业投资发展的政策措施。会上提出，鼓励有条件的地方设立创投引导基金；支持国有创投企业开展混合所有制改革，支持国有企业设立或参股创投企业和母基金（FOF）。在鼓励地方政府、国有企业参与创投产业之后，继续为银行资本进入创投领域松绑，极有可能标志着国家资本全面进入创投领域。在资本寒冬的大背景下，创投国有控股非银行金融公司，商业银行有望为融资市场带来数额巨大的增量资金，有助于创业项目整体走出资本寒冬。依照政策方向，银行资金定向从事科技创新股权投资。大数据、互联网、集成电路、芯片和纳米技术等领域，作为国家新兴战略产业，有望率先获得银行资本的垂青。

《风险投资》作者 TERESA ESSER 从威斯康星州专程来华盛顿与笔者交流

商业银行获准从事股权投资，意味着银行获得了比较有效的风险补偿机制，股权投资的高额投资收益可以覆盖不良资产损失。简单来说，一级市场股权融资可以获得十倍乃至百倍的回报率，一个成功的投资项目抵消数个失败的项目后还有盈余。在高额的回报面前，商业银行自然有意愿向“双创”企业投资。

长期以来，我国的商业银行传统业务同质化经营现象严重，但随着利率市场化改革加速，息差空间进一步收窄，大型商业银行的利润增速已不足1%。股权融资以其轻资本和高收益的特点，在商业银行无法继续依靠间接融资获得利润增长的背景下，为银行业务提供了广阔的市场机遇。尤其在经济新常态下，传统产业产能过剩、供给侧改革迫在眉睫，银行资金无法投向过往重要的产业、企业，亟需寻找新的去向。而 PPP 模式的兴起、国内经济环境的改变，使企业股权融资需求提高。

根据财联社 2016 年 9 月 15 日报道，银监会主席尚福林 14 日在中国银行业协会第七届会员大会二次会议上表示，要允许有条件的银行设立子公司从事科技创新股权投资，通过并表综合算大账的方式，用投资收益对冲贷款风险损失。尚福林的此番表态意味着“创投国家队”即将登场。而在此前，证券公司、信托公司、保险公司等一些金融机构已被允许开展创投业务，但拥有我国最多金融资源的商业银行却受限于《商业银行法》，一直无法直接从事股权投资。

对于商业银行而言，通过参股国家新兴战略产业，银行在服务国家战略发展的同时，可以分享股权升值收益，实现商业银行战略投资目的。应该看到，在开展股权融资业务过程中，商业银行拥有资源优势，有望成为高附加值顾问服务提供方，将业务扩展到向科技创新企业提供结算、财务顾问、外汇等一站式、系统化金融服务。通过此类附加业务，商业银行有望进一步打开盈利空间，并实现银行业的差异化竞争。从企业的角度而言，单纯通过信贷融资容易造成负债高。在经济下行的大环境下，高负债率对企业的融资能力和持续经营能力产生不利影响，现金断流随时可能埋葬一家企业。

商业银行参与股权融资可有效补充企业资本金，降低杠杆率。银行股权投资的进入还会带来科技创新企业股权价值的上升，吸引更多投资者，长期来看，将促进科技创新企业健康发展。综上所述，允许我国商业银行从事科技创新股权投资，作为一项制度红利，有助于商业银行业务转型并提升盈利能力。

我早有一种预感，传统商业银行业的发展会面临挑战。近日，看到一份花旗银行发布的报告称，金融科技（FinTech）将大大改变如今的银行经营模式，未来十年中，仅欧美银行业就将有 30%、近 200 万从业人员很快失去工作。银行业的 Uber Moment 时刻（优步时刻）即将到来。“优步时刻”指的并非银行自身，而是指银行分支机构的脱媒化。巴克莱银行前 CEO 詹金斯（Antony Jenkins）称，未来 10 年全球银行业需要裁减半数员工和分支机构，才能在汹涌的科技变革中求得生存。在一场题为“金融服务‘优步时刻’的来临”的演讲中，詹金斯认为，“未来 10 年，金融业的员工和分支机构可能要减少 50%，即使情况没有那么严峻，至少也会削减 20%。”在谈及全球银行业发展前景时，詹金斯称科技在银行业是不可阻挡的力量，可以改善客户服务、风险管理并提升效率，并会有新生力量发展成顶尖银行。传统银行采用新技术的速度很难与新生金融技术企业比肩，投向上述新金融企业的资本数额也可以说明，银行业将迎来“真正的颠覆”。

具体而言，“优步时刻”意味着客户与银行之间的主要交互渠道将变成移动端派发。随着科技创新大潮的汹涌来袭，银行业很快将迎来“自动化拐点”。移动设备将成为客户和银行之间的主要沟通“中介”，意味着银行不再需要那么多实体网点和工作人员，零售银行裁员已经是大势所趋。我认为，花旗银行和巴克莱银行绝不是在危言耸听，事实上银行裁员的大趋势早已发生，自金融危机前的2007年以来，美国和欧洲的银行业雇员数量从最高点减少了73万人。德意志银行、摩根士丹利、花旗银行、巴克莱银行等都早已开始大规模裁员。渣打银行在2015年11月初曝出第三季度出现意外税前亏损1.39亿美元，打算在2018年前裁员1.5万人，并重组超过1000亿美元的资产。德意志银行因2014年第三季度创下60亿欧元的史上最高亏损，被迫宣布裁员1.5万人。摩根士丹利2015年9月宣布裁员1200人，11月又曝出将股票交易部雇员裁减5%（约100人）。瑞信银行在2015年10月，首席执行官 Tidjane Thiam 表示将在2018年底前节省35亿瑞士法郎开支，并在全球范围内裁员5000多人。花旗集团自2016年1月起，开始逐步裁减数千名员工。荷兰合作银行也表示，计划在2016～2018年，裁员9000人。

截至目前，FinTech 的绝大多数价值与电子商务相关领域有关，花旗银行认为，目前很多国家的银行业还有接受 FinTech 改造的机会，如果任由低利率环境侵蚀银行的利润空间，可能会“失去所有的利润”。对传统银行来说，保持自己在借贷领域的市场份额是眼下当务之急。花旗银行分析认为，银行业56%的利润来自放贷，7%的利润来自支付。P2P 借贷虽然规模还不大，只占到全球贷款的1%的份额，但发展势头相当迅猛。花旗银行还发现，FinTech 在亚洲和欧美的发展情况区别较大。比如美国新商业模式相关的收入在零售银行中只占2%～3%的规模，在企业银行业务

随团前往瑞士"瑞信银行"交流（右二为作者）

中收入占比更低。新技术对中国的传统银行的冲击已经显现。在中国，金融流动从实体到数字化的转型令人叹为观止，96%的中国电商销售过程没有银行参与，中国银行业的处境已不容乐观。除了"余额宝"等外来者的冲击，中国银行业还面临着经济转型期的巨大压力，利润零增长渐成常态，银行"躺着赚钱"的日子一去不复返了。

2015年各行财报显示，工商银行2015年全年税后利润为2777.2亿元，较2014年增长0.5%。中国银行税后利润1794.17亿元，同比增长1.25%。股东应享税后利润1708.45亿元，同比增长0.74%。这一增速为至少是十年以来的最低水平。建设银行2015年度的归属股东净利润为2281.45亿元，较2014年仅增长0.14%。民生银行和中信银行2015年第四季度净利润同比增速已经出现负增长。①

① 新浪财经。

我看美国房地产金融

2014 年 7 月 10 日是个周四，我们已经在乔治城大学学习了快一周的时间了，根据校方的课程安排，上午的课程内容是“美国房地产金融市场及产品”。主讲人是从弗吉尼亚大学“达顿商学院”请来的美女博士，她的名字叫艾莉娜·露茨凯娜（Elena Loutskina）。仅从名字上看，我猜测她应该是俄罗斯人的后裔。

课堂上的 Elena Loutskina 博士

Elena Loutskina 博士能讲一口纯正流利且动听的美式英语，说明她很小就来到了美国。当她那修长的身材和美丽的外表在教室里一出现，犹如一道亮光，立刻吸引了大家的注意力。

茶歇时，她告诉我她的家庭是在前苏联解体后，举家移民美国的。我立刻用俄语说了句“答哇利诗”（汉语是“同志”的意思），一下子拉近了我们之间的距离。

提问阶段，不知是什么原因，学员们似乎比以往积极许多。我不知道这是因为她所讲内容所致，还是因为我们来自中国建设银行的学员对房地产金融非常熟悉的原因，总之，上午的课很“热闹”，课堂上问题一个接着一个、笑声不断。

据乔治城大学校方介绍，Elena Loutskina 博士 2013 年获得了美国高校金融专业优秀教师奖，从其课件看，她对资产证券化（ABS）较了解，对非银行金融机构所从事的业务也很熟悉。比如在课堂上，她用了很多时间讲到 REITS（房地产金融信托），也讲到了 PE（私募股权基金）和 VC（风险投资）。而这些业务在我国起步较晚，但在金融市场发达国家，REITS、PE、VC 已经成为多元化资本市场的重要组成部分。

记得在 2014 年 3 月 4 日，我应邀出席美国大使馆在北京举办的“美中投资研讨会”，在我们与美国商务访华代表团的代表进行接触时，他们中间很多人都对我国未来的私募股权基金与风险投资市场感兴趣。因为，美国在过去 20 多年的时间里，私募股权基金投资与风险投资基金市场发展很快，为经济发展增加了多元化的融资通道，带动了科技产品创新。

课后整理这堂课的内容时，我把它分成四个部分进行了梳理。第一部分是课堂提问整理、我的理解以及对美国 REITS 发展的解读；第二部分是对美国房地产金融涉及的主要内容及定义阐述；第三部分是对美国资产证券化进行了简单介绍；第四部分是通过日记回顾 2008 年的金融危机。

（一）

Elena Loutskina 博士主讲内容如下（根据投资投行部副总经理谢国旺先生的笔记整理）：

1. 美国的房地产市场如何影响银行的经营活动？关于整个房地产市场的生态系统的论述；

2. 美国对于房地产金融监管的得与失；

3. 如何管理银行房地产业务的风险敞口？

学员提问很踊跃，主要集中于：

1. 资产证券化产品在美国银行房屋信贷业务中的运用？现在的做法与此次金融危机爆发前有何区别？

2. 银行应如何把握给目前有偿还能力、未来依然有此能力的客户提供房屋按揭贷款？

3. 目前对于那场危机的解释逻辑是次贷危机引发金融危机、金融危机再引发经济危机，此逻辑顺序是否正确？

4. 美国“倒按揭”产品的情况？

5. 美国房地美、房利美公司与传统公司究竟有何区别？

课后同学们对该堂课给予了很正面的评价。我把美国住房贷款的资金来源概括为以下 8 个方面：

1. 储蓄贷款协会及银行共同储蓄基金（S&L and MSBS）。2. 办理抵押贷款业务的银行（Mortgage Bankers）。3. 住房抵押中介公司（Mortgage Brokers），也就是中介经纪人。4. 商业银行（Commercial Banks）。5. 信贷联盟（Credit Unions），韩国的这种模式就是从美国学来的，比如农业联合信贷协会、渔业信贷协会等。6. 股票市场（Stockbrokers），前提是必须在股票市场开立账户。7. 卖方融资（Sellers），买房也有可能从卖方那里融到资金，前提是卖方急于出手。8. 向为首套住房提供资金的金融机构申请再融资（Refinancing Options）。

关于房地产金融信托，在美国已经成为一种金融产品受到投资者的接受和欢迎，美国目前有几百种“REITS”，管理的资产总值超过 6000 亿美元，其中多数在证券交易所上市进行交易。“REITS”通过证券化的形式，将流动性较差的房地产资产转化为流动性好的“REITS”份额，提高了房地产资产的变现能力，缩短了资金的占用时间，使资金的利用率得到提高。

这种房地产信托投资基金业务资产证券化的运作方式就是原物业所有者或贷款人将其拥有的经营性物业或抵押贷款打包设立专项基金，然后均等地分割为若干份出售给有意愿投资的实体或个人。之后，以经营性物业或抵押贷款每年产生的租金，按照利息计入收入来源，最后定期向投资人派发收益。

美国的“REITS”政策调整主要体现在对中小投资者所能提供的税收优惠待遇上，便于他们可以参与大项目的投资活动和高回报的不动产投资。美国采用的方法是将几个小额资本组成资金池，并保证其高回报、低成本地从事商业活动，即：使美国民众利用有限的收入受惠于房地产投资是美国当时公共政策的具体体现。

1997 年亚洲金融危机后，韩国、日本、新加坡、中国香港等国家和地区也引入了这种金融产品。韩国资产管理公司（KAMCO）、商业银行都着手准备开展此项业务，韩国产业研究院（KDI）研究生院还专门设立了此专业课程，由毕业于麻省理工学院（MIT）的欧秉赫教授给攻读金融 MBA 的硕士班讲授“REITS”课程。

无论是在美国还是在韩国，“REITS”都有多种形式，例如，房地产信托、房地产信托基金、房地产投资基金及房地产资产证券化等。这些都是运用信托的原理和功能特点，通过证券市场募集社会资金并投资于收益性房地产。投资人从中分享地产经营收益的金融工具和金融行为，本质就是证券化的产业投资基金。

“REITS”在美国基金的来源可以是机构投资者，也可以是个人。机构投资者指在证交所上市的公司，个人投资者可以是朋友组合、家庭联合或商业协会等组成的私人股份投资公司。

下课回到宿舍，我查看了一些资料。我了解到“REITS”在美国最初起始于 20 世纪初。当时，一些新到来的英国移民希望能够从炒得火热的房地产业中赚钱，开始在美国的马萨诸塞州经营这种行业。一开始的时候，这种托管业务仅限于富贵阶层且只能在指定的州经营，诸如波士顿等地。

任何一项金融产品的产生，都不是一帆风顺的，早年的“REITS”也是如此。美国人起初不太懂得该项投资产品，但随着“REITS”的发展，普通人也逐渐加入到其中。使美国的“REITS”投资活动逐渐向西部扩展，延伸到芝加哥、奥马哈和丹佛等地。

正当这个产品处于快速发展之际，1930 年美国经济大萧条给它带来了巨大的冲击。1935 年，由于美国高等法院规定“REITS”公司必须缴纳公司税而使该产业处于历史上的低谷阶段。“REITS”在经历了 20 多年的低谷后，1950 年开始渐渐恢复，美国法律最终也认可了它存在的价值。20 世纪 60 年代末，“REITS”在美国最终获得成功。

在法律制度建设方面，艾森豪威尔入主白宫数月后，开始研究美国房地产投资法案，调整了房地产投资的有关税项，允许并鼓励个人投资者参加房地产投资，使得“REITS”在 1962 年上半年迅速上升到 3 亿美元的交易量，从而也刺激了股市。

1960 年，美国国会又颁布了新的《房地产投资信托法案》。当时，当选总统约翰·肯尼迪将它作为击败共和党候选人理查德·尼克松的“武器”之一，以确保艾森豪威尔总统制定的经济政策的延续性和对经济增长速度起到调节作用的灵活性。比如，美国 1960 年的 GDP 实际增长速度为 2.5%（1957 年为 2.7%），从这一点上就可以看到其对经济调节所起的作用。

美国在 1975 年和 1976 年先后修改了“REITS”的税项规定。在 1978 年、1986 年和 1997 年又分别对上述税法进行了多次修改与完善，达到了鼓励个人投资者参与的目的，保证了其资金使用的安全性、流动性和高回报性。值得注意的是，以上法律的修改是在 1993 年的证券交易法和 1934 年的证券交易法的基础上作出修改的，因而可以看出美国“REITS”是在不断完善的法律制度前提下走过了 70 多年的并不平坦之路。

总之，美国“REITS”运作是成功的，大致可归纳为以下四点：

第一是产业成长发展健康，法律较完善。虽然已经走过 70 多年历程，但仍有发展空间，截至 2000 年底，该产业只占到美国住房商业贷款的

3.9%，而且只占美国房地产投资的12%。

第二是投资回报稳定，“REITS”收益高于同期美国政府债券4.25%的收益水平。1996年~2002年“REITs”的收益率分别为6.22%、5.73%、7.81%、8.98%、7.71%、7.38%和6.65%。

第三是“REITS”在美国属于低风险高回报的投资，1981~2000年美国长期政府债券的平均回报率是11.99%，而“REITS”的平均回报率是12.43%。根据IBBOTSO 1972~2000年的研究报告，40%债券+50%股票+10%短期国债的平均收益率和风险分别是11.8%和11.2%；35%债券+45%股票+10%短期国债+10% REITS的平均收益率和风险分别是12%和10.9%；30%债券+40%股票+10%短期国债+20%的REITS的平均收益率和风险分别是12.2%和10.8%。①

第四是小额投资者可以接受。美国“REITS”的股东没有最低投资额的限制，是一个行之有效的金融投资工具或产品。

William B. Brueggeman和Jeffry D. Fisher合著的《房地产金融与投资》专著是这样描述美国“房地产金融与投资”市场的。第一是法律保障，比如融资利息因素。第二是固定利率抵押贷款，包括担保与融资，各项财务分析等。第三是涉及债务与权益的“收益性房地产融资”，杠杆的利用，GP（普通合伙人）、LP（有限合伙人）与银团融资，以公司地产抵押的融资等。第四是开发性融资，比如建设项目融资、土地开发项目融资等。第五是房地产融资在资本市场的运作，比如资产证券化；二级抵押贷款市场的CMO与衍生证券以及房地产投资信托（REITS）等。

综上所述，我认为房地产是一种较特殊的资产，在经济发展中，既有投资功能，也有消费功能。在市场经济条件下，资金融通与投资绩效是房地产经营、融资与决策的核心问题。

自《房地产金融与投资》出版以来，房地产金融与投资领域的新情况和产品层出不穷。像商业抵押担保证券（CMBS）、房地产金融信托等用于

① FED.

商业房地产投融资的公共市场工具的演变和发展，使这个领域的投融资变得多元化。21 世纪的住房融资则更会发生新的变化，早在 20 世纪 90 年代，Jack P. Friedman 博士曾这样做过预测，他认为：

1. 电子信贷评估系统的使用将会提高房贷申请与审批效率；
2. 住房按揭贷款与大机构的参与，将进一步推进市场的发展；
3. 通货膨胀会减轻利率波动带来的影响。

（二）

美国对“房地产金融”涉及的主要两个方面的内容是这样定义的：

What is real estate?（房地产金融指的是什么?）

A *mortgage* is a method of financing real property, or real estate as it is commonly know. Real property , unlike other types of property, such as automobiles, jewelry, and closing, is not portable. You can't pick it up and move it around. Ownership of land is defined by the location of that property. A lot survey defines the parcel land that you buy in terms that relate to other fixed points of reference that are known and agreed on by all. This information is usually recorded in permanent records that are maintained by local governments.

What is a mortgage?（何为抵押贷款?）

Mortgage is a generic term used to describe several different combinations of legal documents that allow you to get financing to buy a home……A *Mortgage* is a financial claim against your real estate. You give a mortgage to a lending institution, along with a bond or note, which is a personal promise to repay……Loans secured by properties located in deed of trust states are secured by a document called *a deed of trust*. When you sign a deed of trust, you actually transfer ownership of the property to a trustee. The trustee holds the deed to the property in trust until such time as the loan is paid off. If a dispute arises between lender and borrower, the trustee must resolve the dispute according to state law.

（三）

下面简单介绍一下美国的资产证券化。Asset securitization（美国资产证券化）就是将缺乏流动性但对于未来 CF（现金流）能预测的资产通过集合打包组成资产池，以资产池所产生的 CF 作为证券偿付基础，在资本市场上发行证券的过程，即将非证券化资产转换为证券的过程。这种以特定资产为支持所发行的证券，称为 ABS。按照美国的划分，除了“资产证券化”（Asset Backed Securities）外，还有“住房抵押贷款证券”（Mortgage Backed Securities）。其中，又分“个人住房抵押贷款支持证券（RMBS）和商业房地产抵押贷款支持证券（CMBS）”。其中，ABS 又可分为狭义 ABS 和抵押债务证券（CDOs）。在美国，CDO 就是一种担保债务凭证，包括贷款抵押凭证（CLO）、债券抵押凭证（CBO）等。2000～2004年，美国 CDO 的发行量基本保持在 100 亿美元左右，到了 2005 年，发行量突破200 亿美元，2006 年达到了 548 亿美元。但是，受2008 年金融危机影响，2010 年下滑至 18.86 亿美元。①

（四）

【日记】 2014 年 7 月 10 日 星期四

很多年以前，我和导师 David Behling 先生探讨过美国的房地产金融发展。当时，作为大通摩根银行的一名资深高管，David Behling 导师一直以美国金融业在房地产金融产品上的创新而自豪。

① Bloomberg.

2008年金融危机前，大多数美国人购房都是通过银行创新的抵押贷款产品来完成的，它实现了众多美国人拥有住房的梦想，也推动了美国的银行业务“创新”。自20世纪80年代后期以来，美国抵押贷款金融产品不断创新，即使客户的信贷记录不太好，仍可获得贷款购房，这主要是由当时美国整体经济环境所导致，其房地产价格一直保持上升趋势。

关于房地产金融发展，我认为主要来自三个方面的因素，借款人、参与产品打包的投资人、建房公司，三者之间是一种相互联系及相互影响的关系。但是，金融精英研发的债务抵押证券产品，则是通过市场交易产生的新品种。在美国，债务抵押债券是一个资产池，资产被设计者切割，当金融危机到来时，很多房子不知道业主是谁？因为资产被切割后，住宅小区成了无人之地，陷入了沼泽。

2008年美国爆发的金融危机说明，银行人把这个市场变成了私人游戏场，而一般民众哪懂那么多的金融知识？

抵押房贷支持证券于20世纪90年代由摩根大通最先提出，研发人对次级房贷看好，出现了很多品种的衍生金融产品。投资者对贷款组合下注，相信房价会涨、不会跌，制造了有毒的废物，堆积了泡沫，比如德国工业银行因购买了大量这类产品而第一个倒闭，国际保险集团紧随其后。新产品设计者极度贪婪，变成了赌徒。他们坚持认为，只要房价不下跌，风险就不会出现。但恰恰是房价下跌，使泡沫迅速破灭。

对于美国由于人为原因造成的2008年金融危机，我借用隋唐时期的《一字诗》进行总结，即“一帆一浆一渔舟，一个渔翁一钓钩。一俯一仰一场笑，一江明月一江秋。”

如今，一切都已成为过去，生活还要继续。但对金融业、金融新产品（尤其是金融衍生产品）的监管，成了全世界业内人士永远讨论不完的一个话题。

美国债券市场分析

在乔治城大学学习期间，有一节课是由华人教授主讲的课程，这是我们在美国学习期间唯一一堂由华人教授给大家上的课，这位教授的名字叫许强，现担任乔治城大学的副校长。由于7月10日下午的课程是用中文和英文混合讲解的，中文是学员们的母语，翻译终于找到了休息的机会。许教授主要为大家讲解了美国市政债券的发行与管理。

许教授是上海人，年龄60多岁。从我们课后的闲聊中得知，20世纪80年代我国改革开放初期，他就来到美国，曾先后就职于美国的市政机构，也就是我们说的"公务员"。他担任过纽约市政府首席经济学家，负责管理纽约市的财政预算，对美国的市政债券市场管理有一定的经验。

许教授人很随和且十分健谈，由于授课是用中文交流，从大家的面部表情观察，似乎感觉舒服了许多。课堂上，学员提问比前几堂课多了许多，问题主要包括：（1）发债主体中的州管理局、地方管理局是什么样的机构。（2）市政债的购买主体都有哪些？（3）对中国的债券市场发展有何建议。（4）市政债券的发行价格如何确定。（5）美国市政债券在何场所发行。（6）个人如何参与发行。（7）美国是否有关于市政债券的信息交易平台？（8）美国市政债券为何没有发达的二级市场。

我认为，若想解答以上问题，必须要对美国的债券市场有所了解，尤其是对美国债券市场产品的了解。

债券的特征是什么呢？简而言之，债券是债券的发行者为筹措资金而向债券的投资者出具的证明或承诺；并按一定利率定期支付利息和到期偿还本金的债权债务凭证。

当债券的投资者购买了债券，实际上就是把钱借给了债券的发行者，对债券的发行者拥有了债权，因此，他（她）将获得固定的利息收入、按期收回本金。如果投资人购买美国政府发行的债券，美国财政部将会向你出具凭证。

【日记（续）】　2014 年 7 月 10 日　星期四　晴

下课回到酒店后，大家都出去散步了，而我没有出去，我找了很多资料，对美国债券的种类进行了梳理。我查阅资料后发现，美国债券市场非常发达，按照大类分有财政部债券、联邦政府部门债券、市政债券、企业债券（或称公司债券）、有担保债券、国际债券及零息债券等。

在美国，债券市场、证券市场、期货市场、期权市场和共同基金组成了美国的现代资本市场，是美国现代市场经济体系中的重要组成部分，它们既是市场经济发展的产物，又推动着市场经济的进一步发展。

由于现代资本市场的存在，在市场经济发展过程中盘活了资金，加速了资本运作，提高了资本融通效率，从而达到了资源的有效配置。美国资本市场作为世界上发展最早、最成熟的模式，其发展过程、监管体系和运行特点等都值得我们研究。

美国的国债种类：

美国财政部债券包括短期国债（STT）、中期国债（MTT）、长期国债（LTT）、储蓄债券（Federal saving）、息票拆离国债（coupon stripping）和国库通胀保护证券（TIPS）。

短期国债的面值为 10000 美元，期限分别为 91 天、182 天和 1 年，按照一定的贴现率发行，前两类每周发行一次。1 年期债券每个月发行一次。

债券由联邦储备银行及其分支机构以拍卖形式出售。联邦政府部门债券在1年以上至10年期的为中期国债、10年以上的是长期国债，这两种债券面值大多为1000美元。

储蓄债券只卖给个人以及有选择地出售给某些机构。个人购买储蓄债券有一定限额，而且只有两种储蓄债券可以选择。一种是EE系列储蓄债券，基本上属于纯贴现债券，到期前没有利息，到期时还本付息，整个系列内的债券到期日是不同的。EE系列储蓄债券最小面值为25美分。另一种是HH系列储蓄债券，10年到期，每隔半年付息一次。这种债券不能进入二级市场买卖。

息票拆离国债是在长期国债的基础上衍生出来的债券，但它把利息和本金分开支付。而国库通胀保护证券始于1997年1月，它可以对通货膨胀进行调整，其本金跟随非季节性调整的美国所有城镇消费者的城市平均综合消费价格指数（CPI－U）进行调节，息票利率是由拍卖过程决定的固定利率，半年的美元利息额是半年固定利率与通货膨胀的本金的乘积。

联邦政府部门债券分为两部分，一部分是政府资助的企业市场（government sponsor enterprises market），另一部分是联邦有关机构证券市场（federally related securities market）。联邦政府虽然对机构债务不予以担保，但对它们发行债券的活动管控严格。这些机构包括农场主住房管理局、政府国民抵押协会、海上管理局、农业电气化管理局、小企业管理局、田纳西流域管理局、华盛顿市区运输管理局等。需要说明的是，这些机构不是自行发行债券，而是通过向联邦银行借款得到部分或全部所需资金，从而降低筹资成本。

在美国，企业债券或称为公司债券，分为抵押债券、公司信用债券、设备信托证、附属担保信托债券、优先权债券和非优先权债券等。所谓"高收益债券"就是指我们常说的"垃圾债"（junk bonds）。而美国的"有担保债券"又可分为抵押转递债券（mortgage pass－through securities）、剥离式抵押担保债券（stripping mortgage－backed securities）、担保抵押债券（collateralized mortgage obligations）等。国际债券有欧洲债券（eurobonds）、扬基债券（Yankeebonds）。零息债券（zero－coupon bonds）包括了息票拆离国债、抵押担保零息债券、零息市政债券以及零息可转换债券等。所谓“扬基债券”就是外国在美国发行的债券。零息债券则是以折价发行的债券，到期时按照面值偿还，在国外是一种较为流行的产品。

与美国包括债券市场在内的资本市场的基本功能和普遍原则相比较，并结合我国的国情，我认为，可从以下六个方面理解发行市政债券的作用。

第一，“市政债券”在我国称为“城投债”，是指地方政府为了筹集市政建设资金，通过设立隶属于政府的企业作为融资平台发行的债券，债券本息由项目的收益及政府补贴进行偿还。美国对“市政债券”是这样定义的：Municipal bonds are bonds issued by state and local governments as well as other governmental entities to fund a variety of public spending needs, including the construction of new schools, hospitals, utilities, and highways, and to fund a variety of general obligations.[①]（译文如下：“市政债券”是指州政府或下一级政府以及其他政府机构为公共事业建设需要所发行的债券，包括为建设新学校、医院、公共事业设施、高速公路等项目发债募集资金）。

虽然中美资本市场在这个领域有很多差异，但我们还是应该学习借鉴美国的经验。根据世界银行预测，中国到2020年将有80个城市人口超过100万，中国城市化率将达到60%，未来的政策重点首先是消除“准城市化”。

第二，市政债券指投资者对某个政府作出的贷款，由信贷双方约定付息还本的详细条款，但美国的市政债券可在市场上进行买卖。

第三，市政债券的市场作用可使地方政府获得集资并发展各类基础设施项目，而无需加税或增收各类费用。比如罗斯福新政时期的“田纳西河水利枢纽工程”就是一个典型的例子。

第四，美国市政债券的用途是为了推动当地经济的发展、交通运输基础设施改造、推进公共事业和教育改善、优化电力设施、升级环保设施、

① Anthony Crescenzi, “The Strategic Bond Investor – Strategies and Tools to Unlock the Power of the Bond Market”, McGraw – Hill, 2002 New York, p. 88.

推进医疗保健、住宅、公用设施更新等。其目标清晰，值得借鉴。

第五，美国法律体制健全，责任明确。美国上级政府对下级政府市政债券违约或对破产事件承担责任，发债的一级政府破产后，上一级政府承担偿还责任。

第六，美国发行市政债券程序管理透明，监督管理严格。

美国市政债券的属性与其他债券的发行管理类似，包括以下内容：一是债券性质概述，包括收益率和风险管理。二是债券发行市场，包括发行和承销。三是债券的偿还方式。四是债券的流通市场管理，包括如何上市交易和一级、二级市场表现分析。五是推动了美国债券衍生品市场的发展。

当天晚上，我向我的美国朋友 Teresa Esser 要了一张债券和相关的债券宣传材料，上面的英文要约条款非常清晰，有 face value（面值）、coupon rate（息票利率）、maturity（到期日）、market rates of interests（市场利率）、discount（折价）、premium（溢价）、par value（评价）、bid price（买价）、ask price（卖价）、spread（价差）、call provision（强制赎回条款）等。

在美国，市政债券是以政府和信用作为担保，由州和地方政府以及它们的代理机构和授权机构发行的债券。美国有 82000 多个政府单位，包括州、县、市、镇、特区及学区。这些机构大都发行“市政债券”。这类债券分为（1）一般责任债券（general obligation bonds）。（2）收入债券（revenue bond）。（3）混合与专项债券（special bonds）。

一般责任债券由发行人用全部信誉以及充分的征税权来支持发行，大部分发行人具有不受限制的征税权。在少数情况下，发行机构的征税和税率受一定的限制。

收入债券是由医院、高校、机场管理单位、公路建设机构、公用事业等机构发行，以这类管理单位或它们倡导的特定项目创造的营业收入偿还利息。收入债券有很多种，比如机场债券（airport bonds）、高校债券（college and university bonds）、医院债券（hospital bonds）、独户抵押债券

(single - family mortgage)、多户债券（multifamily bonds)、工业债券（industrial bonds)、公用电力债券（public power bonds)、资源回收债券（resource recovery bonds)、港口债券（seaport bonds)、综合体育竞赛或会议债券（sports complex and convention center bonds)、学生贷款债券（student loan bonds)、民用饮水债券（water bonds）等。

与美国相比较，中国需要开辟多元化的资金筹措通道，使资金取之于民、用之于民，以改进中国各行各业的融资结构，降低筹资成本，提高资金使用的效率。

混合与专项债券具有一般责任债券和收入债券的基本特征，包括投保债券、银行担保债券、再筹资债券及市政救助债券等都属于混合与专项债券。

美国绝大部分债券的发行借助于促销者、投资银行或承销商。“承销商”这个名词源于很早以前英国保险业的实践。当时，货物发运人装船发运时需要找到保险商为其财产保险，保险商要具名于发运人的名字下，故称为“列名下者”，英文原文是“Underwriter”。

今天，无论是在保险业还是证券业，“Underwriter”都不再是当初的含义，而且在多数情况下，承销商已与保险无关，而是指在证券发行人与投资者中间充当中介的商人。根据承销商承担的责任不同，可以概括为“严格承销”、“坚定承诺承销”和“尽力承销”，英文分别为“stand - by”、“firm commitment understanding”和“best efforts”。

美国中介机构承担承销业务的有商业银行、信托投资公司、证券公司等，这项金融领域属于“投资银行”业务范畴。《格拉斯—斯蒂格尔法案》对美国境内的商业银行可包销的证券种类曾加以限制，对美国境外的商业银行的投资银行业务没有限制。比如1933年法案中的第四款第16条、第20条、第21条和第32条，均禁止商业银行从事投资银行业务。

回顾历史，美国的AMBAC保险公司和市政债券投资者保险公司(MBIA）开始发行带保险单的市政债券始于20世纪70年代。到了80年代中期，市政债券的保险变得盛行起来，这时带保险的新发行债券比例达到

20%。在1996年，大约一半的新发行市政债券都参加了保险，如今，债券保险已经成为市政债券发行和交易的重要一环。所谓市政债券的保险就是指保险公司根据合同，承诺在到期日向债券持有者先支付发行者未能支付的债券本金。

美国市政债券的发行有两种方式，公开向投资人（公众）发行和私下分配给一小部分投资者销售其新债券。公开发行又有两种方式，即竞争承销和协议承销。另外，设计债券是指确定到期的偿还方式，决定设置强制偿还基金。

到期偿还也有两种方式，即分期到期偿还和定期到期偿还。通过研究，我发现在1986年美国税制改革后，取消了商业银行可以扣除购买市政债券资金利息损失的80%的规定，使得银行对市政债券的需求量减少了许多。

美国短期市政债券的发行是为了弥补政府的费用支出和税收收入之间的季节性和暂时性失衡。美国各级政府发行长期债券融资的目的是为了筹集长期项目所需资金，比如建设学校、修筑桥梁与道路、改建机场等，通过这种方式，弥补当期运营的长期预算赤字。

美国联邦政府支持和鼓励这样做，因此，大部分的市政债券的利息收入免交联邦所得税。不同种类的市政债券具有不同的豁免特征、赎回架构，其信用风险与流动性风险也有一定的差异。通过发债，很好地解决了不同行业在特定时期对资金的需求。

美国场外交易市场是非常重要的债券交易市场。美国的债券除了部分在纽交所进行交易外，绝大多数债券交易都是在场外市场进行的，场外交易的英文缩写为OTC。几乎所有的美国联邦政府债券、联邦机构债券、所有的市政债券以及部分企业债券都集中在场外市场进行交易。

美国的市政债券兑付有一套完整的保险机制，债券的投保方式分三种。一种是在债券承销时投保，由统一证券识别程序委员会（CUSIP）标明债券获得保险，这是最普遍的做法。第二种是在债券发行后投保，也就是二级市场保险。第三种是基金购买保险。此种保险在债券仍由基金持有时，为债券投保，基金逐月向保险公司支付保费。

在监管方面，美国市政债券可以不受《1933 年证券法》的注册要求和《1934 年证券交易法》的定期报告要求的约束。但在发行和交易时，必须遵守反欺诈条款。

美国有关反欺诈的规定对证券市场的监管非常严格，不仅旨在杜绝一切形式的操纵行为，更在于杜绝错误信息的传播和欺骗，目的就是为了建立一个自由而有序的市场，值得我们学习借鉴。

美国于 1975 年完成了“证券法”修正案，虽然还是沿用了先前的规定，但公众要求改善信息披露的呼声越来越高。1989 年 6 月 28 日，证券交易委员会正式颁布了“债券信息披露法规”，并于 1990 年 1 月 1 日开始生效。该项规定主要适用于百万美元以上的、新发行的市政债券。

有关法律介绍

美国联邦证券法主要由《1933 年证券法》、《1934 年证券交易法》、《1935 年公共事业控股公司法》、《1939 年证券法》、《1940 年投资公司法》、《1968 年的威廉姆斯法案》、《1984 年的公司内部交易制裁法令》和《1970 年证券投资者保护法》等组成。如果没有一套完备而又有效的证券法规，美国的证券市场就不可能发展到后来如此发达的程度。由于受篇幅所限，这里不可能介绍美国的全部有关证券方面的法律法规，但对于《1935 年公用事业控股公司法》和《1939 年信托债券法案》还是有必要简要介绍一下。

《1935 年公用事业控股公司法》是用来监管那些通过其附属公司，从事提供电力、天然气和煤气（工业用）服务的州一级控股公司。这些公司必须向美国证券交易委员会注册，并提交最初和随后的有关财务状况、经营状况的报告。

美国证券交易委员会对这些公司的构成、收购、组合及证券的发行和销售进行全过程监管。这项法案主要有四点内容：

一是要求控股公司系统实际上的完整和简化。要达到该标准，控股公司的经营限于一个融为一体的公共服务系统。二是控股公司及其附属公司所进行的公共服务资产和证券的收购必须满足一定的要求。三是控股公司发行证券必须经过美国证券交易委员会的审核与批准，检查其是否符合有关的法律标准。四是加强公司内部交易管理，比如对股息支付、内部借贷、项目审批等其他授权事宜的具体规定及管理。

从这项法案中可以看出，它对《1933 年证券法》进行了细化，目的是防止证券销售过程中的歪曲陈述、欺骗及欺诈行为的产生。

《1939 年信托债券法案》是对美国第一部证券法的完善和补充，它主要是针对债券的发行做了进一步的规定，包括对公债（Bonds）、无抵押债券（Debenture）及票据（CP）等。一旦公开销售的债券价值超过百万美元，就必须遵守这项法律。这是一部约束受托人行为的信托债券法案，该法案对受托人的行为有明确和严格的法律规定。

第一，受托人不得卷入利益冲突中，这样会有碍于受托人真诚地为委托人或证券购买人的利益履行其职责。第二，该法案要求受托人必须是拥有一定资本和盈余的企业。第三，受托人在履行职责和承担责任方面要符合法律要求的规定或标准。第四，当发行人违约、不能偿付的情况发生时，受托人不得要求发行人给予优先清偿。第五，发行人需要向受托人提供材料，证明自己满足了该法案的规定与要求，比如对抵押财产的放弃等。第六，受托人应向证券持有人寄送有关报告或书面通知。

此外，美国各州也有一些与证券法有关的相关法律出台，比如堪萨斯州的《蓝天法》。

2015 年春天，许强教授来北京出差，总行财务会计部方秋月总经理、中小企业部副总经理李从军、合规部副总经理陈宝东、总行人力资源部教育培训处占卫华处长和我代表“乔七班”学员招待了他。我们在北京王府井的一家酒店见面畅谈，席间谈到了在乔治城大学的学习感受，也谈到了中国地方政府债的发展，后面这个话题是我们在乔治城大学进修时，许教授非常希望了解的情况。

从美国回来后，为了解答半年前许教授课堂上提出的问题，我做了一些研究。我告诉许教授，目前，我国城投债市场规模远远落后于美国、日本等发达国家。截至2012年底，美国市政债券余额为3.71万亿美元，占债券市场总规模的比重为9.74%，占当时GDP的比重达到23.69%。同期，日本地方公债总规模已达到54.38万亿日元，占债券市场总规模的比重为5.37%，占当时GDP的比重达11.43%。[①] 而中国城投债规模总量仅为1.76万亿元，即使加上财政部代发的地方政府债券，存量也不过2.41万亿元，占当时GDP的比重也仅为4.64%。因此，在中国城镇化不断加速，且不允许地方政府自主发债的背景下，应充分发挥城投债在缓解地方政府资金紧张的作用，大力发展城投债，提高城投债的整体规模。

自2009年国务院批准由财政部代发代偿地方政府债券以来，中国地方政府债共发行了587只，累计发行金额33万亿元。截至2014年底，存量地方政府债为487只，金额约27万亿元，剩余平均年限5.79年。[②] 这说明2013~2014年，中国地方政府债发展很快。自2009年财政部代发地方政府债以来，建行已经连续多年担任各地方政府债的承销商，其中，2012年承销了68.7亿元，2013年承销了611.6亿元，[③] 承销金额居市场前列。这是中国大型商业银行与美国全功能大银行市场作用的不同体现之一。

按照发行期限分析，中国的地方政府更倾向于募集中长期资金，各地基本按照3年期、5年期、7年期、10年期安排发行。以大连市政府地方债为例，按照期限分别为3.26%、3.69%、4.14%、4.29%，与国债基准相比分别上浮12%、13%、15%和16%。5年期88只定向发行的地方政府债平均发行价格为3.72%，低于同期贷款利率。[④]

许教授关心的第二个问题是中国城投债制度的设计，我简单做了回答。

---

① finance. ifeng. com.

② 财政部网站。

③ 建设银行网站。

④ 建设银行网站。

由于中国的城投债是地方政府为了筹集市政建设资金，通过设立隶属于政府的企业作为融资平台发行的债券，所以，城投债的本息由项目的收益及政府的补贴进行偿还。当年美国“田纳西河水利枢纽工程”从开工到完工用了整整10年，是美国历史上空前的大型水利工程，美国的这项水利工程发行的是联邦债券，而中国的城投债从发行主体、资金用途到偿债资金来源均由地方执行。

第一，中国城投债是具有中国特色的市政债券，根据国际通行标准，中国城投债已经具备了市政债券的基本特征，是具有中国特色的市政债券。中国城投债的发行主体是由地方政府及其部门和机构等通过财政拨款或注入土地、股权等资产设立的城投公司，由公司承担政府投资项目融资功能，并拥有独立法人资格的经济实体。城投公司的性质与一般性企业有很大差异，其主要提供公共产品或服务，不以盈利为目的，财政补贴是这类城投公司的主要收入来源。同时，城投公司往往缺乏经营自主性，其经营计划、人事安排以及发展规划都要受到地方政府的干预和控制，实质上可以看作地方政府的市政债券代理发行机构。

第二，中国城投公司城投债的资金用途在设立之初定位就很清晰，其发行债券所获资金的用途范围比较明确，限定于那些和政府公共职能有关的公共产品或服务上，如市政公共服务、水利和环境治理、道路建设以及城市园区建设等，很少用于盈利性高的非公共项目。至于偿债资金来源，城投公司定位属性以及承担市政公共产品服务的性质决定了其偿债主要依赖地方财政。一方面，需要依靠地方政府在债券发行上给予城投公司支持，并为城投公司提供担保、开发许可和提供税优政策支持。另一方面，地方政府还必须以财政补贴形式给予城投公司资金支持。可以说，城投公司的偿债资金主要来源于地方政府的财政收入。从表面上看，城投债好像是项目收益债券，但事实上城投债更像一般责任债券。中国地方政府的融资来源主要是银行体系（约占80%），因此，风险过度集中于银行。

目前，就中国城投债的具体运作来看，形式上比较像是项目收益债券。但事实上，城投债更像一般责任债券。第一，城投公司作为地方政府的融资平台，缺乏自主经营权利；第二，虽然在募集说明书上，资金用途是用于准公共产品上，但事实上这些资金在募集之后，更多地被地方政府用于市政建设等纯公共产品上；第三，虽然形式上，债券偿债来源主要依靠项目收益，地方政府只是对城投公司提供财政补贴，不负有直接偿还义务。但事实上城投公司的收入来源主要依赖地方财政补贴，其偿债来源主要依靠地方财政。

"美国精神"与企业人力资源管理

一晃来美国学习已经一个多星期了，今天是我们在乔治城大学进修的第九堂课，内容是"美国精神与企业人力资源管理"。主讲人是 John Corso 博士。

John Corso 博士毕业于南加州大学，他在那里获得了公共管理学博士学位，研究领域包括绩效计量、绩效评估、职员培训、组织协调以及核心领导力等，现就职于一家公共机构，是一位团队负责人。

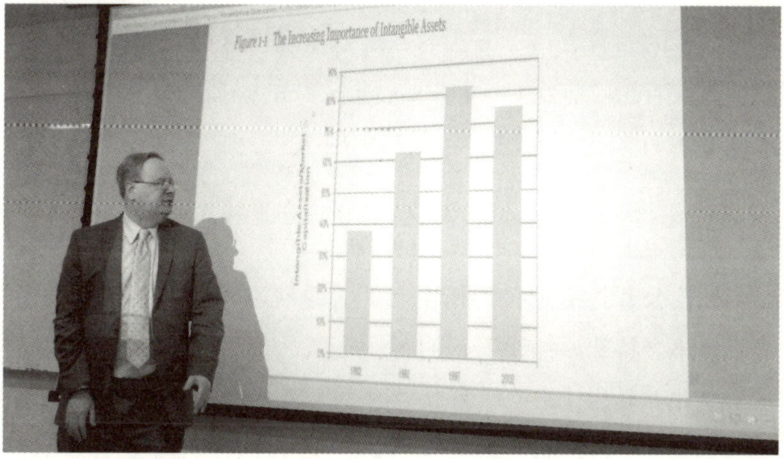

John Corso 博士在授课

在乔治城大学的介绍手册中，John Corso 博士还同时担任乔治城大学战略绩效管理专业的学术主任，他给我们主要讲述了以下内容[①]：（1）现代绩效管理历史；（2）企业高管层对于无形资产、绩效管理的看法；（3）

① 根据投行部副总经理谢国旺先生的笔记整理。

战略地图的组成要素、价值组合以及如何与平衡计分卡结合对战略提供支撑；(4) 平衡计分卡可概述为四个维度：财务、客户、内部流程、学习与成长；(5) 案例研究：东京三菱银行。

针对这堂课的内容，我认为，要想了解美国企业员工成长的激励因素，最重要的是先要了解美国人倡导的文化精神和美国人的思维到底与我们有什么不同？简而言之，需要了解“美国精神”。

美国的文化与我们中国的文化有什么不同？

几年前我从海外分行回到总行后，对这种文化差异有了较深刻的理解。当年，在中东国家工作时，我们的业主和工程设计公司是清一色的美国人，在韩国延世大学读书时，班里很多同学又都是美国人，我在延世大学读研的导师也是美国人，一位名叫 David Behling，另一位名叫 Stanley Paul。

美国人的性格普遍外向，美国企业的文化是鼓励人们的创造性，从美国家长对孩子的教育方式、方法看，足以体现出这种文化的特点。比如，美国人仕途上若想“进步”，可以靠思想火花的碰撞、靠演讲口才以及提出解决问题的具体建议与思路。但在中国某些企业里，仕途上若想“进步”得比别人快，靠的是在领导面前附和（永远说 Yes，从来不说 No），或干脆直接搞定上级的上级，顺利得以提拔。但美国人不一样，总统做错事，他们照样公开抨击。在大街上行走，总统和高级官员与百姓是平等的，老百姓不会特殊“照顾”他们。

中美文化差异为什么这样大？中国人认为，下级没有必要给上级领导提出不同意见，上班时间下级基本上坐在自己的工位不讲话，我通过观察觉得对这种现象可用一句话描述，即“领导来了装作看电脑，领导走后看微信”，这种现象在一些国企里尤为明显。上级领导有个微信什么的，通常迎来手下员工的一片点赞，真的假的鬼知道，领导高兴就行。在中国一些企业里，下级员工做完上一级领导布置的工作后，大家都低头去忙自己的事儿。还有一种现象，下级给上一级领导发短信或打电话时，为了不让其他人知道，都称上级为“领导”，中国人似乎都很会保护自己。某些中国企业的干部，对上级随声附和，对下属尽显威风，凭这种技巧获取个人短期利益的最大化。我们国企里一些单位的领导都喜欢听阿谀奉承的话，如果有人不这样做，业务再好、工作再拼命，也不会有机会得到提拔。我们一些企业上一级的领导喜欢下属为他（她）服务，内部开会时，谁的官大谁在会上说话，而与会的人一般不发言。开会期间，参会人似乎都在“认真”做笔记，这种管理文化属于典型的“以领导为导向”的模式。

在美国企业里，上一级领导人喜欢下属与他（她）一道工作。艾森豪威尔说过：“有一个跟你一道工作的人，要比有三个为你服务的人更好些。”这句话道出了美国管理文化的特征。在美国，人们从小受到的教育就是依靠通过承担责任来培养自身的品质，而在亚洲一些国家的企业里，上一级管理人员以“如何会给别人安排工作体现出他（她）存在的价值或‘领导能力’”①。所以，才造成了下级员工应付上级领导、全体员工糊弄最高领导者的现象。在对中美两国企业文化比较后，我认为美国的管理文化是一种“以市场为导向”的模式。

近年来，人们嘴上说得最多的是“正能量”，估计是看了卡耐基“*Positive Energy*”一书的缘故吧。什么是正能量？我认为正能量就是人的正直品质，有了正直的品质才能有正能量，这种能量会让你的工作目标充满生命力。相反的行为则会给企业带来多数人不喜欢的负面影响，即负能量（negative energy）。卡耐基说：我们每个人身上都有正、负两种能量，正能量多过负能量，个人以及社会才能不断进步。如今，我们越来越频繁地接触到各种负能量，比如生活中经常听到各种抱怨、指责等，这些负能量会将我们仅有的正能量消耗殆尽，并且不断传播给周围的人，就像病毒的传播一样。而真正内心强大的人，有能力疏导自己的负能量，找回自己的正能量，在人际关系中更是能够将接触到的负能量转化为正能量，从而净化自己的生活和工作环境。正能量今天能够被人们广泛接纳，它已经不仅仅是一种成功的法则，更是体现一个人学识、修养、心智和品位的综合

① Park Jin, “Leadership” Lecture of KDI.

能力指数，也是每个人提升自我、成就事业、获得尊重、得到幸福、改变命运的人生必修课！① 多年在职场拼搏的经验告诉我，人生在世，千万别丢掉别人对你的信任。穷死不要撒谎、难死不要骗人，堂堂正正做人、明明白白做事，永远不要失去别人对你的信任，别人信任你，是你在别人心目中存在的价值。一个人做事要对得起良心，德行天下，才能厚德载物。一个正直的人，不大可能去指责、埋怨或抱怨什么，他（她）总是兢兢业业地努力解决工作和生活中不断出现的种种问题。

在多数美国人眼中，你在多大程度上坚定信念与信仰及对自身言行承担的责任，决定了你的正直程度。你的正直品质最终会决定你能否取得成功。以美国民众对总统竞选时的承诺监督为例，美国有一种保护不同意见民众的文化，有人把美国文化描绘成“美国精神”。

乔治·华盛顿大学法学院博士 W. 克里昂·斯考特把“美国精神”归纳为 28 个原则，这 28 个原则涉及国家治理、政府管理、公司治理等不同层面，也有宗教、教育、道德、文化等诸多维度。比如第 6 条原则：“所有的人生来都是平等的”，第 17 条原则：“应建立制衡制度，防范权力滥用”等。美国人认为，以上原则既是对美国国父建国思想的精准概括，也是对《美国宪法》宪政精神的高度提炼。这些既是美国精英治理国家、管理政府或企业的普遍法则，也是美国繁荣的根本保障。

关于 “平衡计分卡”

从这堂课的问答内容看，有必要深入了解“平衡计分卡”这种绩效考评方法。几年前，我在国内曾看过这方面的介绍。

什么是平衡计分卡？平衡计分卡是一种革命性的评估和管理体系，平衡计分卡的设计主要包括四个方面：财务角度、客户角度、内部管理（运

① 卡耐基：正能量（中译版），北京，中国商业出版社，2012。

作）流程、学习和成长。

以上几个方面分别代表了企业的三个主要利益相关者，即股东、客户和员工。单个方面的重要性取决于其本身和指标的选择是否与公司战略相一致，其中每一个方面，都有其核心的内容。

1. 关于财务层面

财务业绩指标可显示企业的战略及实施和执行过程是否对改善企业盈利作出了贡献。财务目标通常与获利能力有关，其衡量指标有营业收入（Revenue）、资本回报率（ROA）、股权回报率（ROE）、创造现金流量（CF）、经济增加值（EVA）等，也包括市场营销（Marketing）和市场拓展。

2. 关于客户层面

在平衡计分卡的客户层面，管理者确立了其业务单位将竞争的客户和市场，以及业务单位在这些目标客户和市场中的衡量指标。客户层面指标通常包括客户满意度、客户保持率、客户获得率、客户盈利水平以及各个目标在细分市场中（Market Segmentation）所占的份额。在当前商业模式和外部环境下，怎样有效地去捕捉每一个不同的细分市场是对领导者能力的考验。

3. 关于内部管理层面

任何组织，不管是企业还是机关事业单位，内部管理流程必须清晰，否则大家工作起来如同没有方向的飞鸟，管理者必须建立有序可循的内部流程。一个组织内部，信息要对称，否则会造成少数人围着领导转。有序的机构或组织就像列队飞行中的大雁，方向明确。

4. 关于学习和成长层面

这个层面决定了企业若要顺利长期、稳健发展，就必须建立一个发展计划，比如对员工的培养以及企业业务长远发展规划等。

综上所述，平衡计分卡通过因果关系提供了把战略转化为可操作内容的一个框架。根据因果关系，对企业的战略目标进行划分，可以分解为实现企业战略目标的几个子目标，这些子目标是各个部门的目标，同样各中级目标或评价指标也可以根据因果关系继续细分，直至最终形成可指导个人行动的绩效指标和目标。

至于财务子模块在整个管理业绩评价体系中的权重，一般随企业类型及发展阶段的不同而有所区别。比如传统产业企业的权重就可以高一些，如设为30%。对于高新技术产业的企业而言，由于其前期大量的研发费用需要在以后相当长的一段时期内进行摊销，所以其权重应当低一些，大约为20%。再比如，在企业成长阶段，由于各方面的投入数额大，财务方面的业绩衡量指标的权重应该低一些，初期为20%左右，到了成熟阶段则可以适当提高其权重，达到30%~40%。

（1）如何从内部经营看企业或组织的综合提升力？

传统的业绩评价体系对企业内部经营过程所确定的目标通常是改善现有职能部门的作用，主要依据财务指标评价这些部门的经营业绩，包括评价产品品质、投资回报率和生产周期等指标，但它仅仅是强调单个部门的业绩，而不是着眼于综合改善企业的整体经营过程。平衡计分卡则强调评价指标多样化，不仅包括财务指标，还包括非财务指标，它能够综合地反映企业内部的管理业绩水平，其指标可包括企业推出新品的平均时耗、产品合格率、新客户收入占总收入的比例、生产销售周期、售后服务意见反馈等。

（2）如何从客户子模块看企业或组织的竞争能力？

竞争优势来源于企业为客户创造的超过其预期的价值。价值是客户愿意支付的价钱，而超额价值产生于以低于对手的价格提供同样的服务。所以，满足客户的需要是企业成功发展的必要条件。在平衡计分卡的客户子模块中，企业管理者要确定企业所要争得的竞争性客户和市场份额，并计算在这个目标范围内的业绩情况。对于企业客户管理业绩水平的评价，其核心指标应包括客户满意度、存量客户维护程度、新客户拓展指标，单一客户对企业创收的贡献等。在整个管理业绩评价体系中，可根据不同类型企业设置客户管理指标的不同权重，如在工农业企业中的权重可以低一些，占 20% 左右，而在服务业企业中的权重就应该高一些，如占 30% ~40% 。

（3）如何从学习、创新看企业或组织的发展后劲？

企业必须在平衡计分卡中确定学习与创新的目标和评价指标，这是企业实现长期目标的动力源泉。一个企业要创新，管理者的推动作用非常重要。俗话说，火车跑得快，全靠车头带。管理者自己首先必须不断学习与创新，营造良好的企业文化氛围。这个子模块对于企业管理者个人而言也是非常重要的，它体现了管理者个人学习与创新的意识和能力，对于一个有明确发展战略的企业而言，它的权重应该不低于 25% 。

5. 案例分析

东京三菱银行是两家日本银行（东京银行和三菱银行）合并后，于 1996 年组建的大银行。目前，东京三菱银行是全球最大的商业银行之一。

银行间的合并，系统整合是关键。这家新的银行创建了一个整合后的销售管理系统，新系统的设计理念是“随时随地通过电子渠道满足客户服务”，该系统可提供网络银行、电话银行及 ATM 等服务，覆盖日本全境及原两家银行在全球各地的客户。东京三菱银行新的管理系统覆盖了 6000 多个银行网点、3500 台 ATM、10000 台 PC（信息终端），满足了特大规模银行系统的业务需求，可为客户不断提供升级服务。系统中安装的 Tivoli 模块能与其他公司的软件包一起使用，包括 IBM Tivoli Enterprise Console、IBM Tivoli Monitoring、IBM Tivoli Configuration Manager 和 IBM Tivoli Identity Manager。Tivoli 能够与不同供应商的系统接口对接，缩短了单一系统开发的时间。通过有效地使用 Tivoli 工具，该行在 7 个月内就迅速完成了主机直联。

东京三菱银行 Tivoli 的研发，是全球银行系统建设的成功案例，值得学习借鉴。

【日记】　2014 年 7 月 11 日　星期五　小雨

今天，乔治城大学的“人力资源管理”的课程与我读研时的课程相比有很大的不同，如果说当年学到的是理论知识的话，今天学到的更多的是美国的实践经验。记得我在KDI研究生院学习“H & R”（人力资源管理）课程的韩国教授曾经对学生们说，“工作要靠团队，团队需要有一种精神。一个团队里，人分五类：人渣、人员、人手、人才和人物。”从乔治城大学教室回到驻地后，我一路思考着一个问题，那就是“人力资源管理”既应是丰富立体的，也应是横向且多元的。尽管由于管理者的视野或视角不同会有所差异，但通过对特定群体——“人与人”、“人与团队或组织”的分析，可将视野拓展至整个社会，以探求人力资源管理的内涵，寻求有效管理的答案，探索核心领导力的要素。这其中，行将远去的过去和正在发生的当下以及即将呈现的未来，都是最好的素材和切入点。

结合今天上课讨论的内容，我想，第一类人的特征属于无事生非，拉帮结派，挑起事端，吃里扒外，对团队有破坏性的一类人，任何组织或机构都有这种人。第二类人应该是那种只领工资，但不爱做事，安排与自己无关的事不愿意干，属于庸人之列。第三类人是那种你安排什么我做什么，不安排绝对不做。国企里大多是这种人。第四类人可称之为“人才”，人才每天都发自内心去做事，做事有责任、有思路、有条理，他们知道公司的发展与自己的发展同步而行。但在一些不思进取的人眼里，这种人是一种“自找苦吃”、拼命奋斗的那类人。第五类人之所以被称为“人物”，是因为这类人做事会全身心地投入，他们用灵魂做事，决心要和老板做一番事业，不斤斤计较。在私企里，这样的人很多。

“人手”需要引导，“人才”关注当下，而“人物”只看未来。因此说，发展靠人才，做大靠“人物”。既具备人才的责任心和进取心、又有“人物”的魄力和胸怀的人是能做成大事的人，但他（她）生活的环境也是他（她）能否顺利发展的重要因素之一。很多人才往往被人从背后开枪打倒，说明人才还要有心计才行。通常，人渣有可能鱼目混珠地苟存在大团队里、大机构中，因为小团队里很容易被人一眼看透，没法混。应该说，人员、人手、人才是主体，“人物”可遇不可求，任何团队都必须齐心协力，树立一种敬业的精神，才能共赢发展。

从《巴塞尔协议Ⅰ》到《巴塞尔协议Ⅲ》

在乔治城大学学习期间，很多教授在授课过程中都提到了《巴塞尔协议》。这个协议是国际清算银行（BIS）成员的央行在瑞士的巴塞尔所达成的。最初的协议有3个：1961年3月的《巴塞尔协议》，旨在防止美元下跌而缔结的“稳定黄金市价协定”；1972年3月的《巴塞尔协议》，是欧共体成员国，也是国际清算银行成员所达成的协议，旨在缩小共同体内部各国间汇率波动的幅度；1988年7月的《巴塞尔协议》，即巴塞尔委员会通过的“关于统一国际资本衡量和资本标准的协议”。《巴塞尔协议》虽然有3个，但人们提到的这个协议一般指的都是最后一个。按照协议要求标准，到1992年底，凡是经营国际业务的国际性银行，其资本对风险资产的比率必须达到8%，其中核心资本至少为4%。之后，随着各国银行业跨国经营中对信用风险、市场风险和操作风险的更高要求，对原《巴塞尔协议》进行了补充和完善，最新的标准是《巴塞尔协议Ⅲ》。

自《巴塞尔协议》实施以来，对一个国家的银行业发展有何影响？劳伦特·巴尔斯扎尔在他的著作《从巴塞尔协议Ⅰ到巴塞尔协议Ⅲ——银行风险监管标准介绍》一书中提出了两个问题：（1）“未来银行业的规则到底是什么？”（2）“监管规则如何与快速发展的金融业同步？”可以说，巴尔斯扎尔概括了对竞争日益激烈的现代银行业的发展监管要求。简而言之，资本是衡量一家银行实力强弱的标志，资本越多，资本对资产的比率越高，则这家银行资金安全性越强，但相对也就限制了资产业务的扩张。《巴塞尔协议》就是促使国际性银行在规定期限内达到资本与风险资产的最低比率，以消除不平等竞争，加强银行体系的稳定性。

我认为，我国的银行在业务发展中也必须与国际监管标准看齐。在1994年，中国建设银行进行第一次转型时，我有幸参加了转型小组的工作。1995年5月，我和同事刘慧勇、程美芬组成的小组前往瑞士巴塞尔的国际清算银行专程拜访，第一次了解到《巴塞尔协议》的基本情况。当时，刘慧勇先生是建行研究所的所长，他担任我们考察团的团长，程美芬同志后来是建行法律部的总经理。可以说，从那时起我就开始研究《巴塞尔协议》的监管规则。

虽然巴塞尔委员会为了对全球银行业进行审慎监管，不断制定出台新的标准。但这次来美国进修，我发现一个问题：它们的标准可能无法使美国人完全认同。对于《巴塞尔协议Ⅲ》的实施，美国国会就有人认为，如果对美国国内银行实行新规，进行更严格的监管，那么非但无法确保美国金融体系的稳定，而且在缺乏有效的国际协调的情况下、在金融体系国际化情况下，会逼迫美国的金融业活动离开美国，转到其他国家的金融中心。

要想深入了解《巴塞尔协议》，首先须知道巴塞尔委员会。这个委员会于20世纪70年代成立，最初由10个国家（或地区）发起，目前委员会已经扩展到由来自27个国家和地区的银行监管部门和央行的代表组成，会员有阿根廷、澳大利亚、比利时、巴西、加拿大、法国、德国、印度、印度尼西亚、意大利、中国、中国香港、日本、韩国、卢森堡、墨西哥、荷兰、俄罗斯、沙特阿拉伯、新加坡、南非、西班牙、瑞士、瑞典、土耳其、美国、英国。巴塞尔委员会的职责是加强全球银行业的监管标准、监督管理和管理实践，旨在提升金融体系的稳定性。

我发现，我们班里的每一个人虽然都有在银行工作20多年的经历，但由于大家平时忙于完成工作指标，对《巴塞尔协议》并不是都很了解，我们需要补充知识，比如对《巴塞尔协议Ⅲ》的学习。因为在过去的30年里，各国的商业银行发生了翻天覆地的变化，从资产扩张到洗牌重组，一轮接着一轮，令人眼花缭乱，尤其是亚洲国家的商业银行发生了很大的变化，最具代表性的是日本、韩国和我国的商业银行的变化。日本的商业银行经过一轮又一轮的兼并重组，已经由30年前按照资产排名占据前十大银行的7个席位，降至现在的2个席位。中国的商业银行从名不见经传，到占世界前十大银行的4个席位。

在第一个周五下午的培训课程中，校方安排由David Kemp先生授课，内容是“美国商业银行贷款实践与监管”。课堂上，他与学员们就银行监管问题广泛地交换了观点，内容很多都涉及《巴塞尔协议Ⅲ》。

David Kemp先生是美国银行家管理有限公司（BMI）的总裁，他领导下的这家公司是一家获得全球金融机构认可的银行业务培训专业机构。他在加入BMI前，曾在其他银行担任培训部门的领导职务。

David Kemp先生现场传授经验

David Kemp先生授课的内容既包含了商业银行信贷全流程管理，也着重介绍了美国的商业贷款监管制度，和其他教授一样，在银行风险管理方面，由于学员提问热烈，他重点介绍了《巴塞尔协议》。David Kemp先生知识渊博、授课经验丰富，准确回答了学员们提出的每一个问题。比如，2008年金融危机后，在美国的全社会融资总量中，银行贷款的比例大约占45%。净息差（NIM）值2008年之前是4%，2014年大约为3.65%。银行高级贷款主管（SLO）与首席信贷官（CCO）之间的关系与职责划分，完全遵照严格的制度规章、细致的流程程序和有效的系统支持。

实事求是地说，《巴塞尔协议Ⅲ》的内容对于中国的商业银行管理者来说，还需要深入研究。之所以这样说，是因为我国的商业银行在企业经营理念与管理文化、业务收入结构、资本构成以及风险管理体制等方面，与美国的银行比较都有较大的不同。但随着我们的商业银行走出国门经营步伐的加快，银行经营者必须遵守和接受国际监管准则，按照国际规范办事，所以，我们需要认真学习和掌握《巴塞尔协议Ⅲ》的内容。

长期以来，《关于统一国际资本衡量和资本标准的协议》是业内人士脑中的《巴塞尔协议》。在《巴塞尔协议Ⅲ》出台前，作为加强国际银行统一监管的一个划时代的重要文件，《巴塞尔协议》注重从资本的构成和资产的风险权重方面强调资本与资产的比例关系。在1997年韩国金融危机中，包括国际货币基金组织（IMF）在内的国际金融机构就是按照《巴塞尔协议》的原则，要求包括韩国第一银行在内的多家商业银行进行重组后，方可得到国际援助。比如，德国的银行借机参股了韩国的外换银行；在韩国原第一银行的基础上，多家投资者参与组建了友利金融集团，这些不仅改变了韩资银行的股权结构，也促使韩资商业银行在管理上向《巴塞尔协议》监管标准看齐。又比如，美资银行高盛集团在2002年出资1500亿日元（当时约合13亿美元）① 入股日本的三井住友金融集团(SMFG)②，不仅为这家日资银行提高了自有资本充足率，而且带来了严格的银行风险管理新理念。

我一直认为，银行管理者如果不学习，就必然会给企业造成损失。2006~2007年，当时我还在总行国际业务部海外处任职，某一家海外分行主要经营人在经营中把资本金几乎亏光，迫使总行向其补充资本金，才使得这家海外分行存活下来。这个案例告诉我们，银行的每项业务都与银行资本有关。《巴塞尔协议》虽然不是法律，但可以成为国际惯例，如果一国不遵守，其他国家就会限制该国银行境外的业务活动，使其受到歧视性

---

① David Ibison, "Little harmony in Japan's banking saga", Financial Times, Aug 31, 2004.

② 三井住友银行是由住友银行和樱花银行合并后而命名的银行，属于三井住友金融集团(Sumitomo Mitsui Financial Group, SMFG)。

待遇，甚至会被当地监管当局勒令停业。

2008年3月24日，时任总行监事长谢渡扬先生在总结这起案例时说："有的审计人员原则性不强，敏感性不够，对审计发现的重要问题不反映。例如：毕马威会计师事务所2007年1月17日对某分行出具了有保留意见的审计报告，这是多年来建设银行第一份被出具保留意见的外部审计报告，某分行没有按规定向总行报告，审计部赴某分行审计组也没有在审计报告上反映这一重大违规行为。这是一件很典型的事例，一定要吸取教训，今后绝对不允许审计系统再发生类似问题。"总行为此还在全行发布了"重大风险事件快报"。由此可见，我国的银行管理者学习《巴塞尔协议》、合规合法经营金融企业是多么的重要啊！总行党委高度重视这个发生在身边的案例，张建国行长先后多次在全行工作会议上提到这个案例，须引以为戒。

细读《巴塞尔协议》，1992年底实行的《关于统一国际资本衡量和资本标准的协议》共有四个附件，分别是"资本基础中有关资本的定义"、"资产负债表内的资产风险权数"、"资产负债表外项目的信用换算系数"和"过渡期的安排"。按照"资本基础中有关资本的定义"，在资本成分中，把资本分为两个等级，第一级包括实收股本/普通股和公开储备，第二级包括非公开储备、资产重估储备、普通准备金/普通贷款损失准备金、混合（债务/股票）资本工具以及次级长期债务。在限额与限制方面，第一，二级资本的总额将不得超过一级资本成分总额的100%，二级资本也叫做"附属资本"。第二，次级长期债务将不得超过第一级资本成分的50%。第三，在普通准备金/普通贷款损失准备金中，包括反映较低资产值或潜在但不能确认的账面损失总额部分，该普通准备或储备的数额最多不能超过风险资产的1.25个百分点，特殊情况或临时可达2个百分点。第四，有潜在收益而未实现的证券形式的资产重估准备金需打55%的折扣。

"资产负债表内的资产风险权数"分为四类，即0%、20%、50%和100%。0%所含范围：（1）现金（含黄金折算等值货币的金额）；（2）以本国货币定价并以该类货币对一国政府和央行融资的债权；（3）对OECD[①]国家的政府和央行的其他债权；（4）用现金或OECD国家政府债券作担保或由OECD国家央行提供担保的债权。

20%所含范围：（1）世界银行、亚洲开发银行、非洲开发银行、欧洲投资银行等的债权，以及由这类银行提供的担保或以这类机构发行的债权作为抵押的债权；（2）对在OECD国家注册的银行的债权以及由OECD国家内注册的银行提供担保的贷款；（3）对在非OECD国家注册的银行到期日在一年内的债权和由OECD以外国家的法人银行提供担保的、在一年内将到期的贷款；（4）对非本国的OECD国家的公共部门机构（不含中央政府）的债权以及由这些机构提供担保的贷款；（5）托收中的现金款项。

50%所含范围：用于居住用途的房产做抵押的贷款，房产为借款人自己居住或出租。

100%所含范围：（1）对私人机构的债权；（2）对OECD以外国家的法人银行到期日在一年以上的债权；（3）对OECD以外国家的政府债权（非使用本国货币定价的债权）；（4）公共部门所属商业企业债权；（5）行址、厂房和设备等固定资产；（6）不动产及其他投资（包括表外部分）；（7）其他银行发行的产品资产；（8）其他资产。

“资产负债表外项目的信用换算系数”是根据表外信用规模、信贷风险敞口出现（发生）的可能性，以及相关文件所确定的信用风险的相对因素推算得出，用信用换算系数乘以资产负债表内相应项目的风险权数（详见劳伦特·巴尔斯扎尔的《从巴塞尔协议Ⅰ到巴塞尔协议Ⅲ——银行风险监管标准介绍》）。

所谓“过渡期的安排”是在《巴塞尔协议》启用初期的时间安排，即在某年某个时间要求成员国商业银行达到的自有资本充足率标准。比如，银行的自有资本充足率在1990年底须达到7.25%、1992年底要达到

---

① 经合组织。

8.0%。同时要求商誉损失必须从一级资本中扣减（详见巴塞尔银行监督管理委员会1988年7月制定的“资本充足率评估国际标准”）。

这个标准第一部分对资本构成等做了界定，比如：（1）对核心资本（一级资本）的界定；（2）对附属资本（二级资本）的界定；（3）储备资产评估；（4）贷款损失界定；（5）整体负债评估方法；（6）次级债券的界定等。第二部分内容为风险权重计量，包括（1）风险种类；（2）国家风险转移；（3）追偿机制；（4）贷款抵押担保；（5）住房抵押贷款；（6）表外资产等。第三部分、第四部分主要对国际性银行参照《巴塞尔协议》有关要求，在比率使用方面及执行安排上提出了具体的建议。上述界定、建议和要求，构成了《巴塞尔协议》的主要内容。

在20世纪80年代后期和90年代初期，以中国银行为代表的我国商业银行通过陆续增资的方式达到《巴塞尔协议》的标准。与此同时，借鉴国际商业银行的经验，我国的商业银行业从那个年代开始对单一客户的贷款占银行资本的比例作出了相应的规定，以降低银行信贷风险。韩国在这方面比我国早走了一步。

2005年以前，当我还在中国建设银行韩国分行工作时，韩国商业银行对单一客户在这方面的比例为20%、集团客户为25%，韩国监管当局按照这个比例对所有在韩国经营的商业银行进行监管。可以说，自20世纪90年代初起，《巴塞尔协议》已成为国际金融发展史上的一个新的里程碑，它对后来全球银行业的发展以及监管产生了深远的影响，迫使各国政府做出其对金融业管理与发展的改革。

日本的商业银行在20世纪80年代以咄咄逼人向全世界扩张的态势逐渐被新的监管要求所遏制就是一个例子。如在1988年按照资产规模排名的世界前25家大银行中，日本占了16席，而截至2015年上半年，世界前25家大银行中，日本的银行仅剩2家，中国的银行占了8家。

截至2015年6月，根据《福布斯》的统计，世界25大银行按照资产规模排列如下：

排名	银行	国家
1	中国工商银行	中国
2	中国建设银行	中国
3	中国农业银行	中国
4	中国银行	中国
5	摩根大通	美国
6	富国银行	美国
7	汇丰控股	英国
8	花旗银行	美国
9	美国银行	美国
10	桑坦德银行	西班牙
11	三菱日联金融集团	日本
12	交通银行	中国
13	伊塔乌联合银行控股公司	巴西
14	联邦银行	澳大利亚
15	加拿大皇家银行	加拿大
16	招商银行	中国
17	西太平洋银行集团	澳大利亚
18	布拉德斯科银行	巴西
19	多伦多道明银行集团	加拿大
20	瑞银集团	瑞士
21	兴业银行	中国
22	澳新银行	澳大利亚
23	三井住友金融集团	日本
24	中国民生银行	中国
25	澳大利亚国民银行	澳大利亚

根据《英汉银行词典》①，截至1987年，世界25大银行按照资产规模排列如下：

① 刘金宝、沈泽群：《英汉银行词典》，杭州，浙江大学出版社，1989。

排名	银行	国家
1	第一劝业银行	日本
2	住友银行	日本
3	富士银行	日本
4	三菱银行	日本
5	三和银行	日本
6	日本兴业银行	日本
7	农业信贷银行	法国
8	花旗集团	美国
9	农林中央金库	日本
10	巴黎国民银行	法国
11	德意志银行	德国
12	里昂信贷银行	法国
13	三菱信托银行	日本
14	巴克莱国际银行	英国
15	国民西敏寺银行	英国
16	东海银行	日本
17	住友信托银行	日本
18	三井银行	日本
19	法国兴业银行	法国
20	日本长期信贷银行	日本
21	太阳神户银行	日本
22	东京银行	日本
23	三井信托银行	日本
24	德累斯顿银行	（前）西德
25	安田信托银行	日本

今天，虽然在世界大银行的最新排列表中，中国工商银行、中国建设银行、中国农业银行和中国银行排在最靠前的位置。但如何看这种变化？长期以来一直是我思考的一个重要课题。

中资商业银行的资产快速增长对于我们到底是好事、还是面临的新挑战？难道我们真的进入了世界先进银行的行列了吗？难道真像一些国内大银行的领导人所讲的那样，我们的商业银行正在朝着世界一流银行的行列迈进?

对于上述业绩，我又喜又忧，喜在一系列骄人的财务数据上，忧在市场环境不断变化以及包括互联网金融快速发展在内的“新金融”对传统银行业带来的挑战。我觉得，我国银行业战略转型是当前或未来几年里不得不面对的现实。

早在2003年，由Tab Bowers、Greg Gibb和Jeffrey Wong合著；John Wiley & Sons（Asia）Pte Ltd公司出版的《亚洲的银行》（*Banking in Asia*）一书已经提出了上面我一直在问自己的问题，对中行、农行、工行、建行四大银行的发展模式提出了前瞻性的思考：四大银行控制着中国的金融业，它们掌控着60%的全部银行资产，占据着84%的银行网点以及拥有三分之二的商业银行从业人员。按照国际上衡量银行规模的标准，中国工商银行、中国银行、中国农业银行及中国建设银行无疑排在前四名的位置。在四大行中，工商银行排在第一的位置，2001年其资产规模排列全球第23位。

如今，十多年过去了，中国的商业银行资产快速膨胀的情况非但没有改变，反而继续发酵着，在2015年的世界大银行排序中，中国工商银行、中国建设银行、中国农业银行及中国银行分别排在前四的位置，每一家银行的资产规模都在20万亿元左右。列第5位的是摩根大通银行、列第8位的是花旗银行，而两家入围的日资银行“三菱日联金融集团”和“三井住友金融集团”分别排在第11和第23的位置。虽然这种现象验证了“三十年河东、三十年河西”这句老话，但我们不应该以资产规模迅速扩张而骄傲，应该以加强内控及风险管理为发展目标。

在美国学习期间，我认真学习了《巴塞尔协议》，包括2006年6月巴塞尔委员会发布的“新巴塞尔资本协议”，即《巴塞尔协议Ⅱ》。2009年7月发布的“对《巴塞尔协议Ⅱ》框架的完善”、2011年2月对《巴塞尔协议Ⅱ》市场风险框架的修订和2011年6月发布的《巴塞尔协议Ⅲ》。《巴塞尔协议Ⅲ》对之前的文件进行了增减和修改，提出了建设更有韧性的银行和银行体系的全球监管框架。

《巴塞尔协议Ⅲ》分为四个部分、23 个章节（Chapter）。第一部分内容是“风险量化管理”、分六个章节，主要围绕“操作风险”，提出了具体的量化模型，首次提出了对大型银行的经营风险管理。第二部分有五个章节，对欺诈风险、信息技术风险及法律风险程序进行了说明，使用风险值（VaR）对市场风险和信贷风险进行评估。从第十二章到第十六章是第三部分，对银行管理者提出了要求，比如怎样做出决定？如何制定战略发展规划？什么才是真正的银行盈利？第四部分共七个章节，介绍了风险评估模型基准以及如何管理国家风险？对整个银行体系提出了资本充足率（capital adequacy）的量化要求。

巴塞尔新资本协议有三大支柱，第一支柱为最低资本要求，即以银行的风险加权资产为基础，覆盖信用风险、市场风险和操作风险。最低资本要求包括了规章限制的资本定义、风险加权资产以及资本对风险加权资产的最低比率。第二支柱为监管评估。比如对银行的系统、内控和风险管理的质量进行评估，可以对第一支柱下的资本要求进行上下调整。第三支柱为市场约束。市场约束的核心是信息披露，具有强化资本监管、提高整个金融体系安全性和稳定性的潜在作用。

按照《巴塞尔协议》要求，提高资本金要求是有成本的，对银行和对整个经济而言都是这样。金融机构为了满足超高的资本金与资产比例，就必须削减资产负债表规模，从而减少对外借出资金。在过去 5 年，美国和欧洲的贷款总量都下降了，如果监管者进一步提高资本金要求，还会继续下降。①

《巴塞尔协议Ⅲ》引入了杠杆率监管内容，包括：（1）建立杠杆率监管标准，作为资本充足率监管标准，遏制银行资产的过度扩张和收缩。（2）按照简单、透明以及与具体风险无关的原则，提出了基于余额的杠杆率监管方案，也就是“资本占总资产的比例”监管方案，杠杆率不低于 3%。（3）杠杆率计算的核心要求包括：分子（资本）采用普通股或核心

① Financial Times，22 August 2013.

资本，分母（资产）包括表内外风险暴露，对表内项目的计量要求采用会计信息，尽量减少扣除项目，对部分表外项目，则通过采用100%的信用风险转换系数，最大限度反映杠杆效应。

我问自己，未来的银行监管会是怎样呢？下一步衡量银行经营的标准又会怎样？我认为，这些问题是监管机构需要深入考虑的问题。我把我的问题用英文写在了乔治城大学的意见反馈表上：

1. What is the future of banking regulation?

2. What will be the next evolution of the fast - moving regulatory framework?

美国养老金制度带给我们的启示

2014年7月12日，是我们抵达美国学习的第二个星期六。虽然是周末，但我同往常一样，6点钟准时起床，然后去河对岸的富兰克林公园跑步，呼吸那如同来自原始森林般的新鲜空气。

根据学校安排，早餐后我和其他学员一起参加了集体活动，下午回到酒店后，我没有去上街购物，也没有去酒吧消遣，而是结合一周的课程，独自在房间里认真思考美国养老金制度的起源与实践，试图探索为我国的养老金制度寻找可借鉴的经验。

我的这个思考是从早上在酒店门口见到一对自驾车旅游的美国退休教师时萌生的。我感觉中国的养老金制度建设应该借鉴美国制度中的一些成功经验和做法，人们退休后才能尽情享受美好生活，尤其是在基金投资管理方面。因为，我国的企业年金制度在2004年才开始建立，且范围非常有限，一切都还在摸索中。

对于美国人这种生活爱好及习惯的形成原因，我认为：一是美国的各行各业都有一套较为完整的规矩（制度），这些制度随着社会的发展不断得到完善，并有法律的保障。养老金基金投资管理也是一样，制度使美国人在做选择时可凭自己的风险偏好进行决策，制度设计对退休职工的生活有了保障。通常情况下，美国人将养老金基金庞大的资产投资于股票和债券，这也是国外指定受托机构（Named Fiduciary）普遍的选择，对西方证券市场和新兴市场有着重要的意义。二是在美国，在不同资产类别之间配置资产、选择投资管理人和投资产品时，通常投资决策由委托人自己决定，决策时主要根据某家机构对基金管理的过往业绩进行评估；对投资品种的预期收益进行分析判断，而机构之间比的是经验、专业技能和服务系统。这次到乔治城大学学习美国制度后，我认为，一个国家最重要的应是建立一个全方位的医养结合的体制，才能保障老年人的利益。

【日记】 2014年7月12日 星期六 晴

早上晨练返回酒店时，我在酒店门口看到一对美国夫妇从酒店退房后、正准备驾车继续他们的旅行。从他们的年龄来看，我猜他们是刚退休的职工，两口子看上去文质彬彬的。我顺手帮助他们搬了一下行李，他们带有感激地与我攀谈起来。

谈话中，我得知他们来自美国的科罗拉多州，在那里的一所中学当教师。两口子使用积累的年金，正在实施自驾车游遍全美国的计划。

美国人这样的退休计划安排，与我们中国的退休职工相比有些不同，我感觉到他们的生活真幸福，他们用多年积累的养老金养老，到处游山玩水，难道这不是养老金制度优越性的体现吗？

美国的经验告诉我们，国家应该通过立法，实行包括养老保险在内的一系列社会措施，自上而下地实行经济和社会改革，让广大民众都能享受到经济改革的红利。“年金制度”就是发达国家养老金制度的组成部分。在美国，诸如 Altana Enterprise Annuity Plan（亚特兰大企业年金计划）、California Teachers’ Pension Association（加利福尼亚教师年金计划）和 Florida Public Pension Trustees Association（佛罗里达公共养老金计划）等，都属于一种年金制度。

追溯历史，美国养老保障制度中的“现代工商企业年金制度”始于19世纪50~60年代的铁路行业。当时，由于铁路管理人员需要特殊的技能和训练，他们把自己的工作视为一种终身事业。因此，美国的铁路公司为了留住员工，建立了企业年金制度。之后，随着美国国家经济的转型，美国的各行各业发展迅速，经济形势一片大好，保险、银行、石油、机械制造、化工、金属冶炼、造纸行业、食品加工业及零售业也都效仿铁路公司的做法，都先后建立了自己的企业年金制度。

在乔治城大学图书馆，我查看了有关资料，发现在20世纪80年代之前，特别是在美国《员工退休收入保障法》(*Employee Retirement Income Security Act of* 1974) 颁布之前，美国的企业养老金计划市场主要是以收益确定型计划（DB）为主。自从《员工退休收入保障法》在国会通过后，特别是在20世纪80年代初，当401K计划建立和盛行以来，缴费确定型养老金计划（DC）得以快速发展。

401K计划是当前美国最流行的养老金计划，是美国员工参加最多的企业养老金计划。这个计划与我国在2004年推出的企业年金计划比较，在制度完善与可操作性方面特点明显。美国的这类养老金计划是根据美国《税收法》第401K节的有关规定，为资助该计划的企业和参加计划的员工就计划的缴费和投资收益提供税收优惠待遇。仅这个问题，我国自2004年开始建立企业年金计划以来，有关部委就争论了多年，有学者说，税收优惠政策是中国年金制度首先需要突破的瓶颈。

同时，401K计划还为每位参加计划的员工设立个人账户，并将账户资产的投资管理权下放到员工个人手中，使参加计划的员工可以通过网站、专线电话等多种方便的形式，随时随地根据证券市场的走势进行投资操作。美国人通过参加401K计划，为自己退休后的收入进行储蓄积累，人们通过现金资产在证券市场的运作，使资产得到增值，保证了退休后的生活水准。

美国养老金制度的特点

通常来说，不同养老金计划在结构上的实质性区别，并由此而引起的经济效应的差异，都可以看作是融资和收益的发放这两个基本方面的不同所带来的。美国养老金制度经过一个半世纪的发展，已经形成了一种非常完善的制度体系。20 世纪初的美国，企业年金制度被看作是企业的一种社会责任，其核心观点是雇主对员工长期服务的一种奖赏或回报。

在乔治城大学图书馆，我研究相关资料后发现，早在 1912 年，李·魏林·斯奎尔就认为，“从整个社会经济体系来看，没有哪个雇主有这样的权力让他的员工在其所属行业耗尽了毕生精力，然后撒手不管，任其像在海上漂浮物那样游荡于社会。”① 这句话充分体现了一种强烈的社会责任，如同我国政府说的一句话，要“让中国人民有尊严的活着。”我觉得如何让人们有尊严的活着？要依靠制度。李·魏林·斯奎尔所表述的就是企业年金制度的利他主义理论（altruist theory）的核心观点，其观点的精髓是把人力同机器类比，把雇主提供的退休金看作是劳动者工龄的人力“折旧”。

1875 年，美国快递公司建立了世界上第一个企业养老金计划，1880 年巴尔的摩和俄亥俄铁路公司建立了第二个计划，这些早期计划一般都出现于铁路、银行和公用事业等行业。美国初期的养老金制度为纯粹的企业行业年金，后来逐渐演变为准公共性质的企业年金。但自 20 世纪 40 年代后期以来，利他主义和人力折旧（human depreciation）理论逐渐被延期工资理论（deferred wage theory）所替代。延期工资理论的主要观点是“员工的全部薪酬与其边际产品相等”。边际产品可以划分为两部分：一是现实工资以及可以立即兑现的福利，二是企业年金权利。企业年金是员工全部薪酬的组成部分，是工资的延期支付。之所以员工接受这样的制度安排，一是因为他们可享受所得税延期纳税的好处，二是员工发现如果他们将获得的全部薪酬的一部分自行投资所获得的收益，可能低于由企业将其延期工资汇集起来形成企业年金基金进行多样化投资的收益。

20 世纪 70 年代末，随着《员工退休收入保障法》的修订，美国的企业年金制度开始向成熟时期发展。1986 年，美国颁布了《单一雇主企业年金计划修正案》；1990 年颁布了《老年工人福利保护法》；1994 年和 2002

① Logue，1979，p. 17.

年又先后颁布了《退休保护法》和《工作机会创造和工人救助法》等31部法律，这些法律的实施，对《员工退休收入保障法》进行了配套补充和完善。由此可以看出，制度建设是完善养老金基金运行的保障。我们可以通过美国证券交易委员会对企业养老计划的监管来分析美国制度的影响，在美国最流行的计划就是401K计划，仅从投资角度分析，401K计划所积蓄的大量现金资产向美国证券交易市场的投资为美国资本市场的发展发挥着积极的作用。在美国，只要有5个员工以上的企业，就可以建立一个401K计划，从而享受政府的税收优惠。

从产品看，401K计划涉及的产品众多，有现金购买计划（Money purchase plan），利润分享计划（Profit sharing plan），股票分红计划（Stock bonus plan），节约储蓄计划（Thrift or saving plan），员工持股计划（Employee stock ownership plan）。企业通过贷款（由企业偿还）购买股票向计划缴费的杠杆计划（Leveraged）和非杠杆员工持股计划（Non－leveraged）筹资等，后者是企业直接以本企业的股票或现金购买本企业的股票向计划缴费。

20世纪90年代后期，美国参议院提出了社会保障制度改革建议，强调在提高收入替代率的同时，保持原有体系的可持续发展。在今天看来，该项主张的基本思想虽然显得有些过时，但其基本思想仍值得借鉴。参议院认为，养老金保险应当建立两个层面的结构体系，第一个层面是原有体制，第二个层面是个人投资账户。个人投资账户的资金来源是从雇主和雇员对原有体系的缴纳部分中各提取1%，同时，在个人及雇主自愿从工薪收入中进行扣除的基础上，允许对该账户进行超额缴纳。从这点可以看出，美国的养老金制度是建立在经历了百年实践及工薪阶层认知不断提高基础上的制度，已经被人们广泛接受。美国的养老金制度是由管理、经营、精算、金融、法律和政治等一系列子制度组合而成的一种综合性制度，体系健全。

关于美国养老金制度设计的思考

前面已经提到，现代美国养老金制度是伴随着近代工业发展而产生的，工业革命带来了美国经济、政治、社会、法律和人口结构等方面的改变，而这些改变又促使着美国人由家庭养老保障方式向新的模式的转换，社会的进步就要求相应的制度与之相适应。按照马克思主义对“社会”的解释，“社会”是“人们交互活动的产物”在生产、交换和消费发展的一定阶段上，就会有相应的社会制度产生。在资本主义社会是这样，在社会主义市场经济体制下同样面临类似的社会问题需要解决。当今，养老金制度建设问题已经成为急需解决的社会问题之一。养老金制度的建立和完善是我国经济体制改革的重要一环，它不仅是关系到民生的非常重要的一个全新课题，更是关系到对执政党地位巩固的挑战。经济体制改革既是我们党领导的一场新的伟大革命，又是社会主义制度的自我完善和发展。因此，我们必须要认识到，在人口老龄化的“银色浪潮”席卷全球的今天，老龄化现象不仅为老年人所关心，更是现在的青年人在未来要面对的现实，它是一个关系到全局的重大社会问题。面对中国的养老金制度建设，我国政府需要学习借鉴国际经验，建立与我国经济发展相同步的社会保障制度，这是我党在新时期的主要任务之一，是构建社会主义和谐社会的基础，是实现中国梦的重要一步，需要认真深入地研究，提前制定符合我国国情的对策。

我认为，在社会主义条件下发展市场经济，养老金问题既是一个伟大的创举，又是一个全新的课题。马克思主义经济学的老年保障思想主要蕴含于其分配理论和劳动再生产理论，其内容主要涉及建立以养老保险基金为主的社会保险基金的必要性，社会保险基金的来源与性质以及养老保障的责任主体等。对于今天的中国，我们急需把几代社会主义劳动者进入老年后生活水平之间出现的不公平问题加以解决，其主要途径就是通过“社会养老金制度”的建设来保障人们的晚年生活。尤其是应该通过对有代表性国家的实证研究，分析我国养老金制度建设的社会问题并思考对策，探索并完善中国特色社会主义市场经济的养老金制度。

关于养老金基金账户基金的缴费积累与支付，世界各国一般流行的做法有现收现付制（社会统筹）或个人账户制（基金制），也有社会统筹与个人账户相结合的模式。现收现付制在美国被称为“Pay - As - You - Go”，是以经济实体为载体，经济实体按照国家的有关政策提取和发放养老金；养老金在实体营业外项目列支。换句话说，现收现付制就是直接负担养老金费用的往往是国家财政以及员工和雇主。然而，个人账户制也叫作基金制，英文称为“Funded”的制度安排，这种模式是养老金计划的参与人在工作期间把一部分劳动收入交给一个集中的可用于投资的基金，等参与人退休后，该基金再以其积累额将本金和投资收益向他（她）兑现当初的养老金管理承诺。从一些国家的实践看，基金制须有严格的法律和持续性的政策，才能保证委托人的利益不受损失。

在养老金基金投资与风险管理方面，一个国家的养老金基金资产配置受到一系列因素的影响，比如养老金投资管理人的水平、特长和偏好对资产配置都将会对基金的保值、增值或损失产生明显的影响。因此，职业经理人必须熟悉投资金融产品和擅长的投资种类，在制定养老金基金资产配置计划时，须充分研究客户的风险偏好和预期收益的要求。对于这类基金投资，世界各国的管理机构在追求基金投资回报上，虽然放宽了一定的限制，但前提是基金的本金安全必须得到保证。

比照国情后发现，经过30多年的改革开放，我国发生了翻天覆地的变化。“1979 ~ 2006年，中国的GDP平均每年以9.7%的速度递增。”① “2003 ~ 2007年，平均增幅为10.6%。这在各个国家的现代化历史上都是一个十分罕见的现象，中国的市场经济体制初步得以形成。”② 经济虽然发

① 国家统计局：《中国统计年鉴2007》，北京，中国统计出版社，2007。

② 吴忠民，《加快以改善民生为重点的社会建设》，中共中央党校分校讲稿（编号：2010 - 20）。

展很快，但老年人养老等社会问题也同时出现。第一，若以60岁作为老龄人口标准，15年前我国老人就已经超过1亿人，2014年达到2.03亿人，2026年将达到3.04亿人，2039年将达到4亿人。我国老龄人口的增长速度已经超过了日本。第二，我国从计划经济体制转向市场经济体制后，原有的养老体制不复存在，由于新的养老保险制度建设起步晚且不够完善，因此造成了曾在计划经济模式下为国家贡献一生的职工与现任职工在退休后待遇上的巨大差距。第三，我国不同地域的经济发展差距大，人均收入的差距也很大。第四，我国由于城乡及行业收入之间出现了巨大差距，造成很多社会矛盾，基尼系数高达4.6。我认为，以上情况是我国养老金制度建设所面临的主要问题。2006~2007年，我国年金制度建设进入了市场培育发展阶段，财政部（财金［2006］18号）《企业会计准则第10号——企业年金基金》文件的下发，对建立企业年金，从会计管理上做了具体规定。从此，企业年金成为我国养老保险的一个支柱。

根据我国现有制度，企业年金基金的受托模式有两种，一种是理事会受托模式，另一种是法人受托模式。在《企业年金试行办法》第十八条和《企业年金基金管理试行办法》（以下简称“两个办法”）第十二条、第十五条的规定，委托人是企业与职工，受益人是参加企业年金计划并享有受益权的职工，受托人可以是企业成立的年金理事会，也可以是符合国家规定的法人受托机构。这“两个办法”都规定，受托人可以委托具有资格的企业年金账户管理机构为账户管理人，负责年金账户的管理，可以委托具有资格的投资运营机构作为投资管理人，负责年金基金的投资运营。受托人应当选择具有资格的商业银行或专业托管机构作为托管人，负责托管企业年金基金。

年金理事会受托服务模式就是在企业内部建立自己的基金受托办事机构，2009年18家铁路管理局就是采用的这种模式，后来一些大型央企都采用了这种模式，理事会承担了受托人职责。企业中的机构应包括监督委员会、执行委员会、基金管理委员会、行政管理委员会、风险管理委员会、提名委员会和审计委员会等。铁路局的理事会一般由企业的人力资源部或法律事务部牵头组织，财务部、工会、基本养老保险办公室等部门参加，多数铁路局由人力资源部负责，北京铁路局由法律部负责这项工作。根据委托人的请求，经过筛选从竞标的金融机构中选择账户管理人、托管人以及投资管理人。当年，我作为建设银行企业年金中心市场营销负责人，带领营销团队上门服务铁路局，在18家铁路局企业年金的投标过程中，建设银行取得了成功中标北京铁路局、沈阳铁路局和广铁集团等8个铁路局的企业年金基金管理人资格。使建设银行铁路个人账户数突破100万，企业年金基金额突破100亿元。

法人受托模式是由金融机构负责受托基金的管理，实行完全外包的专业服务，是在年金市场规范、成熟后的一种理想模式。法人指以法人组织充当信托活动受托人的法人机构。根据我国《信托法》规定，法人机构作为受托人也有两种模式，一种是信托机构形成的法人，即通常意义的信托公司；另一种是非信托机构形成的法人。在我国已经建立起的企业年金计划中，有相当多的企业采用了法人受托模式，这种模式对于企业来说，省心省力。

两种受托模式均是以潜在的利益共同体形式出现的，但理事会模式与法人受托模式的区别是二者的性质不同以及受托人行使权利的行为能力不同。理事会模式的特点是只能选择全分拆的年金运作模式，即将账管、托管和投资管理等职能委托给外部法人机构承担。而法人受托机构的管理资格和能力比理事会模式要强很多，在法人受托模式下，可使企业与职工处在同一利益体之下，共同发起年金计划。

在运营管理方面，我认为，按照“两个办法”产生的三种受托模式有缺陷，在“2+2”和“3+1”模式中，投资管理人是受托人，与受益人有直接的法律关系，这种模式的问题在于信托功能管理人内部的制衡机制受到破坏。托管人或账户管理人的选任，在某种程度上受受托人或投资管理人的影响较大。换句话说，由谁担任托管人和账户管理人，担任多长时间，是受受托人或投资管理人影响的。托管人和账户管理人的利益掌握在受托人、投资管理人手里。这种情况下，制度设计者期望的由托管人监督、制衡投资管理人的目的根本无法实现。

对未来我国养老金制度的考虑与建议

根据我国经济学家龚六堂等人的研究，我国现行的养老制度体系缺乏可持续性，我国未来的养老金制度设计必须做到以下两点：第一，制度改革与创新必须具有前瞻性，否则，它将会发生与目标设计相反的结果。第二，养老金制度必须实现社会政策制定的目标——创建全社会的和谐文化。

如何构建社会主义和谐社会？第一，要坚持以人为本，建设和谐文化。建设和谐文化是社会主义文化建设的一项重要使命。对于中国来说，社会养老保险制度再复杂政府也必须做。因为，幸福指数内涵之一是强调了社会保障体制的健全。过去几年中，90%的国资委大型央企的企业年金计划先后建立，说明我国企业正在积极主动地解决职工的养老问题。第二，很多学者认为，我国只有从单一支柱（one pillar）走向多支柱（multi - pillar）体制，才能完成最终目标，我赞成这种观点。

过去20年，我国在养老金基金积累上投入不多。但在经济高速发展后，当有了一定积累时，很多地方政府却将大笔资金投到基础设施建设方面，养老金积累用在改善民生上的很少。试想我们如果把这些钱的一部分投入到改善我国的民生领域，可做到民生工程全国的广覆盖，将会使广大人民受益，党和政府的形象也将会大大得到提高。维护公平正义、维护基本民生、确保社会正常运转是一个政府必须要做好的三件大事。

从经济学角度来看，养老金制度的每一次变迁都意味着对公平的调整，能不断提高经济效率。不断调整养老金制度，可以更加贴近政府维护社会稳定的政策目标的实现。在这方面，我国可学习韩国的经验，实现养老金的全社会覆盖。同时，我们也要参考美国的经验，才可以在一个养老金制度混合体中，实现公平与效率的平衡。著名养老金专家彼得 · F. 德鲁克在他的《养老金革命》（*The Pension Fund Revolution*）一书中，对当代养老金制度的建立做了精辟的概述，他说“如果一个社会的结构重心发生了变化，那么它的社会心理、社会情绪、社会价值取向、社会结构以及社会问题也都将随之发生变化。而且人口结构重心的突然转变，往往会给一个社会造成重大的影响和剧烈的冲击。我们需要从结构上对养老基金做出变革，让它能更好地适应我们的经济发展，更好地服务于雇主和雇员，最重要的是，更好地满足养老基金社会主义化的政治、经济和心理需要。”①由此可见，一个国家随着其经济的发展、社会的进步，养老金制度建设与变革是多么的重要。养老金制度涉及经济学、人口学、社会学、伦理学等多项领域，如何建立相关制度并在制度下有效运营是一个非常复杂的问题。马克思主义养老保障思想明确提出：一是包括养老金在内的社会保险基金是社会产品分配的重要组成部分；二是设立养老保险基金是社会再生产得以顺利进行的基本条件之一；三是以养老保险为主要内容的社会保险基金源于工人的必要劳动；四是国家应担当养老保障的责任主体。

总之，从对美国及其他国家的制度建设分析来看，多数国家的养老金通常由机构进行管理运营，服务于公众，并通过法规制度的建立来完善相关制度建设。必须承认，我国的养老金制度的建立尚属初级阶段，面临诸多问题。第一，“体制偏向”导致制度赡养率畸高，因为，在计划经济体制下，几乎所有的城镇劳动者都在养老保险制度覆盖之下，他们所积累的养老保障权益由后来的劳动者偿付。但随着体制改革的深入，“国有企业的就业职工所占企业职工的比例已经从1980年的63.2%下降到1998年的31.8%”②。2009年底，我国华东几个经济大省的生产总值的90%来自非国有企业。由此可以推断，我们的制度必须做出调整和完善，因为目前的养老保险体制所覆盖的范围仍以国有和集体企业为主，覆盖面还没有包括个体工商户及自由职业者。扩大覆盖面、改变这种不合理的制度赡养率已是当务之急。第二，出现了基金账户个人账户管理空账运行的现象，账户

① 彼得·F. 德鲁克：《养老金革命》，北京，东方出版社，2009。

② 孙祁祥：《空账与转轨成本》，载《经济研究》，2001。

名存实亡，存在着巨大的法律风险。第三，基金管理混乱，存在严重的挪用、挤占、非法运营的现象。第四，养老金基金运营效益差，基金收益率极低，曾有一度低于通胀率的现象，造成基金的贬值，严重损害了委托人的利益。

时代的发展要求我们必须构建可持续的养老保险体制。首先，我国养老金市场的健康发展需要大量的政策和制度支持。2004 年“两个办法”出台后，当年全国“参加基本养老保险的人数为 16353 万人，同比增长了 847 万人”。① 2009 年，原铁道部为其 18 个铁路管理局的 200 万职工建立了年金计划，使我国企业年金的建立得到了面上的扩展。我国的铁路年金计划实行的是理事会模式，就目前我国的法律法规建设来讲，笔者认为该计划只是一个过渡性的计划，还有待完善。因为，在我国目前的信托环境下，“两个办法”确定的信托模式存在一定问题，即“两个办法”规定的受托人的设定机制不利于职工权益的保护，理事会模式使职工成为弱势群体，面临着相当大的制度风险。另外，我们认识到，我国现有的养老保险个人账户基金管理体制界限不清。就技术层面来说，有人提出应遵循以下几个方面进行设计：“一是尽快对基本养老保险中的统筹基金和个人账户基金实行分账管理；二是要做实参保职工的养老保险个人账户；三是对个人账户基金实行独立的运营管理；四是开展和培育养老保险个人账户基金的运营市场；五是建立养老保险个人账户基金的社会监督制度；六是投资管理人必须想委托人之所想，急委托人之所急，运用管理好基金账户。”②

养老金这个问题不仅关系到社会的稳定，更关系到执政党怎样引导社会？我们建设具有中国特色社会主义的最终目的就是要改善民生，因此，我党在领导人民加快经济建设的同时，必须时刻都要想着大多数人的利益，不断完善社会养老保险制度，管理好这些现金资产。工作中，我们需要用马克思主义的理论分析、解决社会进步进程中出现的问题。针对我国

---

① 《2004 年度劳动和社会保障事业发展统计公报》。

② 宋晓梧：《中国养老保险个人账户基金管理运营和监督》，北京，中国财政经济出版社，2005。

养老金制度的建设，国务院早在2005年12月就颁布了《关于完善企业职工基本养老保险制度的决定》，对制度完善提出了具体的要求：第一，我国必须扩大基本养老保险覆盖的范围。要求城镇各类企业职工、个体工商户和灵活就业人员都要参加企业职工基本养老保险。第二，在继续抓好东北三省做实个人账户试点工作的基础上，逐步做实个人账户。第三，为了与做实个人账户衔接，改革基本养老金计发办法。第四，建立基本养老金正常调整机制。第五，加强基金预算管理，加快提高统筹层次。第六，加强基本养老保险基金征缴与监管。在基金计划建立模式与责任方面，我们必须认识到社会养老保险是“中央和地方政府的共同责任”,[①] 须共同商议制度建设，社会养老保障制度就是以社会的力量保证全体社会成员在年老时能够达到最低生活标准而形成的分配关系。我们可从以下三点理解社会养老保险模式上的制度建设：一是养老保险管理周期长，只有在社会劳动者老年时退出社会劳动岗位后，才发挥其固定的功能；二是建立养老保险制度的目的是为退休者提供稳定的经济来源，以保障其晚年生活达到一定的标准；三是养老保险制度是社会保险的重要组成部分，应具备社会保险的所有特征，其中最基本的就是要实行国家、企业、个人三方合理分担的筹集资金的模式。

在法律方面，我们必须承认，与经济发展的快速增长和社会的急速变革相比较，中国的法律相对滞后了。我们必须要尽快解决我国法律所面临的国际挑战，因为我国境内的养老金服务对象不仅包括中国公民，也包括在华的外国工作人员。要尽快以法律文本替代部委发文，以便在养老金管理上有法可依。

在个人账户记账方面，要避免个人账户记账率低于社会平均工资增长率的现象发生，如果发生，个人就得不到充分的保障，这必然会降低制度的信誉，从而导致个人参保中更为严重的逆向选择和逃避缴费行为。

在基金保值增值管理方面，必须要认识到养老金基金管理的核心问题

① 中国经济改革研究基金会、中国经济体制改革研究会联合专家组：《中国改革与发展报告——中国社会养老保险体制改革》，上海，上海远东出版社，2006。

就是投资管理。即使采取措施“做实”了个人账户，个人账户基金也面临着“长期增值风险”。参照28个经合组织（OECD）成员国养老金制度的执行情况，养老保险基金监管模式的选择受多方面因素的影响，其中包括制度的演变、宏观经济发展水平、资本市场的发展状况、监督管理的完善程度以及法律环境和政治文化背景等。因而，拟定社会保险基金监督网络，组织监督各项社会保险基金的管理，对拟定社会保险内部审计规则和内部审计人员资格认证制度等均应由政府来负责。同时，要避免政府机构和某个基金管理运营机构的权力过于集中，养老金投资管理必须透明。

我国养老金制度模式的选择是在十分复杂的历史条件下进行的，受到多种客观因素的制约，也容易受到多重目标和动力的驱使。具体表现为：第一，我国的养老金制度建设企图以世界银行的“三支柱”模式来构建公共养老金制度，其理论指导基本上是属于经济自由主义的，其目的在于减轻政府的负担。而对私营的个人账户预先积累制所必需的制度条件没有做深入的分析和充分的论证。第二，价值目标定位存在偏差，这是我国公共养老金制度改革至今未能定型的深层原因。在中国，公共养老金制度从一开始就被视为“服务于多目标的系统”，因此，其改革的价值目标也就被视为“多元的”。[①] 第三，功能定位失当。把养老金的功能与经济发展的功能混为一体，忽视公共养老金制度自身的基本的功能。

针对上述现象，我国的公共养老金制度改革必须以国民的全面发展为指导，以社会安全、社会公正为基本的价值取向，以如何在体制转轨、社会结构转型，经济发展水平低、人口老龄化严重的现实背景下有效地防止老年人的贫困作为基本功能。当然，公共养老金制度也不能不考虑效率问题，但必须是有助于其自身功能实现的范围内的效率问题。“在宏观层面，公共养老金制度必须追求社会的公正，社会的和谐与稳定；在微观层面，公共养老金制度自身必须具有某种激励机制，防止搭便车行为，尽可能地降低制度的交易费用，以保障老年人的基本生活。”[②]

---

① 吴敬琏等，1997。

② 肖金萍：《公共养老金制度研究》，北京，中国经济出版社，2007。

国务院早在2010年2月就提出把发展事业和改善民生作为转变经济发展方式的重要途径，强调解决经济发展与民生问题之间关系的重要性和紧迫性。经济发展是目的，经济增长是手段，养老金制度建设属于经济发展方式范畴，人是社会的主体，人的基本生存需要应给予满足。2014年12月，国务院批准建设银行发起的中国首家养老金专业公司的成立，标志着我国养老金管理开始了一个全新的阶段。

建信养老金管理公司副总裁杭琛在会上作为主持人发言（左二为作者）

学习美国法律的收获

我们很荣幸，在美国学习期间，给我们上课的教授全都是美国金融界、商界、政界的知名人士或学者，其中有美联储前副主席、白宫预算办公室前主任爱丽丝·瑞芙琳（Alice Rivlin）女士；有在2001～2004年担任美国总统办公室主要协调人的布拉德里·布莱克曼（Bradley A Blakeman）先生等政经界要人，也有著名企业约翰·迪尔公司（John Deere）风险定价部的总经理吉利米·仁格（Jeremy Renger）先生。他们都是具有丰富实战经验的经济学家，更是金融界的精英和优秀企业家。

学习交流中，我发现这些精英有一个共同点，那就是他们当中很多人都是学法律专业出身的，这一现象与国内有着很大的不同。我有很多在美国金融界工作的朋友，他们取得的学位都是法学学位，而不是经济学学位。他们在各级政府、银行、各类企业、律师事务所和会计师事务所工作，这说明在美国学习法律很吃香。

查阅资料后发现，很多美国总统也是法学院毕业的。从乔治城大学图书馆历史书籍中，我了解到前总统约翰·亚当斯、托马斯·杰斐逊、詹姆斯·麦迪逊、安德鲁·杰克逊、马丁·范·布伦、约翰·泰勒、富兰克林·德拉诺·罗斯福、理查德·米尔豪斯·尼克松、小吉拉尔德·鲁道夫·福特、威廉姆·J. 克林顿和现任总统巴拉克·侯赛因·奥巴马等都是学法律专业出身的，其中很多人还做过律师。

学过法律的人都知道，任何一个国家新的法律的出台，都是社会动荡、体制变革后的产物，美国也不例外。美国2008年的金融危机，使美国商界人士更加认识到加强对金融创新产品的监管给国家经济发展带来了严峻挑战。金融危机后，美国不仅出台了新的法规——《沃克尔法则》，也成立了“消费者金融保护局”这类新的监管机构。美国金融界认为，2008年的金融危机是由次级抵押债券引发的，最终导致了世界知名投资银行雷曼兄弟的倒闭。2008 年 9 月，美国政府拒绝动用政府资金救助雷曼兄弟，并拒绝为任何机构收购雷曼兄弟提供担保，雷曼兄弟公司成为美国历史上最大的破产案。雷曼兄弟的破产主要是由金融衍生产品的“不断创新”所导致，对于雷曼兄弟惨痛的教训，全球各国的监管当局都要应引以为戒。

“次贷危机”英文为“Subprime Crisis”，是由次级贷款引发的。美国的次级抵押贷款简称为“次级贷款”，英文是“Subprime Loan”，简单的说法是“次级贷”或“次贷”。英文“prime”原本是优质的意思，加上前缀“sub”的含义是“次之”、“不达标”的意思，连在一起后的意思就成了“未达到优质贷款”。主要是指金融机构向信用程度差、收入低的借款人提供的贷款，服务对象是为债务与收入比率较高、信用低、发生违约概率较高的贷款购房人。当年我在韩国 KDI 读研时，美国教授 David Behling 还对以上产品的创新给予过很高的评价，Behling 教授认为美国金融创新在全球领先，他曾担任美国摩根大通银行的副行长。他告诉我们“如果按照传统的信贷程序，美国的低收入人们申请不到优惠的贷款，而次级贷款为他们提供了通道。”美国金融机构研发的这种金融产品是通过发行“次级债券”来完成的，美国的次级债是特指基于次级住房抵押贷款而发行的债券，次级债的实质是次级抵押贷款支持的证券。这类金融“创新产品”是通过金融市场，把不具备消费能力的人拉入了不该进入的消费市场。美国金融机构人为制造出的“创新金融产品”乍看起来像块奶酪，但奶酪融化后，巨大的金融危机也就暴露在众人面前了。在乔治城大学学习期间，多位教授都提到了次贷危机给美国带来的创伤，其中两位法学博士给我的印象最为深刻。说到这两位教授，一位是前面提到的布拉德里·布莱克曼，另一位名叫詹姆斯·费能文（James V. Feinerman）。布拉德里·布莱克曼先生现担任乔治城大学专职教授，讲课时比较灵活，课堂气氛十分活跃，总是喜欢主动与学生进行交流，他时常走到我的桌前，提出一些问题让我回答。

布拉德里·布莱克曼博士正在与学员交流

布莱克曼在2001～2004年，负责总统办公室日常行政事务管理，他是乔治·W. 布什总统的高级幕僚。布莱克曼博士是美国共和党人，在美国等西方媒体人们常常可看到他的身影，比如，他经常出现在FoxNews、MSNBC、BBC、CNN以及Al Jezeera等媒体。布莱克曼在美国2000年总统选举中扮演了重要的角色，影响了美国佛罗里达州的选票。后来，美国将其在选举中扮演角色的重要活动搬上了银幕，由HBO制作的影片名字就叫《重新计票》，这部影片其中的一个主要人物的原型就是布莱克曼博士。布莱克曼拥有纽约州和哥伦比亚特区的律师执照。除了授课外，他目前还担任美国肯特公司的总裁（CEO）。肯特公司是一家战略咨询公司，业务包括政府咨询、危机处理等。在金融领域，他还担任一家券商的高管，这家公司英文名字是Manhole Barrier Securities Ltd.。在美国，一个人兼职赚取"额外薪酬"是合法的，只要你有能力、有知识，人家根据经营需要愿意聘用你，你就可以身兼多职，按章纳税就是了。

詹姆斯·费能文教授是乔治城大学法学院跨国文化交流处（现在称为学院）的处长。他目前还是乔治城大学法学院的副院长，专门负责"跨国项目研究"，同时负责讲授亚洲国家的法律。在7月8日上午的课上，其中一个专题由他主讲。1982～1983年，这位教授曾在北京大学授课，对我国情况较熟悉。1986年，他以富布莱特法学研究员身份访问过日本。1989

年获得麦克阿瑟基金会基金赞助，专用于中国法律研究项目。1992～1993年，他在伍德罗·威尔逊国际学研究中心任职。1993～1995年，担任“中国学术交流委员会”主任。

费能文早年有留学中国的经历，后来又回到了美国。回到美国后，他开始在纽约的一家律师事务所就职，之后成为一名专业律师。一位美国朋友告诉我说，詹姆斯·费能文先生在1985年加入乔治城大学，当时他是以访问学者身份来到这所学院的。在这之前，詹姆斯·费能文在哈佛大学授课。课间休息时，我与费能文教授进行了交流，谈话中得知他服务过的那家律师事务所的英文名字叫做 Davis Polk & Wardwell，在美国有一定的名气。美国的法学教授不仅是学者，而且都有丰富的企业管理经验。

从讲课效果看，詹姆斯·费能文博士是典型的学者律师，理论功底深厚，讲课主次分明、条理清晰。他曾担任过美国律师协会《中国法律》杂志的主编，著有《中国法制》、《中国加入世贸组织后需要面对的问题》等书籍。在美国，他是有名的专门研究亚洲法律事务的专家。课堂上，我与美国专家交流了对美国有关金融法律的理解。

讲台上的詹姆斯·费能文博士

一、《银行法》

美国是一个法制建设非常发达的国家，有着200多年丰富的法律实践历史，对处于经济转型过程中的我国金融体制，有很多值得借鉴的地方。学习、了解美国的金融法规是我们“乔七班”来美国学习的目的之一。美国的《银行法》是在美国金融市场不断地发展与变化中陆续补充和完善的，特别是在2008年金融危机后，美国出台了一系列有关银行等机构的监管法案。

2005年，中国建设银行被国家选定为第一家在香港上市的国有大型商业银行，自那时起，我就在思考如何借鉴发达国家的成熟经验，以推动我国商业银行的改革。这种期盼的改革，既包括对我国商业银行的规范化管理、信贷风险管理、运营模式，也包括商业银行的产品或业务创新。

一晃10年过去了，中国的商业银行在剥离不良资产（NPL）、产品创新与服务方面都有了很大的改善，从财务报表看，各项财务指标都进入了世界先进银行的行列。比如，我们四家大型商业银行的资产回报率（ROA）都超过了1%，股本回报率（ROE）甚至连年创新高，超过了20%，不良率都降到了2%以内，各家大行的中间业务收入每年都有所提高，接近20%，有的银行甚至达到了25%，银行的新产品多达300多种。那么，这种现象能证明我们的银行是世界一流的银行了吗？说实话，这个问题一直在困惑着我。我想，我们应该从美国商业银行法律、法规的形成与历史变迁入手进行分析。

包括金融监管法律在内的美国法律博大精深，浩如烟海。一方面，既有从英国法律派生出来、之后又美国化的法律，也有随着美国社会发展后，不断通过实践产生的法律。另一方面，由于美国由五十个州组成，它的一些法律是在以州文化基础上相对独立建立起来的地方法规。即由联邦法律与各州法律组成。因此，在执行中，各种法律相互间的冲突在所难免。可以说，复杂多元、立体交叉，不断变化与完善是美国法律体系的明显特点。但美国法律体系强调了体系之下产生的遵循先例、正当程序、无罪推定、保护私有财产的总体原则，在世界范围内颇具影响。现行的美国《银行法》可概述为双重银行监管机制下的联邦法规。

截至2013年末，美国的商业银行有6800多家，除了花旗银行、美国银行等少数全国性银行外，大多数的银行是业务相对单一的州立银行。与其他西方国家的商业银行一样，美国的商业银行不论大小，都属于依靠负债经营货币的商业机构；它们是靠利用资本运用和当地社会对它的依赖找到生存空间的商业主体，其经营的好坏，对各行各业都会产生重要影响。美国的商业银行与我国的银行比较，有很多方面的不同，比如，消费者一直是美国商业银行的主要贷款对象，而我国大型商业银行的贷款主要对象是国企。美国州立银行主要服务对象是当地居民，那里的居民投资、做贸易都要靠当地的银行，买车、买房也都离不开当地的银行服务。而我国的中小商业银行，牌照是银监会颁发的，可在全国范围内经营。比如，在北京，人们可以看到南京银行、渤海银行、上海银行、包商银行等机构的经营网点。

在美国商业银行的贷款中，消费贷款所占比例在 1945 年就达到了 50.1%，与公司贷款平分秋色，2005 年更是上升到了 73.3%①，几乎占到所有贷款的四分之三，成了美国的银行贷款主体。而我国的消费贷款市场还停留在传统的农耕时代，人们需求不大，银行也不主动考虑。这或许与中国人的消费习惯有关。

由于美国商业银行显赫的特殊地位，1933 年的大萧条后，使得银行成为美国州政府加以严厉监管的对象。2008 年金融危机前，在美国州立商业银行总贷款中，住房抵押贷款所占业务比重在过去的 60 年里，一直呈上升趋势，从 1945 年的 21% 上升到 2005 年的 63%②，这一现象也说明了州立银行的服务特点。但随着美国银行业的发展与演变，尤其是 2008 年金融危机带来的冲击，一方面，美国银行法正在不断地充实和完善。另一方面，由于美国本土新的监管机构的出现，多元化监管趋势更为明显。

美国 2008 年金融危机后，为什么出现了新的监管机构？我想其宗旨就是为了加强保护投资人和消费者的权益，同时也说明保持国家金融稳定的必要性和迫切性所在。2008 年美国由次级抵押债券引发的金融危机，首先

---

① 美联储：Flow of Funds Accounts of the United States（1945～2005）。

② 美联储：Flow of Funds Accounts of the United States（1945～2005）。

殃及银行、证券和保险等金融机构，被认为是1929年股市动荡引发的经济大萧条以来最严重的系统性危机。据说，在2008~2012年的危机处理中，美国有400多家银行申请了破产倒闭，危机后来波及到了欧洲。2009年美国的GDP为负增长（-2.99%），失业率上升到10%，超过危机前的两倍；美国股市出现大跌，投资者损失巨大，道琼斯工业指数在2009年最低迷时，比危机爆发前跌幅超过50%，其中银行、券商、保险等金融企业股票市值平均下跌超过90%。到了2011年，整个美国房价平均下跌超过三成，银行赎回了上千套因债务人无力偿还贷款的房产。

危机中，美国政府为了稳定金融体系，面对长期以来的监管不到位的状况，出台了《多德—弗兰克华尔街改革与消费者保护法案》（以下简称《多德—弗兰克法案》），通过它来弥补监管漏洞，增强民众信心。

二、《证券法》

对于抵押贷款行业来说，证券化是一项金融创新。

在贷款被证券化之前，消费者普遍依赖银行提供的抵押贷款资金。这项业务包括从开始办理到后期服务的整个融资过程都是由银行来完成的。因为银行负责贷款全流程管理，他们有动力去管理资产、公正地对待借款人。但随着资产证券化产品的演变，银行实际上已经不能完全控制风险了。因此，金融衍生产品的不断创新，驱动人们对《1933年证券法》进行必要的补充和完善。2008年的金融危机对奥巴马政府提出了挑战。奥巴马总统采纳了82岁的金融老将保罗·沃克尔的具体建议，对美国银行业做出重大的改革，这个方案被称为《沃克尔法则》，英文为“*Volcker Rule*”。2008年金融危机前，美国的金融机构的监管框架是在70多年前建立的架构的基础上产生的，已经无法适应市场主导的金融体系和综合经营的模式了。其原因有：第一，资本市场全球化带来资本流动的不稳定性。第二，信息技术和信息流的改善导致了创新型、风险分散及通常较为复杂的金融产品和交易策略的出现，使得投资者和其他市场参与者难以对其风险进行恰如其分的评估。第三，资本市场中机构投资者在混业经营模式下，给市场带来了更多、更具敏感性的流动性，改变了定价机制和风险分散格局。

金融机构可以使用较高比例的杠杆操作和更加相关的交易策略，对市场具有潜在的破坏性，这些变化给美国金融服务业及其监管架构带来了压力。

金融危机发生时，银行自营交易的风险集中在巨量的金融衍生品MBS、CDO、CDS等产品上。这些衍生产品都具有数十倍甚至近百倍的杠杆，给市场造成了极大风险。典型的例子就是贝尔斯登和雷曼兄弟以及花旗银行的表外资产为其带来的风险，可以说禁止自营交易，就是政府强行对市场进行大规模的“去杠杆化”。

那么如何去杠杆？沃克尔先生的一个重要主张就是限制银行的规模。这种观点的提出，似乎为解决我国商业银行资产规模以几何倍数增长找到了解决的路径。

中国建设银行于2005年10月在香港率先上市，拉开了我国大型商业银行改革的帷幕，在11年的时间里，建设银行资产规模从上市时的4.5万亿元上升为20.5万亿元（截至2016年第3季度末）。这种情况，值得关注。

沃克尔认为，金融机构的数目正在减少，尤其是商业银行大型化趋势极为明显，目前有25~30家全球性的商业银行，资产规模大得吓人。银行业务虽然多元化，但传统的服务职能却在逐渐降低，而风险频繁暴露。另外，在保险等其他行业也出现了这样的趋势，其潜在的系统性风险可能造成巨大的道德风险，即所谓的“大而不倒”效应。更为严重的是，美国大型金融机构不仅仅是“大而不倒”，更是大得难以持续、难以管理，这对于整个金融体系的发展和稳定都是不利的。为此，在剥离其他业务之外，还应该限制金融机构的规模，如有必要，甚至可以拆分金融机构。

追溯历史，美国《证券法》的基石是罗斯福新政时期建立的，按照时间顺序，美国先后出台了一系列法律，比如，《1933年证券法》、《1934年证券交易法》、《1935年公用事业控股公司法》、《1940年投资公司法》……以及2008年金融危机后出台的《沃克尔法则》。

《沃克尔法则》中有关银行分业经营的条款，很类似于1933年的《格拉斯—斯蒂格尔法案》。美国经济大萧条后，该法案将投资银行业务和商业银行业务严格划分开，以降低系统性风险。在此后的半个多世纪里，为美国金融市场的平稳运行起到了重要作用。1999 年该法案被废止，商业银行又开始全面涉足投资银行业务，重新成为全功能银行。这些“大到不能倒”的银行有了政府的默认担保，肆无忌惮地涉足高杠杆的高风险业务，博取高收益，为政府和纳税人带来了巨大的风险。我国的商业银行当时也效仿美国，各家大银行在 2006 年都设立了投资银行部。但 2008 年美国金融危机时，深度参与混业经营的花旗银行、摩根大通银行均受到了一定程度的损失。

2009 年 6 月，美国政府出台了相关的监管方案，强化对各类金融机构的监管，尤其是对具有系统重要性的大型金融机构的监管；要求建立对金融市场的全方位监管；保护消费者和投资者利益；赋予政府权力，以掌握必要的监管工具以及加强国际监管合作等。美国政府为了加强对包括券商在内的金融机构的长期监管，寄希望于政府能建立一个现代的金融监管体系，有学者把它概括为以下几个方面：一是提出建立维护市场稳定的监管机构，由其负责整个金融市场的稳定，同时，赋予美联储除了其货币政策制定职能外，也要对市场监管尽责。二是提出创建审慎监管机构，监管与政府担保业务相关联的金融机构。三是要创建公司监管机构，监管全部金融企业，由其监管证券市场发行业务、上市公司业务等。

三、《税收法》

在税收领域，世界上通常采用“管辖权”模式。即“来源管辖”模式。通常由国家对收入来源或被认为来源于其境内的全部所得进行征税。还有一个是“居民管辖权”，即国家对居住在其境内的居民取得的来自世界范围内的全部所得进行征税，“居民”包括自然人和法人。以上可统称为“公民（或国际）管辖权”，即国家对具有本国国籍的公民取得的来自世界范围内的全部所得行使征税的权力，美国就是这种税收管辖权同时采用的少数几个国家之一。

美国《税收法》既坚持来源管辖权的优先地位，对任何个人和法人来源于美国疆界范围内的一切所得实行征税权。同时，也不放弃对其居民

（公民）在世界范围内的收入所得税的征缴。2004 年，美国政府用正式函件要求我国的商业银行对美国公民在中国的所得进行课税。由此看出，美国政府对税收法律的重视程度。美国税法规定，只要是美国公民，不论其居住关系，所得来源于何方，都要就其国内外的全部所得进行纳税。

2010 年 3 月，美国颁布了《海外账户税收合规法案》以及配套的《实施细则》、《双边协议》。这套法案被统称为 FATCA 系列法规，该系列法规要求与美国有代理行往来的其他国家的商业银行自 2014 年 7 月 1 日起，须按照机构所在地政府规定或美国 FATCA 标准，开展客户尽职调查及信息收集，向相应的监管机构报送美国人的账户信息。中国建设银行为此召开了专题会议，由于我在部门里负责账户管理工作，当时由我代表养老金业务部参加了那次会议，会议由纪委书记、副行长朱洪波主持。

根据 FATCA 的要求，协助美国监管机构监督美国人个人所得税的缴纳情况，对于非美国的银行，提出了下列合作要求：

（一）海外金融机构（FFI）注册。一是美国国税局（IRS）的 FATCA 网站在 2013 年 8 月 19 日正式对外开放。二是海外金融机构必须在 2014 年 4 月 25 日之前注册。三是美国国税局在 2014 年 6 月公布参与海外金融机构和已经注册的被列入合规的海外金融机构名单。

（二）账户尽职调查。2014 年 7 月 1 日启动执行新的开户程序，FFI 须在 18 个月内完成存量客户调查工作。

（三）代扣代缴。2014 年 7 月 1 日起，对非 FATAC 规定的账户，要求代扣 30% 的税款。

（四）上报要求。2015 年 3 月 15 日前，FFI 应向 IRS 报告 1042 表单，即报告不合作的账户和没有参与的海外金融机构税收扣缴信息。2015 年 3 月 31 日前，FFI 应向 IRS 报送 8966 表单，即美国人账户信息表单。

（五）合规检查。2016 年 8 月 31 日前，机构负责人提交尽职审查保证，2018 年 6 月 30 日前，机构负责人首次提交机构合规保证书，以后每三年一次。

从以上美国税法的具体要求看，美国的法律覆盖面非常广，我国的商业银行如何合作？这是一个考验。

四、《民事诉讼法》

1934 年，美国国会授权美国最高法院制定联邦民事诉讼规则。

1938 年最高法院出台了《美国联邦地区法院民事诉讼规则》（*Rules of Civil Procedure for the United States District Courts*）。

美国的民法主要经历了以下三个发展阶段：

普通法时期（common law）。从美国独立到 19 世纪中叶前，美国各州仍然适用英国殖民时代的普通法法院和衡平法法院的双重诉讼程序制度，程序非常复杂。

各州法典化时期。美国各州根据当地情况，先后制定了自己的州法律，大大简化了原来的民事诉讼程序，且符合当地的民俗习惯。

联邦民事诉讼时期。美国虽然没有统一的联邦法院体系，但于 1938 年颁布了美国联邦地区法院民事诉讼程序规则，从而统一了美国联邦法院的民事诉讼程序。联邦民事诉讼的统一，有力地推动了各州朝着统一的方向发展。

五、《多德—弗兰克法案》

《多德—弗兰克法案》被认为是自 20 世纪 30 年代以来最全面、最严厉的金融改革法案，成为与《格拉斯—斯蒂格尔法案》比肩的又一块金融监管基石，美国人认为该法案为全球金融监管改革树立了新的标尺。

在这之前，参、众两院分别通过了不同的法案文本，此法案最终被命名为《多德·弗兰克法案》。

众议院金融服务委员会主席弗兰克认为，这项法案比“几乎所有人预计的都要严格。”参议院银行委员会主席多德称“法案是一项巨大的成就。”

《多德—弗兰克法案》核心内容是在金融系统当中保护消费者利益不受侵害。法案中编号为 742（2）的条款规定，2011 年 7 月 15 日起禁止美国公民进行所有贵金属（包括黄金、白银）场外交易（OTC）。

该法案的三大核心内容如下：

1. 扩大监管机构权力，破解金融机构“大而不倒”（Too big to fall）的困局，允许分拆陷入困境的所谓大到不能倒的金融机构和禁止使用纳税人资金救市；限制金融高管薪酬。

2. 设立消费者金融保护局（Consumer Financial Protection Bureau），赋予其超越现有监管机构的权力，全面保护消费者合法权益。

3. 采纳《沃克尔规则》，即限制大金融机构的投机性交易，尤其是加强对金融衍生品的监管，以防范金融风险。

根据《多德—弗兰克法案》，美国政府采取了七项具体措施：

第一，成立金融稳定监管委员会，负责监测和处理威胁国家金融稳定的系统性风险。该委员会共有10名成员，由财政部长牵头。委员会有权认定哪些金融机构可能对市场产生系统性冲击，从而在资本金和流动性方面对这些机构提出更加严格的监管要求。

第二，在美国联邦储备委员会下设立新的消费者金融保护局，对提供信用卡、抵押贷款和其他贷款等消费者金融产品及服务的金融机构实施监管。

第三，将之前缺乏监管的场外衍生品市场纳入监管视野。大部分衍生品须在交易所内通过第三方清算进行交易。

第四，限制银行自营交易及高风险的衍生品交易。在自营交易方面，允许银行投资对冲基金和私募股权，但资金规模不得高于自身一级资本的3%。在衍生品交易方面，要求金融机构将农产品掉期、能源掉期等风险较大的衍生品交易业务拆分到附属公司，但自身可保留利率掉期、外汇掉期以及金银掉期等业务。

第五，设立新的破产清算机制，由联邦储蓄保险公司负责，责令大型金融机构提前作出自己的风险拨备，以防止金融机构倒闭再度拖累纳税人。

第六，美联储被赋予更大的监管职责，但其自身也将受到更严格的监督。美国国会下属的政府问责局将对美联储向银行发放的紧急贷款、低息贷款以及为执行利率政策进行的公开市场交易等行为进行审计和监督。

第七，美联储将对企业高管薪酬进行监督，确保高管薪酬制度不会导致对风险的过度追求。美联储将提供纲领性指导而非制定具体规则，一旦发现薪酬制度导致企业过度追求高风险业务，美联储有权加以干预和阻止。

六、《格拉斯—斯蒂格尔法案》

《格拉斯—斯蒂格尔法案》是20世纪30年代初美国经济大萧条后制定的早期银行法律，也称为《1933年银行法》。

那次经济大萧条后，美国为了对银行加强管理，进而开始立法。当时，该法案由民主党参议员卡特·格拉斯和众议员亨利·B. 斯蒂格尔提出，所以被命名为《格拉斯—斯蒂格尔法案》。

《格拉斯—斯蒂格尔法案》主要内容是将投资银行业务和商业银行业务严格地划分开，保证商业银行避免证券业的风险，禁止银行包销和经营公司证券，而只能购买由美联储批准的债券。

该法案令美国金融业形成了银行、证券分业经营的模式，影响了美国金融业长达半个多世纪。1948年，在美国的影响下，日本金融业也形成了分业经营模式。

此外，《格拉斯—斯蒂格尔法案》按照银行不同的业务，倡议建立了美国联邦存款保险公司，对银行管理的储蓄进行保险。1950年，《格拉斯—斯蒂格尔法案》的这部分内容被撤销，改成了《联邦存款保险法》。但随着时间的推移，该法案形成的分业格局使得商业银行利润下滑，非银行的公司集团纷纷侵入商业银行的贷款业务，与金融发展形势不相符合，构成银行向其他金融领域拓展的主要障碍。该法案最终在1999年被废除。

七、《金融服务现代化法案》

1999年，克林顿政府为加强金融监管，颁布了《金融服务现代化法案》(*Financial Services Modernization Act*)，亦称《格雷姆—里奇—比利雷法案》(*Gramm - Leach - Bliley Act*)。

该法案废除了1933年制定的《格拉斯—斯蒂格尔法案》有关条款，从法律上消除了银行、证券、保险机构在业务范围上的边界，结束了美国长达66年之久的金融分业经营的历史。其结果是商业银行开始大规模从事投资银行的活动。

八、《沃克尔法则》

《*Volcker Rule*》法则译成中文是《沃克尔法则》或《沃克尔规则》。

《沃克尔法则》是由美联储前主席保罗·沃克尔提出的，其核心是禁止银行从事自营性质的投资业务，以及禁止银行拥有、投资或发起对冲基金和私募基金。由于该法则以空前强硬的态度对待银行自营性质的投资业务，被视为当时美国金融监管法案中最有影响的改革内容之一。

《沃克尔法则》的内容主要有以下三点：

第一，限制商业银行的规模。规定单一金融机构在储蓄存款市场上所占份额不得超过10%，此规定还将拓展到非存款资金等其他领域，来限制金融机构的增长和合并。实际上美国在1994年即通过法案，要求银行业并购时不得超过存款市场份额的10%，本次提案将限制扩大到了市场短期融资等其他非储蓄资金领域，限制了银行过度举债进行投资的能力。第二，限制银行利用自身资本进行自营交易（proprietary trading）。此交易是金融机构用自身资本在市场买卖，而不是作为中介机构代表客户执行交易，这在金融危机时造成了严重的市场风险。第三，禁止银行拥有或资助对私募基金和对冲基金的投资，让银行在传统借贷业务与高杠杆、对冲、私募等高风险投资活动之间划出明确界线。今后将不再允许商业银行拥有、投资或发起对冲基金，也不能拥有私募股权投资基金，不能从事与自己利润有关而与服务客户无关的自营交易业务。

九、解读“美国地方法律”

在美国，地方的立法有其鲜明的特点，这类法规主要是根据地方居民的构成、地方经济结构、就业情况、税收法律以及文化的情况而设立，不受联邦法律管辖，比如2012年2月通过的《佛罗里达州养老金法规》（详见附录1）。

但任何一项法律大致都包括九项内容，即：（1）该法律基本情况介绍，包括法律设立目的。（2）法律适用地区。（3）法律操作程序。（4）

董事会组织架构。(5)内部管理规定。(6)表决规定。(7)内部委员会的设立，比如法律委员会、选举委员会、审计委员会等。(8)资金运作与管理。(9)补充修改。

十、美国金融监管改革立法大事记

2009年6月17日，奥巴马政府正式公布全面金融监管改革方案，从金融机构监管、金融市场监管、消费者权益保护、危机处理和国际合作等方面构筑安全防线，期望以此恢复对美国金融体系的信心。

2009年12月11日，众议院以223票赞成、202票反对的结果通过了金融监管改革法案。根据该法案，美国金融监管体系将全面重塑，美联储将成为“超级监管者”，全面加强对大型金融机构的监管。同时，新设消费者金融保护局，赋予其超越监管机构的权力。

2010年5月20日，参议院以59票赞成、39票反对的结果通过了金融监管改革法案。与众议院版本相比，参议院版本法案在监管措施方面更为严厉。两院需协商出统一文本后各自重新进行投票表决。

2010年6月30日，众议院以237票赞成、192票反对的结果通过了两院统一版本的金融监管改革法案。

2010年7月15日，参议院以60票赞成、39票反对的结果通过了最终版本金融监管改革法案，为该法案最终成为法律清除了最后障碍。

【日记】 2014年7月14日 星期一 晴

今天的授课地点从乔治城大学的继续教育学院改在了里格斯图书馆，据校方人士说，这个图书馆通常只对校董和高级客人开放。

里格斯图书馆坐落在乔治城大学的主校区，图书馆楼外绿树成荫、鸟语花香，走上大楼的台阶，你立刻就能感觉到这里是一个古色古香、学术氛围浓厚的地方。

上午的课由Williamson（威廉姆森）博士讲解，下午的课由Alice Rivlin（爱丽丝·瑞芙琳）博士授课。在乔治城大学发的手册里，详细地介绍了这两位老师的情况。Williamson 博士毕业于俄亥俄州大学，目前在乔治城大学的麦克多诺（McDonough）商学院任教，其讲授课程包括国际金融、公司治理、企业投资决策和风险管理等，这些都是我非常感兴趣的领域，因为我有在总行国际业务部、公司业务部工作的经历，且渴望学到新的知识。而 Alice Rivlin 博士则是乔治城大学 McDonough 商学院的客座教授，负责讲解当今美国公共政策。她目前还担任美国 Engelberg 医疗保健改革中心主任。1994～1996 年，她曾担任白宫预算办公室主任。1996～1999 年，她还担任过美国联邦储备委员会副主席。她于 2013 年获得美国国家社会保障科学院 Robert M. Ball 杰出贡献奖。

今天的课程收获颇丰。回到驻地看了一下我的笔记，上午的课用时最多部分是“Bank Risk Management：How to evaluate credit risk ”（银行风险管理：如何评估信贷风险?），教授重点介绍了国际金融业务中的风险，因为这些对于一家银行海外分行的经营来说非常重要。比如具有 230 多年历史的英国巴林银行，在 20 世纪 90 年代，一夜之间被尼克·里森弄垮了。有谁能想到，成立于 1763 年的这家世界上最早的商业银行能倒闭？原因就是这家银行的风险管理出了问题。我在想，我国的银行在海外经营，除了对交易、信贷风险需要做到有效管理之外，对于政治风险的把握也很重要。我们于 7 月 5 日刚一到美国，就从报纸上看到一则新闻，即美国政府对法国巴黎银行的处罚。法国巴黎银行于 2014 年 7 月 1 日宣布对两宗犯罪指控表示认罪，并同意支付近 90 亿美元资金以解决有关其违反美国制裁法案同苏丹、古巴以及伊朗进行美元贸易的案件。我们在华盛顿那几天，法国巴黎银行法律总顾问 Georges Dirani（乔治斯·迪拉尼）也出现在美国的法庭并宣布法国巴黎银行接受并承认调查人员所发起的一项关于法国巴黎银行伪造商业记录的犯罪指控。这些都是活生生的案例。我认为，中国建设银行应该对海外分行人员的行为加强管理，防止类似风险的发生。

在与 Alice Rivlin 博士的交谈中，我们谈到了美国人口的老龄化和 401K 计划，她觉得这个问题问得好。如何鼓励人们自愿加入公共养老金计划？这是一个各国政府都要考虑的问题，而税收优惠政策是关键。此外，在投资产品选择上，我们应该学习美国机构的做法，即养老金公司提供投资产品，由参加计划的个人选择投资品种。

中国建设银行山东省分行行长薛峰在里格斯图书馆外长廊留影

（2014 年）

从华盛顿乘车前往纽约途中的思考

2014 年 7 月 19 日，我们结束了在华盛顿乔治城大学本部的课堂学习，于美国东部时间上午 10 点，集体乘车前往美国最繁华的城市纽约。众所周知，纽约有许多世界知名金融机构的总部，还有很多外资银行美国分行都设立在这座城市。如果说在华盛顿我们更多的是理论课程学习和拜访美国政府的监管机构，那么到纽约后，我们将以实战为主，前往各类银行进行交流。

从华盛顿到纽约的距离是 380 公里，大约需要 5 个小时。我看了一下培训课程表，我们在纽约的上课地点被安排在“普林斯顿俱乐部（Princeton Club）”。这家俱乐部位于第五大道和第六大道之间，在第 43 街西路 15 号，英文地址是：15 West 43rd Street，between 5th and 6th Aves。

作者在普林斯顿俱乐部留影

纽约不仅是美国的金融中心，更是全世界各类银行最集中的城市，世界各国的商业银行大多在美国纽约市设有分行或代表处，我也曾多次来过这里。

记得我最早的一次来纽约是在 1992 年 8 月，那时我还在国家部委外事司工作。在纽约，接待我们的是世界银行官员。当时，我们是为中国高铁“通信信号”项目来美国考察轨道传感器的，考察团的技术人员主要来自柳州铁路局（现南宁铁路局）。而我最近的一次来纽约是在建设银行上市后的2006 年，那次去纽约的主要任务是陪同行领导宣布纽约代表处首席代表张广迎先生与前任换届事宜，以及赴美国银行学习“现金管理业务”。美国银行这项业务的处理中心位于亚特兰大市，我们在那里停留的时间较长。

思考一： 对美国高速公路基础设施的印象

我们乘坐的大巴车在美国东部的高速公路上飞驰，一座座路桥透过车窗从我眼前掠过，一个多小时后，很多同学都开始打瞌睡了，而我却没有一点睡意，我望着窗外的景象，看到了艾森豪威尔执政时期提出的“现代共和主义”的成果——美国一流的高速公路建设。

路途中的一座大桥（作者摄于途中）

美国的公路分为几个级别，有“州际公路”、“州高速公路”等。“州际公路”从名字上看，必须是连接至少两个州以上的公路，但其实也有部分州际公路在一个州内。美国的高速公路不仅建设质量一流、道路宽敞、标识清楚，路两边的风景更是令人过目难忘。

记得有一年我到美国出差，主要是在西海岸的洛杉矶和旧金山一带活动。走出洛杉矶机场后，我从 AVIS 租车公司处租了一辆克莱斯勒轿车。在国外，如果你语言过关，租车是理想的选择。当时，我手拿地图，在美国西海岸的高速公路上行驶着，我觉得这条高速公路是世界上最美的海岸高速公路，美国人把它叫作“加州一号公路”。

“加州一号公路”从北至南连接着旧金山与洛杉矶，它沿着美国西海岸蜿蜒向前延伸，全长约 1000 公里。我之所以说这条公路是世界上最美的高速公路，是因为它一面是碧波万顷的太平洋海岸唯美景致，一面是丛林翠绿却又陡峭高耸的悬崖山脉。在这里，大海与阳光完美结合，顺着海岸线的曲折一路向前延伸。我手握方向盘，两耳听着惊涛拍岸的潮水声，脑子里感觉到的是一种灵魂的洗礼，简直就是精神的至高享受。我查阅资料发现，美国的州际公路都是等级高速公路，大多都是在艾森豪威尔任期内立项并开始建设的，所以，美国人把这些公路也称之为“艾森豪威尔公路”。

我们乘坐的大巴车中途休息后、再次向前急速飞驰，很多学员上车后又都入睡了，但我仍然没有任何睡意。我在想，20 世纪 50 ~ 60 年代初的美国是个什么样子？记得在外交学院读书时，阅读过大量的有关美国历史的书籍，在艾森豪威尔担任美国总统时，正值“冷战”时期。当时，为了国防需要，美国政府大力支持发展国家基础设施建设，美国境内的高速公路就是在那个时期快速发展起来的。

在美国，除了极少数地方，州际公路都是全封闭的高速公路。州际公路的名字使用“XX”这样的格式表明路段，代表州际城市间的界限，英文为“Interstate”。通常，“XX”是一个数字，在从华盛顿开往纽约的公路上，我就看到了这样的标识。

艾森豪威尔也是一位五星上将，他于1953年至1961年期间任美国第34任总统，他不仅是美国历史上的战争英雄，也是影响深远的政治家。在国家经济建设方面，他很有前瞻性眼光。在他的提议下，美国政府耗巨资修建高速公路，使高速公路四通八达，弱化了一度长期占主导地位的铁路运输。

艾森豪威尔戎装照

我很喜欢艾森豪威尔，因为他善于学习研究且从不说大话。在管理方面，为了应付纷繁的事务，艾森豪威尔发明了“十”字法则，得到了广泛的认可。在今天美国高校的MBA课程上，“十”字法则作为一个重要方法，被介绍给学生。当年我在国外的大学读研究生时，马里兰大学的美国教授曾向我们讲解过这个法则。“十”字法则是对时间有效管理的一种方法。艾森豪威尔用象限排列工作顺序，列出了“重要紧急的”、“重要不紧急的”、“不重要紧急的”及“不重要不急的”各类事情，他把每天自己要做的事都放进这个“十”字象限里进行排序，然后先

总行人力资源部培训处的占处长在美国东部高速公路休息区留影

做紧急重要那一象限的事，依此类推，使他的工作生活效率得到了有效的提高。所以，艾森豪威尔一直是我心中学习的榜样。

思考二：从美国次贷危机中应得到哪些启示

回到大巴车上后，邻座的同学总行个金部刘涛副总经理问我，“怎么看不出金融危机给美国带来的影响?”我回答道：通常国内评价他国经济时，跟风说话的人多，真正认真分析的人少，一些学者也是这样，他们对国外的情况缺少了解，评价片面。比如，当1997年韩国金融危机出现时，我在韩国工作，虽然当时国内报刊对韩国经济从“亚洲四小龙”的高度赞扬一下子全部转为负面的评价，但韩国那一年的圣诞节仍然轰轰烈烈。我认为，一般民众对金融危机的理解不会像学术界那样“深刻”，但总结或反思造成危机的原因，还是需要认真回顾的。

对于“两房”引发危机的再回顾

2008年，在美国出现金融危机的前夜，大多数美国民众并没有弄清楚是怎么回事？的确，十几年前，当我在KDI商学院攻读金融银行学方向MBA时，美国教授David Behling认为美国的模式（CDO、CLO、CBO）[①]等都是成功的金融产品，是拉动美国房地产市场的金融服务创新。Behling先生来韩国前曾任美国“摩根大通”银行副行长。但是，有谁能事先想到，2008年美国由“次贷危机”引发了一场金融危机呢?

“次贷危机”又称“次级房贷危机”或“次债危机”，英文为“sub-prime lending crisis”。它是因为次级抵押贷款机构破产、投资基金被迫关

① （Collateralised Debt Obligation，CDO）债务抵押债券；（Collateralised Loan Obligation，CLO）信贷资产证券化；（Collateralised Bond Obligation，CBO）债券资产证券化。

闭、股市剧烈震荡引起的一场金融风暴。之后，很快从美国本土波及到全球主要金融市场。当时美国政府为了稳定局面，从2007年8月开始，美联储作出反应，向金融体系注入流动性以增加市场信心，美国股市才得以在高位维持。

2008年8月，美国房贷两大巨头——“房利美”和“房地美”（以下简称“两房”）股价暴跌，持有“两房”债券的金融机构大面积亏损，美国财政部和美联储被迫接管“两房”。在2014年7月10日，华盛顿乔治城大学安排的介绍美国房地产金融产品的课上，Elena Loutskina教授曾向我们介绍了“两房”的问题。

“房利美”即美国联邦国民抵押贷款协会，创立于1938年，是美国政府出资创建，从事金融业务，用以扩大在二级房屋消费市场上流动的资金。1944年，“房利美”的权限扩大到贷款担保，公司主要由退伍军人负责管理。而“房地美”是联邦住房抵押贷款公司，商业规模仅次于“房利美”。1970年由国会成立，旨在开拓美国第二抵押市场，增加家庭贷款所有权与房屋贷款租金收入。2008年7月7日，“房利美”和“房地美”股票单日分别下挫16%和18%，达到了十几年来的最低点，两家公司的债券收益与美国国债收益利差则上升至自当年一季度末以来的最高点，使美国经济自2008年三个月前“贝尔斯登”倒下后的风波达到高峰值。

“两房”作为美国房地产金融的中枢环节，以其半官方的身份承担着提供市场流动性的重大职责。有人认为，问题暴露后，美国政府处理上述个案的做法将金融市场的流动性引向了枯竭的边缘。我认为，是美国房地产金融产品的高杠杆造成了泡沫，这种金融产品创新的模式是“少花钱多办事，不花钱也办事，花别人的钱办自己的事”。美国有一些学者认为，“美国已处在自20世纪30年代大萧条以来最严重的金融危机之中”。[①] 在短短的几个月内，贝尔斯登旗下的一只对冲基金出现了32亿美元的亏损，“房地美”因大幅上升的房贷坏账累计损失达46亿美元，“房利美”损失

① 纽约大学商学院经济学教授鲁里埃尔·鲁比尼的观点。

则更大，达到了72亿美元。两家公司资本金出现了严重不足，流动性面临自创建以来的最大挑战。

在技术层面，加州大学圣迭戈分校经济学教授 James Hamilton 认为，这两家公司过低的资本金储备，是在历史坏账数据模型计算拨备基础上得到的，但历史数据模型并未能预测到此轮楼市的空前下跌；加上监管者过于宽松的要求，纵容了高杠杆的使用，最终导致巨大的资金缺口。回顾历史，我认为应该从以下几个方面进行比较分析。

一、“次贷”金融产品的起始原因

工资增长滞后，人人都需要住房，而借款人在购房时没钱首付、没有足够的收入获得贷款资格，这种现象创造了“需求”。因而，金融（次贷）产品被设计出来，以满足这些借款人的需要，这就是次贷行业的起始。美国最早积极推进次贷金融产品的是雷曼兄弟公司，这家投资银行的行为最终酿下了灾难性结果。

继1995年雷曼兄弟向 First Alliance 抵押贷款公司提供融资，并承销这些证券后，其他华尔街金融机构也开始进入次级贷款市场，有的仿效雷曼兄弟收购抵押贷款公司，在短短几年的时间里，美林、贝尔斯登这类华尔街的大机构都开始通过不同的渠道，收购次级贷款来满足其证券化的胃口。而资产证券化，它被描述为一个过程，在这个过程中，成千上万笔抵押贷款被打包到一起，形成金融产品，被称为抵押贷款支持证券。购买这些证券的投资者取得借款人偿还的本息。当这些产品的评级从 AAA 降至权益级（equity tranche），风险随之增加，但是预期收益也会增加。但监管机构没有研究这类金融产品的问题，没有做到事前监管。

二、没有履行好受托人职责

“房利美”和“房地美”高风险金融产品的教训就是没有真正做到履行好受托人责任。在“房利美”和“房地美”两家公司的投资组合中，都有相当大的比例投资在风险非常高的品种，比如 Interest - only Mortgage（单还利息按揭）、Adjustable Rate Mortgage（可调利率按揭）、Aircraft Leasing（飞机租赁债券）和 Manufactured Housing（建房抵押债券）。

三、评级公司被“利润丰厚”的商业模式左右

穆迪、标准普尔及惠誉三家公司在2008年以前的十多年时间里，在抵押贷款证券评级业务中，赚了很多的钱，因为对抵押贷款证券评级是一个暴利的行当。在美国的房地产市场热火朝天的年代，评级机构的收入自然也水涨船高。比如，2006年Hearst公司购买了惠誉20%的股份，两家公司发现，把债务担保债券评级为非常具有吸引力的产品是一个创造收入的大好机会。

四、从美国“次贷危机”中应汲取什么教训

1998年前，美国房价和人民收入的上涨幅度都保持在相对均衡的水平，这表明房屋购买力基本保持不变。1998～2008年，美国的房价增长了5倍，打破了均衡。因此，我国金融业必须汲取美国次贷危机的教训，认真思考危机产生的原因及对经济的破坏性，在我国资产证券化市场尚处于初级阶段的时期，谨慎资产证券化进程中的每一个细节。

第一，我国金融从业人员必须深知资产证券化的模式，要知道抵押贷款证券化存活得越久，它就越成功，提供其他更激进产品的愿望就越强烈。因此，监管机构要做到资产证券化过程对所有投资者必须保持透明。如果不够透明或者让人迷惑，那就会像美国的情况一样，导致投资人根本不知道他们在买什么时，问题也就暴露出来了。第二，如果借款人被允许花费大比例收入支付月供式买房，但经济在放缓，那么离房地产市场崩溃就不远了。第三，美国房地产金融模式的弊端告诉我们，让私营持股企业执行公共职能存在很大的问题，这种介于公共机构与私营企业之间的混合模式难以为继。私营企业总是倾向于用较少的资本金使用高杠杆获利，这样会带来很大的风险。而政府隐性担保和低资本要求，使得两家联邦房贷公司得以大肆使用高杠杆。我认为，只有彻底国有化或完全私营化，才能解决融资中正确使用“杠杆率”这个问题，使用高杠杆前，要先想到责任。

追溯美国2008年危机的轨迹，当出现问题时，美国政府插手后本以为形势会好转，但是接踵而来的是更坏的消息，世界两大顶级投资银行“雷

曼兄弟”和“美林集团”相继爆出问题，雷曼总资产高达1.5万亿美元，被迫申请破产保护，而美林集团被美国银行收购。如果说上述现象只是矛盾的集中爆发，那么，我认为问题的根源则在于以下三个方面：

第一，美国政府不当的房地产金融政策为危机埋下了伏笔。居者有其屋曾是美国梦的一部分。在20世纪30年代的大萧条时期，美国内需萎靡不振，罗斯福新政的决策之一就是设立“房利美”，为国民提供住房融资，帮助民众购买房屋，刺激内需。1970年，美国又设立了“房地美”，规模与房利美相当。“两房”虽是私人持股的企业，但却享有政府隐性担保的特权，因而其发行的债券与美国国债有同样的评级。从20世纪末期开始，在货币政策宽松、资产证券化和金融衍生产品创新速度加快的情况下，“两房”的隐性担保规模迅速膨胀，其直接持有和担保的按揭贷款和以按揭贷款做抵押的证券由1990年的7400亿美元爆炸式地增长到2007年的4.9万亿美元。在迅速发展业务的过程中，“两房”忽视了资产质量，这成为次贷危机爆发的“温床”。

第二，金融衍生品的“滥用”拉长了金融交易链条，助长了投机。“两房”通过购买商业银行和房贷公司流动性差的贷款，通过资产证券化将其转换成债券在市场上发售，吸引投资银行等金融机构来购买，而投资银行利用“精湛”的金融工程技术，再将其进行分割、打包、组合并出售。在这个过程中，最初一元钱的贷款可以被放大为几元甚至十几元的金融衍生产品，从而加长了金融交易的链条，最终以至于没有人再去关心这些金融产品真正的基础价值，这就进一步助长了短期投机行为的发生。但投机只是表象，贪婪才是本质。以雷曼兄弟为例，它的研究能力与金融创新能力堪称世界一流，没有人比他们更懂风险的含义，然而自身却最终难逃崩塌的厄运，其原因就在于雷曼兄弟管理层和员工持有公司大约1/3的股票，并且只知道疯狂地去投机赚钱，而较少地考虑其他股东的利益。

第三，美国货币政策推波助澜。为了应对2000年前后的网络泡沫破灭，2001年1月至2003年6月，美联储连续13次下调联邦基金利率，该利率从6.5%降至1%的历史最低水平，而且在1%的水平停留了一年之久。低利率促使美国民众将储蓄拿去投资资产、银行过多发放贷款，这直接促成了美国房地产泡沫的持续膨胀。而且美联储的货币政策还“诱使”市场形成一种预期：只要市场低迷，政府一定会救市，因而整个华尔街弥漫着投机气息。然而，当货币政策连续收紧时，房地产泡沫开始破灭，低信用阶层的违约率首先上升，由此引发的违约狂潮开始席卷一切赚钱心切、雄心勃勃的金融机构。这值得我们去深刻反思。

第一，虽然我国国有大型金融机构的改革取得了很大进展，但鉴于我国特殊国情，我们也许无法解决政府对大型金融机构的隐性担保问题，但一定要继续加强国有金融机构运作的透明化程度，切实防止金融机构的过激行为，如过度放宽信贷标准和涉水国际投机活动等。

第二，金融衍生产品是把双刃剑，它能够发挥活跃交易、转移风险的功能，也能凭借杠杆效应掀起金融波澜。因此，金融衍生品一定要在监管能力的范围之内适时推出，切莫使其沦为投机客兴风作浪的工具。

第三，货币政策要兼顾资产价格波动。在宏观调控过程中，央行往往为了稳定预期而表示坚决执行某项政策，但是货币政策的“偏执”不可避免地会导致股市和房市价格的剧烈波动。20 世纪末的日本经济危机、1997 年亚洲金融危机以及 2008 年美国金融危机，都是资产价格泡沫急剧破裂惹的祸。因此，货币政策应兼顾资产价格波动，政府更要多管齐下消除隐患。

参观两所军校后的印象与感想

在乔治城大学学习期间，学校组织我们参观了美国两所著名的军事院校，一所是美国海军军官学校，另一所是西点军校。海军军官学校也被称为美国海军学院，英文为 United States Naval Academy（USNA）。西点军校的英文是 West Point Academy，同时也被称为美国军事学院（The United States Military Academy）。

参观后我体会深刻，这两所军事院校教学方式独特、训练非常严格，不仅是美国的高级军校，更是世界著名的军事院校。长期以来，军校培养出了大量的人才，担负起了为美国和它的盟国培养军事专家的义务。我是第一次去参观海军学院，而西点军校以前我曾经去过。在美国海军学院，我看到了 4 名来自柬埔寨的学员。在西点军校参观时，我遇到了来自韩国等国家的学员，一声“阿尼哈赛呦”，把我们之间的距离拉近了。西点军校的韩国学员告诉我说，由于政治原因，这两所军事院校均不接收非美国盟国（军事盟友）国家和地区的学员申请。

以下是我参观美国军校后的印象与感受。

一、海军学院

美国海军学院于 1845 年建校。

长期以来，这所军校为美军及美国的盟友国家军队培养出众多的知名将领，被誉为美国海军军官的“摇篮”。建校 170 年来，有 10 万多名学员完成了海军军官课程的繁重学习任务，成功地走出了学校的大门。据统计，在过去和现在的美国现役海军队伍中，他们担当着各种职务，许多毕业生功成名就，在美国牵头组织开展的世界范围内的现代军事行动中，海军学院的学员表现非常出色，给人们留下了深刻的印象。战争中，尤其是在现代战争前期阶段的军事打击中，美国海军凸显了不与对手直接接触的军事优势，发挥了先发制人（strike first to gain the initiative）的作用，为美军地面部队的后续介入创造了有利条件。在两军交手过程中，海军装备弱势的一方吃尽了苦头，海湾战争、美伊战争足以证明美国海军的优势。这些实战案例让我想起了毛泽东主席对我国海军的期望，他说："我们一定要建设一支强大的海军"①。这说明，海军在战争中所发挥的作用是其他兵种所不能替代的。我想，这应该是美国人建立这所军校的初衷吧。

这所海军学院的毕业生长期以来都是美国海军军官队伍中的骨干和中坚力量。有关统计数字显示，海军学院毕业生占美国现役军官总数的20%左右。我查看档案后发现，美国海军学院毕业生服满规定的5年服役期后，继续留队者占毕业生总数的60%，说明这所军校教学理念对学生思想产生的深刻影响，他们眷恋这个行业。根据另一种统计口径，在美军中，军龄在10年以上的职业军官队伍里，海军学院毕业生占50%，在继续深造和晋升方面，海军学院毕业生通常都处于优先地位。这些也都说明了美国海军学院毕业生的优良素质，充分证明了海军学院在美国军队建设中的重要作用及影响力。

在海军学院参观时，我同乔治城大学负责接待我们的塔蕯尼先生边走边聊，他曾经是一位美国海军军官，参加过越战。交谈中，塔蕯尼骄傲地告诉我说，美国海军学院毕业生在海军将官队伍中占最大比例，学院素有未来海军将官摇篮之称。比如该校培养的美国历史上著名的人物有马汉、杜威、西姆斯、尼米兹、哈尔西、勒热纳、斯普鲁恩斯、斯托克代尔、伯克和里科弗等将领。美国历史上第一个诺贝尔奖获得者米切尔森和美国前总统卡特、布什等人都是海军学院的毕业生，可以说这些人的人生旅途是以"安纳波利斯"②为起点开始的。

---

① 1958年5月27日，毛泽东主席在"中央军委扩大会议"上的讲话。

② 安纳波利斯是美国马里兰州的一个港口小镇，风光秀丽且战略位置极佳，美国海军学院就建造在这里。

通过翻看有关介绍资料，我发现通过美国海军学院的专业训练，对一个人的一生正面影响非常大。美国前海军五星上将哈尔西·菲尔德曾说过："在美国，每个来自海军学院的毕业生，在其军事生涯中都受到了这所学校的影响。完全可以说，海军学院潜移默化的影响遍及整个美国海军。"海军学院是美国爱国者联盟院校之一，其主要任务就是为美国海军各类舰艇部队、海军航空兵部队和海军陆战队培养不同专业的初级军官。由于军校的名声，马里兰州首府的安纳波利斯市也得以出名，所以，军校又被称为"安纳波利斯军校"。

参观中，我看到美国海军学院的校训是"ex scientia tridens"。从字面上翻译，这句拉丁文的意思是"三叉戟是用知识铸造的"。由于三叉戟是希腊神话中海神波塞冬的武器，是海军力量的标志；因此，这句话的意思是"制海权来自于知识"，由此可见美国海军学院对知识的重视程度。据说，在第二次世界大战期间的中途岛战役中，美国海军学院的毕业生利用所学知识，发挥了重要的作用。在20世纪90年代初的海湾战争中，该校毕业生更是发挥了不可替代的作用，他们在波斯湾出色地完成了各项任务，被记入美军军史。美国现任国防部长詹姆斯·马蒂斯早年也毕业于海军学院，参与和指挥了上述战争。美国海军学院还有一句非常著名的校训是"与战舰同在"（也可直译为"永不放弃战舰"）。

作者在美国海军学院"校训牌"前留影

美国海军学院入学要求非常严格，申请者的学习成绩与身体条件必须同时都达到要求才能被录取。此外，申请者还须得到有资格提名人士的推荐。根据最近10年的统计数据显示，这所军校每年招收1300名学生，年龄一般在17~20岁，入学前为中学（high school）12年级的毕业生，相当于我国的应届高中毕业生。

海军学院如同乔治城大学、哈佛大学一样，学院也负责现役军官的继续教育。如何申请海军学院本科及继续教育学院？

通常申请者在中学毕业前一年的春季填表、提出申请，经校招生办公室审定，被认为符合基本标准后，将结果告知有资格提名的人士。有资格推荐的人士包括副总统，参议院、众议院两院议员以及哥伦比亚特区、波多黎各、巴拿马运河区、美属萨摩亚、维尔京群岛的总督或在国会中的代表及专员，以上人士推荐学生总数合计不得超过2679人。对于学员来说，每人入校时都必须签订一份“合约”。“合约”规定其在毕业后必须无条件接受分配，到海军或海军陆战队服役，也可能会安排担任初级军官。如双方未能执行上述“合约”（个人违约或未被任命为军队中的初级军官），则须以士兵衔级服役5~8年。若该学员由于个人原因或由于行为不端未能服现役，则须把在海军学院接受教育的全部费用（相当于美国一流大学的学费）退还国家。若已服役但没有服役满规定的年限，则按照剩余年限计算扣减。

奥巴马与海军学院学员亲切交谈

美国海军学院的任务非常明确，就是要把普通学生培养成具有坚实理论基础、掌握军事技能、有进取心、身体强壮的海军职业军官。在四年的学习期间里，学员生活并不轻松，所有的学员都被编入学员旅，由四年级的学员任教官。学员旅单位从旅一直到排，编制齐全，全部由高年级学员任教官或参谋。学员在各级“军官”监督下，开始军校生活。美国历届总统对海军学院都给予特殊的关照，奥巴马总统也不例外，他曾亲临海军学院与学员进行交流。

一般情况下，美国海军学院学生四年的大学生活是这样度过的。

海军学院新生在每年7月初入校。对于新生来说，第一年既是考验他们意志、也是培养他们军人坚毅性格的阶段。学院通过严格的生活管理和军事训练，让每一位学员都能尽快了解军队文化，以达到迅速提高未来领导力之目的。新生入学后，学院要求每一名新学员都必须以模范军人的仪表与举止为标准，必须做到自我约束，必须学会有效安排时间。同时，要能在承受巨大压力下高效率地完成任务。对可能出现的复杂情况，要能迅速、正确地判断并做出决定。第一年的课程大部分是以行为准则为主的课程，也有少量的军事基础课程。很像我国大学生入学前的“军训”。

二年级后进入全面军事课程学习，同时注重暑期战地培训，比如在暑假期间的安排就非常紧凑。学员会被安排到美军的大西洋舰队、太平洋舰队、地中海的第六舰队和西太平洋的第七舰队进行夏季海上训练。在海上训练中，要求学员们主动接触海军和海军陆战队的现役士兵，积极参加各种舰上作业和值勤。二年级的课程有4门军事专业课，即导航课（I）、海军工程课、领导能力课（Ⅰ）及海军专业研究课。

三年级学员除了对其使用该校的训练巡逻艇进行操作和战术训练外，还要了解海军和海军陆战队的各个兵种的基本情况，包括参观并乘坐核潜艇、现代化的驱逐舰和两栖舰，到舰队战斗训练中心熟悉各种作战系统，乘坐海军的教练机和作战飞机进行训练，听现役海军陆战队队员讲解“立体包围”、“两栖突击”和“地面作战”的介绍。第三学年的课程有6门军事专业课，即导航课（II），海军武器系统及装备课（Ⅱ）、海军工程课（II）、海军电力设备课、海军电子工程课、领导能力课（II）。除了繁重的学习任务和训练要求外，三年级学员还有一项重要的工作——辅导新生。这很像我国大学高一年级学生担任的辅导员一职。通常，海军学院会从这个年级的学员中挑选学员军官。这些任务对于培养领导能力有很重要的实战作用。学员们在日常训练中，通过在训练艇上进行的实战训练，来掌握技术，学会用计算机进行军事演练海战战术，力争做到正确评估敌方海军的能力并采取相应的措施。同时，还必须了解针对武装冲突引起的有关国际私法条款及学会演讲技巧等。

四年级时，学员除了上课外，有一部分人要随舰队继续进行训练，在舰上担任下级军官。另一部分则随陆战旅进行空中与地面作战的协同训练，还有一些人留校训练新学员。学校要求，在舰上担任下级军官的学员，必须熟悉舰上军官的社交礼节与习惯，参加领航和舰楼值班，并到战斗情报中心和轮机室进行实习，也要随舰艇到访他国港口交流访问。实际上，早在学院读书期间，学员们对舰上官兵生活的方方面面已经通过这期间的实践活动有了较全面的了解和掌握。查看以往记录，毕业前，学员会被安排去夏威夷的第一陆战旅或位于加利福尼亚州彭德尔顿堡的第一陆战师做巡航训练，学习担任陆战队军官，与陆战队地面单位和航空兵单位中的各级军官协同工作。

第四学年的课程有两门军事课，即武器系统及装备课（II）和法律课。

可以看出，海军学院是美国海军军官接受正规教育的第一步。虽然，学员在校期间的必修课还有社会科学、国际问题研究等，但更多这方面的知识还是要靠从具体实践中获得。

我认为，最值得学习的是美国海军学院对学员的基本道德标准要求，即："不说谎、不欺骗、不偷盗"，这个要求是对一个人人品的最基本要求。如果不具备这种基本素质，靠欺上瞒下、玩弄权术等手法去经营军队的话，这支军队必吃败仗。

美国海军学院要求各级军官学会做到正确运用手中的权力、尽职尽责，其中醒目的一条是"要做到细心照料下级，任何情况下都要起到表率作用"，这点很像我军的"官兵一致才能得胜利"的教育方针。用当前企业文化培训用语说，就是"以人为本"。

在管理层级上，美国海军学院的校长是将级军官，在海军部长领导下开展工作，由海军部长授权海军作战部长对海军学院进行日常的行政管理及监督。

在海军学院里，各级教官平时很注意对每一位学员责任心的培养，注意对学员荣誉感和忠诚度的培养。我的一位美国朋友对我说，"如果一个人失去忠诚度，个人能力再强，对企业也只会有百害而无一利，这种个人行为如果被一个企业默许，将会给这个企业其他职员带来极负面的影响。"

1992 年作者与美国海军学院学员合影

二、西点军校

我来西点军校参观已经不是第一次了，之所以来了又来，是因为这所军校在我心目中有很多东西值得学习和借鉴，尤其是它在培养人的精神、核心领导力方面尤为突出。西点军校有一整套完整并行之有效的教学方法。如果说《福布斯》在全美国 500 强排名中，通常强调教给人们的是道德规范，而西点军校教给人们的是个性。我也认为，人无个性，一事无成。

西点军校是美国的第一所军事院校，建于 1802 年。军校位于纽约州的哈德逊西岸，距纽约市约 80 公里，整个军校占地约 6500 公顷。校园内外，环境优美，空气新鲜，视野开阔。一进校门，我看到了墙上的横幅，那是西点军校的校训：责任（Duty）、荣誉（Honor）、国家（Country）。200 年来，西点军校培养出了格兰特、艾森豪威尔、麦克阿瑟等优秀学员。翻开西点军校校史，这所军校不仅孕育了一代又一代的军事天才，还培养出了大批的商业奇才。在以往美国参加的战争中，都有该校学员的身影，其培养出的将军一级的军官达3700多位。在商海中，自第二次世界大战结束以来，在世界500强企业中，西点军校培养出来的董事长有1000多名，副董事长有2000多名，总经理、董事一级的人有5000多名，可见西点军校的影响力之大。

在美国，西点军校是爱国者联盟院校之一，是美国历史上最悠久的军事学院。在全世界，它与英国的桑赫斯特皇家军事学院、俄罗斯的伏龙芝军事学院、法国的圣西尔军校并称为世界“四大军校”。西点军校以为美军培养陆军初级军官为主要目的。由于它地处哈德逊河三角岩石坡地上，而该地被当地人称为“西点”，从而得名“西点军校”。在上百年的历史长河中，西点军校还为美国培养和造就了众多的政治家、企业家、教育家和科学家。2014年，在《美国新闻》评选中，西点军校在美国大学的机械专业排名第5，可见西点军校的教学水平之高，完全可以与常青藤院校媲美，为美军在全世界军事技术上占据绝对优势奠定了坚实的基础。在学生选择方面，西点军校和海军学院都只接收“盟国”的学员，非美国盟国的学生没有机会申请这两所著名的院校。例如，2004年，韩国女学生Grace·郑就以高分被西点军校录取。《韩国时报》（*The Korea Times*）在头版刊登了这则消息。

Chung Named Top Cadet in West Point

By Yoon Won-sup

A Korean-American female cadet was named captain of the Corps of Cadets in the U.S. Military Academy, according to the academy's weekly newspaper.

The Pointer View has recently reported that Grace Chung, 22, was appointed Brigade Commander, the top position among 4,000 cadets in West Point, and that her appointment was the second time a woman cadet would take the job since the academy was founded 200 years ago.

"Despite the circumstances, it's an exciting opportunity to be the first captain, and we get a new commander every year and I just happen to be a woman."

The academy commandant, Brig. Gen. Leo Brooks, said that Grace Chung is an outstanding example of excellence in all West Point program areas: military, physical and academic. He went on to say she commands tremendous respect from her peers and is a proven leader.

Chung, whose Korean first name is Han-sam, struggled early on in her U.S. Military Academy experience. However, over time, the negatives turned into positives and led to her becom-

Grace Chung

2004年2月10日，《韩国时报》

2004 年我曾经在国内某报刊上，以“西点军校与领导艺术”为标题，写了我对西点军校的印象。全文如下：

著名的西点军校创办于 1802 年 3 月 16 日，以培养美国军队领导人为教学目的，每年毕业生有 900 多人，占美国军队高校毕业生需求量的 25%。

目前，西点军校毕业生中有 4000 多人在美国国内外不同岗位上担负着重要的领导职位。根据有关方面的统计，西点军校培养出的成功领导人远远超过哈佛大学商学院，美国第 32 任总统福兰克林·罗斯福在评价西点军校的作用时说：西点军校不仅仅是培养军事指挥员的高校，其课程设置对于和平时期的管理人员来说也受益匪浅。罗斯福的上述评价，充分肯定了这所学府在美国 200 多年的政治、军事、经济建设中所发挥的重要作用。

1898 年美西战争后，美国著名作家琼·丹布罗奇在 1899 年《战争》一书中指出，未来战争打的是技术、经济和国际政治关系，他的预言使西点军校从单一的军事训练逐渐转变成对学员的综合训练。两个多世纪以来，西点军校培养了众多的美国军事领导人、外交家和成功企业家，这些人士包括 1912 年美国奥运会选手、后服役于美第七军的乔治·巴顿（George Smith Patton）将军，第二次世界大战期间的风云人物道格拉斯·麦克阿瑟（Douglas MacArthur）将军，美国第 34 任总统德怀特·戴维·艾森豪威尔（Dwight David Eisenhower）将军等。

究竟西点军校是怎样培养、造就出众多的“传奇式人物”的呢?

经考证，西点军校课程主要分为四部分，智能、体能、军事和思想意识，每年招收 1200 名学员，设 31 个专业，有 19 门必修课，每班学员最多不超过 18 人，师生比例为 1:8，西点军校课程设置包括领导学、军事学、法学、商学、政治学、土木工程学、科学技术等。军校校训要求任何时候都要“从我做起，从零做起”。现居住在北卡罗来纳州的前西点军校毕业生拉里·R. 邓尼索尼回忆军校生活时这样说，“西点军校在学员入校时就告诫他们必须虚心学习，承认自己不懂的知识，不能吃老本。”

邓尼索尼先生现在家乡的一所大学讲授经济学、领导艺术和哲学课程，他在其《孙子兵法解读与西点军校的领导艺术》一书中写到，西点军校与美国其他500多所大学的最大不同就是“美国一般高校以讲授哲理为教学主线条，而西点军校突出强调培养学员的个性。”在西点军校，学员必须掌握怎样在危险中求生，在处理危机中应该扮演什么角色，如何将消沉变为激情以及培养学员的竞争意识与团队精神等。邓尼索尼先生这样描述说，“学员们在学校首先学到的是怎样做人和成为领导人后的责任与义务，为日后走向社会，不论成为职业军人或将来成为企业的高级管理者（CEO），首先知道的就是如何正确运用权力，他们知道正确处理上下级关系的方法，知道怎样对上级军官和下级士兵负责，知道什么是国家利益、民族荣誉，知道如何对董事会、对股东和顾客负责，知道没有比为股东创造财富更为重要的事情了。”

从西点军校课程安排中还发现，其教学是以紧紧围绕培养学员的“领导艺术”而展开，突出强调人的价值和荣誉感，强调忠诚度、工作质量、牺牲精神和诚实，其心理课程测试概括起来主要分四个部分：第一，测试学员如何处理个人与集体的关系，在鼓励发挥个人聪明才智的同时强调团队精神和集体的价值高于个人的判断；第二，测试是否注重直接效果，强调集思广益，鼓励面对面交换意见；第三，测试是否重视间接指导，循序渐进地鼓励培养学员的自信心；第四，测试未来的高级领导人是否具有敢于对团队高度负责的勇气和有长远的眼光，是否心胸开阔。

西点军校教官随时都在提醒学员不要忘乎所以，“领导人好比是桥梁，处理好上下内外关系对领导人及他们所领导的团队是最重要的。”军校强调即使你将来成为国家元首，在处理对外对内关系中，你仍是桥梁的作用。比如，在商业上，一个企业生产能力再强也不可能独立存在，劳动力、原材料和资本必须不断地从外部得以补充才能使企业生存，继续创造财富。西点军校告诫学员，在一个组织内，你的职位再高，在一定意义上，你也只是一个执行者（Follower），即使你没有直接的上司，你也需要向董事会、向业主、向股东汇报经营状况。正是在这种教育下，西点军校培养美国一批又一批的优秀领导人和成功企业家。

英国前首相丘吉尔给予西点军校毕业生很高的评价，他评价马歇尔将军是一个谦虚、低调、具有超级判断能力且值得信赖的人；道格拉斯·麦克阿瑟是一位超级战略家，有远见的管理者；美国前总统艾森豪威尔是一位杰出的管理者和联盟组织者；乔治·巴顿是一位勇气十足的优秀指挥官；伯纳德·劳·蒙哥马利则被描绘为最有气质的领导，是一位胜不骄败不馁的军事指挥官。

综上所述，美国这两所军校都可称为是塑造人们灵魂、培养人们意志、提高未来领导人核心领导力及锻炼人们体魄的独一无二的学校。包括体能锻炼在内的日常训练，要求都非常严格，这种训练对男女学员是一样的。这次来西点军校，正好赶上学员们出操的场面。7 月是美国新生入学的时间，我当时用相机拍下了这些珍贵的照片。

学员出操

（作者 2014 年 7 月 19 日摄于西点军校）

“乔七班”女生（“五朵金花”）在西点军校留影

有人说，西点军校出身的 CEO 多于哈佛大学商学院。先不对这种说法进行论证，但起码说明一点，西点军校为美国培养出了众多的优秀管理者，包括在军界、政界和企业界里的管理者。人们总想知道为什么？这次参观西点军校，我找到了答案。“西点”人认为，人的勇气和胆识是在无路可走时逼出来的，是在屡战屡败中锻炼出来的，也是自己给自己灌输出来的。这些法则对于任何人来说都是一样的，人在遇到困难时，只有鼓足勇气，直面困难，你才会发现自己抵抗逆境的力量其实也很强。西点军校对学员精神的培养，是其产生众多领导人的原因。因为，军事组织的变革是商业组织变革的先导。组织变革效率最高的是军队，它是在变动环境下的对抗性博弈，管理学说大部分是环境假定下的对抗博弈。所以，将军是最好的管理者，这就是为什么西点军校培养出的 CEO 声名显赫的原因，美国历史上的“蓝血十杰”都是军人出身。

西点军校有 22 条军规，无论你是什么年纪、身处什么样的环境，都能给你启发和动力，西点军校的成功，就是靠这 22 条军规。下面是我结合自己的学习心得以及参观西点军校后的感想，谈一谈我对 22 条军规的理解。

第一条：军人的执行力

军人的执行力最强，属于无条件执行。美国第 34 任总统艾森豪威尔说过，“任何语言都是苍白的，你唯一需要的就是执行力，一个行动胜过一打计划。”光说不做，什么都无法改变；抱怨着去做，只会更加难过；只做不说才是提升自我的首选。

第二条：没有借口

没有借口所表达的内涵远比字面意思要深刻得多，它不仅仅是西点军校对所有学员提出的一个口号，更是我们整个人生需要奉行的一个重要的思想理念和行为准则。它体现的是一种诚实的态度，一种负责、敬业的精神。

第三条：细节决定成败

“千里之堤，溃于蚁穴”，小事不注意往往会酿成大问题。西点军校前校长潘莫曾指出：最聪明的人设计出来最伟大的计划，执行的时候还是必须从小处着手，整个计划的成败取决于细节。如果想成就一番事业，必须从简单的事情做起，从细微之处入手。如果说不拘小节拥有的是豁达的人生，那注重细节的人往往会成就非凡的事业。

第四条：以你佩服的人为榜样

这个世界只在乎你是否达到了一定的高度，而不在乎你是踩在巨人的肩膀上上去的还是踩在垃圾堆上上去的，上去的速度一定程度上取决于学习的对象。因为总是有比你强的人的存在，才有了进步的动力和追赶的方向。所以，遇到强者是件幸运的事，意味着未来无限精彩的人生。对于值得自己学习的人，一定要虚心请教，这才是正确的人生态度。

第五条：激情与荣誉

人生在世，不论做什么行业，首先要有一种激情，然后通过不懈的努力，最终获得成功。“成就感”是为通过努力获得成就的人准备的，而这种荣誉就是一种向人们展示自己，并可以让人终身受益的资本。是否有激情、有荣誉心关系到事情的成败。西点著名校友、国际银行主席奥姆斯特德说：“以顽强的毅力和百折不挠的奋斗精神去迎接生活的各种挑战，才能够免遭淘汰。”

第六条：做一个受人欢迎的人

艾森豪威尔是西点军校学员中的骄傲，他是一位深受下属欢迎的将军，平日里大家都习惯地叫他“艾克”，体现了士兵对他的尊敬和爱戴。常言道：得人心者得天下。一个能让人打心眼儿里喜欢的人，才能真正赢得民心，让人服气。西点军校努力培养学员成为受欢迎的人。

第七条：善于合作

21 世纪是充满竞争的世纪，敢于冒险，善于合作，是 21 世纪对人才的基本要求。个人力量是有限的，只有实现了资源的优化组合，与志同道合者合作，才能实现仅凭自己无法达成的愿望。

第八条：团队精神

在一个团队中，只有每个成员都最大程度地发挥自己的潜能，并在共同目标基础上协调一致，才能发挥团队的整体威力，产生整体大于各部分之和的协同效应。西点军校教育学员，当一群优秀的人之间能建立起一种团队的感情，也就拥有了最强的生命力和竞争力，成为一个无坚不摧的团队。

第九条：只有第一

西点军校鼓励学员勇敢地争取第一，因为成功是很多人的最终追求，而竞争意识是成功人士的特征之一。只争第一，只当第一，体现常胜者处于不败之地的信心和魄力。对于天生的挑战者来说，第二意味着做得不够，只有第一，才是永恒不变的追求。

第十条：敢于冒险、永不停步

在乔治城大学的图书馆里，我读了 Clement Stan（1731 ~ 1819 年）的《每天冒一点险》（*Run Risks Everyday*）一书后，颇受启发。美国第 25 任总统威廉·麦金来（William McKinley）（1897 ~ 1901）极力向美国民众推荐这本书，看来美国人喜欢冒险的精神由来已久。我认为，那些过于保守，缺乏创新意识的人很难成功，而且很多时候，与风险结伴而来的还有机遇。风险越大，机遇越难得。西点军校引导学员要有自信，因为自信是飞向成功的翅膀。西点军校鼓励学员敢于冒险，要不惧怕一切失败。我坚信，任何事情只有通过积极的尝试，一切才有可能。什么都不敢去想，怎能做到大众创业、万众创新？谈到创业精神，很多人值得我们学习。我想说，创业与年龄无关，机会时刻存在。宗庆后 42 岁创办娃哈哈，任正非 44 岁创办华为，陶华碧 49 岁创办老干妈，台积电董事长张忠谋 56 岁才开始创业，他们都获得了成功。而风云人物褚时健二次创业时年龄已经 74 岁，2012 年“褚橙”通过电商开始销售，获得巨大成功。所以，只要有激情、有梦想、敢冒险、有韧性，什么时候创业都不算晚。

第十一条：火一般的精神

人生要有梦想，有梦想才能有前进的动力，有动力才能有做事的激情，有激情并经过努力才能有成功的可能。2008 年 2 月 12 日，美国总统预选结束时，奥巴马曾经动情地说：“我出生在一个没钱、没有地位的家庭。母亲生我的时候还是个女孩子，我父亲在我两岁的时候离家而去。但是，我的家庭给了我爱，给了我教育。最重要的是，给了我希望与梦想。……只要你去努力，只要你去奋斗，就没有不可能实现的梦想。”

第十二条：终生坚持学习、不断提升自己

人的成长在于每一天的坚持，一方面是知识的获得，另一方面靠经验的积累，提高则在于自己的学习能力和持之以恒的努力。西点军校第一任校长乔纳森·威廉斯曾说："不管你有多么伟大，你依然需要提升自己，如果你停止在现有的水平上，实际上你是在倒退。"小到言谈举止，大到人生态度，都离不开主动的提升。成功的路不止一条，成功的标准也不止一个。有勇气不断超越自己，不断超越过去的人，才有可能跻身于成功者的行列。只有善于学习、懂得学习的人，才能具备高能力，才能够赢得未来。

第十三条：自信是勇敢者的游戏

西点军校培养学员必须勇敢地去面对失败、正确地面对成功，失败后一定要树立自信的信念。因为自信是一种力量、一种信仰，坚持到底，最终将踏上成功的彼岸。我完全认同这种观念，观念决定前途。人在得意时，需要以正确的观念来把握自己，否则会忘乎所以。人在逆境时，需要用独特的观念来改变自己，否则会一蹶不振。

第十四条：全力以赴战胜恐惧

在西点军校训练营营地，对于刚刚入学的新学员来说，如何战胜恐惧是第一堂课。因为恐惧会使人畏惧不前，但经过西点军校的心理素质训练之后，学员们便能成长为心理上的强者。西点军校告诫学员，如果你不击败恐惧，恐惧就战胜了你。

第十五条：尽职尽责

尽职尽责，这不仅是工作原则，也是人生的原则。无论做何事，务必竭尽全力，因为它决定一个人日后事业上的成败。能处处以主动尽职的态度工作，即使从事最平庸的职业也能增添个人的荣耀。

第十六条：没有不可能

将"可能"变成"不可能"的人是十足的懒汉；而将"不可能"变成"可能"的人是自己人生的魔术师。这样的人常常会绝处逢生，再多的艰难困苦，在它面前似乎都只是"摆设"。在第二次世界大战中，艾森豪威尔指挥联军在法国的诺曼底成功登陆，就是把"不可能"变成了"可能"，彻底扭转了战争的形势。

第十七条：永不放弃

在世界上，没有什么东西可以代替坚韧不拔的意志，在拥有这种意志力的人的身上没有所谓的“滑铁卢”，更看不到沮丧的眼泪，不论面对怎样的困境，多大的打击，他们总是埋头苦干，从不轻言放弃。这是一种可贵的品质，也是成大事立大业者的特征。马云创业的历程靠的是坚韧不拔的意志，俞敏洪成功创办新东方也是靠他坚韧不拔的意志。

第十八条：敬业为魂

工作随着志向走，志向随着工作来。既然工作是志向所指，那必然是要竭尽所能去做的。做一个踏实的工作者，用自身的积极行动去证明你是一个不可或缺的人。要知道，任何一个双手插在口袋里的人都爬不上成功的梯子。只有对事业全身心投入的人，才会获得事业的成功。

第十九条：努力奋斗

西点军校著名教官尤夫·休斯曼说：“一个自卑的人，是看不到这个世界的绚丽色彩的。他们总是在关键的时候，说服自己放弃目标和追求，而且内心也变得狭隘起来。这个时候，训练就变成了一种负担。”其实，每个人的人生就像一个金字塔，越往上走，你所享受的空间就越大，但是途中会遇到种种困难甚至极限挑战。

第二十条：理念至上、信念支撑

西点军校非常重视对学员理想的培养，因为有什么样的想法就有什么样的选择，有什么样的选择就有什么样的生活。我们虽然不能成为贵族的后代，但是通过我们的努力，我们可以成为贵族的祖先。这是一个充满竞争的时代，要想走向成功卓越，必须学会从起点之前赢得先机。“勤于动脑，敢于创新的人，才能争取到主动。”这是西点军校毕业生、美国在线前任首席执行官詹姆斯·金姆赛所讲的一句经典名言。

第二十一条：积极主动、挑战极限

五星上将艾森豪威尔在回忆军校生活时说：“站在炎热的太阳下，听着老学员不断大声发出的口令，的确令人非常痛苦。但是学员们明白，西点军校要培养的是像格兰特那样伟大的军人，不吃点苦头，怎么能挖掘出潜能呢?”对于无法承受西点军校艰苦且严格训练压力的学员，唯一的路只能是退出。

西点军校招生的口号和目标是我们将不断地挑战和磨炼你，促使你努力成为一个全面发展的领袖人物。

第二十二条：心动不如行动

一个人一生的时间是非常有限的。今天你在二十四小时里无所事事，就意味着在明天的二十四小时里焦头烂额。时间对于每个人都是公平的，浪费自己的时间无异于慢性自杀。而人生最大的成功就是在最短的时间里达成最多的目标，实现最大的价值。

……

他山之石，可以攻玉。

美国军校的一些好的方法仍值得我们学习借鉴。

我曾读过刘亚洲上将的一篇文章，感受深刻。刘将军说：美军已经走得太远了，如果我们一直跟着美军撵，永远也撵不上。我们必须对已经被美军革命过了的军事理论进行再革命。每一支强大军队的崛起都是独一无二的，这种崛起都是探索符合自身特点成长道路的结果。只可以超越，不可以模仿。当今，军队的强大绝不仅仅体现在高精尖武器装备上，更体现在思想和观念的强大上。因此，我们学习西点军校的观念时，必须达到超越才能真正学到“西点精神”，而不能仅仅停留在过去的经验和最新的电子产品上。

军事理论一日千里。美军一直站在军事理论创新最前沿，从海权论到信息战，从空地一体到全频谱作战，差不多每隔几年就推出一个崭新的军事学说。伊拉克战争中体现的以“震慑理论”为基础的“快速决定性作战”思想，就是对海湾战争中“压倒性力量优势”理论的大胆否定。不断地自我否定，强烈的超前意识，这是美军改革的两个显著特点。随着高科技更新周期越来越短，高科技的内容变化越来越大。今日的高科技，几年后就是“古董”。当整日都在呼喊“高科技”之时，高科技冷笑着从我们身边呼啸而过。思想必须革命，观念必须更新。更新观念最重要的有两步，即：看到所有人都能看到的，再想到所有人都没有想到的。我们的目光应当像探照灯一样，照射的不是过去，也不是现在，而应该是未来。

关于金融衍生品与银行风险管理

在乔治城大学的封闭式课程结束后，我们乘汽车从美国首都华盛顿来到纽约。在纽约的第一节课是“金融衍生品估值与银行风险管理”，我们上这堂课的时间是7月21日，上课地点在普林斯顿俱乐部，授课人是McCabe Hurley，他是MHDS咨询公司总裁，金融从业30多年，对金融市场非常熟悉。“金融衍生品”一词源自英文的“Financial Derivatives”，它都包括什么？我认为，应该包括期货（futures）、期权（options）和各类掉期（swaps）业务等。

美国期货市场于18世纪中叶始于芝加哥，期货合同属于一种标准化的远期合约（forward contract），是对交易中未来某种大宗商品（commodity）价格的锁定。在未来的交易中，无论市场价格如何变化，仍按照当初签约价格进行交易。期权指在约定的时间内，对指定货物（good）按照接受价格进行买卖的权利。比如，投资者用100美元购买的某公司的股票，在二级市场可卖到120美元，超出的20美元以及可能更多的部分就是options。1973年以前，美国的期权业务在场外市场进行交易，1973年以后，在芝加哥期权交易所，这个市场的英文全名是“The Chicago Board Options Exchange”。而“货币掉期业务”（currency swaps）指与交易对手（counterparties）之间的交易行为，即双方或者多方在未来期间内货币交换的一种合约。通常，除了货币掉期业务外，还有利率掉期业务（interest rate swaps）。

金融衍生品的管理对于银行来讲非常重要，一个交易员在一笔交易中毁掉一家银行的先例不止一次。20世纪90年代中期英国巴林银行的倒闭和2008年法国兴业银行的巨亏案例都说明了银行加强对衍生品交易内控管理的重要性。常言道，内控防风险、合规创价值。下面引用的是总行投资银行部副总经理谢国旺的课堂笔记，较全面地记录了这堂课的内容。

课程二十一：场外衍生品、信贷风险估值及监测

时间：7月21日（周一）AM 9：30（美国东部时间）

地点：纽约普林斯顿会员俱乐部

讲述人：McCabe Hurley 博士（MHDS 咨询公司总裁）

主要讲述内容：

1. 课程目标信贷估值调整的定义、流程、银行抵押的数据。

2. 利率掉期：我们给客户的贷款一般是依据 LIBOR 短期利率，很少与客户签订长期固定的利率，所以一般通过 LIBOR + 期限年份利率掉期。例如：六年前 LIBOR 是6.5%，而现在是0.5%。所以，利率波动的风险很大。

关于掉期，不能强迫在本家银行做，但也可以就在这家银行做或在第三方做。

3. 信贷估值调整（Credit Valuation Adjustment，CVA）：为违约概率和违约损失率而调整的掉期风险。

4. 银行如何运作其 CAV 工作平台？前台；中台；后台；运营部门。

有些银行已将 CAV 作为利润中心，而非成本中心。

5. 场外衍生品 OTC 的比较与对照：

《多德—弗兰克法案》要求，所有衍生品均需要到清算所清算，除了双边衍生品；

补充：关于《多德—弗兰克法案》中对衍生品的规定（略）。

中央清算所作为一个统一的交易对手，能配对当时分割独立的各银行的衍生交易敞口。

6. ISDA 主交易合同、标准抵押品支持附件（standard collateral support annex，SCSA）老师观点：正是当时这些文件缺乏标准，才导致了美国那次危机。

7. 场外衍生品关于抵押品的要求：

初识保证金的风险：客户在约定期限内未支付的风险；在掉期期间汇率变动的风险（现金的时间差风险）；

DVO1：每一百万美元一个基本点（还是一个标准差?）的变化的价值：比如 2 年期是 450 美元，而 10 年期是 870 美元。如果交易对手按期支付现金流，此价值将逐步下降；

对抵押品区分现金、主权、公司、股权等给予的折扣率不一样。

8. 中央清算中心：每个成员交 10%，如果出现风险，也要承担一点。

9. 实施与成本：2011 年大约花费了 5000 万美元。

学员的提问：

很热烈，主要集中于：

1. 第三方掉期机构是否需要经营牌照?

答：不需要，只需要这个机构有个大的资产平衡表。

2. 在给利率掉期的同时，如何管理本金风险?

3. 在中央清算所与客户之间的经纪人是如何收费的?

4. 美国在危机后对比危机前，对衍生品的监管以及实务操作有何变化?

答：事实上，我们只进行了非常小的改正，像抹眼药水一样；危机后，这可能是个问题，但更可能是生意。我们不停地与政府协商，结果推出了《多德—弗兰克法案》。

5. 在美国的大型银行中，做掉期的比重大概是多少?

答：绝大部分都做。

6. 是不是同一笔贷款，银行与客户同时需要掉期?

答：客户才有这种需求。因为在美国，银行是不会提供固定利率贷款的。

7. 追问第 5 个问题，不管是什么期限的贷款，都做掉期?

8. 美国成立清算所有多少家? 有什么条件?

答：17 家。可以在 CFTC. org 查到。在危机期间，只有一家倒闭，还是因为其欺诈。

【日记】 2014年7月21日 星期一 小雨

我在国外读研时，美国教授说过，衍生品就是一种金融工具或产品，英文叫做“derivative”。它的价值是从其他的基础证券和基础变量的价值衍生而来的，因此也称为“衍生工具”。基础证券和基础变量包括普通股票、债券、股指、债指、货币、利率等，也包括一些大宗商品，而今天课堂上主要讨论的是“利率”掉期。也就是如何在利率管理方面规避风险，使希望防范风险的一方把风险转移给愿意承担风险的一方。在市场上，通常政府证券是其他证券定价的基准。在任何时间，市场上都有一系列的政府证券在交易，这些证券或多或少地根据一系列贴现率和相关的隐含远期利率标价，最常用的表示利率期限结构的方法是“到期收益率”（yield－to－maturity）。

在银行工作20多年来，我一直认为金融衍生品的估值和管理非常重要，一家银行的风险管理文化是它能否避免灾难性后果的关键所在。20世纪90年代中期英国巴林银行的倒闭和2008年法国兴业银行的巨亏事件，都说明了这个问题。银行的风险管理对操作风险早已给出了明确的定义，操作风险是指由于内部流程、人员行为和系统失败，以及由于外部事件而导致直接和间接损失的可能性。操作风险主要来自内部控制和外部事件两个层面，主要包括：人员风险、制度和流程风险、技术风险以及操作风险。巴林银行倒闭和法国兴业银行案例，都提示银行高级管理人员必须重视商业银行风险防控和文化培养。

关于银行风险管理，巴塞尔银行监管委员会在1997年发布的《有效银行监管的核心原则》中定义了操作风险发生的原因，即“最重大的操作风险在于内部控制及公司治理机制的失效”。比如，金融机构忽视对服务系统的搭建工作；对公司机制缺乏有效的公司结构治理等，都属于操作类风险。根据2002年9月中国人民银行颁布的《商业银行内部控制指引》关于商业银行内部控制的定义，商业银行内部控制是商业银行为实现经营目标，通过制定和实施一系列制度、程序和方法，对风险进行事前防范、事中控制、事后监督和纠正的动态过程和机制。

典型案例1：英国巴林银行案例分析

巴林银行成立于1762年，倒闭前是英国历史最久、名声最显赫的商业银行。1992～1995年，新加坡分公司的期货交易员尼克·里森刻意隐藏了金融衍生产品交易所造成的亏损，至1995年2月总亏损累计达14亿美元。英格兰银行宣布巴林银行不得继续从事交易活动并要求其申请资产清理，最终巴林银行被荷兰国际集团收购。巴林银行案例反映的主要问题如下：一是内部职责划分存在严重弊端，里森身兼双职，既担任前台首席交易员，又负责管理后台清算；二是公司管理层不重视对财务报表的分析工作，管理层未能及时针对1994年底资产负债表上显示的5000万英镑的不明差额采取行动；内部控制制度在资金管理流程方面存在缺口，里森在交易过程中多次成功地向伦敦总部取得大额资金，以此支付衍生产品交易亏损所需追加的保证金，这家银行的内部监察机制也未能由此发现问题。我认为，巴林银行的主要问题是内部监督机制形同虚设，银行控制不了下属公司的“人”权；风险管理制度不健全，未建立危机处理机制；公司治理结构出现漏洞；缺乏有效的监督机制监控公司资金的流动。

典型案例2：法国兴业银行案例分析

法国兴业银行创建于1864年5月，由拿破仑三世签字批准成立，经历了两次世界大战并最终成为法国商界支柱之一。可就是这样一个创造了无数骄人业绩的老牌银行在2008年年初因一个底层交易员的违规操作而受到了重创，“金字塔”险些瞬间顷塌。实际上，在2008年1月18日的前几天，法国兴业银行就已经查出科维尔的交易记录上存在不寻常的交易风险，并对此进行了额外控制。2008年1月18日，银行一名经理收到了一封来自另一家大银行的电子邮件。邮件内容是确认此前约定的一笔交易，但问题是法国兴业银行早已限制与这家银行的交易往来。很快，银行内部组成了一个小组进行清查，指出这是一笔虚假交易，伪造邮件的是科维尔。一天后，科维尔被要求对此进行解释。与此同时，法国兴业银行也查出对方银行对这笔所谓的交易根本一无所知。科维尔最初还想靠老办法蒙混过去，但最终还是承认伪造了虚假贸易往来。银行在19日连夜查账，并在20日震惊地发现，这起欺诈案件所涉及的资金总额如此惊人。

20日早晨，所有的头寸都被最终确认，当天下午，总体盈亏程度被确认。在18日（周五）交易日结束时，法国兴业银行损失接近20亿美元，但不幸的是，21日（周一）重新开盘时，由于全球股市遭遇“黑色星期一”，损失进一步扩大。21日，法国兴业银行开始在非常不利的市场环境之中，对“欺诈案”中头寸进行紧急平仓，整整抛售三天。平仓记录显示，1月21日到23日，法国兴业银行的一系列市场对冲措施恰好和上述几日欧洲股市暴跌相联系。不过，法国兴业银行等到1月24日将相关头寸全部平仓之后，才首次在公告中向公众披露，轧平这些仓位直接导致了其多达48.2亿欧元的损失。

法国兴业银行漏洞在哪儿？

突然摆在眼前的71亿美元损失让向来以风险控制管理闻名的法国兴业银行内部以及业界震惊不已。这几乎抹去了兴业银行在业绩稳定期的全年利润。在对事件进行调查后，法国财政部出了一份长达12页的报告，将问题的矛头直指该银行内部监控机制。法国兴业银行的内控到底出现了哪些问题？在对法国兴业银行的内部环境进行分析之后，大家发现法国兴业银行有着较为激进的企业文化。它制定的很多制度都鼓励员工不断地提高绩效，而使他们将风险置于脑后。事发后，大多数人会认为，科维尔冒险这么做是想将越权交易获得的好处偷偷卷入囊中。然而，经核实，除了获得了年度奖金之外，他没有从中偷一分钱，科维尔说“我只是想为公司挣大钱”。

科维尔此前在法国兴业银行虽然很努力地工作但表现并不出色，也得不到上司的认可，如果他不能获得奖金，那么只能获得很少的基本工资。在法国兴业银行，交易员的最终薪水与他给公司赚的钱直接挂钩，也就是说，交易员从交易盈利中分得的奖金多少，是决定他工资高低的决定性因素。因为这个制度的存在，每个交易员都希望赚大钱，甘冒风险，这样的企业文化在给银行带来丰厚利润的同时，也无疑为其埋下了危险的种子。

当然，为了防止交易员的冒险行为，银行也设定了投资权限。所谓投资权限设定，是指银行的证券或期货交易员实行交易时，都会受到资金额度的严格限制，只要相关人员或主管人员细心审核交易记录清单，就会发现违规操作。但是，这样一道防护墙在一味追求利润最大化的企业文化风气的腐蚀下，也近乎形同虚设。由于此前的违规操作曾给银行带来过丰厚的利润，管理人员放松了应有的警惕，终于导致事件的发生。事后，当科维尔被问到为什么他的操作可以持续这么久时，他给出的答复是：“因为我在赚钱的时候，人们并不在乎这些反常细节。只要我们赚钱，而且不是太多，就什么也不说。”“我不相信我的上级主管没有意识到我的交易金额，小额资金不可能取得那么大的利润。当我盈利时，我的上级装做没看见我使用的手段和交易金额。在我看来，任何正确开展的检查都能发现那些违规交易行为。”从某种意义上讲，科维尔是不良内控文化的受害者。

任何一家机构，无论具有怎样雄厚的实力，一旦放松了对内部运作的控制，失去了对风险的警惕和防范，那么哪怕是一个级别很小的员工或者是一个小小的失误，都将有可能葬送整个机构。一个交易员能够绕过层层监管，独自一人以欺诈的手段从事巨额股票衍生产品交易，那么，不仅是法国兴业银行的风险管理能力将受到质疑，整个金融业在公众心目中的信誉也都会大打折扣。在今后相当长的时间里，这个欧洲老牌的金融机构将面临重大困难，而它留给我们的则是关于企业内部控制及风险管理的沉重思考。

其实，早在2005年6月，该银行的交易员科维尔就躲过监控系统进行违规越权交易。2007年到2008年年初，他擅自动用了高达500亿欧元（约合733亿美元）的衍生品头寸，将之投资于欧洲股指期货。科维尔的欺诈行为暴露之时，正值2008年年初欧洲股市暴跌之际。法国兴业银行进行了紧急平仓，整整抛售三天之后将损失定格为49亿欧元，欺诈案的损失规模远远超过了巴林银行倒闭案。

不论从性质上还是规模上来说，此次事件都堪称“法国历史上最大的金融悲剧”，一个年薪不到10万欧元的年轻人能够撼动具有140多年历史的老牌银行的根基，并撬动了欧洲乃至全球股市？法国兴业银行的内部控制到底发生了什么，致使科维尔一个人可以轻易绕过五重安全控制系统，躲过由2000多人组成的庞大监控队伍，挪用巨额资金在股指期货市场上“赌博”？从表面上来看，悲剧的发生主要是由于交易员利用自身对公司风险管控系统的漏洞进行违规交易，而银行风险系统也没能及时觉察。但我进一步分析后发现，公司的内部控制环境，尤其是激进的企业文化为此次事件的发生埋下了隐患，而管理人员与监控人员置之不理的行为也成为科维尔的帮凶。

《巴塞尔新资本协议框架》特别强调银行业的三大风险，即信用风险、市场风险和操作风险。银行最难控制的其实是操作风险，因为操作风险往往是由银行内部岗位上熟悉银行内控规则、知道如何规避相关规则的人造成的，法国兴业银行欺诈案完全属于操作风险。从2006年6月到2008年1月，法国兴业银行的运营部门、股权衍生品部门、柜台交易、中央系统管理部门等28个部门的11种风险控制系统自动针对科维尔的各种交易发出了75次警报。这11种风险控制系统几乎是法国兴业银行后台监控系统的全部，涉及经纪、交易、流量、传输、授权、收益数据分析、市场风险等风险控制的各个流程和方面，由运营部门和衍生品交易部门发出的警报高达 35 次，说明这家银行的监督机制形同虚设。

如何汲取教训？

为了防范金融风险，巴塞尔新资本协议提出了“三大支柱”监督标准，即最低资本要求、监管部门的监督检查和市场约束。最低资本要求是第一大支柱，最低资本充足率要求仍然是新资本协议的重点。该部分涉及与信用风险、市场风险以及操作风险有关的最低总资本要求的计算问题。最低资本要求由三个基本要素构成，受规章限制的资本的定义、风险加权资产以及资本对风险加权资产的最小比率。其中有关资本的定义和 8% 的最低资本要求，没有发生变化。但对风险加权资产的计算问题，新协议在原来只考虑信用风险的基础上，进一步考虑了市场风险和操作风险。总的风险加权资产等于由信用风险计算出来的风险加权资产，再加上根据市场风险和操作风险计算出来的风险加权资产。

第二大支柱为监管部门的监督检查。监管部门的监督检查，是为了确保各银行建立起合理有效的内部评估程序，用于判断其面临的风险状况，并以此为基础对其资本是否充足做出评估。监管当局要对银行的风险管理和化解状况、不同风险间相互关系的处理情况、所处市场的性质、收益的有效性和可靠性等因素进行监督检查，以全面判断该银行的资本是否充足。在实施监管的过程中，遵循四项原则：一是银行应当具备与其风险相适应的评估总量资本的一整套程序，以及维持资本水平的战略。二是监管当局应当检查和评价银行内部资本充足率的评估情况及其战略，以及银行监测和确保满足监管资本比率的能力；若对最终结果不满意，监管当局应采取适当的监管措施。三是监管当局应希望银行的资本高于最低资本监管标准比率，并应有能力要求银行持有高于最低标准的资本。四是监管当局应争取及早干预，从而避免银行的资本低于抵御风险所需的最低水平；如果得不到保护或恢复则需迅速采取补救措施。

第三大支柱是市场约束，市场约束的核心是信息披露。市场约束的有效性，直接取决于信息披露制度的健全程度。只有建立健全的银行业信息披露制度，各市场参与者才可能估计银行的风险管理状况和清偿能力。新协议指出，市场纪律具有强化资本监管、提高金融体系安全性和稳定性的潜在作用，并在应用范围、资本构成、风险披露的评估和管理过程以及资本充足率四个方面提出了定性和定量的信息披露要求。对于一般银行，要求每半年进行一次信息披露；而对那些在金融市场上活跃的大型银行，要求它们每季度进行一次信息披露；对于市场风险，在每次重大事件发生之后都要进行相关的信息披露。

一家监管健全的金融企业，股票交易要经过交易员所在的部门、风险管理部门和结算部门，这三个部门应该是完全独立的。如果交易员跟结算部门职能重合的话，那么交易员就可以在结算安排上做手脚，掩盖自己的交易记录。虽然法国兴业银行还不至于将这三个部门的职能重叠，但是它让一个在监管交易的中台工作过数年的员工在前台做交易员，本身也存在着一定的风险，违背了后台与前台完全隔离的规则。交易人员不但能够利用自己在监管部门的经验作案，而且如果交易员跟结算部门的同事关系不错，甚至可以通融或联合作案。所以，法国兴业银行的案例提醒人们，在关注企业控制活动时，不仅要注意将不相容的岗位相分离，同时也要慎重对待不相容岗位之间的人员流动问题，应尽可能采取特别审查或有效监控的措施。

法国兴业银行内部控制系统在对交易员盘面资金的监督、资金流动的跟踪、后台与前台完全隔离规则的遵守、信息系统的安全及密码保护等多个环节存在漏洞，内部监督缺失。如果法国兴业银行能够对本行的内部控制体系进行有效的日常监督，也会从中发现蛛丝马迹，并及时纠正。科维尔的违规操作实际上已经延续了比较长的一段时间，但在巨额盈利的掩盖下却一直未暴露出来。法国财政部的报告建议，可以在企业内部设立由独立人士组成的委员会，由其负责监督交易风险，核查内部监控系统各个环节的工作情况，最后将存在的问题提交领导层磋商解决。

从法国兴业银行案例可以看出，风险管理还当“以人为本”，很多案例都是在管理“人”这个环节上出现了风险预兆而没有及时化解，最终风险转化成了损失，比如主要人员变动、并购、上市和业务方向变化等。出现这类问题包括企业文化过于重视短期业绩，管理层不重视内部控制管理，董事会和审计委员会对管理层采取不干预态度，缺乏对管理层的有效监督，管理者的奖励直接与公司股价挂钩等。

如何做到有效防范风险呢？我认为，第一，强化银行内部控制和操作风险管理理念、建立良好的风险控制企业文化氛围非常重要。完善的组织架构是保证内部控制和风险管理的组织保障，科学的岗位职责设计能够确保每名员工在内控和风险管理工作中权、责、利上的明确分工，进而通过合理的绩效考核和激励机制设计保证分工的有力执行。第二，良好的公司治理结构是商业银行建立有效风险管理制度的基础和前提。要通过加强银行治理，强化股东会、董事会职能，从源头上提高内部控制和风险管理意识。金融机构必须进一步强化董事会和各委员会的职能，确保董事会能够真正在银行重大决策中发挥作用。在完善原有职能的同时，成立资产负债管理委员会、审计稽核管理委员会、提名管理委员会、信息管理委员会和战略发展委员会，以加强内部控制。第三，科学有效的管理制度和流程体系是确保内部控制和风险管理质量的基本保证。同时必须建立涵盖风险管理内容的绩效和薪酬考评体系。实施对员工的有效激励、提高风险管理的科学性和效率性。人们行为的动机在于与之相关的效用激励，忽视风险控制的激励机制只能将员工的行为动机转向单纯的规模和简单的利润导向。要将风险考核纳入员工激励机制体系，需要引进包括风险调整资本收益率（RAROC）在内的综合绩效指标。包括银行在内的金融机构，经营人必须将风险管理纳入工作重点，以下是我参加建信养老金管理公司高管任职的谈话记录。

参加银行业金融机构高级管理人员任职资格考察谈话记录

(2015年10月23日)

主持人：在风险偏好方面，公司之前是建行的一个部门，而且也没有投管的资格，如果公司成立之后，申请到投管资格，风险偏好方面会有什么变化?

我：公司成立之后，我觉得风险管控是首要任务。养老金资产不像一般的资产经得起风雨，如果投管不够稳健，可能引发社会问题，甚至上升到国家层面的问题，这是我们感到压力最大的一项工作。在风险偏好方面，按照人社部现在对企业年金划定的投资范围，权益类资产不能超过30%，固定收益类不能超过95%，现金资产不到5%，我认为首先要考虑资产的安全性，在安全的前提下，考虑高收益率。另外，在我国，对于投管人的考核并不合理，例如建行的9个投管人，在考核的时候，是按照一年期收益率考核，但在国外，这类资产投资管理属于长期性资管。按照短期考核是不科学的。

作为资产管理公司，内控合规和风险防范是公司一开业首先要做的一件最重要的事情，因为关系到每一个人。所以，我觉得内控合规和风险偏好必须在相对保守的情况下适当提高收益率，既不能过多集中于权益类投资，以追求最高收益，又不能过多地放在银行定期存款上，达不到委托人的收益要求。从目前看的话，不少委托人考核投管人是末位淘汰制，例如北京铁路局选了5家投管人，如果今年在5家中谁做得最差，不论取得的收益怎样，都会被淘汰。我认为，初期管理的养老金资产投资回报应该比协议存款略高一点，这样是可以接受的。

另外，在内控合规管理方面，加强投资者教育十分重要。美国在2008年金融危机后，成立了消费者金融保护局，它的职责是双向保护，既对消费者（投资者）保护，又对金融机构保护。我们国家对投资者教育相对缺失，也就是说委托人可以任性地去找管理资产的一端，但却不敢找上级单位。还有一点就是企业年金本身规模不大，为个人缴纳4%。从另一角度观察，我国由于投资者教育相对缺失，个人本身对年金反应的敏感度不高，未来一两年我觉得还不是主要问题，毕竟资产量不是很大。例如建行的一个处长，35岁建年金，按照现在的计提比例，到60岁退休的时候，也就四五十万元，关注度不够。但缴费扩大后、投资选择权利变化后，加强投资者教育就会显得非常重要。

在风险偏好方面，如果让我配置资产，权益类资产还是不能超过20%。在固定收益类资产配置方面，可以多配置些债券，比如政府债、企业债等。协议存款我觉得在经济下行时，可以放大一点，政府债券虽相对保险，但收益率是有限的。收益与风险是相对应的，如果权益类资产配置高，收益率肯定高，但风险也大。例如工银瑞信，2014年他们的权益类资产配置较高，收益率曾一度业内第一，但2015年就受到了冲击，两个投资经理全部都跳槽了，这是个很典型的例子。因此，要加强内控防范及监督管理，投资偏好在保守的基础上可以适当提高收益率，这是我的观点。

实地了解美联储运作模式

2001 年的“9 · 11”恐怖袭击事件、2008 年的金融危机都对美联储的运营和政策制定提出了挑战，但美联储经受住了考验。其间它的运作以及一系列货币政策的出台，在相当长一段时间内成为全球金融界人士关注的焦点。事件发生后，伴随着美联储出台的一系列政策，我非常渴望能多了解一些它的运作模式。借着这次来乔治城大学进修的机会，我与多位美国同行进行了沟通，认真听了他们的看法和他们讲述的有关美联储的故事，也查看了很多历史资料。

我看到的一份英文材料是这样描写美联储的：The forecast changes in monetary policy accurately, it is important to understand how the Fed is structured and how it formulates its policies. It is important to note that the Federal Reserve System was designed by Congress in a way that helps assure that the Fed will have a broad perspective on the economy in all parts of the nation. The Federal Reserve System is composed of 12 regional Federal Reserve banks in major cities. The Federal Reserve banks perform a variety of functions that are similar to the services provided by banks and thrift institutions. For example, Federal Reserve banks hold the cash reserves of depository institutions and make loans to those institutions. They also move currency in and out of circulation and process checks. ①

该段话的中文大意是：若要知道美联储如何准确制定货币政策，首先

① Anthony Crescenzi. “The Strategic Bond Investor: Strategies and Tools to Unlock the Power of the Bond Market”, McGraw－Hill 2002, New York, pp. 125－126.

需要了解美联储的结构，才能知道它是如何制定货币政策的。美联储的结构是由美国国会把控的，美联储对美国经济的调控被赋予了更广泛的范围。美联储在美国全境有12家大区行，分布在主要的大城市。各大区行有很多职责，代表美联储服务于辖区内银行和金融机构。比如它们负责管理当地金融机构的存款、也为其提供贷款，它们还负责检查管理辖区内的货币流动。

到底美联储是一个什么样的机构？它对美国政府政策制定能起多大的作用？它的政策对美国内外政策影响如何？在乔治城大学，从不同的教授口中得到的回答也不一样。可以说，不同的历史时期、不同视点的解读似乎都有它的道理。

我发现，美联储这个被很多人说成是“世界央行”的机构有着神秘的面纱，完全说它是美国政府的一部分吧，它却又小心翼翼地置于选举程序之外，同时又与纯粹的政治权力完全绝缘。“这个与美国选举制度并存的另一个管理机构既能分享国会和总统的权力，也能保持与它们的合作，在某些情况下，它还可以对之构成反对和阻碍。”①

今日美国经济和金融界，人们普遍认为它是美国的中央银行，是美国货币政策的制定者。但在100多年前美联储成立初期，人们这样看它：“联邦储备体系对美国的贸易和美国金融的国际化有着重大影响……它使美国商人更加广泛地使用商业承兑汇票。”② 因为，在1915年之前，美国的银行家和公司很少使用商业承兑汇票，从这个角度看，它是金融新工具使用的倡导者。我认为，如果它仅仅是美国政府的机构，它就是美国政府政策制定的执行者和实践者。在美国政治游戏中，“美联储的职责有时会行使独立仲裁人权力。根据美国政府的喜好作出决定，并通过其控制货币和汇率的权力强化某个决定。”③ 从这个角度看，它是央行。

有人认为美联储的运作模式像是一个宗教机构（教会），它服务于幕

① 威廉·格雷特：《美联储》，中国友谊出版公司，2013。

② Eustace Mullins："Secrets of the Federal Reserve", John McLaughlin, 1993.

③ 威廉·格雷德：《美联储》，中国友谊出版公司，2013。

后的“影子财团”利益，其创造货币的神秘性以及对远古神性的继承性，给一系列错综复杂的社会及心理运行方式提供了保护伞。曾担任波士顿储备银行副行长的理查德·赛戎（Richard Syron）就把美联储的运行模式比作教会，他把美联储委员会主席比作教皇，把委员和12个大区行的储备银行行长比作红衣主教，把高级幕僚团队比作元老院，把各成员商业银行比喻为信教的信徒。这种观点认为，美联储的大权总是被少数人紧紧把持着，接触到货币政策制定这一敏感问题的只有其委员会下属的一小部分人。另有观点认为，美联储是美国政府全球经济政策的智囊机构，它不只是美国政府的机构，而是一个全球经济圈里最具权威的金融机构，在这个机构里，聚集了全世界的顶尖精英，它不仅为美国总统提供政策参考，而且其出台的政策和所选择的货币工具能引导世界经济走向，某种程度上说它是“世界央行”也不为过。事实上，它的影响与作用远远超出美国本土，它不仅要面对处理美国股市泡沫破裂给美国经济造成的创伤，随时制定、调整美国货币政策，又要研究处理针对1997年亚洲金融危机、俄罗斯债务拖欠问题、中东石油定价以及“9·11”恐怖袭击等事件给全世界带来的挑战。从这个视角看，它是美国外交政策的执行者。美联储的作用如美国前国务卿基辛格博士所说：“如果你控制了金钱，你就控制了世界。”美联储成为美国控制世界的金融政策机构。

无论是第一次世界大战结束后美国迅速致富，成为债权国，还是1973年由于石油危机引发的战后资本主义世界最严重的经济危机使美国成为债务国，美元在世界经济中的主导作用一直引领全球货币体系走势。长期研究美联储作用的美国学者尤斯塔斯·穆林斯（Eustace Mullins）说：“20世纪的美国历史记录了美联储银行家们种种令人惊诧的作为，第一，由于美国这一新的中央银行的资金赞助，第一次世界大战的爆发成为可能；第二，1920年的农业危机；第三，1929年10月华尔街的“黑色星期五”股市暴跌以及紧随其后的大萧条；第四，第二次世界大战；第五，自1945年至今，美国的资产从真正的财富化转为纸上资产……”[①]第一次世界大战结束后，美国虽然取代了英格兰的地位，一夜之间成为世界首富。但随着国际政治经济结构的变化，现在美国又变为世界最大的债务国，但这些并没有改变美国是世界政治、经济和军事强国之地位。

1928 年，学者古斯塔夫·卡塞尔（Gustav Cassel）教授是这样描述美联储的作用的：“成为货币本位的是美元，而非金本位。美国联邦储备委员会通过调整贴现率而拥有决定美元的购买力的权力，因而控制着世界货币体系。”[②] 第二次世界大战结束 28 年后，20 世纪 70 年代初的中东石油危机使美国从债权国变成债务国，但这前后美元的地位并没有被动摇。如今，用别人的钱，办自己的事，美国还是控制了金钱、控制了世界，应该说美联储的运作功不可没。我在美国乔治城大学进修期间，几乎每一堂课教授们都提到了美联储。

学习期间，为了弄清楚一些问题，我查阅了很多资料，进一步了解了这家机构。所谓美联储就是指美国联邦储备委员会，英文缩写是“FED”。这个机构成立于 1913 年，是从原“国家银行”的名字变更而来，负责履行美国央行职责，其主要职责有：一是制定美国国家货币政策并负责监督实施。二是对银行机构经营行为进行监管，保护消费者合法权益，以维持金融系统的稳定。三是向美国政府、公众、金融机构、外国机构等提供金融服务。依据美国《联邦储备法》，美联储由联储理事会、联邦公开市场委员会和 12 个联邦储备银行组成。这 12 个联邦储备银行分布在纽约、波士顿、费城、克利夫兰、里士满、亚特兰大、芝加哥、圣路易斯、明尼阿波利斯、堪萨斯城、达拉斯和旧金山。其中，纽约、芝加哥和旧金山区行的规模之和占联邦储备资产的一半以上。

美联储的总部位于华盛顿宪法大道，从马路对面看过去，它的外墙白色大理石让这座建筑物看上去与美国联邦政府大楼相似，给人的感觉是高贵和持久。在监管职能上，很像韩国金融监督院的职能，美联储既监管联

---

① Eustace Mullins：“Secrets of the Federal Reserve”, John McLaughlin, 1993.

② －Ditto－, p. 167.

储成员银行、银行控股公司、金融控股公司，也负责监管在美国的外资经营性金融机构，比如对外资银行在美国成立的分行的监管，以维护美国金融体系安全有效运转。需要强调的是，美联储对外资银行的监管非常严格。我们在美国学习期间，它对一家法国银行开出了 90 亿美元的罚单。

隔着一条小路望过去，我看到联储外面戒备森严，美国朋友告诉我进入大楼需要特批。我有一位曾在联储工作多年的朋友告诉我说，联储里面的办公环境非常安静，平日里根本看不到有工作人员在办公楼里闲逛，这个机构是一台高速运转的机器。

美联储办公楼

在外界看来，美联储是专业人士管理专业事务的模范代表，是一家专业专注的金融监管机构。的确，从体系建立之初，各大区行和联储总部就着手成立属于自己的研究部门。这些研究部门里，可谓人才济济。我的一位美国朋友告诉我，联储及各区行的研究人员都是有一定影响的经济学家，他们通过系统地分析经济数据，对美国经济进行研究与分析。在美国总统的一些重大决策中，受联储的影响较大。但是，上述活动细节对于普通美国人来说是过于深奥和难以理解的。在普通美国人眼里，从另一角度看，他们认为“美联储”的行为是机械呆板的，是非政治性的，是不受那些“你死我活”的经济团体的利己主义压力所影响的，其在美国生活中无处不在的影响力多半会被那些一直存在的政治讨论忽视。它的各种决议、内部争执以及所产生的大规模影响，都会隐藏在可见的国家政治事务之下，总是让人觉得遥不可及、雾里看花。

美国联邦储备体系的核心是联储理事会，英文缩写为“FRB”，由7个成员组成，它是美联储体系最高决策和领导机构，直接对国会负责，与政府相对独立。它的7名理事由总统任命，但需要参议院核准，任期14年。理事会主席、副主席由美国总统提名，经参议院通过后履职，任期4年。联邦公开市场委员会的英文缩写为“FOMC”，是联储体系内最重要的货币政策制定及执行机构，决定美国三大货币政策工具之首的公开市场业务操作，由12名成员组成，分别是上面提到的7名联储理事会理事、12个区储备银行行长中的5人。其中，理事会理事、纽约储备银行行长等8人为常任委员，其余4个席位从其他11个区行的行长中产生、轮流担任。联储理事会主席是联邦公开市场委员会主席，纽约储备银行行长通常担任委员会副主席。联邦公开市场委员会一年举行8次例会，会后公告内容不仅是美国经济、金融走势的风向标，也是全球金融市场关注的焦点和很多国家金融政策制定的重要参考依据。

FOMC在不同历史时期的政策都有其时代的烙印。爱丽丝·瑞芙琳告诉我，在她任职期间，由于经济增长和充分就业目标基本实现，美联储当时的任务是实现经济“软着陆”。“软着陆”在经济达到充分就业并开始减速时实现，从而使失业率保持稳定。如果通胀在这一时点上也保持足够低的水平，那么联邦公开市场委员会就实现了它的两个基本目标，即充分就业和物价稳定。这就好比一个超平稳的飞机降落过程，其完美程度使你想为飞行员鼓掌。在这种情况下，飞行员就是联邦公开市场委员会，飞机是经济的实际产出，而跑道是经济的最大可持续产出。当然，对经济发展趋势的预估，远比飞机降落难许多。她任职副主席期间，稳定物价就是保持低通胀率。因为联储专家一致认为，低通胀率有很多优势，但过低的通胀率也有相当的成本。例如，如果通胀率为零，货币政策制定者不能将实际利率降到零以下。所以，轻微的通胀可以给货币政策制定者以更大的自由度来刺激经济，并在必要时允许其将短期实际利率降至负值来刺激经济。日本曾经这样尝试过。

其实，在100多年前，美国第一次出现金融危机时，政府建立联储体系的目的是为了解决民众对银行业萧条带来的恐慌。当时为了稳定民心，1913年国会通过了《联邦储备法》，从该法案中可以清晰地了解成立这个机构的初衷，即把银行体系从周期性资金流动危机和暂时性货币短缺导致的瘫痪状态中拯救出来，其做法是通过贴现窗口，由联储向这些银行提供短期贷款，帮助它们度过危机。由于建立了联储体系，美国人认为银行是最安全的商业企业，无论大小，倒闭后都会受到政府保护，而其他经济实体则享受不到这种待遇。因此，从美联储成立的1913年到20世纪80年代，美国的银行最多时达到了1.4万家。

美国虽然曾经历了数次金融危机，比如1907年的经济危机，1929～1933年的大萧条以及20世纪80年代出现的供给过剩现象，美联储在处理危机时均发挥了专业的作用。但2008年出现的金融危机，美联储起初并没有重视，因为美国那时候出现了“非理性繁荣期”。2008年的危机是人为所致、是监管松弛所致，也是长期以来的金融衍生品创新所致。从表面上看，在金融危机爆发前的30年里，美国投行界精英们的金融衍生品创新给美国经济带来了“长期繁荣”，这种繁荣催生了美国人强烈的自信，而这种自信又催生了人们对审慎和风险重新审视。我当年在国外读MBA时，美国教授戴维德还因这样的创新引以为豪，从教授身上体现的“自豪”，我似乎找到了美联储在2008年金融危机初期时没有重视的原因所在。

美国2008年金融危机出现后，面对金融衍生品造成的危害所带来的新挑战，美国金融界人士也开始反省。一些人认为，由于战后美元在世界贸易中长期占支配地位，比如美元货币的供给量和美元在海外的流通量都说明了其支配地位，美国如果出现金融危机，给全世界带来的冲击会很大。仅美国银行（Bank of America）在海外的美元就有万亿，美国金融体系会在“第51州”发挥作用，正如保罗·沃克尔所说，“我们的货币就是世界货币。”无论中东石油交易，还是世界其他矿产丰富国家的矿产交易，多数都是以美元计价。上面比喻的“第51州”，指某国受到美元影响较重的货币，比如加拿大元、沙特里亚尔等。我在那些国家工作的好友曾经讽刺性地对我说，我们将会成为美利坚合众国的“第51个州”。

事实上，长期以来，美联储一直试图在民众利益和政府责任之间找到一种平衡，为了监督和规范银行业等金融机构的行为，也为了更好地保护金融消费者的利益。美联储的货币政策目标首先是保证充分就业、稳定价格，其手段之一是通过调整利率，预防通货膨胀或通货紧缩，维持整个金融体系的稳定。美联储的手段之二是对债券市场规模的把控。自奥巴马总统执政以来，面对国内外经济形势的变化，美联储出台了一系列的新政，比如缩减购债的安排。2013年初，美国就业形势初步得到缓解，美联储相关委员会就决定小幅缩减资产的购买规模，按每月350亿美元的进度购买MBS债券（原计划是400亿美元），按每月400亿美元的进度购买长期国债（Bond）（原计划450亿美元）。2014年1月，美联储又把每月850亿美元的购债规模调整为750亿美元。

在美联储投票决议程序管理方面，包括美联储主席、副主席在内的7名理事都是由总统提名，并需经参议院同意。对于货币政策的决议，如调高或调低再贴现率，则需通过合议表决程序，一人一票，并且是记名投票，主席的一票通常投给原本已居多数的一方。一般情况下，在美联储委员会会议上出现主流意见时，通常就是主席的意见，委员会的不同观点会向这一意见靠拢，这意味着多数人都会投赞成票。即使有不同意见，反对票通常也只限于一两张。有时，这被称为对决定的集体负责制，即通过的是受到全体成员支持的多数人的意见。但如果有第三个人也表示不同意见时，这将被看作是公开挑战主席领导地位的信号。这样的不同意见将会成为被关注的焦点，可能会对货币政策的制定过程造成损害，也会使金融市场出现波动。

在人事管理上，美联储保持独立。在预算管理上，美联储也保持独立。根据美国有关法律规定，FOMC每年至少要在华盛顿召集4次会议，而自1980年以来，每年实际召集会议的次数是规定的一倍以上。而且每次会议辩论都很激烈。

美联储重要岗位职务及任期

	任命	任期	走马上任时间	FOMC 成员性质
美联储主席	总统任命 参议院核准	4 年	大选结束后的 6 月	固定不变
美联储副主席	总统任命 参议院核准	4 年	参议院核准的当月	固定不变
主管（共有 7 名，包括主席）	总统任命 参议院核准	可任职 14 年，除非主席换人	两年一期 2 月 1 日上任	固定不变
大区总裁（行长）	美联储董事会 任命、需主席批准	5 年	每届任期 5 年	除纽约区总裁固定外，其他总裁可轮岗

由于美元在国际货币市场长期的强势地位，美联储对外汇市场的干预行为颇受全世界关注。美联储内部除理事会外，设有联邦公开市场操作委员会，负责较长期的货币政策制定。在协调与政府关系方面，《章程》要求美联储的委员会主席要定时与美国总统及财政部长召开相关的会议并及时汇报有关情况，并在国际事务中履行好自己的职责。[①] 从这点上说，美联储政策是美国外交政策的组成部分。课堂上，我与美联储前官员爱丽丝·瑞芙琳进行了交谈，谈话内容涉及面较广，但主要集中在量化宽松（QE）货币政策方面。

我问她：2014 年 3 月 20 日美联储推出了新一轮的量化宽松政策，如何理解该政策

她的答复如下：

第一，美国经济依然处在复苏的徘徊阶段。美国经济复苏已持续了 47 个月，第二次世界大战后的平均扩张周期为 63 个月。这就意味着当前的周期可能已步入了复苏的中后程，意味着美国经济可能更接近衰退的开端，而非复苏的开始。这些让美联储陷入极为微妙的境地。

第二，失业率依然很高。美联储已经明确将等到失业率回到 6.5% 的

① 美联储《章程》。

水平之下，才会收紧货币政策。即便最乐观的市场预期也认为，要达到这一水平至少要等到2015年第三季度。

第三，目前美国企业效益普遍不好，只有需求上升时，就业率才会上升。如果就业形势仍不好转，美联储将不会收紧政策。

过去一段时间以来，美联储的第三轮量化宽松货币政策（QE 3）成效已显现，美国零售业、汽车销售和房屋市场都有了一定起色。爱丽丝·瑞芙琳认为，由于QE 3产生的效果，2014年第三季度美国经济增长速度可能会从第二季度的1.3%上升到1.8%。从生产力、盈利能力和杠杆水平来看，美国企业运行还算正常。与其他发达国家相比，美国能源行业前景也还算好。在创新上，特别是3D打印技术的应用，美国走在了世界的前列。但是，爱丽丝·瑞芙琳同时也认为，短期的经济增长未必就能创造出能让美联储满意的就业率。美联储一直在尝试通过购买债券在较长时期内保持低利率水平，以此实现促进投资、提高就业率的目标。她强调说，如果每个月能创造出16万个就业岗位，才能与它的当前政策目标一致。美联储的政策指引是计划从2015年中期开始上调短期利率。但如果每月创造就业的速度连续数月低于10万个的话，那么FOMC将会把上调短期利率的计划往后推迟，而且可能会加大量化宽松购买计划的规模。如果每月创造的就业岗位数量为20万个或更多，那将会是另外一种情况。

交谈中，我们也谈到了美联储成立以来出台的主要法律以及对美国经济的影响。1933年出台的《格拉斯—斯蒂格尔法案》是美国监管机构对银行经营管理的第一项大法，它严格限制了银行的经营范围。1935年出台的《美国银行法》则对银行的行为作出了进一步的规范与完善。而《银行控股公司法》在1956年和1970年经过两次修订完善后，满足了对银行向多元化经营发展的需要。爱丽丝·瑞芙琳对我说“美国的银行朝着子公司化发展，美国是在这一方面走的最早的国家。”她还反问我“中国的银行是否也在考虑转型?”我回答她说，中国在1995年颁布的《中华人民共和国商业银行法》充分借鉴了美国20世纪30年代大萧条后的有关法律，确定了金融分业经营、分业管理的架构体系，并于2003年完成了银行业、证券业、保险业分业监管的组织模式。可是美国几十年后又重新回到混业经营的模式……在我回答了她的提问后，我们继续把话题引回到了美国的有关法律上。

爱丽丝·瑞芙琳告诉我，20 世纪 80 年代美国金融业出现了新的情况。一方面，银行为追求利润、吸收存款的既定目标，大量进行房地产等投资交易、购买垃圾债券（Junk Bonds），因而造成大量的坏账呆账，迫使政府动用了 1600 亿美元处理这种情况。后来颁布了相关的金融机构改革系列法案（FIRREA），并根据这项法案，建立了信托法案（RTC），政府试图通过对金融机构的关、停、并、转等方式，处理银行不良资产，稳定金融秩序。另一方面，世界其他国家金融业的发展冲击了美国金融业的霸主地位，比如日本、前西欧个别国家银行业的全球业务的发展迅速，在全球资产排名的前十大银行中，美国的银行只有花旗银行（Citicorp）一家入围，日本占了七家，分别是：第一劝业银行（Dai - Ichi Kangyo Bank）、住友银行（Sumitomo Bank）、富士银行（Fuji Bank）、三菱银行（Mitsubishi Bank）、三和银行（Sanwa Bank）、日本兴业银行（Industrial Bank of Japan）、农林中央金库（Norinchukin Bank），其余两家为巴黎国民银行（Banque Nationale de Paris）和里昂信贷银行（Credit Lyonnais）。面对这样的格局，美国的银行家们开始游说国会，要求允许银行混业经营，以做大做强美国的银行。最终在 1989 年，摩根大通银行（J. P. Morgan）得到了美国国会的批准，成为美国第一家也是第一次突破《格拉斯—斯蒂格尔法案》限制银行混业经营的银行。从此以后，美国的银行“金融创新”如雨后春笋般出现，各类金融衍生品使得资金最终提供者与最终使用者隔离。面对 20 世纪 80 年代的金融混乱状况，美联储出台了有关金融机构改革、恢复和强制执行等相关法律，才使混乱局面稳定下来。而 2010 年制定的《多德—弗兰克法案》，是美国成立消费者保护局的法律依据。从这些法律法规来看，美联储是美国金融行业监管政策的制定者。

曾在美联储工作了 30 年、担任达拉斯区行行长及美联储委员的菲利普·库德威尔（Philip E. Coldwell）是这样描述美联储的：“从某种程度上说，美联储会把自己看作美国政府。但有些时候，避过某阵风头之后，它又不把自己当作政府。”许多年以来，究竟谁拥有美联储一直是一个讳莫如深的话题，美联储自己总是含糊其辞，和英格兰银行一样，美联储对股东情况严守秘密。如果仅从美联储控制全球货币的作用看，它是不属于任何一个国家的机构，也不是美国政府的机构，而是属于民间机构。

《美联储的秘密》（*Secrets of Federal Reserve*）一书的作者尤斯塔斯·穆林斯经过近半个多世纪的研究，终于得到了 12 个美联储大区行最初的企业营业执照，这个秘密终于被发现了，因为上面清楚地记录了每个联储区行的股份构成。美联储纽约区行是美联储系统的实际控制者，它在 1914 年 5 月 19 日向货币审计署（Comptroller of the Currency）报备的文件上记录着股份发行总数为 203053 股，其中，洛克菲勒和库恩雷波公司所控制的纽约国家城市银行，拥有最多的股份，持有 3 万股。J. P. 摩根的第一国家银行拥有 1. 5 万股。当这两家公司在 1955 年合并成花旗银行后，它拥有美联储纽约银行近 1/4 的股份，它实际上决定着美联储主席的候选人，美国总统的任命只是一枚橡皮图章而已，而国会听证会更像一场走过场的表演。保罗·沃伯格的纽约国家商业银行拥有 2. 1 万股。由罗斯柴尔德家族担任董事的汉诺威银行（Hanover Bank）拥有 1. 02 万股。大通银行（Chase National Bank）拥有 6000 股。汉华银行（Chemical Bank）拥有 6000 股。这六家银行共持有 40% 的美联储纽约银行股份。截至 1983 年，他们总共拥有 53% 的股份。经过调整后，他们的持股比例是：花旗银行占 15%，大通曼哈顿占 14%，摩根信托占 9%，汉诺威银行占 7%，汉华银行占 8%。[①] 美联储纽约区行的注册资本金为 1. 43 亿美元。那么，以上这些银行究竟是否支付了这笔钱仍然是个谜。有些历史学家认为他们只付了一半现金，另一些历史学家则认为他们根本没出任何现金，而仅仅是用支票支付，而他们自己所拥有的联储账户上只有几个数字的变动而已。有学者说，美联储的运作模式其实就是“以纸张做抵押发行纸张”。难怪有的历史学家讥讽

① Eustace Mullins：“The Secrets of the Federal Reserve”, 1952.

联邦储备银行系统既不是“联邦”，又没有“储备”，也不是银行。

1978年6月15日，美国参议院政府事务委员会（Government Affairs）发布了美国主要公司的利益问题报告，该报告显示，这些银行在美国130家最主要的公司里拥有470个董事席位，平均每个主要公司里有3.6个董事席位属于银行家们。其中，花旗银行控制了97个董事席位；J.P.摩根公司控制了99个；汉华银行控制了96个；大通曼哈顿控制了89个；汉诺威银行控制了89个。[①] 这样看的话，美联储是服务于少数利益集团的机构。无论是从政治角度还是从文化角度看，对于美联储到底是一个什么样的机构，长期以来一直是众说纷纭。但有事实可以证明，在经济由于种种原因处于下行期的时候，美联储遵循的政策属于新凯恩斯主义经济学理论，即主张政府采用扩张性经济政策，通过增加需求促进经济增长。比如，扩大政府开支、实行财政赤字，以此来刺激经济、维持繁荣。但100多年以来，对美联储有不同看法的人也大有人在。

前众议员赖特·帕特曼（Wright Patman）说：“美联储自从建立时起，我就对其不看好。”早在20世纪60年代初，他在众议院会议上就说：“任何一个稍微熟悉美国宪法制度和职能的人都会从本质上认定美联储就是一个十足的怪胎”。他说的话有一定的道理，因为美联储在处理公众监督与个人利益之间总是令人觉得奇怪，它看上去好似政府的一部分，但它又享有自己有别于华盛顿任何其他机构的特权。然而，支持美联储的政客们认为这位众议员虽才华横溢，但为人古怪，观点特立独行、不应被采纳。赖特·帕特曼担任众议院银行和货币委员会主席长达40年，在其中的20年里，他不断地提案要求废除美联储。

最近20年美联储政策及影响

包括爱丽丝·瑞芙琳在内的美国人士认为，在比尔·克林顿竞选总统

---

① –Ditto–.

之前，美联储开始运用货币政策这一“唯一杠杆”对经济进行调控，把确定货币供应量作为调控经济的主要手段，决定每6个月修订一次货币供应量目标。1993年7月，美联储主席艾伦·格林斯潘（Alan Greenspan）宣布，“今后要以实际利率作为对经济进行宏观调控的主要手段，这是由于美国社会投资方式发生了很大变化，大量流动资金很难被包括在货币供应量之内。”他的这些话使货币供应量与经济增长之间的必然联系被打破。美联储认为，“中性”的货币政策能促使利率水平保持中性，对经济既不起刺激、也不起抑制的作用，从而使经济以其自身的潜在增长率在低通胀预期下增长。他领导下的美联储认为，美国劳动力年均增长率应为1.5%，生产率年均增长率应为1%，美国潜在的年经济增长率应在2.5%左右。格林斯潘时期，美联储的主要任务就是通过调控利率，使年经济增长率基本稳定在2.5%左右，以解除通胀之忧。

在处理2008年金融危机的后期阶段，美联储是这样做的。2012年4月25日，为刺激更强劲的经济复苏，美联储坚持把联邦基金利率维持在零至0.25%的超低区间，同时延续2011年9月推出的“扭转操作”，即到2012年6月底，出售剩余期限为3年及以下的4000亿美元中短期国债，同时购买相同数量剩余期限为6年至30年的中长期国债，以压低长期利率。具体做法是：美联储把到期的机构债券和机构抵押贷款证券的本金进行再投资，以购买更多房利美、房地美等机构发行的机构抵押贷款证券。从2014年4月起，每月将购买250亿美元抵押贷款支持证券（MBS）和300亿美元国债，在决定未来加息路径上放弃6.5%的失业率门槛。

在讨论到QE政策持续多久这个问题时，爱丽丝·瑞芙琳这样说：“随着量化宽松政策的结束，加息将成为美联储货币政策正常化的下一个重要步骤。”的确，作为世界第一大经济体和主要储备货币发行国，美国怎样迈出金融危机后首次加息的步伐对美国经济和世界经济都将会产生深远影响。爱丽丝·瑞芙琳坚持自己的看法，美联储在加息问题上的言行必须慎之又慎，否则不仅可能影响美国经济来之不易的复苏，也会给本来就疲弱的全球经济蒙上阴影。她认为，在后QE时代，美联储在货币政策正常化的道路上需要更加谨言慎行，才能确保世界经济稳步复苏。

卡特总统时期曾担任美联储委员、德高望重的经济专家莱利·格莱姆利（Lyle E. Gramley）认为，多年来的种种证据表明，美联储存在的普遍问题是过于容易、也过于频繁地追求短期经济利益。美联储的这种行为并不起源于来自白宫或国会的政治压力，而是根源于其内部决策者的普遍思维模式。“美联储既拥有经济职业信仰，也怀有美国民众的经济愿望。”[①] 劳伦斯·H. 梅耶（Laurence H. Meyer）在他的《联储岁月》回忆录一书里谈到了他对美联储的认识。他自 1996 年至 2002 年在美联储理事会任职五年半，曾与格林斯潘主席和爱丽丝·瑞芙琳副主席并肩工作。他在书中回忆说：一是制定货币政策要比我预想的困难得多，我加入联储后很快就发现联储并不清楚经济状况到底如何，因为存在时滞，经济数据也需要经常修正，美联储不清楚自己到底希望经济向何处去。二是在联储内部人际关系的重要性。当我加入理事会时，我以为单凭我在宏观经济学和货币政策方面的专业知识就足以胜任理事这一职务。但实际情况是，你与工作人员、同僚和格林斯潘主席的关系也能影响你有效地履行理事职责。三是联储说的通常和它做的同样重要，有时候还更重要。联邦公开市场委员会主导着市场变化。我还认识到我的公开发言在制造市场的破坏性波动方面要比影响市场向有利于联储以及整个经济的方向发展容易得多。四是独立的中央银行真是个了不起的发明，独立性使央行的工作与政治隔离，从而更容易也更有意思。[②]

综上所述，我们可以这样概括美联储的作用。第一，联储作为央行的角色不仅仅限于制定货币政策和监管银行及银行控股公司，它还要捍卫美国金融体系和市场的完整以保持宏观经济的稳定，有时也包括救助破产银行。在 20 世纪 80 年代及 90 年代早期发生储贷机构危机时，美联储多次如此行事。在美联储工作的官员，既要懂得经济学，还要知晓银行监管事务。第二，当处理全球金融动荡时，在美联储官僚们内部讨论或争论的初

---

① William Greider, “Secrets of the Temple”, 1987, p. 88.

② 劳伦斯·H. 梅耶：《联储岁月——我所了解的美联储》，北京，中国金融出版社，2005。

期，都是先确定“金融动荡”对美国经济产生的冲击或影响程度，比如对于“新经济”这个问题是否存在，内部就进行过反复的争论，也就是说对于在世界另一边正在酝酿着的一场灾难的判断，是其政策制定的依据。比如美联储在面对1996年5月泰国第九大银行曼谷商业银行的崩溃时，尽管投资者损失了成千上万美元，但美联储认为损失是有限的。在危机初期，“美联储的态度是隔岸观火。认为泰国太小，不会影响美国经济，更不用说全球经济。它的问题不会是美联储货币政策决策的考虑范围。”[①] 但是，泰国金融危机很快蔓延到印度尼西亚、马来西亚、菲律宾、中国香港和韩国等国家和地区，导致亚洲金融市场崩溃，投资者受到范围更大的冲击，美国市场没能幸免。1997年10月27日，由于投资者担心亚洲金融危机很快会损害美国企业的盈利能力，道·琼斯工业指数下滑了创纪录的554点。[②] 萨缪尔森在亚洲金融危机最终影响的预测并不正确，美联储判断错了。由于资本流出泰国，泰铢汇率贬值的产生的冲击席卷了全球金融市场，动摇了整个亚洲、也波及到拉美国家。韩国总统金泳三于1997年11月22日宣布“国家正处于金融崩溃的边缘。”[③] 这条消息给华盛顿和西方国家首脑带来了强烈冲击。当时，韩国外汇储备仅剩40亿美元，如果外汇储备耗尽，韩国将会怎样？这是一个政治问题。因为韩国不像泰国、菲律宾那样属于一个小型经济体，而是世界第十一大经济体。此外，韩国也是冷战结束后美国在东北亚的最后一块阵地，驻韩美军有3.8万人。因此，在1997年12月16日的联邦公开市场委员会内部会议上，处理亚洲金融危机成为会议首要议题。12月22日，纽约联储行长比尔·麦克唐纳在财政部长鲁宾和格林斯潘主席的敦促下，召集美国银行家们举行了一次会议，请他们发表对韩国问题的看法。两天后，麦克唐纳又和美国六大银行的高层开了一次会。他警告说：“如果不对韩国债务进行重组，韩国经济和银行贷款都会遭受损失。这些银行知道，除非重组对韩国贷款，否则十国集团政府不会

---

① 劳伦斯·H. 梅耶：《联储岁月——我所了解的美联储》，北京，中国金融出版社，2005。

② 华盛顿邮报，1997年10月27日。

③ 《韩国时报》，1997年11月22日。

提供额外的金融援助。一周之内，这些银行同意并对220亿美元的债务实施了重组。”[①] 对于韩国的贷款，是在联储主席和理事会高级官员密切监督下行动的，按照财政部的要求进行了运作，有关银行还接受了贷款期限延长的条件。美国插手韩国问题后，国际货币基金组织（IMF）也给了韩国580亿美元的贷款援助。由此可以看出，“美国对国际货币基金组织有很大的影响，”[②] 而在美国财政部的政策制定过程中，美联储也起了作用。

总之，美联储的工作范围非常广泛，包括货币政策的调整、经济前景预测、银行业监管、新金融的挑战及消费者保护等，它的每一项决定都可能会给世界经济造成影响，因此，美联储的每项决定必须做到谨慎、再谨慎。美联储需要扮演好维持美国最大程度的可持续非通货膨胀性经济增长的角色，其政策制定既能左右美国经济，也可影响整个世界经济。比如，在遇到世界区域经济危机时，如果美联储作出加息的决定，会给市场带来意外，会给全球金融市场特别是危机国家带来更大、更有破坏性的影响。如果决定加息，全球投资者将会抢购美国资产，迫使危机国家提高利率。在当今很多美国人的眼里，人们认为美联储有能力处理一切危机，从“9·11”恐怖袭击事件看，美联储的工作并没有停转，事件爆发后，贴现窗口满足了特殊时期的流动性需求。梅耶曾说：从美联储自身这个小视角看，“9·11”显示了我们（美国）的金融机构、我们的市场和美国精神的坚韧性，也显示了联储在处理威胁国家金融稳定的突发事件方面的高效性。“9·11”事件后，全世界人民都看到，美国金融系统保持了稳定，市场恢复速度比预期快，美联储起到了稳定美国经济和全球经济的作用。在处理2008年金融危机时，美联储的系列政策显现了作用，说明了联储官员的专业能力，更说明了美国联储体系存在的必要性。

下课时，我看见有两名身材魁梧、戴着墨镜的保镖，他们一左一右陪同爱丽丝·瑞芙琳离开我们上课的教室。望着这位副主席离去的背影，我问自己，你了解美联储了吗？

---

① 保罗·布鲁斯坦：《磨炼》，纽约公共书局，2001。

② 劳伦斯·H. 梅耶：《联储岁月——我所了解的美联储》，北京，中国金融出版社，2005。

约翰迪尔公司的资金管理

在美国学习期间，我们除了与美国各金融监管当局、国际组织、商业银行、国际投行以及非银行金融机构进行交流外，还专门用了半天的时间与美国一家知名企业进行了交流，这家企业的名字译成中文是“约翰迪尔公司”，英文为“JOHN DEERE”，这家公司专门生产农用机械。

我们与他们交流的题目是“企业金融风险管理与信贷管理”。约翰迪尔公司派了两位人士与我们互动，主讲人的名字叫 Jeremy Renger，他是约翰迪尔金融公司的总经理，这个职位很像我国大型国企的财务会计部主管或企业财务公司的主管。

那天，Jeremy Renger 先生带了一个助手，名字叫 Anku Nath，是集团公司国际业务部的高级经理（Senior Manager）。Jeremy Renger 负责的工作与我们班上同学方秋月先生分管的业务类似，方秋月先生是建设银行北京分行的副行长，分管财务会计业务，听说这次学习结束返回北京后，方行长将出任总行财务会计部总经理。

约翰迪尔公司创立于 1837 年，总部在伊利诺伊州，是全球领先的工程机械、农用机械和草坪机械设备的制造商和销售商。截至 2013 年，约翰迪尔公司已在全球 11 个国家建有自己的工业生产基地，全世界雇员达 43000 人，产品销售到 160 多个国家和地区，是目前全球最大的农业机械制造商和全球第二大的工程机械制造商，位居世界五百强前列。

茶歇时，Jeremy Renger 先生告诉我说，约翰迪尔公司在经历了将近 200 年的发展后，虽然农业机械产品广为人知，但如果要想让公司长盛不衰，必须加强内部管理的升级与改革，公司高层首先认识到财务会计管理

学员与演讲人 Jeremy Renger 交流，右一为方秋月先生

水平的提升是整个公司管理升级的关键。比如，如何有效调配公司全球的资源，为企业利益最大化进行区域子公司财务资金授权管理等。

据他讲，自约翰迪尔公司总部直接对其分布在全球的销售供应商提供金融服务以来，公司打造了新的“诚实、优质、守信、创新”的企业文化，并将这种文化传播到全球的子公司。企业财务管理水平的提升，使约翰迪尔品牌优势更为明显。

有意思的是，Jeremy Renger 先生在加入约翰迪尔公司前，曾经是一位银行人，他曾先后任职于汇丰银行、富国银行，在 2008 年才加入约翰迪尔公司。他在课堂上一开口，我就感觉到这位先生对资本运作、金融风险管理有着丰富的实战经验。

约翰迪尔金融公司在他的带领下，在进行资金运作时，较好地控制了风险，提高了利润，效果十分明显。公司 2013 年税后利润达到 9.96 亿美元，其中还不包括美国、加拿大市场的销售份额，而 2012 年的利润仅为 5.61 亿美元。如果把现金管理、资本运作等板块的其他业务全部包含在内的话，集团公司 2013 年的利润是 59 亿美元。[①] 由此可见大型制造企业加强资金管理的重要性。

① 约翰迪尔 PPT 讲义，第四页。

约翰迪尔公司之所以能够取得这样的经营业绩，除了其金融专业团队的有效管理外，公司对风险和内控管理的文化的强调是关键。前几天，建设银行海南分行的一位同事来北京看望我，她说了一句很经典的话“内控防风险、合规创价值”。这句话用在 Jeremy Renger 先生领导的团队上再合适不过了。

我认为，约翰迪尔金融公司专业管理水平的提升是约翰迪尔公司完成转型的助推器。约翰迪尔金融公司位于爱荷华州的约翰斯顿市，境内外员工共有 2200 名，为集团公司在全球 40 多个国家的二级销售商提供专业的融资服务。在过去几年中，业务中最大的一个贷款资产包规模是 370 亿美元。约翰迪尔金融公司提供的金融服务包括项目融资、现金管理、租赁及信贷等。

约翰迪尔金融公司高管层认为，有效的风险管理非常重要，而数据是做好风险管理的基础，为决策层提供的各方面数据必须真实、准确。公司通过对数据的有效管理，为科学决策创造了条件。金融公司的运作系统甚至比银行的系统都强大。因为，Jeremy Renger 先生有在银行工作 30 年的经验。我上网试了一下，约翰迪尔金融公司的系统可以完成对每一组信贷的评分，系统内一共设计了 52 个积分卡，通过对所需数据的输入及分析，在 5 秒钟内就可以得出答案。

约翰迪尔金融公司对信贷风险的打分、评估全部都是依靠系统来完成的，这个系统非常独特，完全根据自己业务的需求进行设计，既结合了销售流通企业的需求特点，也借鉴了商业银行信贷管理的经验。

总之，约翰迪尔金融公司的风险管理是在对投资组合包透明（transparency）的管理原则下，借鉴了银行和保险公司的专业委员会的管理模式，形成了自己独特的风险管理架构。金融公司资产负债管理委员会（ALCO）和保险风险管理委员会（IRC）在整个风险管理链条中，起到了承上启下的作用。

约翰迪尔金融公司独特的风险管理架构，上对高层决策委员会负责，下对二级机构甚至包括对各类产品进行分类管理。在金融运行风控指标方面，不仅使用了 VAR 进行分析管理，还通过以下手段，监测整个公司的资金运营效率。这些指标包括：资产回报率指标（Return on assets），股权回报率指标（Return on equity），贷款损失（Loan loss coverage），贷款效率使用检查（Valuation reserve to loans），企业债管理（Debenture arrangement）以及每股收益（Earnings per share）等。

约翰迪尔金融公司的风险管理架构，体现了企业风险管理的清晰流程与透明化的管理（如图1所示），值得我们学习借鉴。

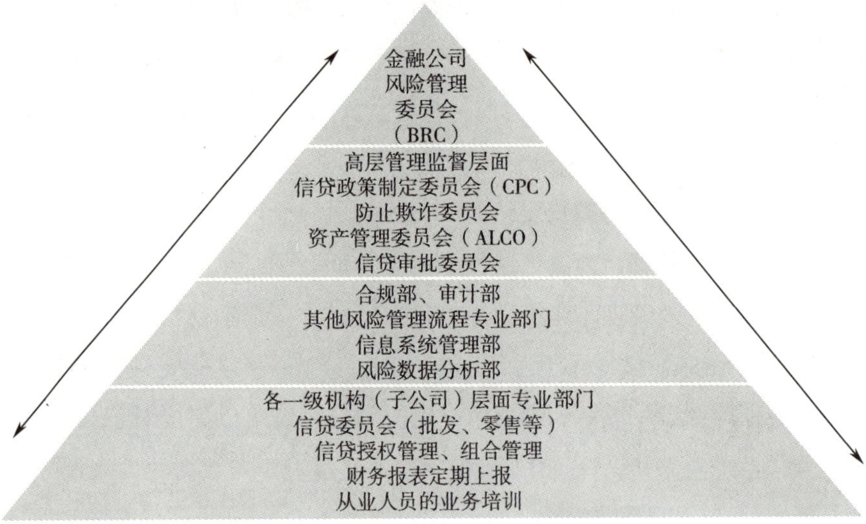

图1　约翰迪尔金融公司的风险管理架构

结合今天这堂课，我回顾了此次来美国华盛顿乔治城大学学习的其他课程，教授们讲课中多次提到了金融风险管理，看来2008年的金融危机给美国企业敲响了加强内控管理的警钟。

7月14日上午，来自乔治城大学麦克多诺商学院的Rohan Williamson讲课的内容是“如何评估信贷风险”。Williamson把金融企业面临的风险进行了分类，详细介绍了市场风险（包括利率风险、汇率风险及大宗商品风险），谈到了银行等金融机构的信用风险（比如违约风险、担保人风险），也谈到了运营风险（比如人力资源管理风险、技术风险、不可抗力的风险）及商业风险（经济环境变化、监管法律法规调整）等。

Williamson最后把风险管理人员工作中常犯的错误总结为以下六点：（1）分析人员依赖历史数据进行分析的假设；（2）过于依赖技术手段，比如每日 VAR 的风险测评。忽略了对小概率风险的检测；（3）忽略了风险监测事项没有涵盖的风险；（4）上下没有有效沟通的风险；（5）责任不明的风险；（6）措施不当风险，风险管理≠风险避免。

我认为，如果要系统地剖析金融管理中的风险内容，结合每一位教授的授课内容，可概括为 11 个方面。这 11 个方面是：银行管理风险（Banking Risks）；风险管理制度（Risk Regulations & Rules）；风险管理流程（Risk Management Processes）；风险监测模型或工具（Risk Models）；资产负债管理及工具（Asset - Liability Management and Models）；期权管理（Options）；基金价格管理（Funds Transfer Pricing）；资产组合管理（Portfolio Effects）；市场风险预测管理（Market Risk Management）；信用风险管理及模型（Credit Risk & Models）；资产分配管理（Capital Allocation）等。

银行管理风险涉及本行业所有的业务条线，比如银行主营业务、零售银行业务、投行业务、贸易融资以及信息技术服务支持等。

风险管理制度涉及很多方面，包括银行安全管理、资产管理规则、设定基准、通过监控保证银行良性运行。银行的风险管理制度根据银行类别有所不同。

风险管理流程有自上而下、自下而上两种通道。所谓“自上而下”英文为 Top - down Process，就是收入与风险之间的管理。而“自下而上”英文为 Bottom - up，包括交易管理、业务单元管理、子公司管理及全球业务风险管控等。

风险监测模型或工具包括风险值（VaR）、预期损失（EL）、现值（PV）、期值（FV）、现金流（CF）、利率（IR）、到期收益率（Yield to Maturity）、交易风险模型（Transaction Risk Models）、资产组合风险模型（Portfolio Risk Models）、风险敞口管理（Exposure Size）、资产负债管理（ALM）等。

资产负债管理及工具分为单一风险、组合风险，比如利率风险、信贷风险敞口属于单一业务风险。而组合风险指全部业务的 ALM 管理，包括净现值管理、当前价值管理、未来价值管理、损失和预期损失等，产品涉及各币种头寸及利率管理、对冲基金、衍生品等。

期权管理，按揭贷款属于这一类。

基金价格管理的两个风险管理工具是 FTPS（Fund Transfer Pricing System）和 CAS（Capital Allocation System）。

资产组合管理，就是对整个资产包的预期价值与预期损失管理，需要作出概率分析。

市场风险预测管理，分为单一业务和组合业务风险。

信用风险管理及模型，包括评级管理和违约概率管理（Ratings and Default Models），主要手段是通过 KMV（Credit Monitor View）进行跟踪监控，工具使用信贷矩阵（Credit Metrics）、组合分析（Credit Portfolio View）、信用风险监测（Credit Risk Valuation）等手段。

资产分配管理就是不要把所有鸡蛋放入同一个篮子里，比如投资可以分成几个领域，一部分用于房地产、一部分用于投资股票、一部分购买债券①。投资者或许知道风险与回报之间的关系，但未必了解每一个组合的情况。其实，衡量投资组合的收益与风险，比利率更重要的是投资期限问题。

此外，在 7 月 21 日的课上，McCabe Hurley 教授专门讲解了金融衍生产品的风险管理，介绍了银行信贷估值（CVA）管理模式等内容。图 2 是 CVA 工作流程。

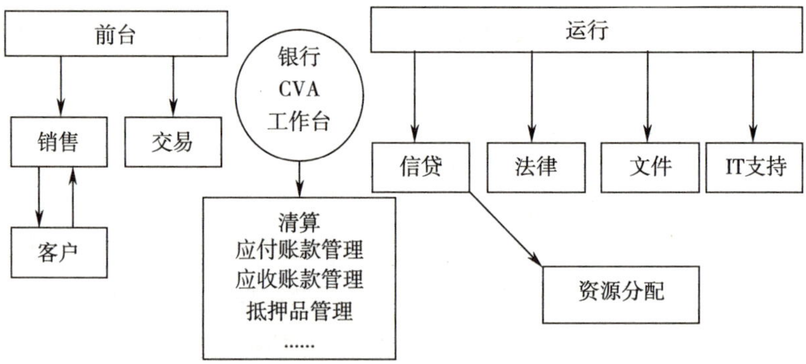

图 2　CVA 工作流程

① Roger C. Gibson 说：Asset Allocation dispenses with luck, market timing, and "get rich quick" schemes and instead focuses on guiding investors to intelligently make the most important decisions impacting the performance of their investment portfolios.

公司治理、核心领导力与企业文化

公司治理、核心领导力与企业文化管理是我们到美国乔治城大学学习的重要内容之一，乔治城大学的教授在授课交流时，很多人都提到了这些内容。在美学习期间，除了在课堂上与老师交流外，我还在图书馆查阅了很多有关这方面的资料，受益匪浅。我深刻地认识到，优秀企业文化对企业发展至关重要。

一、我对公司治理结构的理解

公司治理结构英文为“Corporate Governance Structure”。早在十几年前，当我还在国外读 MBA 的时候，专门选择了这门课程学习。公司治理结构是我行在 2005 年于香港上市时常用的一个短语，上市后，建设银行开始真正进入公司治理结构阶段。

顾名思义，公司治理结构指为实现公司最佳经营业绩、公司所有权与经营权基于信托责任而形成相互制衡关系的结构性制度安排。

通常，公司治理结构采用“三权分立”制度，即决策权、经营管理权、监督权分属于股东会、董事会或执行董事、监事会。通过权力的制衡，使其各司其职，相互制约，以保证公司健康、良好地运行。

在我国，相当多的民营企业没有良好的公司治理结构，使得企业在发展过程中出现头疼医头、脚疼医脚的现象，经营成本很高。

二、我对核心领导力的理解

十多年以来，人们一致公认形成领导人核心领导力的理论依据是史蒂芬·柯维的畅销书，书名是《高效能人士的七个习惯》。2002 年我在韩国发展研究院读研时，选修的一个课程就是 leadership，当时我读过这本书，书里介绍了“7个习惯”。

关于史蒂芬·柯维与“7个习惯”

史蒂芬·柯维是美国学术界的思想巨匠，曾入选影响美国历史进程的25位人物之一，还被《时代周刊》评选为人类潜能的导师。史蒂芬·柯维不仅是美国前总统克林顿最倚重的顾问，更是奥巴马的智囊成员。史蒂芬·柯维在企业文化建设与核心领导力方面的观点具有前瞻性，受到各界欢迎，这位人力资源领域研究专家担任着多家企业咨询顾问。长期以来，他为美国政府、为福特、可口可乐等企业培养了很多优秀的管理人员。他领导的团队，与《财富》500强中三分之二以上的企业、众多的中小企业以及政府机构都有着合作关系。

史蒂芬·柯维是人力资源管理大师，他把如何改变人的行为归纳为7个方面，也就是“高效能人士的7个习惯”。

这“7个习惯”是：（1）积极主动（Be Proactive）；（2）先有目标再行动（Begin with the End in Mind）；（3）重要的事情先去做（Put First Things First）；（4）做事要想到双赢（Think Win/Win）；（5）先要理解别人，再寻求别人能理解自己（Seek First to Understand, Then to Be Understood）；（6）协同效应（Synergize）；（7）把锯齿磨快或把锯齿磨锋利（Sharpen the Saw）。①

“积极主动”是改变关系的动力，“先有目标再行动”包含建立核心领导力的基本原则，“重要的事情先去做”告诉你管理遵循的有效准则，“做事要想到‘双赢’”很容易理解；即做事首先要为对方着想，合作才能继续下去，“先要理解别人，再寻求别人能理解自己”是最有效的沟通技巧，“协同效应”指创造性地一起工作的一种模式，即1+1>2，在国外MBA

---

① Stephen R：Covery, *The 7Habits of Highly Effective People*, Published by Simon & Schuster, 1990.

课程中普遍被提到；“把锯齿磨快或把锯齿磨锋利”意指发扬优秀文化传统、构筑新型高效团队。

史蒂芬·柯维深刻地描绘出了核心领导力的关键要素，即从生存到稳定；从稳定到成功；从成功到辉煌。“7个习惯”是柯维对如何处理好人与人之间关系的研究硕果，是一个“Team”（团队）成功的基石。我这里提到的“Team”包括组织（Organization）、机构（Institute）、企业（Enterprise）以及家庭（Family）。我觉得用“Team”这个词代表一个“群体”比用“Entity”、“Institute”或“Group”等更贴切。

顺便多说一句，中英两种语言的转换是一门艺术，不像你去剧院看电影或话剧，几排几号就是几排几号，语言之间的转换没有绝对的对应。比如，“亦余心之所向兮，虽九死其犹未悔”，英文翻译为“For the ideal that I hold dear to my heart, I'd not regret a thousand times to die”① 就很生动，这里的“九死”翻译成“a thousand times to die”非常贴切。

史蒂芬·柯维在《高效能人士的7个习惯》一书中致读者的信里这样写道：“我请求珊德拉和孩子们参与进来，与读者分享他们的经历，无论好坏，他们的经历（故事）里都使用了真实姓名”。作者提倡的这种做法，代表了美国人的文化，了解了美国人的文化，也就懂得了美国教授在讲授“企业人力资源管理与绩效考核”这门课程的文化渊源。

我们在了解形成核心领导力的主要因素时，还包括了权力的应用与被影响。权力包括社会权力的分类，有专家的权力、权力的等级区分、合法权力应用、奖励权力及胁迫权力等。至于“领导力”，应来自三个方面的影响，即领导人自己的素质、追随者素质及外部环境因素。美国的一家电视台在1986年用了“Star Trek, the Next Generation（新生代）”一词做了专题播放，当时系列片中三者间的关系如下图所示，由此可见它是一种相互产生影响的关系。

---

① 2016年3月两会期间李克强总理答记者问，张璐译。

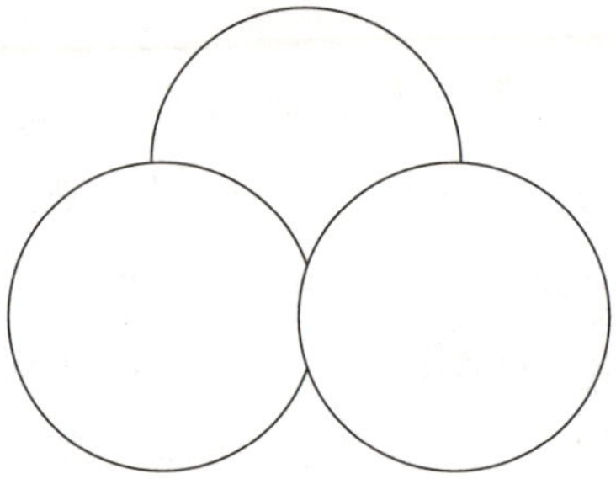

领导者、追随者、外部环境三者的关系

在处理危机过程中，追随者更愿意听从领导的指挥或安排，愿意被人领导，比如战争中的军队，下级必须服从上级命令。而领导者的权力形成，则是来源于对某一方面知识的掌握和经验的积累，比如第二次世界大战中麦克阿瑟将军指挥的仁川登陆这一经典案例。

通常情况下，值得人们信赖的领导人能够带领团队克服困难，实现既定目标。这种领导能力英文称为“Leadership”或“The Art of Leadership”，译成中文为“领导力”或“领导艺术”。“领导力”或“领导艺术”包括了领导人的战略思路、组织管理能力、决策毅力、影响力与责任、对追随者与共同利益的管理等。领导者正确处理突发事件的勇气和能力非常重要，在国际政治中，这种能力尤为重要。近年来，从东北亚到中东，从中国南海危机到乌克兰局势的瞬息变化，核心领导力越来越体现出国家领导人的管理水平。

比如，当年美国“9·11”灾难发生时，朱利安尼担任纽约市市长，面对那场史无前例的恐怖事件，他经历了对领导者分秒必争的生死考验，临危不惧，凭借高超的管理艺术，领导纽约人民度过了最艰难和最困苦的时期，被人们尊称为“美国的市长”，也被很多人认为是真正的美国领导者，美国最坚强的团队领导人，并成为《时代周刊》年度的封面人物，还获得了被英国女王授爵的殊荣。

在乔治城大学图书馆，我看了 George Manning Kent Curtis 写的《领导艺术》一书，这本书阐释了管理者与领导艺术之间的关系，阐述了领导者的责任，即：“领导者既要有自己的想法，又要善于发挥每个人的长处，让每个人各尽其才。”所以，一个优秀的领导者要有自己的原则，听取各方的意见后再做出最终判断，偏听偏信的人是不适合担任领导人的。

什么是信念和命运，人类应该如何应对挑战，怎样面对危险的世界，阅读《领导艺术》这本书后，这样的问题似乎都有了答案。

前纽约市长朱利安尼在谈到处理危机的体会时说：“‘9·11’后，我学到的最重要的一课就是要尊重人的信仰和价值观。因为，从恐怖袭击的最开始到后来的几个月所发生的一切，你根本无法想象，其结果也变幻莫测，难以预料。但如果你有强烈的亲情和坚定的信仰，那你一定能够坦然处之，冷静面对现实。”朱利安尼坚信领导者只有在各自的领域凭借个人的特殊才能方可推动人类进步，只有战胜恐惧才能树立勇气，才能干好自己的本职工作。

朱利安尼在他的回忆录中写道：“小时候，父亲告诉我遇到紧急情况时，一定要保持冷静。他常说，你周围的人越是惊恐吼叫，你越要保持平静。要有意识地培养自己‘超尘脱俗’般的冷静沉着。有人可以在拥挤不堪中突出重围，你也照样可以。”应该说，朱利安尼的父亲对他的成长起了重要的作用，父亲曾教授给他的最重要的一课就是如何战胜恐惧。

在朱利安尼眼中，他的父亲是个非常有胆量的人。朱利安尼在回忆录书中这样说：“我当时已长大成人，记得父亲临终前在病床上说的话，我问他：‘一生中有过害怕吗?’他回答：‘那当然了，遇到过很多害怕的事。但怕没有用，必须战胜它’。”

事实证明，在生活中，无论你面对的困难多大，无论是处置数百亿美元预算或基础建设问题，乃至于克服复杂的人事问题或集结精英团队，朱利安尼条理分明的处理方式同样适用于不同领域的管理者，这就是核心领导力，这就是领导艺术。

三、怎样理解企业文化和团队精神

单就文化而言，我认为，应该包括五个方面的内容，即商业环境、价值、榜样、习惯方式和文化网络。“商业环境”的英文是 Business Environment，这种环境是指企业在产品、竞争对手、客户、技术、政府关系协调等方面存在的差异。“价值”英文用 Value 表示，指一个组织内部的信仰。信仰是企业文化的核心，要求企业的所有人为之而奋斗。“榜样”指企业员工需要效仿、学习的人物，美国老师课堂上用的英文词是 Heroes。“习惯方式”的英文是 The Rites and Rituals，指一个人做事的思维方式。“文化网络”的英文是 The Culture Network，指企业内部的沟通文化环境。

“企业文化”用英文表达就是“Corporate Culture”，它包括相同的价值观、尊重差异与不断提高员工间的沟通能力及相互信任、树立勇于担当的奋斗精神等。

1997～1999 年，美国海军阿伯拉肖夫舰长接管“本福尔德号”的时候，这艘当时管理水平和作业效率都很差的军舰士气低迷，很多士兵希望可以提前退役。然而，经过阿伯拉肖夫舰长两年的努力，他把这个团队改造成了一支充满自信、干劲十足的团队。大家同舟共济，人人树立了为自己行为负责的企业文化精神，“这是你的船”成为全体船员的口号，使这艘军舰成为美国海军的王牌驱逐舰。

我们中国人知道的“大庆精神”、“大寨精神”都是一种优秀的团队精神。当年王进喜在一片荒芜的土地上，打出了油井，为中国工人团队争了光。中国石油工人当年正是凭着“三老四严”① 的集体主义精神，在艰苦的条件下为中国石油事业默默地奋斗，这就是一种优秀的团队精神。大寨人也是在一片荒寂的山地上，在优秀的团队领导人带领下，打造出了中国农民的优秀团队文化——“大寨精神”。

俗话说得好，上等人付出、中等人交换、下等人索取。一方面，优秀团队里的上等人越多越好，大庆、大寨团队里的上等人就比较多。另一方面，要带领好团队，必须要有一个可衡量绩效的统一标准。比如，20 世纪 80 年代初，当卡尔森接手联合航空公司（United Airlines，UA）时，UA 运

① “三老四严”提法源自 1962 年，1963 年形成完整表述，这就是大庆精神，指“对待革命事业，要当老实人，说老实话，办老实事；对待工作，要有严格的要求，严密的组织，严肃的态度，严明的纪律”。

"乔七班"学习团队A（Team）在校园内合影留念

营非常低效。卡尔森意识到必须调动每一位员工的工作积极性，他上任的第一年，就跟随班机飞行20万公里，每到一站他都认真了解员工的想法，从而找到了解决问题的办法。[①] 因而，优秀团队必须要有一位好的团队带头人，大庆团队有王进喜，大寨团队有陈永贵和郭凤莲。在美国，企业管理文化方面的例子举不胜举，卡尔森是这样做的，通用电器公司的杰克·韦尔奇更是这样做的。

自20世纪90年代以来，国外大学的MBA课程都设有"组织行为学"这一门课程，其内部的SWOT分析模型被普遍使用。

对于组织内部的分析，包括强项（strengths）、弱项（weaknesses）分析。强项（strengths）分析又包括：（1）生产效率；（2）队伍成熟程度；（3）市场份额占比；（4）财务分析；（5）产品或服务声誉。弱项（weaknesses）分析则包括：（1）厂房及设备的老化；（2）研发投入少；（3）技术不占优；（4）管理效率低下；（5）缺少沟通或没有团队精神等。

SWOT对于组织外部的分析包括机会（opportunities）、挑战（threats）。

---

① Terrence E. Deal and Allen A. Kennedy："Corporate Cultures"，Addison Wesley，USA.

机会（opportunities）包括：（1）经济形势好；（2）缺少竞争对手；（3）创新技术；（4）可能出现的市场机会；（5）战略联盟。挑战（threats）包括：（1）出现新的竞争对手；（2）资源短缺；（3）出台新规；（4）替代品带来的挑战；（5）新技术挑战等。①

那么，一个企业如何面对日益竞争的市场环境？我想说，时间就是金钱，抓起了就是黄金，虚度了就是流水；梦想，努力了才叫梦想，放弃了那只是妄想。努力，虽然未必会收获，但放弃，就一定一无所获。所以，坚持不懈一定会成功。因此，我认为，一个优秀的团队，必须要有一种上进的精神。

四、如何制定公司愿景

中国古人说："智者乐水，仁者乐山。智者动，仁者静。智者乐，仁者寿。"制定愿景时，关键是看你要什么？青山行不尽、绿水去何长。用《领导艺术》一书作者的话说，有效愿景（Vision）是一个企业发展的关键。我们从以下方面来可以解读"愿景"。

"乔七班"女生在进行体能训练，尽显团队精神

（本书作者于2014年7月拍摄于华盛顿）

① George Manning & Kent Curtis："The Art of Leadership"，McGraw－Hill Irwin，2003.

第一，愿景是由领导者提出的，愿景为企业发展指出了努力方向。领导力是一个梦想，领导人带领团队去实现梦想。

第二，愿景需要与团队成员进行沟通并获得大家的支持，领导人要让大家“看得到”（see）、“听得见”（hear）、“品其味”（taste）、“摸得着”（touch）、“感觉到”（feel）。①

第三，愿景既要有宏观的描述，又要有微观的解读，使全公司人员都能熟知。

第四，愿景必须兼顾企业和员工的利益。乔治城大学的教授们在课堂上提到的优秀企业管理者必须具备“高效能人士的7个习惯。”这样才能制定好愿景，实现美好愿景。

① George Manning & Kent Curtis：“The Art of Leadership”，McGraw－Hill Irwin，2003.

访问美国银行业协会体会

来美国华盛顿后的第一个周二的下午，我们一行人前往“美国银行业协会”拜访、交流。这家协会的英文名称是“American Bankers Association”，以下简称 ABA。

2014 年 7 月 8 日下午与我们交流的美国银行业协会人士

ABA 是美国最大的银行业协会，成立于 1875 年，总部位于华盛顿特区 C 街 1120 号。ABA 的使命是为会员单位提供优质的金融服务，加强合作，共谋发展。

交换名片后，我看到这里的职员名片背面都印有“Building Success. Together”字样的英文，译成中文应为“共同构筑成功”，凸显了协会的服务宗旨。

与我们交流的人员共有五位，主讲人是 Robert Davis 先生 ，他的职务是美国银行业协会执行副总裁。其他人员有：美国银行业协会政策研究处处长 Robert Adams Morgan、合规部高级顾问 Beth Knickerbocker 、合规部副总经理 Cecelia A. Calaby 女士等，Calaby 同时也是养老金专家。

Robert Davis 先生在介绍中说，美国银行业协会成员包括社区、区域和货币中心银行以及控股公司；也包括储蓄协会、信托投资公司和储蓄银行等。会员代表了97%以上的美国国家银行和州银行，协会设立有24个常设委员会。此外，协会其他的小组委员会、各种专门委员会、部门以及各种专门服务小组大约有数十个。每个小组负责研究自己所负责的领域，并且发表论文、报告和情报简讯，通过在全国各地举行各种会议，使会员之间能够互相交流情况。

140多年以来，伴随着美国经济的发展，为了满足银行业的各种需要，该协会不断改变和扩大其活动，以反映银行业各种新服务项目的发展，尝试银行经营方面的新技术，探讨经营管理方面的各种问题以及协调好银行与公众、政府和其他经济部门之间的关系。

协会始终强调对银行工作人员实施各种教育计划的重要性，协会通过其在570个城镇设立的分会和学习小组以及在全国举办的函授教育，提供各种学习课程。ABA 是全世界最大的成年人教育组织之一。比如，它专门为银行家开办的学院和研究院就有“拉特格斯大学的斯托尼尔银行研究院”、“西北大学的全国信托学院”、“珀杜大学的全国自动化学院”、“俄克拉何马大学的全国商业信贷学院”、“俄亥俄州大学的全国抵押学院”以及“俄克拉何马大学的全国分期贷款学院”等①。除此之外，ABA 还提供有关人力资源管理（H&R）方面的各种课程。所有这些教育活动都是由银行教育委员会进行协调的。

美国银行业协会有自己的正式刊物，比如《银行杂志》月刊等，它还有一些专门性的刊物，比如《美国银行业协会公报》和《保护公报》等。美国银行业协会还有很多子公司，比如美国银行业公司、教育基金会、房

---

① ABA 课堂介绍材料。

产基金会、网络协会、证券协会、银行保险协会、银行家与金融贸易协会、银行家认证协会等。

课后，我把当天的内容做了一个小结。美国银行业协会官员主讲的内容概括起来由三个方面组成：一是美国银行业协会的基本情况，二是美国银行业协会的运营管理模式，三是 ABA 的国际贸易结算与汇兑系统。课堂上，学员提问主要有以下三个方面的内容：

1. 总行内控合规部陈宝东学员提问：美国银行业的内控合规问题，建行如何融入当地监管？

2. 总行国际业务部孙剑波学员提问：BAFC（Bank Association of Financial Trade）的具体业务规则？

3. 总行养老金业务部杭琛学员提问：ABA 结算系统与 SWIFT（环球同业银行金融电讯协会）之间是什么关系？

我的看法与思考

参观美国银行业协会时，提问不太积极的原因主要是学员们对美国银行业协会的历史背景、功能或职能不太了解，我认为，这是一个有关在一定法律环境下的行业自律问题。

回到学校图书馆后，我查了一下资料，在 100 多年以前，美国银行业协会最早由在圣路易斯两家银行的主管发起提议，得到了当时 32 个州的积极响应，在纽约州的萨拉托格温泉市正式竖起了“协会”的大旗。它是一家触角遍布美国大陆、夏威夷、关岛及波多黎各的网络集团，现在总部设在华盛顿。

今天，ABA 协会拥有数千名能力较强的志愿者及 270 名专职人员，是全球最具实力的行业教育机构。2008 年金融危机后，协会已同全球 60 多个国家和地区的机构建立了合作关系，当年温总理访美时，也曾前往 ABA 交流。美国的银行职员职业培训中有很多人都受益于银行业协会的培训。

近年来，为了跟上时代发展的步伐，协会在培训中不断更新培训内容，满足了银行开拓新产品的发展需求。我国加入世贸组织后，由于市场竞争的需要，曾派人员前往 ABA 培训。ABA 的培训既包括专业文凭培训，也有各类合格证书的培训。比如商业消费贷款、抵押贷款知识培训等。又比如账户管理合格证书、地区经理证书、客服合格证书、销售主管证书和高效率团队证书等方面的培训。

ABA 成立初期，它的定位是美国银行业的一个自律性组织，会员加入本着自愿的原则。成为会员后将在权利、义务及责任方面遵守入伙协议，以保证会员之间在开展业务时公平竞争，有序扩展业务。

在回答我提出的 ABA 系统与 SWIFT（环球同业银行金融电讯协会）之间的关系的问题时，协会政策研究处处长 Robert Adams Morgan 给我看了一份资料，这份资料上显示，中国建设银行是其会员。从汉语拼音的名单上，看到了建设银行报给 ABA 的 3 个联络人都是总行国际业务部的同事。为了核实这份名单，我把名单递给了坐在我身后的孙剑波同学，她现在是总行国际业务部的副总经理。

我对大家说，之所以需要弄明白这个问题，是因为我们中国人给他们在北美国家读书的孩子们汇钱时都要填写 ABA 代码，话音刚落，就引起大家一阵欢快的笑声。每一位中国父母，在给孩子汇钱时都是心甘情愿的，中国人一代一代都是这样。有位哲人说得好，中国人的一生就像蚕茧，抚育培养了后代，牺牲了自己。而美国人和咱不一样，孩子 18 岁以后要自己去刨食，难怪他们在一起吃饭时都是“AA”制。

我告诉大家，在国内的各家商业银行印制的“境外汇款申请书”，即 Application for Funds Transfers（Overseas）中，向美国、加拿大汇款时，汇款人需要同时填写 SWIFT 代码和 ABA 代码，当年刚入行时，我曾在总行国际业务部结算处工作，参与了建行第一部 SWIFT 操作手册的编写工作，对这项业务有所了解。

其实，不只是美国有银行业协会，世界上很多国家都有这样的协会，只不过其作用和影响大小不同而已。比如成立于 1919 年的英国银行业公会在世界上的影响也比较大，它确定的同业拆借基准利率（Libor）是全球银行开展业务往来的主要参考依据。

总之，美国的银行业协会属于一个自律性的组织。因为，在美国和欧洲很多国家，人们普遍认为自律是行业组织的传统基础，一个行业在法律框架内建立的行业自律可向公众提供高质量的服务、树立良好的职业道德。我认为，对于金融服务这个特殊的行业，行业自律更应是其生存的必要条件。

国际金融服务与管理的实践表明，行业自律是金融监管的重要辅助力量。在市场经济发达国家，行业自律早已经成为市场监督的主要力量，也是世界各行、各业生存和发展的重要基石。如果没有行业自律，难以想象全球化经济会呈现一个怎样的局面。所以，在金融全球化和银行业市场竞争日益激烈的环境下，强调行业协会对银行业实施自律管理具有重要的现实意义。今天，尽管金融业自律组织在各国监管体系中的地位不尽相同，但各国都比较重视其在金融监管体系中的辅助作用。

随着金融混业经营与金融全球化的深入发展，金融机构行业自律机制作为增强金融业安全的重要手段之一，越来越受到世界各国的普遍重视。美国、加拿大、英国、德国、日本、韩国、新加坡等国的银行业协会和某些信贷机构的行业组织都在不同程度上发挥着监督的作用。

众所周知，我国也有银行业协会，英文缩写为CBA，于2005年5月在北京成立。CBA作为银行业的行业自律性组织，它是由区域内的银行机构本着自愿平等的原则，在权利、义务、责任等方面达成协议，并订立共同遵守的公约或守则，对各成员的经营行为进行约束和管理，以保证各家银行协作运营，公平有序竞争。

从国际上看，银行业自律组织存在很多共同特征：一是自律性组织的成立及存在都有其法律上的依据。二是自律性组织一般为非营利性社会团体法人，其主要目标是金融市场的整体利益，自律管理是基于维护本行业利益的需要。三是自律性组织有严密、可操作性强的自律规章，包括自律公约、章程、行规行约等。四是自律性组织有能力使自律规章发挥有效作用，主要是通过一些行业内的惩戒措施，如警告、内部通报，以至建议行业监督管理机构给予停业整顿、取消任职资格、取消市场准入资格等处分。

中国银监会于2005年2月2日颁布的《银行业协会工作指引》明确了我国的银行业监管体系，即外部监管、内部控制、行业自律和社会监督相结合。

《中共中央关于完善社会主义市场经济体制若干问题的决定》指出，要按市场化原则规范和发展各类行业协会、商会等自律性组织，完善行政执法、行业自律、舆论监督、群众参与相结合的市场监管体系，为自律性组织的发展指明了方向。

关于现代社会行为规范，具体到金融领域，我认为主要包括两个方面的内容：一是具有强制性的法律法规，如《中华人民共和国商业银行法》、《中华人民共和国中国人民银行法》、《中华人民共和国信托法》、《中华人民共和国物权法》以及中央和国务院有关部委颁布的各种“管理办法”和各类“公告”、“指引”等。二是不具有强制性的习惯做法、职业道德、国际惯例等。前者具有硬性的约束性，而后者则具有软性的约束性。

联邦存款保险公司交流感受

2014 年 7 月 15 日，星期二，上午的课程结束后，我们一行人简单吃了口午饭，匆忙赶往美国联邦存款保险公司交流。下午 1：30 分，我们准时来到这家机构。在门口，我看到这家机构的英文全称是 Federal Deposit Insurance Corporation，缩写为 FDIC。

作者在 FDIC 留影

今天的天气特别好，蓝天白云，但就是太热了，华盛顿 7 月的天气和北京一样的热，甚至比北京还要热。这次来美国前，我在哈佛大学的美国好友 Stanley Paul 先生提前打电话告诉我华盛顿气候炎热。其实，我们在前往美国联邦存款保险公司的路上，大家都已经脱掉了西服。只是考虑到这次是正式拜访，在到达 FDIC 大门口时，同学们又都穿上了西服。

美国联邦存款保险公司坐落在华盛顿 NW 17 街，门牌号是华盛顿特区 20429 - 0002。FDIC 成立于美国经济大萧条后的 1933 年，成立初衷是为了保护存款人的利益、规范银行的行为。FDIC 国际联络部的施帕 · 莎赫女士等4人接待了我们，向我们介绍了美国联邦存款保险公司的职能、作用及运作模式等情况，并热情地回答了我们提出的问题。

如同前往国会山参观一样，每一位参观者在进入联邦存款保险公司前，都需要通过严格的安全检查。无论男女，每个人都要脱鞋、解下皮带。此次来美国，印象最深刻的就是安检，联邦存款保险公司的安检给我的感觉比华盛顿国际机场的检查还要严格。

学员们通过 FDIC 安检口的瞬间（本书作者摄于 FDIC）

进入联邦存款保险公司会议室后，刚一入座，公司官员便开始了早已准备好的介绍。第一部分介绍的是“美国银行体系概览”及美国联邦存款保险公司产生的前后背景。第二部分讲解了美国联邦存款保险公司的职能，业务范围包括存款保险、风险监管、危机或问题处理的经验、解决方案及案例介绍、储户保护措施等。第三部分针对美国金融监管体制改革展开了问答。

根据当天的课堂笔记，课后我把美国这项金融制度产生的背景与过程以及 FDIC 的运作模式及作用做了梳理。

早在19世纪末，美国国会已开始讨论存款保险这个话题。之前，美国已经有14个州在1829年到1917年间建立了自己的存款保险制度，提前尝试了这种制度。应该说，20世纪30年代初的经济大萧条催生了从州向联邦制度的跨越。那时候，美国为了挽救在经济危机的冲击下已濒临崩溃的银行体系，国会通过了《格拉斯—斯蒂格尔法案》。联邦存款保险公司作为一家为银行存款保险的美国政府机构于1933年正式成立，开启了真正意义上的存款保险制度。在法律依据方面，影响最大的是1934年1月1日正式实施的《美国联邦存款保险制度》。FDIC的成立，不仅迅速恢复了美国民众对银行业的信心，而且有力地保证了美国银行业的稳定。

成立FDIC的首要任务是建立一个在联邦制度下并能在全美国运作的一个组织机构。根据1933年的银行法，货币审计长被指定为董事，另外两位董事由美国总统任命。FDIC的主要任务有三个方面：一是在一年内完成银行的审查。二是设定银行自有资本充足率要求的标准。三是制定银行资产风险管理规则，清查违规违法行为，降低一些银行在FDIC的风险敞口。[①] FDIC经过一年多的工作，美国银行业的经营状况得到了明显改善，联邦存款制度取得了效果。

20世纪50年代以来，随着经济形势和金融制度、金融创新等的不断发展，美国联邦存款保险制度继而得到不断完善，尤其是在金融监管检查、金融风险控制及预警方面，联邦存款保险公司做了大量且成效显著的探索，取得了很好的成效，从而确立了这家机构在美国金融监管中的“三巨头”之一的地位，联邦存款保险制度成为美国金融体系及金融管理的重要组成部分。美国著名经济学家、货币主义的领袖人物弗里德曼对美国存款保险制度给予了高度评价，他说：“对银行存款建立联邦存款保险制度是1933年以来美国货币领域最重要的一件大事。”

但自20世纪60年代中期以来，由于金融自由化、国际化的发展迅速，金融业的风险又呈上升趋势，为此，绝大多数西方发达国家和地区相继在本国金融体系中引入存款保险制度，比如奥地利、法国、德国、卢森堡、荷兰、瑞士、英国都借鉴了美国联邦存款保险制度。巴林、哥伦比亚、印度、中国台湾等部分国家和地区也进行了这方面的有益尝试。在存款保险基金设立方式上，采用事前设立与事后收费两种模式。截至2000年，全球

① FDIC file.

已有67个国家和地区建立了存款保险制度，到了2004年，全球共有74个经济体建立了显性的存款保险制度。从那时起，鉴于美国联邦存款保险公司对稳定美国金融体系和保护存款人利益等方面的显著成效，更多国家政府都考虑在借鉴美国存款保险制度的基础上，结合本国实际，陆续建立或改善本国已有的存款保险制度。从此，显性的存款保险制度在全球获得了快速的发展。

什么是显性的存款保险制度？显性的存款保险制度是指国家以法律的形式对存款保险的要素机构设置以及有问题机构的处置等问题作出明确的规定。显性存款保险制度的优势可以归纳为以下四个方面：一是明确了银行倒闭时，存款人的赔付额度，稳定存款人的信心。二是建立专业化机构，以明确的方式，迅速、有效地处置有问题的银行，节约处置成本。三是通过事先进行的基金积累，用于赔付存款人和处置银行。四是增强银行体系的市场约束，明确银行倒闭时各方的责任。根据对建有明确存款保险制度的68个经济体的调查，有66个经济体的存款保险资金不同程度地来自于被保险机构。

那么，隐性的存款保险制度又是什么呢？隐性的存款保险制度则多见于发展中国家或者国有银行占主导的银行体系中，隐性的存款保险制度指国家没有对存款保险做出制度安排，在银行倒闭时，政府会采取某种形式保护存款人的利益，因而形成了公众对存款保护的预期。在乔治城大学研究期间，我听说国家正在研究建立存款保险制度，有望一年内实施。①

从1974年到2003年，建立显性存款保险制度的国家和地区的数量增长了5～6倍，这已成为专家们给发展中国家和地区提出的金融结构改革建议的一个主要内容，国家层面上的强制性保险成为一种主流。当今，无论发达国家还是发展中国家强制要求所有存款机构全部加入保险体系的越来越多，并成为主流。因此，我觉得这堂课收获很大。

课间交流时，学员们似乎对FDIC特别感兴趣，提问非常踊跃。交流

① 中国于2015年5月1日正式实施《存款保险条例》。

后，我与来自总行投资银行部的谢国旺副总经理核对了一下当天的笔记，把提问概括归纳为以下几个方面：

1. FDIC 对银行监管的主要内容是什么？

2. 一个自然人可否开立若干个账户？以便自己的现金资产得到最大程度的赔偿。

3. 各家银行分摊保险基金的份额是如何计算出来的？

4. 什么是“Bridge Bank”？

5. 存款保险基金管理中的投资方向？

6. FDIC 现在对于会员单位的监管是否前移了？

7. 在当前美国银行业环境中，商业银行对于吸收存款是否已无积极性了？

8. 客户在选择银行时，是否会考虑保险因素，从而对大银行或小银行有所选择？

9. 美国的银行的分摊比例大约在什么范围或程度？是与 FDIC 协商还是由其制定？费率调整的频度如何？

10. 在 2011 ~2014 年，美国共有 179 家银行倒闭，FDIC 的基金大约支付了多少？其间，FDIC 的官员曾反问：听说中国正在推进存款保险制度，对你们有何影响？

从上述提问看，大家来美国联邦存款保险公司前，都做了充分的准备，提问有一定的针对性。我在课堂上想，如果来美国学习前，每一位学员都查看一下有关 FDIC 的资料，我们就可以节省更多的时间，向美国 FDIC 官员多了解一些他们在处理“危机”中所积累的丰富经验，多了解一些机构倒闭后的风险防控中的“事后处理案例”。

美国联邦存款保险公司官员讲解的第二部分是“大银行在存款利率方面的优势”。讲述人是 Jon Pogach 和 Stefan Jacewitz 两位先生，他们是美国联邦存款保险公司保险与研究部的专业人员。

第二部分交流及提问内容概括如下：

1. 研究的问题：大银行相比小银行，其支付的利息是不是会少一些？

此差距是不是用于补偿风险？是否在存款保险范围内？

2. 回答方式：用相关数据分析、图表展示。

3. 相关结论：大银行在提供产品一致性的前提下，成本较低；定价方面的优势与“大而不倒”① 无关联关系。大银行与小银行的定价水平大约存在 20 ~ 50 个基点（BP）的差距。

什么是“大而不倒”？它是美国《纽约时报》首席记者和专栏作家安德鲁·罗斯·索尔金所著的书，书中提出的问题成为当今全世界金融界关注的重要课题，直接引发了不少理论的深层思考与现实的改革措施，这本书的英文名称是“Too Big To Fail”。针对 2008 年美国金融危机，该书从另一个角度印证了金融业对国民经济的巨大影响，尤其是大型银行的经营管理。2008 年雷曼事件后，美国联邦政府在危机中变身为“大而不倒”的忠实实践者，政府先后斥资 4000 亿美元救助房利美和房地美，还针对美国大型金融机构推出 7000 亿美元救市计划，为 AIG 紧急拨款 2000 亿美元，为克莱斯勒等三大汽车公司提供了 800 亿美元的融资等。

Jon Pogach 和 Stefan Jacewitz 两位先生在回答学员的提问

美国的经验警示我们，我国的大银行既不能有 2005 年上市前的盲目自卑思想，也不能有现在的盲目自大思想。银行经营者要时刻警示自己，大银行经营的好坏，将对国家经济产生重大影响。2006 ~ 2012 年我国四大商

① ［美］Andrew Ross Sorkin，“Too Big To Fail”，2010.

业银行的经营报表，表面上看都挺好。比如说，ROE 超过了 20% 的水平，不良率控制在 1% 以下，资产规模每两年成倍增长，年利润都超过千亿元人民币，按照资产规模排名全部进入了世界前十大银行的行列。难道用这些数字就能说明我们的银行是世界一流银行吗？关于这个问题，我一直有不同的看法。

自 2005 年 10 月建行作为第一家国有控股银行在香港上市以来，其他三大行随后也先后陆续完成了上市。我看了一下 2013 年四大行的年报，经营业绩都很好。我们国家大银行经营状况能够在非常短的时间内得到快速改善，我认为有以下原因：一是与 1999 年剥离银行不良资产的制度设计有很大关系。二是与银行低成本资金来源有关。三是与经济实体结构有关。四是银行收入科目与世界一流银行有很大的不同。因此，我们不能把成绩仅归属于经营管理水平上“已经得到了提高”。我认为，像中国这样的巨型航母型金融机构，短期内是看不出它的问题的。

美国针对“大而不倒”问题所进行的一系列金融改革措施不仅影响了当今美国金融市场的格局，也影响到其他国家的监管体制走向。从我国金融市场情况看，如何防范金融市场“大而不倒”的问题，是一个值得深入研究的重要课题。建立存款保险制度只是体系建设中的一个方面，对投资者教育机制的建立是在保持我国经济快速发展过程中，维护金融稳定需要考虑的另一个重要课题。

十年前笔者曾经就美国联邦存款保险公司体制写过一篇文章，被刊登在《建设银行报》上，那篇文章的题目是《美国联邦存款保险公司监管体制的发展及影响》。这次到访美国，有机会能与美国联邦存款保险公司官员当面交流，我很是珍惜。

经过两个多小时的交流后，我发现美国联邦存款保险公司除了对单一存款人账户的保费由 10 万美元提高到了 20 万美元外，其他没有新的变化。说明美国的制度是通过以往很长一段时间的实践而出台的，这值得我们学习与借鉴。十年前，我对美国联邦存款保险公司的认识是这样写的：

【日记】 2005年2月3日 晴

成立于1933年的美国联邦存款保险公司（即FDIC），主要作用有两个，一是当银行倒闭时，由其出面保护存款人的利益，二是保护每个社区、州和国家避免由于支付体系崩溃可能带来的灾难。实践证明，自从设立联邦存款保险公司这种机制以来，FDIC在处理支付危机方面发挥了不可替代的作用，参保的存款可以得到100%的赔付，一般性存款也可得到99%的赔付。

在FDIC经营初期，由于美国本土银行多达上万家，各家银行缴付的保险费是其资金的来源，每家商业银行需要缴纳的具体数目由FDIC在每年的年底根据有关规定核定。

20世纪90年代初，由于金融机构数量及业务限制的一些变化，美国又推出了《联邦存款保险公司改善法案》，该法案英文缩写为FDICIA，法案规定，获得监管机构最佳评级的资本化处于良好经营状态的商业银行每100美元存款交23美分的保险费，获得低评级的资本化低的商业银行每100美元存款交31美分的保险费。90年代中后期，这种保险费又略有不同程度的提高。

FDICIA的内容说明美国进一步加大了监督管理的力度。根据美国地区（州）商业银行地理分布及主营业务相对较单一的特点，美国新法律还要求FDIC等监管当局对资产超过1亿美元以上的银行每年都要进行一次或一次以上的现场检查，其检查范围包括贷款文件、内控规章制度、管理信息体系、新增房地产业务、利率风险敞口及工资、分红等。要求对银行资产低于1亿美元的银行也要至少每一年半检查一次，以便对境内的所有商业银行实行更为严格的监控。

当FDIC发现经营不良的银行时，通常采取以下五种方法处理：（1）偿付存款；（2）收购兼并不良银行；（3）帮助银行融资；（4）按照存款保险国家银行（DINB）章程处理；（5）重组不良银行。

上述五种方法的具体运作为：第一，对已保险的储户，FDIC一周内对单一储户可保证最高额达10万美元的支付，剩余部分（包括其他债权人的偿付）待清盘后再由FDIC按比例支付。第二，直接由另一家经营效益良好的银行收购不良银行，由FDIC通过招标选择、确定中标者，然后参与安排两家银行联姻事宜。如果发生两次以上的上述（1）、（2）中所出现的情况，FDIC将直接采用（3）~（5）的方法处理，对于经营不良的银行的融资（注资），只限定在给予暂时的帮助范围内。根据FDIC的安排，在经营不良的银行正式关闭或被兼并前，这类银行先由DINB接管，最后，由债权人重组这类银行。在以上五种方法中，第二种方法使用得最多。但这里需要强调一点，就是当发现银行资本与风险调整资产总额的比率下降到2%以下时，不良银行将直接被政府接管，由政府进行拍卖。

随着时代的发展，银行缴付的保险费已不能保证FDIC的正常运作，美国政府为了支持FDIC的工作，国会在1991年12月27日通过的FDICIA法案中，还允许FDIC向财政部的借款额最高可达300亿美元，借款将在以后的15年内用银行征收的保险费偿还。同时，美国政府也给予了FDIC一些其他政策支持，比如，FDIC可以资产作担保对营运资本进行再筹资（借款），这类借款额度可高达45亿美元，允许FDIC通过出售倒闭银行资产的收入偿还借款等。

通过以上对美国FDIC机构作用的介绍，我们可以看出美国这个世界经济第一强国，在其200多年的发展历程中，就是通过对各项法律、法规的建设及不断完善和相关机构的设立来防范金融风险的。美国的经验与做法对一些经济转型国家也产生了不同程度的影响，成为当今市场经济体制下，很多国家学习效仿的榜样，韩国在金融体制与结构的改革中是这类国家的典型代表。

韩国在1997年的金融危机后的改革中，很多做法是从美国那里学来的。1998年底，韩国也是先对《商法》和《公司法》进行了修改，在被修改后的法律中，突出强调了以下几点：(1) 增强企业的透明度管理；(2) 增强董事会的作用；(3) 给予股东更多的发言权；(4) 通过兼并重组，激活市场。韩国照搬了美国的做法，具体运作方式也是先立法、后改革。

在商业银行结构改革方面，在1997年12月至2000年12月的三年多时间里，韩国的商业银行发生了一系列的兼并重组，令人眼花缭乱，当民众还没有记住“新”银行的名字时，该银行又从韩国商业银行的名单中消失了。

纵观韩国商业银行改革全过程，可概括为以下三种形式，第一，短期内频繁发生银行兼并重组。比如，1998年先是“韩一银行”与韩国“商业银行”合并改名为“韩汇银行”，一年多以后，这家银行又被“友利集团”收购，改名为现在的“友利银行”。第二，专业银行与专业银行合并成韩国资产规模最大的商业银行，比如，原“住宅银行”被并入“国民银行”，使其资产接近1500亿美元，根据2003年亚洲银行以资产排名的顺序，这家韩国的商业银行排名紧随在日本、中国的大银行之后，成为亚洲第13大的商业银行。第三，允许向外资出售金融机构，比如，韩国的“第一银行”被美国的“新桥资本”收购；“德国商业银行”以参股方式加入“韩国外换银行”等。

在对商业银行的监管职能分工方面，韩国的中央银行，也就是“韩国银行”的主要职能被一分为二，除了韩国银行外，1998年以后还陆续成立了“金融监督院（FSS)”、“存款保险公司(KDIC)”等新机构，韩国央行只负责宏观政策调控和货币政策的制定与调整，从央行分离出的金融监督院负责对所有商业银行的经营进行核批、检查及监督管理，由存款保险公司对包括外资银行在内的经营性金融营业机构收缴保险费。

> 但韩国的做法与美国的做法有一些区别：第一，当金融机构倒闭时最高保兑金额为5千万韩元（约合4.2万美元），为美国的40%左右。第二，存款保险按照存款的0.1%比例收取。此外，商业银行还需要按照资本金的1%一次性交纳“贡献费”。
>
> 从美国和韩国金融体制在经济（金融）危机后所发生的变化看，将商业银行的监督管理职能从央行分离出来，成立专门的银行监督管理机构和存款保险公司无疑是金融体制改革的一种正确的选择，这种体制要求商业银行的管理者必须认真地、全力以赴地管理好自己所经营的银行，否则，该企业就不能继续存在。但是，由于国家制度及外部的政治经济环境有区别，各国的金融体制改革也要根据实际的国情及外部环境制定相关政策及法律，因为各国经济转型时的经济基础不一样，金融监管体制的完善和商业银行结构的转型的正确方法和所需要的时间只有通过实践才能得到验证。[①]

从美国联邦存款保险公司回到酒店后，我一直在想，美国从1980年开始加快了金融自由化的步伐，因此，一个国家在其经济、金融发展到一定阶段后，建立或完善存款保险制度就显得非常紧迫和必要了。毋庸置疑，美国联邦存款保险公司为美国经济发展起到了保驾护航的作用。1980～1994年，FDIC处置破产银行的费用达到363亿美元，政府为保障存款支付动用税金1321亿美元。1989～1995年，国会拨款达到1700亿美元用于处置银行不良资产。FDIC的处理方式有存款清偿（deposit pay off）、购买承担（purchase and assumption）、存款转移（deposit transfer）和公开救助（open bank assistance）等。在联邦存款保险基金于1934年1月1日生效时，被接纳的银行有13201家，其中12987家为商业银行，214家为互助储蓄银行，分别占全部商业银行和互助储蓄银行的90%和36%。[②]在美国，

① 杭琛：《美国联邦存款保险公司监管体制的发展及影响》，载《建设银行报》，2005－02－03。

② FDIC file.

与其他联邦一级的金融监管机构相比，FDIC 的使命更特殊，任务更繁重，除了评估和征收保费外，FDIC 的主要职责权限集中表现在对成员机构的监管、对问题机构和倒闭机构的处理。其职责包括：（1）对成员机构，尤其是非联储会员银行进行监督和管理；（2）负责审批、审核投保机构的资格申请及资格保留；（3）对成员机构业务报表定期进行检查；（4）对问题机构要求整改、提供流动性资助；（5）安排清算、进行赔偿。

在分析美国 FDIC 的情况后，可以看出存款保险是以政府强制力作为后盾，集合全体具有吸收存款功能的金融机构的力量以维护存款人的利益，使金融机构免于受到个别金融机构的破产倒闭的波及，从而达到维护国家金融秩序稳定的功效。金融机构参加存款保险不仅仅是为了一己之利，其意义远远超出商业本身。但金融机构提出投保申请也是有严格准入条件的，FDIC 会从六个方面进行审核。第一是申请金融机构的历史和现状如何？第二是未来盈利前景如何？第三是资本充足率方面及资本结构构成情况。第四是银行管理水平及特色。第五是检查银行为社区提供服务的质量和金融机构在当地存在的必要性等。第六是银行执行存款保险法的态度。

总之，建立存款保险制度能推动政策性金融机构改革，健全国家金融机构风险处置机制，加快发展多层次资本市场，推进股票发行注册制改革，规范发展债券市场等。存款保险契约的强制性不仅体现在投保、承保方式的强制性，也体现在存款保险的许多内容都是由法律强制规定的，不允许当事人任意变更。存款保险契约的基本要素包括保险标的、保险价值、保险金额、保险事故、保险费率与保险费、保险期限等。FDIC 的保险基金来源于五个方面：（1）资本金。FDIC 在成立时，财政部和联邦储备银行共出资 2.89 亿美元，已由 FDIC 在 1948 年底全部偿还，并于 1950 ~ 1951 年支付了 8100 万美元的利息；（2）成员机构缴纳的保费，是美国联邦存款保险公司的一种稳定收入。1961 年前与 1987 ~ 1995 年，保费收入是 FDIC 的第一来源。由于经济状况等原因，在 1961 ~ 1986 年，投资收益成为第一来源；（3）投资收入和其他收入；（4）发行债券；（5）借款。

银行保险基金可向财政部和联储借款300亿美元（限额），可从市场借入400亿美元的ST资金（短期拆借）。FDIC保险基金支出和运用主要有六项：（1）存款赔付；（2）对于收购破产机构的购买方提供贷款；（3）FDIC的管理费；（4）向成员机构提供流动性资金救助；[①]（5）投资，即允许FDIC购买国债、中长期政府债券；（6）现金和存款。

在美国，单就商业保险而言，当事人对保险契约的诸要素均可依契约自由的原则，在平等、自愿的基础上协商确定。在存款保险契约中，这些都是由存款保险法律、法规做出统一的规定，既不允许当事人自由协商，也不允许当事人随意变更。根据有关法律，各存款机构作为投保人，按一定存款比例向其缴纳保险费，建立存款保险准备金。当成员机构发生经营危机或面临破产倒闭时，由存款保险机构向其提供财务救助或直接向存款人支付部分或全部存款，从而保护存款人的利益，维护银行信用，稳定金融秩序。根据美国有关法律，申请破产的银行偿付资产按照以下顺序支付：（1）破产管理费；（2）存款人，包括被FDIC保险的存款人；（3）一般债权人；（4）次级债权人；（5）股东。

我认为，中国需要加速推进这项制度的建设。实际上，我国在存款保险制度建设进程中，在过去的几年时间里，各方面都已做了大量的工作。2012年7月16日，中国人民银行在其发布的《2012年中国金融稳定报告》中称，中国推出存款保险制度的时机已经基本成熟。2013年，中国人民银行又在其发布的《2013年中国金融稳定报告》中呼吁，建立存款保险制度的各方面条件已经具备，内部已达成共识。2014年1月，中国人民银行在其工作会议上表示，存款保险制度各项准备工作基本就绪。2014年11月，我国《存款保险条例（征求意见稿）》发布，其中规定，存款保险实行限额偿付，最高偿付限额为50万元人民币。同时，还确定了相关定义。其实，美国联邦存款保险建立之初对所有存款机构的保险上限在1936年仅为5000美元，15年后上调至10000美元，1966年提高到15000美元，

① 1960年国会授权FDIC在成员机构出现流动性困难时，可向其提供贷款，帮助其渡过难关。

1980 年增至 10 万美元，10 万美元持续了 20 多年，现在是 20 万美元。[①]因此，我国 50 万元人民币的最高偿付限额会延续多少年还有待时间的检验。这取决于国民财富积累、居民收入水平和物价水平的变化。

我们看到，今天 FDIC 有权对所有成员机构进行监管，但主要监管对象是不属于美联储体系的近万家州特许商业银行和互助储蓄银行，美国各州还建有州银行监管机构。经过近百年的演变，如今 FDIC 的组织架构是一家真正的、独立的联邦机构，其董事会的五名董事均由总统任命，任期六年，总统不能随意撤换董事会成员。FDIC 只对国会负责，任命需得到参议院同意。由总统任命的 FDIC 董事会主席下设四个办公室、五个事务部。这四个办公室分别是总裁办、对外关系办、人事管理办、公平就业办。五个事务部为检查与监督事务部、清算事务部、法律部、研究部及规划部。检查与监督事务部和清算事务部的工作人员占 FDIC 全员的 80%。

通过这次美国实地考察，我认为，从全球视角看，建立存款保险制度可有效提高金融体系的稳定性，有利于防范金融风险，维持正常的金融秩序。在当今经济金融全球化的背景下，金融危机或风暴会严重影响发生国经济的正常运转和社会安定，给国际金融市场带来巨大冲击。因此，我们需要这种制度安排。国际经验表明，建立存款保险制度是防范金融风险的有效选择之一。

从美国的实践看，由于存款保险公司负有对问题银行承担保证支付的责任，它必然会对投保银行的日常经营活动进行一定的监督、管理，从中发现隐患所在，及时提出建议和警告，以确保各银行都会稳健经营，这实际上增加了一道金融安全网。同时，由于存款保险公司可以通过对问题银行提供担保、补贴或融资支持等方式对其进行挽救，或促使其被实力较强的银行兼并，减少社会震荡，可以对公众心理预期产生积极作用，从而促进金融体系的稳定和社会的安定。建立存款保险制度不仅有利于保护存款人的利益，也增强了银行信用，可提高社会公众对银行体系的信心。银行

---

① FDIC file.

作为信用中介，基本特征是高风险性和不稳定性，即银行大部分资金是以负债的形式吸收的机构和个人存款，自有资金只占全部资本的小部分，在经营管理不善或其他因素作用下导致不能按时清偿债务时，就易引起银行信用危机。如果建立了存款保险制度，当实行该制度的银行不能支付存款人的存款时，投保银行可按照保险合同条款从存款保险机构那里获取赔偿或取得资金援助，或被接收、兼并，存款人的存款损失就会降低到尽可能小的程度，可有效保护存款人的利益。存款保险制度虽然是一种事后补救措施，但它的作用在事前也有体现。当公众知道银行已实行了该制度，即使银行真的出现问题时也会得到相应的赔偿，这从心理上给了他们以安全感，从而可有效降低那种极富传染性的恐慌感，进而减少了对银行体系的挤兑。

存款保险制度还能促进银行业适度竞争，为公众提供质优价廉的服务。大银行由于其规模和实力往往在吸收存款方面处于优势，而中小银行则处于劣势地位，这就容易形成大银行垄断经营的局面。而垄断是不利于消费者利益的，社会公众获得的利益就会小于完全竞争状态下的利益。存款保险制度是保护中小银行，促进公平竞争的有效方法之一。它可使存款者形成一种共识，将存款无论存入大银行还是小银行，该制度对其保护程度都是相同的，因此提供服务的优劣，将成为客户选择存款银行的主要因素。

在金融市场发育不完善、金融监管手段和方法相对滞后的背景下，实行强制性存款保险制度实际上也是对商业银行发展的一种强制性保护。建立存款保险制度有利于我们革新传统观念，提高公众风险意识。长期以来，在计划经济体制模式下，中国的银行储蓄存款不仅没有风险，而且收益可观，一直是人们投资的首选渠道。

我认为，建立存款保险制度有利于加强我国中央银行的监管力度，减轻中央银行的负担。从美国联邦存款公司的实践看，存款保险的目的要求存款保险公司要对日常的银行经营活动进行监督，定期对银行的财务状况进行检查，审查其上报的统计报表和账目。当银行管理不善或经营违法、风险较大的业务时，存款保险公司可以提出警告，勒令整改，帮助银行渡过难关，或促成其他银行的并购，从而实现中央银行的监管意图。所以，建立存款保险制度，不仅是利率市场化的要求，而且是全面深化改革的重大举措，对经济转型有重要意义。

第一，有利于促进融资结构优化，为资本市场注入新活力。近年来，虽然我国直接融资比例有所提高，但在融资结构中的占比仍然较低，资本市场发展相对落后。存款保险制度的推出将促进直接融资发展，为资本市场带来重大利好。存款保险公司既是保险机构，又是投资机构，其掌握的巨额存款保险基金需要投入资本市场来实现保值增值，为资本市场发展带来难得机遇。对银行而言，利差收窄、风险加大等因素将迫使银行加大金融创新力度，经营方式从主要发放信贷资产迈向全资产经营，深度介入资本市场。对居民而言，银行存款脱离国家信用保护会导致一些居民存款从银行体系流入资本市场，存款保险制度将改变社会资金在信贷市场和资本市场的分布，促进资本市场的繁荣和多样化发展。

第二，有利于改变商业银行传统经营理念，倒逼银行业加快改革创新。当前，我国商业银行“大而不强”的问题仍然突出，特别是业务范围趋同、产品服务相近、竞争同质化、盈利模式单一等问题比较严重。我国存款保险制度的出台，意味着国家不再为商业银行兜底，同时也将推动利率市场化、互联网金融、资本市场的发展，金融脱媒将进一步加快，对商业银行构成前所未有的挑战，以往坐享利差收入、依靠信贷扩张来增加利润的传统发展路径已不可持续。因此，我国的商业银行亟需改变经营理念，加快改革创新步伐。特别是大型商业银行要告别“跑马圈地”、铺摊子式的机构扩张思路，不断优化产品结构，加快综合化经营发展步伐，提高对广大客户的跨市场、多元化金融服务能力，加快从传统融资中介向全能服务中介转变。美国的经验值得我们研究。

第三，有利于改变居民资产配置结构，扩大直接投资和消费。我国储蓄率长期保持较高水平，一般发达国家的储蓄率为12%～15%，美国更低，而我国的储蓄率为45%～60%。所以，我国在经济快速发展的初级阶段，高储蓄支撑高投资，成为经济增长的巨大动力。但进入新常态后，经济增长将从要素驱动、投资驱动转向创新驱动、消费驱动，储蓄率过高不利于经济转型。因此，可以说建立存款保险制度将改变我国居民对银行存款的再认识，不断促进居民改变资产配置结构，把一部分银行存款转化为直接投资或消费。

访问美国金融业监管局

按照乔治城大学的课程安排，2014 年 7 月 16 日下午，我们全班同学来到美国金融业监管局学习。在入口处，我看到这家机构的英文全称是 Financial Industry Regulatory Authority，缩写为 FINRA。金融业监管局的奈莉玛·帕高柯（NileemaM. Pargaonker）女士和斯考特·汉森（Scott W. Hanson）先生热情地接待了我们。帕高柯女士是该局负责国际事务的局长，汉森先生是美国金融业监管局的高级分析师。

金融业监管局坐落在美国首都华盛顿特区西北大道 1735K 街 20006 号，成立于 2007 年，由美国证券交易商协会（NASD）和纽约证券交易所监管局（NYSE Regulation, Inc.）合并发起成立，NASD 是美国最有影响的证券业自律组织。

帕高柯局长介绍时说，金融业监管局的前身是成立于 1939 年的美国证券交易商协会。1971 年，美国证券交易商协会创立了全美证券商协会自动报价系统（NASDAQ）。1998 年，全美证券商协会自动报价系统与美国证券交易所（AMEX）合并，两年后，全美证券商协会自动报价系统脱离美国证券交易商协会，变成了一家独立的机构——简称为“纳斯达克”。

“纳斯达克”自动报价系统独立后，2007 年在美国证监会（SEC）的协调下，美国证券交易商协会与纽约证券交易所的监管、执行和仲裁等部门开展了合并，演变成现在的“美国金融业监管局”。2007 年 7 月 26 日，该局获得美国证券交易委员会正式批准，开始独立行使其监管职能。

汉森补充说，美国金融业监管局成立的宗旨是保护所有在美国投资的个人，不论投资何种金融产品，从贷款买房到投资公司的运作，投资人都能得到应有的权利保护和利益保障。美国金融业监管局的监管范围涵盖了证券业的整个流程。该局从证券从业机构的注册、经营牌照的核发、投资者教育到行业法律法规的制定等都进行全方位的管理。比如这家机构通过提供交易报告（trade reporting），使它的监督管理透明、合法。

我发现，美国金融业监管局作为美国证券场外市场的自律监管组织（SRO），接受美国证券交易委员会的监管，类似我国的证券业协会，它是美国最大的、独立的非政府证券业自律监管机构。截至2014年6月末，美国金融业监管局共有员工3200名，主要工作地点在华盛顿特区和纽约市。此外，在美国其他州，金融业监管局还设有20个地方办事处，监管对象包括4100家经纪公司、16.1万家分公司和63.6万名注册证券代表。[①] 美国金融业监管局的主要功能是负责场外交易市场的交易行为以及投资银行的运作。

帕高柯局长强调说，美国金融业监管局的重要职能是通过法律法规的制定、先进的技术支持与服务、透明化的管理，达到有效的监管目的。比如监管局通过加强对投资者的教育，使其利益受到保护。通过对机构和经营人的监督，树立市场诚信。FINRA的产生是美国金融市场向“自我监管”模式迈出的重要一步。

我的一位美国朋友告诉我说，在投资者心目中，美国金融业监管局是美国境内保护消费者利益的专业金融服务机构，既负责制定有关法规，也监督机构的行为，还教育引导投资人作出正确投资判断。因此，它被美国人称之为“经纪人与交易对象（broker - dealers）之间的风险防范的第一道有效防线”。

在日常工作中，金融监管局通常通过对从事证券业的券商和职业经理人进行监督，在“事前”和“事中”就能纠正一些违规行为，在“事后”也能做到足以引起机构重视的有效处置，规范了机构的从业行为，保护了投资人的合法权益。与我国证券业协会比较，美国金融业监管局不仅仅是

① FINRA提供的课堂资料。

发牌照的机构和游戏规则的制定机构，它有权对触犯法律法规的机构和个人直接处以罚款、收回经营牌照。证券从业公司若没有受其他自我监管机构（Self－regulatory organization）的监管，则必须成为美国金融业监管局的监管对象，受金融业监管局的监管。

与金融消费者保护局一样，美国金融业监管局的另一大作用是对投资者进行教育，他们通常采取媒体宣传和召开研讨会等多种形式进行教育引导，帮助投资者了解金融知识，熟悉投资工具。此外，FINRA 接手原“NASD 投资者教育基金”，并将其更名为“金融业监管局投资者教育基金”。人们可从金融业监管局的网站查看到为投资者提供的大量咨询信息，这些信息可帮助投资者规避风险。

美国金融业监管局既是法律法规的制定者，也是法律法规执行过程中的监督者和执行者，FINRA 管理透明、执法严格。在对经营性机构的检查中，美国金融业监管局对于机构的违规处罚不留任何情面，比如在 2013 年，它就对美国全国 4100 家机构中的 1488 家进行了检查，罚款总金额达到 6000 万美元，注销了 24 家公司的牌照，对 38 家公司要求停业整顿，取消了 429 人的证券从业资格，对 670 人做出了暂时停业的处理。[①] 每一年美国金融业监管局都要现场检查 1000～2000 家机构，有 4000 多家机构每 4 年时间里至少要受到一次美国金融业监管局工作组的现场检查。由此可以看出，FINRA 的工作量是很大的，而且效率很高。

帕高柯局长举了一个例子：在 2014 年 7 月，美国银行旗下的证券交易公司美林证券在金融业监管局监督下承认了违法使用相关数据进行卖空操作，并同意为此行为支付罚款。后来，美国证券交易委员会与美林证券达成的和解协议包括 900 万美元的罚款，退还非法所得 157 万美元以及 33.5 万美元的判决前利息，在和解协议中，美林证券还被要求雇佣独立的合规顾问。美国证券交易委员会之前对美林证券发起的调查主要集中在是否违反名为 SHO 的监管规定。

---

① Presentation Copyright FINRA. P. 15.

SHO是针对卖空操作的重要监管法规，卖空者一般先借取股票然后卖出，预期股票会下跌，然后再以更低价格买回股票获取差价。一般来说，客户会要求其经纪人帮助确定可以进行卖空操作的股票，经纪人然后就为客户准备好所谓的“容易借取”的股票名单。

在对美国银行的检查中，美国证券交易委员会曾指出，一些被美林证券放在“容易借取”名单中的股票变得不再容易借取时，尽管该公司的经纪人不再使用这份名单，交易执行平台的程序依然在使用过期的信息处理卖空订单。美国证券交易委员会表示，当证券公司的雇员确认股票不再容易借入时，应当在第一时间将这一信息公布在公司的系统中，但美林证券的上述系统缺陷导致其仍在使用24个小时之前的信息。而美林证券解释说，在美国证券交易委员会启动调查后已经采用新的系统。事件发生后，美林证券通过采取措施来改善与卖空操作有关的内部管控体系。可见，系统建设与管理在金融机构的运行中是非常重要的。

综上所述，监管局是针对美国所有证券公司进行管理的最大且独立的监管机构，它通过有效监管，不断完善法律法规，使市场交易趋于公平。它通过其服务手段和工具，为投资者和企业规范运作提供了全方位的服务。同时，它负责处理解决争端，效果明显。

目前，这家机构共有12个主要部门，分别是综合事务部、员工行为管理部、市场规则管理部、广告宣传部、技术服务部、争端处理部、国际事务部、反欺诈部、法规执行部、风险管理与战略部、投资者教育部和透明化管理服务部等。

美国金融业监管局在美国金融监管体系中的角色如下图所示。①

FINRA名片背面印有“Investor protection. Market integrity”字样，中文意思是“投资者保护、市场诚信”。从中可以看出这家机构的定位和服务宗旨。实践中，FINRA认识到网络具有信息公开、查询便捷、传播广泛等特点，因此，它充分利用网络平台开展投资者教育宣传工作。

① http：//www. finra. org.

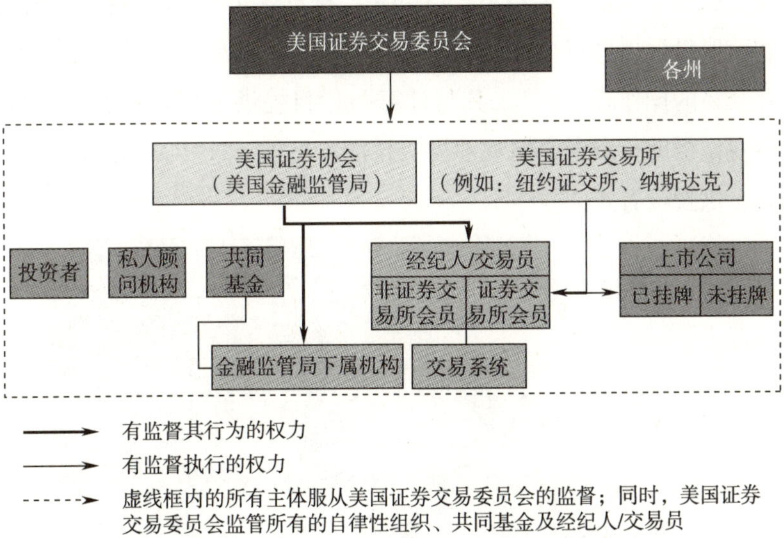

美国金融业监管局在美国金融监管体系中的角色

我打开 FINRA 网站看到，关于投资者教育信息主要有三级栏目（column）。一级栏目为“投资者信息（investor information）”；二级栏目为“投资者警示（investor warning）”、“投资者选择（decision making）”、“投资者保护（investor protection）”、“市场与交易（market & dealing）”、“明智投资（intelligent decision）”、“工具与计算（tools & calculator）”等栏目；三级栏目为二级栏目的详细内容。从栏目设置可以看出，FINRA 投资者教育的重点是向投资者提供丰富的信息，帮助他们做到明白投资、规避风险。FINRA 网站的“投资者警示”栏目，做到了密切跟踪市场情况，就市场中出现的各种涉嫌违规、违法行为发布公告，提醒投资者不要上当受骗，指导投资者识别此类风险。这一点值得借鉴。

目前，FINRA 网站“投资者警示”栏目公布了 NASD 自 2001 年 11 月 1 日以来发布的 39 份投资者警示函，以及其他相关机构发布的 20 份投资者警示函。FINRA 还通过“投资者选择”、“明智投资”等栏目，介绍各种金融产品特性、提醒投资者决策时应考虑的因素和注意事项等，协助投资者作出符合自身资产状况、投资理念、理财需求的投资决策。

在“投资者保护”栏目下，FINRA 向投资者介绍中介机构、提供投诉渠道和获取投诉援助资金方面的信息等。“市场与交易”栏目介绍了市场情况及交易的操作程序。“工具与计算”栏目提供了金融分析工具和虚拟投资游戏，帮助投资者掌握基本投资技能。另外，FINRA 网站提供电子金融词典，供投资者查阅。

作者在“美国金融业监管局”留影

在国际货币基金组织总部

在美国学习期间，我特别高兴能够来到位于华盛顿特区西北区19街700号的国际货币基金组织总部学习和交流。

国际货币基金组织的英文是International Monetary Fund，简写为IMF。根据1944年7月在布雷顿森林会议签订的《国际货币基金协定》，IMF于1945年12月27日在华盛顿成立。IMF与世界银行同时成立，并列为世界两大金融机构之一，其职责是监察货币汇率和各国贸易情况，提供技术和资金协助，确保全球金融制度正常运作。

我对国际货币基金组织的认识与了解，应该说是从1997年亚洲金融危机时开始的。当时，我在中国建设银行韩国汉城代表处担任首席代表。那一年，根据IMF的主要职能之一，即对发生国际收支困难的成员国在必要时提供紧急资金融通，避免其他国家受其影响。[①] 国际货币基金组织给韩国提供了580亿美元的贷款，但是，韩国百姓并不买账。韩国民众认为，当年韩国的经济危机是由国际货币基金组织“一手导演”的。1997年的韩国，大小商店门口都贴上了IMF字样的标语，表达了人们对IMF的愤怒与不满。韩国百姓认为，他们不需要IMF的贷款帮助，韩国人有一种强烈的民族主义精神。

1997年9～12月，当时的国际货币基金组织总裁米歇尔·康德苏（Michel，Camdessus）频繁来到韩国，与韩国政府商讨给韩国提供的借款计划，但是韩国民众不接受，经常上街抗议游行。

当时，韩国金大中政府认为，在国家外汇储备大量减少后，要想维护

---

① IMF章程。

1997 年亚洲金融危机时，韩国人上街游行抗议

国家的稳定与发展，使韩国从国家破产的边缘重新走回正常轨道，韩国除了向国际组织借款外，已经没有其他的选择了。[①] 所谓的国际组织，包括国际货币基金组织、世界银行和亚洲开发银行。韩国政府政治人士认为，能借来钱就说明韩国在国际政治中角色的重要性，他们认为，韩国扮演这样的角色是亚洲任何一个国家都无法取代的，这不仅仅是经济本身的问题。但韩国民众认为，IMF 给韩国借款附加的条件过于苛刻，会使韩国经济背上沉重的负担。那个时期，经常可以看到韩国人上街游行，我经常在下班时被堵在办公室的大楼内。

乔治城大学接送我们的汽车停稳后，当我站在 IMF 大楼外时，一直在想，我一定要珍惜这次能亲自来 IMF 交流的机会。或许我与其他学员的想法不一样，因为我亲身经历过 IMF 帮助韩国度过了金融危机。我的问题包括：（1）韩国出现金融危机，IMF 能立即给予援助的考虑是什么？若是其他“非完全市场经济”国家出现金融危机，IMF 会怎样做呢？（2）从以往的经验看，IMF 在评估某国经济危机时，得出的结论并不一定正确。比如，当年给韩国提供 580 亿美元贷款后，没有想到韩国在 10 个月内就提前把借

① 《金大中谈经济》，延世大学出版社，1998。

款归还，IMF 没有按照原合同获得谈判时强加在韩国头上的“理想”回报。IMF 官员回答说：“我们没有说过 IMF 的判断都是正确的”（会议室发出一片笑声）。（3）能否给我们简要介绍一下 IMF 的组织形式、IMF 的议事规则以及决策程序等。

负责接待我们的国际货币基金组织亚洲及太平洋部的史蒂夫·巴奈特（Steve Barnett）先生介绍说，IMF 于 1946 年 3 月正式成立，成立时总部就设在美国首都华盛顿。1947 年 3 月 1 日开始工作，1947 年 11 月 15 日成为联合国的专门机构。但 IMF 在经营上是独立的。IMF 的最高权力机构为理事会，由各成员派正、副理事各一名组成，一般由各国的财政部长或中央银行行长担任。每年 9 月举行一次会议，各理事会单独行使本国的投票权，各国投票权的大小由其所缴基金份额的多少决定。

史蒂夫·巴奈特在向学员介绍 IMF

IMF 理事会的主要职权是：批准接纳新的成员国；批准 IMF 的份额规模与特别提款权的分配，批准成员国货币平价的普遍调查；决定成员国退出 IMF；讨论有关国际货币制度的重大问题。理事会通常每年开一次年会，一般同世界银行理事会年会联合举行。

IMF 的日常工作由执行董事会负责，行使理事会委托的权力。IMF 的董事会由 24 名执行董事组成，其中 8 名由美、英、法、德、日、俄、中、沙特阿拉伯指派，其余 16 名执行董事由其他成员分别组成 16 个选区选举产生。中国为单独选区，占有一席。IMF 的执行董事每两年选举一次；总裁由执行董事会推选，负责基金组织的业务工作，任期 5 年，可以连任。

IMF 执行董事会的职权主要有：接受理事会委托定期处理各种政策和行政事务，向理事会提交年度报告，并随时对成员国经济方面的重大问题，特别是有关国际金融方面的问题进行全面研究。执行董事会每星期至少召开三次正式会议，履行基金协定指定的和理事会赋予它的职权。当董事会需要就有关问题进行投票表决时，执行董事按其所代表的国家或选区的投票权进行投票。

IMF 由国际货币金融委员会、理事会和 IMF 及世行联合发展委员会组成其最高决策层。理事会下设执行董事会，有一个独立的董事会协助执行董事会工作。董事会下设总裁一名，另有三名副总裁。IMF 设有 8 个处，分别是：技术辅助管理处、内部审计及监察处、预算及计划处、投资管理处、区域机构管理处、特殊业务管理处、信息及联络处、综合支持部等。

IMF 的宗旨是通过一个常设机构来促进国际货币合作，为国际货币问题的磋商和协作提供方法；通过国际贸易的扩大和平衡发展，把促进和保持成员国的就业、生产资源的发展、实际收入的水平等作为经济政策的首要目标；稳定国际汇率，在成员国之间保持有秩序的汇价安排，避免竞争性的汇价贬值；协助成员国建立经常性交易的多边支付制度，消除妨碍世界贸易的外汇管制；在有适当保证的条件下，IMF 向成员国临时提供资金援助，使其有信心利用此机会纠正国际收支的失调，援助不会危害受援国的国家利益；按照以上原则，帮助缩短成员国国际收支不平衡的时间，减轻不平衡的程度。

IMF 有其独特的议事规则，IMF 的议事规则很有特点，执行加权投票表决制。投票权由两部分组成，每个成员国都有 250 票基本投票权，以及根据各国所缴份额所得到的加权投票权。由于基本票数各国一样，因此，在实际决策中起决定作用的是加权投票权。加权投票权与各国所缴份额成正比，而份额又是根据一国的国民收入总值、经济发展程度、战前国际贸易幅度等多种因素确定的。

加入国际货币基金组织的申请，首先由基金董事局审议。之后，董事局会向管治委员会提交“会员资格决议”的报告，报告中会建议该申请国可以在基金中分到多少配额。管治委员会接纳申请后，该国需要修改法律，确认签署的入会文件，并承诺遵守基金的规则。而且会员国的货币不能与黄金挂钩（不能兑换该国储备黄金）。成员国的“配额”决定了一国的应付会费、投票力量、接受资金援助的份额，以及特别提款权的数量。

1980 年 4 月 17 日，国际货币基金组织正式恢复中国的代表权。中国当时在该组织中的份额为 80.901 亿特别提款权，占总份额的 4%。[①] 2010 年 11 月 6 日国际货币基金组织执行董事会通过改革议案，中国份额占比计划从 4%升至 6.39%。中国自 1980 年恢复在国际货币基金组织的席位后，单独组成一个选区并指派一名执行董事。1991 年，该组织在北京设立常驻代表处。

特别提款权（special drawing right，缩写为 SDR）是国际货币基金组织创设的一种储备资产和记账单位，亦称“纸黄金（Paper Gold）”。它是基金组织分配给会员国的一种使用资金的权利。会员国在发生国际收支逆差时，可用它向基金组织指定的其他会员国换取外汇，以偿付国际收支逆差或偿还基金组织的贷款，还可与黄金、自由兑换货币一样充当国际储备。但由于其只是一种记账单位，不是真正货币，使用时必须先换成其他货币，不能直接用于贸易或非贸易的支付。因为它是国际货币基金组织原有的普通提款权以外的一种补充，所以称为特别提款权。特别提款权不是一种有形的货币，它看不见、摸不着，而只是一种账面资产。2011 年 1 月 1 日，IMF“一篮子”货币在特别提款权中所占的比例分别为美元（41.9%）、欧元（37.4%）、日元（9.4%）、英镑（11.3%）。[②] 2015 年 11 月 30 日，IMF 总裁拉加德宣布将人民币纳入特别提款权货币篮子，该决定于 2016 年 10 月 1 日正式生效。这标志着人民币将成为第五大国际

① IMF 官网。

② IMF 官网。

货币。

【日记】 2014年7月17日 星期四 多云

今天课堂上涉及的内容太多了，而时间根本不够用，回到学校后，我查阅了大量的有关国际货币基金组织的资料。因此，关于IMF的作用，我还想多说两句话，我把对IMF的理解，只能写在日记里。

根据1944年签订的《国际货币基金协定》，IMF于1945年12月成立，迄今共有10位欧洲人出任IMF总裁，其中包括4位法国人。前法国女财长拉加德现在是IMF的总裁，她于2011年6月28日宣布就职。巧合的是，1997年处理韩国金融危机的IMF总裁康德苏也是法国人。两位总裁，我都有机会见到。

虽然IMF总裁不是美国人，但IMF从建立之初起，它的管理权就一直在以美国为首的西方国家手中。美国是IMF的最大股东，占有17.69%的份额。

IMF这种以经济实力划分成员国发言权和表决权的做法与传统国际法的基本原则显然是背离的，已经引起了不少国家尤其是发展中国家的不满。据一份统计资料显示，基本投票权曾经超过IMF所有投票权的15%，但由于IMF的扩大，现只占总数的2%。2010年IMF执行董事会通过改革议案，中国的份额计划由4%升至6.39%。

在韩国工作时，我有时候去高校讲课，经常被学生们问到一个问题，“IMF与世界银行之间是什么关系?”、“世界银行与IMF有什么区别?”这次来美国学习，通过对机构的拜访，查阅大量资料后，基本找到了答案。

首先，两者的目的不同。

IMF是为了调整国际货币关系而建立的，其宗旨：一是向会员国提供短期（3~5年）贷款，以平衡其国际收支的逆差，但是这与一般的商业贷款不同，具有较为苛刻的条件和鲜明的政策性，例如，1997 年亚洲金融危机爆发后，国际货币基金组织成为国际金融领域重要的协调和仲裁者，对各国进行了经济援助和干预；二是促进各国间的货币合作，维持国际经济的稳定。

而世界银行是一个主要协调对发展中国家长期贷款和投资而产生的国际金融组织，其宗旨是对发展中国家的成员国提供长期（一般为 50 年）贷款和投资，以促进其经济的发展和生产水平的提高。

其次，两者的作用不同。

国际货币基金组织对国际金融和经济危机的防范起到了积极作用，在指导会员国摆脱国际收支困境方面发挥了巨大的作用，如 1997 年的亚洲金融危机，该组织向泰国、印度尼西亚、韩国提供了 1000 多亿美元的贷款，使之减轻和摆脱了国际收支的困难状况，使亚洲经济秩序得以恢复正常。世界银行在一定程度上促进了发展中国家的经济发展，通过对会员国中的发展中国家的政府或政府担保的私人企业提供贷款和技术帮助，对发展中国家的基础工业以及农业的发展起了促进作用，如中国自 1981 年起，多次获得世界银行的贷款，在西部大开发、农业经济结构调整、教育事业的发展等方面，取得了良好效果。所以，对于深陷金融危机的冰岛、巴基斯坦等国家来说，要稳定本国货币体系，应向国际货币基金组织申请贷款，逐渐摆脱国际收支的困境。而像我国在四川汶川大地震后，大规模的基础设施需要重建，急需大量资金，我国又是发展中国家，所以可以向世界银行申请贷款。

长期以来，世界银行这个名称一直是用于指国际复兴开发银行（IBRD）和国际开发协会（IDA）。这些机构联合向发展中国家提供低息贷款、无息贷款和赠款。今天它的主要任务是资助国家克服贫困，在减轻贫困和提高生活水平的使命中发挥作用，为发展中成员国提供长期贷款。世界银行不是银行，而是一个专门机构，拥有180多个成员国，这些国家对世界银行资金的筹措和使用共同负责。而国际货币基金组织是联合国的专门机构，是政府间国际金融组织，它与世界银行一起成为世界两大金融机构，其功能是协调和稳定汇率，或者说是监察汇率的变化，主要工作是记录各国之间的贸易数字和各国间的债务，并主持制定各国货币经济政策。

作者在国际货币基金组织 logo 墙前留影

与标准普尔公司互动

2014 年 7 月 21 日下午，我们全班同学乘车来到美国标准普尔公司总部学习、参观与交流。

标准普尔公司英文名称为"Standard & Poor's Corporation"，它与穆迪公司（Moody's Investors Services）、惠誉公司（Fitch Ratings）以及达夫和菲尔普斯信用评估公司（Duff & Phelps）是美国乃至世界知名的四大评级机构，它们构成了世界上最权威的信用评级体系（The Ratings System）。通常，它们的评级观点会被各界认可，属于权威性意见。在四大评级公司中，标准普尔公司和穆迪公司在全球金融机构的认可度最高。

标准普尔公司大楼坐落于纽约，NY 10041 区，水门大街 55 号。提起"水门"两个字，下车前，美国司机特意告诉大家这里就是"水门事件"发生的地点。"水门事件"英文应该是"Watergate scandal"，即"水门丑闻"，是美国历史上的政治丑闻事件之一，它对美国本国历史以及整个国际新闻界都有着长远的影响。在美国 1972 年的总统大选中，为了取得民主党内部竞选策略的情报，1972 年 6 月 17 日，以共和党尼克松竞选班子的首席安全问题顾问詹姆斯·麦科德为首的 5 人闯入位于水门大厦的民主党全国委员会办公室，在安装窃听器并偷拍有关文件时，当场被捕。由于此事，尼克松于 1974 年 8 月 8 日宣布辞去总统职务。"水门事件"导致尼克松总统的下台，使其成为美国历史上首位辞职的总统。

我们去的那天，纽约的天气特别热，由于大巴只能停靠在马路的对面，当大家身着正装走到标准普尔公司大厅时，每个人的头上都冒出了汗水。我听到有的学员抱怨说"参观没有必要穿西服、打领带嘛"，看来大家热得够呛。

2014 年 7 月 21 日作者摄于标准普尔公司总部

进入会议室后，介绍人员首先向我们介绍了标准普尔公司的悠久历史。这家公司由亨利·瓦纳姆·普尔先生于 1860 年创立，后来由“普尔出版公司”和“标准统计局”于 1941 年合并而成今天的标准普尔公司。

主讲人接着介绍说，“标准普尔”至今已向全球金融界提供了 150 多年的独立见解。在过去的一个多世纪里，它走过了不平凡的道路、经历了多个里程碑。比如，1906 年成立“标准统计局”（Standard Statistics Bureau），提供了在此之前难以获得的美国公司的金融信息。1916 年“标准统计局”开始对企业债券进行债务评级，随即开始对国家主权进行债务评级。1940 年开始对市政债券进行评级。1941 年“普尔出版公司”与标准统计局合并，合并后成立了标准普尔公司。1966 年麦格罗·希尔公司兼并了标准普尔公司。

“标准普尔”的母公司麦格罗·希尔公司成立于 1888 年，是一家全球信息服务供应商。公司主旨是满足全世界在金融服务、教育及商业信息市场方面的需求，最主要的品牌包括“标准普尔”、《商业周刊》和麦格罗·希尔教育。麦格罗·希尔公司在 34 个国家有 320 个办事处，2002

年销售额达48亿美元。[①] 公司有着引人注目的成长历程。自1997年以来，股东总回报率年均增加12.2%，超过了标准普尔500家公司（-0.6%）以及MHP代理集团公司（MHP's proxy peers groups companies）的年均回报率（6.5%）。[②] 自1992年以来，该公司的市场股本已翻了四倍多。该企业品牌在世界品牌实验室（World Brand Lab）编制的2006年度《世界品牌500强》排行榜中名列第105位，说明其当初实施整合战略是非常正确的。

在金融服务领域，标准普尔是世界上最主要的金融分析及风险评估服务商。在教育领域，麦格罗·希尔教育在美国K-12教育市场中排名第一，并且在高等教育及职业信息方面位列首位。在商业信息领域，该公司通过《商业周刊》及能源、航空及建筑业的主要刊物为全球提供重要的新闻、见解及解决方案。

我在一份介绍资料里看到，2008年，标准普尔评级服务授予及调整评级数量超过11.5万个，授予评级的债务类证券涉及100多个国家和地区，授予评级的债务总规模约2.8万亿美元。……拜访中，我还看到一份标准普尔2009年的数据，当年营业额为26亿美元，员工总数5000人。标准普尔投资技巧的核心是其超过1250人的分析师队伍。世界上许多最顶尖的经济学家都在这支经验丰富的分析师队伍中。标准普尔的分析师通过认真制定统一的标准，确保所有评论和分析方法都是一致和可预测的。

在世界金融圈子里，很多人士都认为标准普尔是创建金融业标准的先驱，因为它最先对证券化融资、债券担保交易、信用证、非美国保险公司的财政实力、银行控股公司、财务担保公司等领域进行了评级。在股票市场方面，标准普尔在指数跟踪系统和交易所基金方面同样具有领先地位。此外，标准普尔还推出了数据库服务，通过把上市公司的信息进行标准化编程处理，使得金融人士能够便利地进行多角度比较。

更值得人们关注的是标准普尔一系列的网上服务遍布世界各地，它的

---

① 2003年“年报”。

② 标准普尔公司提供的课堂资料。

分析、策划可为投资人员提供有效的帮助。根据《标普主权信用评级准则》，决定一国主权信用评级有以下五个主要因素，即：政治制度的有效性与政治风险；经济结构与增长前景；外部流动性与国际投资者头寸；财政表现的灵活性以及债务负担与货币的灵活性。

在指数管理方面，标准普尔拥有久负盛名的基准指数组合，其中美国市场为标准普尔 500 指数，全球市场是标准普尔 1200 指数。全球超过 1.5 万亿美元的资产直接以标准普尔指数为标的，超过 5 万亿美元的资产选用标准普尔指数作为比较基准。因此，无论是从服务范围、还是从营业收入来说，在过去的 150 年里，标准普尔一直扮演着同业领导者的角色。如果用一句话来描述这家机构，那就是，标准普尔是一家专为全球资本市场提供独立信用评级、指数服务、风险评估、投资研究和数据服务的公司，为投资者提供独立的参考指南，作为投资和财务决策的信心保证。

通常，标准普尔评级主要包括七个方面：普尔观点、展望、机构描述、组织管理结构、贷后管理、财务状况、相关评价与分析。

“普尔观点”包括对机构高管人员从业经验的评价及管理架构分析，公司治理结构和风险管理体系，谨慎的管理规定和业务流程，业务所需的 IT 技术，贷后监督与管理，机构在本国的评级排名等。

“展望”要求机构未来发展必须是稳定的，主要是对机构管理团队、员工综合素质、IT 系统进行预判，突出强调了风险管理、不断优化的公司治理结构以及 IT 平台的技术升级。

“机构描述”主要对股东结构和变化进行说明，对企业主营业务进行描述，对企业战略特点和未来业务增长进行描述。

“组织管理结构”包括对企业高管团队的知识评价和行业管理评价。高管人员必须有清晰的战略思维，具有能促进业务发展的明确商业模式。要有良好的公司治理结构和风险管控能力，主要指标管理均能达到预期目标。企业必须重视风险管理、设有合规管理岗位及内审部门，设立专门的信息技术部，制订员工培训计划。

“贷后管理”和“财务状况”包括信贷政策制定、流程管理和资产质量分析等。重点强调了经济环境分析、数据分析、财务状况分析、客户关系维护、逾期贷款管理等。

“相关评价与分析”指参考所在国家、地区的其他机构对企业的评价。

上半场的详细介绍结束后，我在茶歇时一直在想，标准普尔作为世界权威的金融分析机构，不知道他们是为了出于营销大银行客户的目的，还是出于什么其他考虑，在标准普尔公司大楼内，我们受到了热情的款待。接待人员有十几位，交流分上下两个半场，是我们在美国拜访机构中美方出席人数最多、逗留时间最长的一次互动。今天，标准普尔方面安排出席的人员有企业评级业务部的总经理 Helena Song、市场营销部总经理 Matthew Picchioni、全球市场部的高级经理 Jayan Dhru、金融机构评级部资深董事 Qiang Liao、北美保险事业部总经理 Eric Hedman、产品管理部的 Joy Jiang 等人，他们与我们进行了面对面的交流，还送给每位学员一个介绍该公司的 U 盘。

交流时，在谈到当年公司创建宗旨时，Matthew Picchioni 先生说，当年普尔先生出版了《铁路历史》及《美国运河》，并以“投资者有知情权”为宗旨，在美国率先建立了金融信息业。这些都是今天美国行业内最权威的标准，这些标准始终是标准普尔公司严格履行其准则的宗旨。他告诉我说，2011 年，花旗银行首席运营官道格拉斯·彼得森接替了夏尔马的工作，出任标准普尔总裁。

交流中，Matthew Picchioni 先生提及到公司的一段历史。1975 年，美国证券交易委员会（SEC）认可标准普尔为“全美国认定的评级组织”(NRSRO)。在这类评级机构中，标准普尔的员工数是美国四大评级机构中最多的，其经营风格表现在积极拓展市场商机方面，标准普尔对评级结果采取较为公开的态度。2011 年 4 月 18 日，标准普尔把美国长期主权信用评级前景展望由“稳定”下调为“负面”，维持主权信用评级不变，表明公司在评级操作上是公正、公平的（根据《洛杉矶时报》的记载，北京时间 2011 年 4 月 18 日，标准普尔评级服务公司宣布，该机构已经将美国

AAA 信用评级的前景展望由“稳定”调降至“负面”）。“标准普尔”在声明中称，2003 年到 2008 年之间，美国政府总赤字占 GDP 的比例一直都在 2% 到 5% 之间波动，但在 2009 年，美国政府赤字占 GDP 的比例超过了 11%，明显高于大多数拥有“AAA”信用评级的主权国家。①

Matthew Picchioni 先生非常健谈，他继续对我说，长期以来，在美国公募发行的企业债券评级服务中，标准普尔和穆迪公司通常被选定为服务机构。因此，这两家公司被称为“两大”评级机构。记得 1997 年我在中国建设银行韩国汉城代表处担任首席代表期间，正赶上亚洲金融危机，在报刊上我几乎每天都能看到标准普尔公司对韩国商业银行的信用评级，标准普尔从那个时候起就深深地印在我的脑海中。

在 2011 年 4 月 18 日，当标准普尔把美国长期主权信用评级前景展望由“稳定”下调为“负面”后，标准普尔信贷分析师尼古拉·斯万克曾表示：本轮经济危机至今已经两年多时间了，但是美国的决策者们却依然没有就怎样扭转不断恶化的财政状况或解决长期的财政压力达成一致意见。②他的表态，认可了标准普尔对美国经济的判断结果。③ 这位分析师还表示，如果美国两党始终没有达成有意义的协议来解决中期和长期的财政挑战，并且无法在 2013 年年初开始实施他们的减赤措施，那么这将使美国的财政概况显得远低于其他 AAA 级同行。美国财政部当时对此发表评论称，标准普尔的评级决定低估了议员们降低该国债务的能力，并且美国财政部称两党都已经就必须削减赤字达成了一致。这些都说明了标准普尔的影响，其动作备受美国政界关注。

---

① “标准普尔”提供的课堂材料。

② “标准普尔”报告。

③ “标准普尔”的悲观预期是，美国政府赤字在 GDP 总额中所占比例将在 2013 年达 9.1%，净债务在 GDP 总额中所占比例将超过 90%。即使按照最乐观的预期，该机构也认为 2013 年的美国财务状况也将不如其他拥有“AAA”主权信用评级的国家那样好。

标准普尔评级观点影响面大

标准普尔的评估结果覆盖面大、不仅对美国经济影响大，而且对全球金融市场的影响也很大。2012 年 1 月 13 日，公司宣布对欧元区除希腊以外 16 个国家的长期主权信用评估结果，9 个国家被降级，7 个国家维持评级。其中，法国和奥地利分别被下调一级，失去了其最高的 3A 评级；德国维持 3A 评级不变；意大利、西班牙和葡萄牙分别被下调两级。当时，欧元区面临日益蔓延深化的债务危机，在欧元区 17 个国家中，仍拥有“标准普尔”最高 AAA 评级的是芬兰、卢森堡、荷兰和德国；拥有 AA + 的是法国和奥地利；AA 为比利时；AA - 为爱沙尼亚；A + 为斯洛文尼亚；A 为西班牙和斯洛伐克；A - 为马耳他；BBB + 为意大利和爱尔兰；BB + 为塞浦路斯；BB 为葡萄牙；债务状况堪忧的希腊为 CC 级。在全球范围内，拥有“标准普尔”AAA 最高评级的主要国家和地区包括英国、加拿大、澳大利亚、瑞典、瑞士、挪威、丹麦、新加坡、中国香港和列支敦士登。那个时期，标准普尔对全球前三大经济体美国、中国和日本的长期主权信用评级分别为 AA + 、AA - 和 AA - 。

对标准普尔的评级观点也有争议

2011 年 11 月 10 日，标准普尔上演了一场“自摆乌龙”的闹剧，这起乌龙事件触怒了法国、惊慌了欧洲。“标准普尔”先是向全球的客户发布消息说，法国的信用评级已经被下调。大约两小时后，又发表声明澄清法国的信用评级被调整是一条错误的信息，由于技术失误，这一消息被自动散发给了标准普尔的某些客户。标准普尔在事后发表的声明中写道，“由于技术失误，这一消息今日被自动散发给标准普尔的某些客户，消息错误地指出法国的评级已被调整。法兰西共和国的长短期信用评级仍是AAA和A-1+，前景展望稳定”。随后法国财政部发表声明，称法国财长巴洛因（Francois Baroin）已经状告至相关监管机构，即欧洲金融市场监管机构以及金融市场管理局（FMA），要求其对标准普尔这起失误事件的原因和结果进行细致调查。此前，标准普尔曾发布报告警告说，如果欧元区再度陷入衰退，该机构可能剥夺法国的AAA最高评级。在之前G20戛纳峰会上，法国总统萨科齐的底线是，要维护法国的AAA评级。

这一乌龙事件令投资者大为不安，市场人士不禁猜测，在投资者对欧洲主权债务的信心脆弱不堪之际，标准普尔是否已经真的采取了这样激烈的举措？随着这条错误消息传开，欧元兑美元出现贬值，美国股市下挫，法国国债下跌。资金掉转方向，纷纷涌入美国国债和德国国债。标准普尔的澄清声明虽然平复了股市和其他大部分市场，但法国国债价格仅有小幅度回升。因为欧元区的核心国就两个国家，一个是德国，一个是法国，如果是法国被下调评级的话，那么法国的国债收益率有可能会上升，那么欧债危机就会进一步恶化，整个的市场就会非常紧张，因为大家预期欧债危机就无法挽回了，所以当然这是一个非常重大的事件。

当时就有评论说，欧盟各国本来已经因为欧债危机而神经紧张，此时，国际评级大鳄居然“误发”调降法国3A评级的消息，法国的一位官员愤怒地说：“他们说这是一个错误。但是，这非常怪异。这种时候是不能这么搅局的”。交易所的证券交易员们也说，“我们对标准普尔的做法感到震怒。在一个对法国3A评级高度担忧的市场上犯下这种错误，是不负责任和令人震惊的。”

杰富瑞首席欧洲金融经济学家戴维·欧文（David Owen）评论道：“法国3A信用评级被调降一直以来都处于流言蜚语的漩涡中，因此这种错误消息来得真不是时候”。[①]

我认为，经济下滑时，评级机构表态更应谨慎！不管是标准普尔还是

---

① 2011年11月11日，《纽约时报》。

穆迪，以往都是根据自己的评级架构进行评级，由于他们的观点对市场影响很大，比如这次对法国的评级，导致了当事国的强烈抗议。因为评级跟债券收益率、金融市场直接相关，所以对于评级需要有一定的约束，主要是由当事国来进行约束，但现在通过第三方去寻找公道，恐怕不是一个最好的方法。因它的评级方式是公开的，其实涉及各方可以进行一次讨论或者辩论，各抒己见，看看这类机构的评级是否公正。但是，如果要彻底推翻目前的国际评级体系，对市场也未必有利。

标准普尔与中国

2011 年 6 月，标准普尔将中国房地产业的评级展望从稳定下调至负面，理由是信贷趋紧且房地产销售下滑。中国居高不下的房价让许多人望房兴叹。为缓解由此引发的普遍不满，中国政府采取了提高首付、限购和限贷等一系列举措，导致当时那几个月中国主要城市房地产销售低迷，但房价仍相当稳定。从这个例子中看出，深入了解某一个国家的情况，是世界知名评级机构研究的一个课题。

在主权信用评级方面，根据《标普主权信用评级准则》，标准普尔的长期主权信用评级主要分为“投资级”（investment）和“投机级”（speculation），信用级别由高到低。“投资级”分为 AAA、AA、A 和 BBB；“投机级”分为 BB、B、CCC、CC、C 和 SD/D 级。AAA 级表示偿债能力极强，为最高评级。从 AA 级到 CCC 级可加上“+”“-”号，表示评级在各主要评级分类中的相对强度。当债务到期而发债人未能按期偿还债务的即为 D 级，发债人有选择对某些债务或某类债务违约时为 SD（选择性违约）评级。可以看出，标准普尔长期债务评级共设 10 个等级分别为 AAA、AA、A、BBB、BB、B、CCC、CC、C 和 D，而标准普尔的短期债券信用等级，共设 6 个等级分别为 A-1、A-2、A-3、B、C 和 D。在期限管理方面，标准普尔对各主权信用评级推出评级展望和信用观察。评级展望评估长期信用评级的中长期潜在变化方向，一般为六个月至两年。其中，“正面”表示评级有上升趋势，“负面”表示有下降趋势，“稳定”表示基本不会改变，“待定”表示有待决定。信用观察则主要评估短期潜在趋势，一般为90天。信用观察分为“正面”、“负面”和“待定”。

我查阅了一些资料后发现，标准普尔早在1993年就开始在中国市场开展业务，它通过跨境信用评级帮助中国企业、银行业和保险业公司在国际资本市场发行债务。标准普尔参与中国国内评级市场的初期方式是通过与中国领先的本地信用评级机构“上海新世纪”签订技术服务协议，进而共享专业知识与经验。标准普尔指数服务自2004年进入中国市场，与博时基金管理有限公司签订了具有历史意义的协议，授权后者在中国开发基于“标普”500指数的交易型开放式指数基金，从而令中国投资者能够直接跟踪美国股市的表现。标准普尔通过风险管理咨询服务，提供研究数据与分析解决方案，帮助中国金融机构提高自身信用管理水平。标准普尔还通过与中国大型国有控股银行和地区性城市商业银行的紧密合作，开拓中国市场。

标准普尔风险管理咨询服务提供的信用风险工具包括内部评级系统、模板和模型、标准普尔数据、信息和风险管理工具等。

知名评级机构判断的几个因素

标准普尔、穆迪两家评级机构的服务较类似，比如在评价债券级别时，主要考虑了如下几个因素：

（1）公司的财务比率，如负债率、利息倍数、流动比等。因为这些比率可在一定程度上反映公司偿还债务的兑现能力；（2）债券有无担保；（3）债券索赔权的次序；（4）有无偿债基金、偿还期限；（5）企业经营的稳定性。

下面是标准普尔、穆迪两家评级机构对公司债的评级标准对照比较表：

标准普尔和穆迪评级标准对照

<table>
<tr><th>穆迪</th><th>标准普尔</th><th>说明</th></tr>
<tr><td>Aaa</td><td>AAA</td><td rowspan="7">投资值得信赖级别</td></tr>
<tr><td>Aa1</td><td>AA +</td></tr>
<tr><td>Aa2</td><td>AA</td></tr>
<tr><td>Aa3</td><td>AA -</td></tr>
<tr><td>A1</td><td>A +</td></tr>
<tr><td>A2</td><td>A</td></tr>
<tr><td>A3</td><td>A -</td></tr>
<tr><td>Baa1</td><td>BBB +</td><td rowspan="9">投机机会等级</td></tr>
<tr><td>Baa2</td><td>BBB</td></tr>
<tr><td>Baa3</td><td>BBB -</td></tr>
<tr><td>Ba1</td><td>BB +</td></tr>
<tr><td>Ba2</td><td>BB</td></tr>
<tr><td>Ba3</td><td>BB -</td></tr>
<tr><td>B1</td><td>B +</td></tr>
<tr><td>B2</td><td>B</td></tr>
<tr><td>B3</td><td>B -</td></tr>
<tr><td></td><td>CCC +</td><td rowspan="7">风险级</td></tr>
<tr><td>Caa</td><td>CCC</td></tr>
<tr><td></td><td>CCC -</td></tr>
<tr><td>Ca</td><td>CC</td></tr>
<tr><td>C</td><td>C</td></tr>
<tr><td></td><td>CI</td></tr>
<tr><td></td><td>D</td></tr>
</table>

与评级机构交流后的认识

信用评级是一项十分严肃的工作，因为评级机构评估的结果将决定一个企业的融资生命，是对一个企业或证券资信状况的鉴定书。因此，必须具有严格的评估程序加以保证。评估的结果与评估的程序密切相关，评估程序体现了评估的整个过程，没有严格的评估程序，就不可能有客观、公正的评估结果。

看了标准普尔的流程，我觉得评估程序可以分为七个阶段：

一、前期准备阶段（约一周时间）

1. 评估客户向评估公司提出信用评级申请，双方签订《信用评级协议书》。协议书内容主要包括签约双方名称、评估对象、评估目的、双方权利和义务。出具评估报告时间、评估收费、签约时间等。

2. 评估公司指派项目评估小组，并制订项目评估方案。评估小组一般由3~6人组成，其成员由熟悉评估客户所属行业情况及评估对象业务的专家组成，小组负责人由具有项目经理以上职称的高级职员担任。项目评估方案应对评估工作内容、工作进度安排和评估人员分工等作出规定。

3. 评估小组应向评估客户发出《评估调查资料清单》，要求评估客户在较短时间内把评估调查所需资料准备齐全。评估调查资料主要包括评估客户章程、协议、营业执照、近三年财务报表及审计报告、近三年工作总结、愿景战略规划设想、近三年统计报表、董事会记录、其他有关资料等。同时，评估小组要做好客户情况的前期研究。

二、信息收集阶段（约一周时间）

1. 评估小组做现场尽职调查，一是要对客户提供的资料进行分析，二是要对照信用评级指标要求，查验哪些已齐备，还缺哪些资料。

2. 就主要问题同评估客户有关职能部门负责人进行访谈或者召开座谈会，把评估内容有关情况搞清楚、弄明白。

3. 根据工作需要，评估小组可向主管部门、工商行政管理部门、银行、税务部门及其他有关单位进行情况核实。

三、信息处理阶段（约三天时间）

1. 对收集的资料按照保密与非保密进行分类、编号、建档保管，实行专人管理制度，不得任意透露。

2. 根据信用评级标准，对评估资料进行分析、归纳和整理，并按规定格式填写信用评级工作底稿。

3. 对所需的定量分析资料，必须经过注册会计师事务所的审计。

四、初步评级阶段（约四天时间）

1. 评估小组根据信用评级标准的要求，将定性分析资料和定量分析资料结合起来加以综合评价和判断，形成小组统一意见，提出评级初步结果。

2. 完成书面《信用评级分析报告》。

五、确定等级阶段（约十天时间）

1. 评估小组向公司评级委员会提交《信用评级分析报告》，由评级委员会经过“专题会议”审定。

2. 评级委员会在审查时，需听取评估小组详细汇报情况，并审阅评估分析依据，以投票方式进行表决，确定资信等级，并形成《信用评级报告》。

3. 在征求意见环节，公司向评估客户发出《信用评级报告》和《信用评级分析报告》，评估客户在接到报告后，应于5日内提出意见。

4. 评估客户如有意见，提出复评要求，提供复评理由，并附必要资料。公司评级委员会审核后给予复评，复评以一次为限，复评结果即为最终结果。

六、公布等级阶段

1. 评估客户要求在报刊上公布资信等级，可与评估公司签订《委托协议》，由评估公司以《资信等级公告》形式在报刊上刊登。

2. 评估客户如不要求在报刊上公布资信等级，评估公司不予公布。但如评估公司自己办有信用评级报刊，则不论评估客户同意与否，均应如实报道。

七、跟踪评级阶段

1. 在资信等级有限期内（企业评级一般为2年，债券评级按债券期限），评估公司要负责对其资信状况跟踪监测，评估客户应按要求提供有关资料。

2. 如果评估客户资信状况超出一定范围（资信等级提高或降级），评估公司将按跟踪评级程序更改评估客户的资信等级，并在有关报刊上披露，原资信等级自动失效。[①]

标准普尔是按照以上程序做的，穆迪也是一样。

【日记】 2014年7月21日 星期一 晴

下课后，回到我们下榻的酒店，打开公司送给我们学员每人一个的闪存，看到全都是有关标准普尔的介绍。这些介绍材料不仅使我对这家评级机构的经营范围、经营业绩有了了解，也学习到了它的企业文化精神，了解了它的营销手段，看到了它的先进系统，此行收获不小。我主要是从以下几个方面进行评估的：第一，全面了解了标准普尔的发展历程，深入了解了世界知名评级机构分析经济形势、金融状况的几个要素。第二，看到了评级机构对世界某个主权国家经济走向分析判断的欠缺。第三，学习了世界级评级金融机构开展市场营销的手段、方式和方法。

与标准普尔公司互动交流

① 以上程序内容，根据标准普尔流程编译。

参观纽交所、拜访摩根士丹利

在美国华盛顿乔治城大学进修学习期间，有两次参观活动（也可以说是现场交流）实现了我多年的愿望。一次是7月22日下午参观纽交所，另一次是7月23日下午拜访摩根士丹利公司总部。早在20多年前，我就与这两家机构有过交往，尤其是与摩根士丹利公司的交往，但总是没有机会去它们的总部交流，因此，我一直期盼着有机会能亲眼去看一看这两家机构。

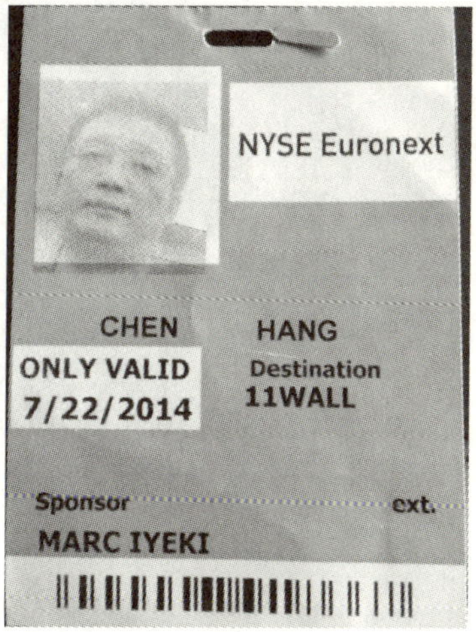

作者（访客）进入纽交所的 PASS

2014年7月22日下午，美国东部时间两点，学校方面安排我们全体学员来到纽交所参观。这里是全世界的金融从业者几乎每天都关注的地方，它不仅是美国经济的晴雨表，也是世界经济的风向标。

关于纽交所的起源，介绍人告诉我们，当年有一群早期的股票经纪人在纽约建立了这个交易所，从而形成了今天这个具有标志意义上的证券交易市场。纽交所成立于1792年5月17日，全称是纽约证券交易所，英文为 New York Stock Exchange，缩写为"NYSE"。纽交所是全世界资本主义起源的殿堂，企业融资的工厂，是当今世界最大、最古老、人气最旺的证券交易所。

全世界的银行从业人员，几乎每天都会关注纽交所的行情变化，因为纽交所行情变化是全球金融市场变化可参考的重要指标之一。在我的职业生涯中，无论是在国内还是在海外分行工作期间，每天我都看纽交所的行情变化，这次来美国学习，能够亲临其境，实现了我多年的一个愿望。

作者摄于纽交所门口

正常情况下，纽交所在美国东部时间每天早上九点三十分开始新的一天，每天都有一家公司在这里敲响钟声，象征着股票上市。在交易所大厅，交易员（dealers）呐喊着买入当天的第一只股票，进入大厅后，人们的嘈杂声使我们这些参观者感觉很热闹。热闹归热闹，但这里秩序井然。一位在这里工作的美国人告诉我说，这样的场景已经有200多年的历史了，在此上市的股票有数千只。可以说，纽交所就像是一位百岁老人，它见证了美国股市百年来大起大落的所有波动。从有关介绍“纽交所”的材料中可以看出，百年来这里发生了很多的故事，有让人心血沸腾的故事，也有令人沮丧的情景，它是美国股市百年来大起大落的见证人。

说起美国股市的大起大落，华尔街股市在1932年7月8日跌至低谷的场景好像立刻出现在了我的眼前。那一天，美国有2000多家公司遭到灭顶之灾。一位美国作家是这样描写当时情景的："这一天，华尔街几乎成了一条鬼街，昔日繁华的景象消失不见，三三两两的人群偶尔在街头游荡。经纪人的日子越来越窘迫，甚至要靠业余时间兜售苹果补贴家用，上班时间则被各种无聊的小游戏占据。帝国大厦只有一半被租用，中央公园成了人群密集的贫民窟。即便是那些银行家的大佬们，也只能猫在私人俱乐部里，靠着彼此的安慰和鼓励艰难度日。胡佛[①]总统每天都是一副苦大深仇的表情，总是想着各种办法能使美国民众开心。"

纽交所与纳斯达克证券交易所不同，后者旗下股票多是小型股本的科技与网络公司，股数虽多，但总市值不一定大于纽交所。两个交易所最大的不同在于股票的买卖方式上，在纽交所，通常可以看见经纪人在场内用走动叫喊的方式寻找最佳买主或卖主，所以投资人可经由电视画面看到许多经纪人精彩的"手语战"。在纳斯达克证券交易所，就看不到这样有趣的画面了。纽交所对美国经济的发展、经济规模及整个经济链条的形成、整个市场经济的机制建立都起到了重要的作用。由于纽交所组织健全、设备完善、管理严格，对世界经济影响也很大。

今天的纽交所很有特点，一方面，其上市公司总市值全美第一，IPO数量第一，上市股票超过3600种，股价总值达到7兆亿美元。有30家处于道琼斯工业平均指数中的公司都在这里上市，说明它的影响力非常大。另一方面，纽交所上市条件严格甚至严格的有些苛刻。即使是这样，全世界很多企业还是愿意选择来这里上市，究其原因，不说自明。

为了进一步了解纽交所对公司上市在盈利和资产上的一些具体要求，当天晚上回到学校后，我整理了自己现场所做的笔记，将这些要求归为两大类，一类是对美国国内公司的要求，另一类是对美国本土以外公司的要求，下面是我在学习笔记中对其归类后的概括。

---

① 美国第31任总统，毕业于斯坦福大学，1929年3月4日入主白宫。一上任，就经历了美国历史上空前严重的经济危机。

本书作者在纽交所内体验

一、对美国国内公司上市的五个具体要求

一是要求公司最近一年的税前盈利不少于 250 万美元，且近三年保持盈利状况；二是社会公众拥有该公司的股票不少于 110 万股，即已经公开发行的股数；三是公司至少有 2200 名投资者，每个投资者拥有 100 股以上的股票；四是普通股的发行额按市场价格计算不少于 4000 万美元；五是公司的有形资产净值不少于 4000 万美元。

二、对非美国公司上市的具体要求

与美国国内公司相比，对非美国公司上市条件要求更为严格，可以大致归纳为七项具体要求。

一是社会公众持有的股票数目不少于 250 万股，即已经公开发行的股数；二是持有 100 股以上的股东人数不少于 5000 人；三是公司的股票市值（公开发行股数的市场价值）不少于 1 亿美元；四是公司必须在最近三个财政年度里连续盈利，且在最后一年不少于 250 万美元（前两年每年不少于 200 万美元或在最后一年不少于 450 万美元），三年累计不少于 650 万美元；五是公司有形资产净值不少于 1 亿美元；六是对公司的管理和操作方面也有具体的要求，比如采用GAAP[①]会计准则；七是其他有关因素考虑，比如公司所属行业的相对稳定性、公司在该行业中的地位、公司产品的市场情况、公司的前景以及公众对公司股票的兴趣等。

三、中国公司如何具备在美国上市的条件

这次来美国学习，我体会到美国在许多领域之所以领先，很大程度应归功于它的企业制度，这种制度也体现在IPO市场上。中国企业要想符合在美国上市的条件，我认为国企首先需要做到真正地对企业进行股份制改造，民营企业需要转换企业经营机制。无论是国企还是民企，对企业都要有一个完善的公司治理结构，使企业的产权关系清晰，这样才能基本符合上市条件。因为现代市场经济发展证明，实行股份制改造，实现股东监督经营，才能使企业走向国际化，找到发展的空间和机会。国际上的跨国公司时刻都强调企业的市场竞争能力，否则将会走下坡路。在激烈的市场竞争中，企业只有降低成本、不断提高效率、优化资源配置，才能在发展中不断寻找到新的发展空间。过去中国公司在美国上市主要有三种形态，一是直接包装上市，二是买壳借壳上市，三是参股上市，这三种形式是中国企业参与国际资本市场运作的主要手段。上市不是一件容易的事，尤其是对到美国上市的中国企业，美国证券市场监管部门有非常严格甚至苛刻的条件。因此，我认为，产业前景和企业决策人的经营思想与经营能力，是企业在美国上市两个最重要的因素。此外，不管以哪种方式融资，都必须要有公关意识，在潜在投资者面前塑造良好的形象非常重要。

美国在关于企业上市的法律、法规方面总是在不断地完善，记得当年在安然、世通等财务欺诈事件发生后，美国国会出台了《萨班斯法案》，该法案的404条明确规定了管理层应承担设立和维持一个应有的内部控制结构的职责。法律要求企业的首席执行官（CEO）和首席财务官（CFO）个人对财务报告的可靠性必须承担责任，这样就加强了对上市公司欺诈行

① Generally Accepted Accounting Principles（美国通用会计准则）。

为的刑事惩罚力度。《萨班斯法案》的法律效力适用于在美国证券交易委员会注册的约1.5万家公司，其中也包括中国公司在内的大量非美国公司。由此可见，企业在纽交所上市不是一件容易的事。总体来看，《萨班斯法案》的实施导致在美国的上市公司成本平均增加了200万美元，一些大型公司成本增加了500万～800万美元。此外，公司中高层管理者还要多耗费30%的时间成本，并且公司中高级管理者将有可能受到金钱和刑事惩罚。因此，非美国公司如果准备在美国上市，尤其是对中小企业来说，一定要正视该法案带来的挑战，并应采取适当的对策。

作者摄于2014年7月22日参观现场

相对来说，美国证券市场管理制度比较完善。晚上回到驻地后，我查看了其他与交易所有关的资料。

在美国，除了纽交所外，美国股票交易市场还有纳斯达克证券市场

(NASDAQ)[①]，美国证券交易所（AMEX)[②] 和场外交易（OTC）市场。与纽交所相比，纳斯达克证券市场成立于1971年，历史较短。当前的上市公司约有5400多家，在这些企业中，新兴产业公司占了多数，它们所从事的行业以网络、科技创新为多，微软（Microsoft)、思科（Cisco)、英特尔(Intel)、戴尔（Dell）都是纳斯达克上市企业，由于它们一度支撑了纳斯达克证券市场，故被称为“四大天王”。而在美国证券交易所，大多是中小企业，这个交易所于1842年在曼哈顿开业，美国证券交易所是美国排位第二的证券交易所，运营模式类似于纽交所。这里交易量相对较小、流动性也较低。

美国“场外交易”市场是资本市场中最古老、最悠久的证券市场，英文全称为 Over - The - Counter。这里的交易完全是依靠大型计算机系统来代替股票经纪人进行，很多债券（Bonds & Debentures）都在这里交易。OTC 市场采用的是由证券商作为做市商，进行证券买卖。OTC 市场不像纽交所那样设有中心交易场所，而是一个分散在各地的所有非挂牌证券交易市场的汇总。在二级资本市场发展初期，为了保证证券交易的流动性，各证券交易所都对所挂牌的证券设定了严格的上市要求，满足不了这些要求的证券，就不能进场交易。对于这些证券，券商就在场外通过直接谈判途径进行。比如证券商通常认购一定数量库存的证券，然后像经销商通过柜台一样，以最好的价格向投资者买卖证券，因而 OTC 也可叫作“柜台交易市场”。

美国股市的兴衰主要是由道琼斯工业股票指数、纳斯达克指数和标准普尔500指数来决定。不知我的同期同学们是否想到，大洋彼岸的美国有条不紊的市场也曾经历过大的动荡。今天的稳定是在近几十年才形成的，其游戏规则也趋于成熟。相比来看，中国的股票市场还需要时间来不断地加以完善。美国用了200多年才有了一个相对有序的市场秩序。因此，我们也就没有理由抱怨改革开放后才建立20多年的中国股票市场了。

---

① The National Association of Securities Dealers Automated Quotation System.

② America Stock Exchange.

在投资文化方面，中国人买卖股票和美国人相比有很大的不同。

在乔治城大学的校园里，我通过与美国人的聊天，了解到美国人炒股与中国人炒股的文化有很大的不同。如果用美国人炒股的文化衡量我们中国人炒股文化，我只能说国人炒股不是投资，而是投机。因为，我常常能听到周围的人大谈股市，大谈自己如何挣了钱。但当赔钱时，则是另外一种声音，或是根本听不到声音。从人们买股票的心态看，美国股民的心态比较成熟。在美国，他们不会在公共场合大谈股票，多数美国人甚至很少阅读报纸上的股市专栏。而在中国，你每天都会听到周围的人谈论股市。在美国，如果有人辞职，在家里专职炒股，身边的人会以一种异样的眼光看他（她）。

美国人偏爱炒长线股，一只股票可以握在手里几十年，很多人手里都有上一辈人传下来的股票。据统计，美国人平均对股票的持有期是三年，对基金的持有期平均为四年，这种文化与我们中国人比较有很大的不同。中国人炒股，恨不得一个月就赚它几倍。中国人接受委托管理基金，委托方考评管理机构的时间一般按照12个月进行评比。我认为，这样的方法是不合理的。

结束在纽交所的参观后，我和同事漫步华尔街，我顺着熟悉的“二泉映月”乐曲方向，看到在雕塑下面有一位中国老人在拉二胡，与1992年第一次来美国时比较，现在在纽约随处都可见到我们的同胞。1992年8月，我随中国高铁技术考察团来美国交流、考察，与美国铁路客运公司、太平洋铁路货运公司寻求业务合作。那时候，在华尔街上的中国人比现在少多了。可以说，在美国的移民大熔炉里，中国人群体世代繁衍、艰难地生存着，生活比较寂寞。除了赵小兰、骆家辉等少数精英外，一般人是很难融入美国社会的，绝大多数人依然保有自身独特的种族文化。

20世纪90年代初，我曾去过美国西海岸旧金山的华人居住区。那里的很多华人根本不会说英语，因为他们的生活圈子就是在华人社区。他们每天的工作、生活甚至去菜市场买菜，全都用中文交流。在美国，从硅谷到廉价中餐馆，到处都可看到他们的身影。根据我的调查，在洛杉矶、旧金山生活的大部分华人，几代人都没有去过东海岸的纽约、华盛顿，他们追求的“美国梦”仅局限在美国西海岸较小的社区。可见这些美国华人接受的“人生幸福”圈子是多么的小，并且非常有限。美国这些华人心目中的“美国梦”、“人生幸福”中很重要的一部分就是能拥有土地，对美籍华人来说，这是身份的象征，也表明自己在美国已经扎根。因此，很多华人往往热衷于“开荒种地”，在自家小院种植蔬菜，生活在很小的圈子内。1992 年在我第一次因公访美期间，前去探望一位远房亲戚，我看到他们在自己居住的房前、房后种植了小白菜、卷心菜和冬瓜，应有尽有。自那以后，我多次访美，也去了美国好友的院子，他们在院子里种植的是鲜花。由此看出这种民族文化上的差异。

作者 2014 年 7 月摄于华尔街

上述情况在北美的加拿大也是如此。

2011 年夏天，我去温哥华参加女儿的毕业典礼，巧遇 20 世纪 80 年代我在北京东单苏州胡同居住时的老邻居，她们一家已经移民加拿大了，我被热情地邀请去她家独门独院的“别墅”作客。我惊奇地发现在她家院子里，种植了茴香。茴香这种蔬菜散发出的香味很特别，北美人根本接受不了，但它的清香，把我的思绪带回到了童年时代的北京。

我的童年时代是在北京西城区小茶叶胡同 8 号的外婆家长大的，那是一座位于大白塔下的典型北京四合院，院子里有月儿门、有葡萄架和大金鱼缸，两盆石榴树摆在大门两侧，院中间有一棵核桃树，在院子的东南角，还有一棵枣树，我和弟弟及表哥、表姐们经常围绕着这些“道具”在院子里玩耍，童年时代的情景至今难忘。没有想到的是，我随父母去山西 20 年后，竟然又回到了北京，我今天在北京的住所距离外婆家不足一千米。我的童年时代，小孩子们白天手拿竹竿粘蝉鸟和红蜻蜓，晚上手拿电筒，顺着城墙根儿捉蟋蟀，容易满足。那个年代的北京人，生活不像现在这么富有，当每天早上抬头望着空中盘旋的鸽群，尤其是那鸽背上“八音葫芦”传出的哨音，觉得很幸福。参加工作后，我虽然因公出差去过几十个国家，也被公派在国外常驻近20年，但我还是最爱我的北京。我每天做的梦是“中国梦”，我的“人生幸福”就是居住在北京，因为这里有我童年时期最美好的回忆，有我大学时代的美好时光，有我们伟大民族千年的文化积淀。

7月23日下午，我们拜访了摩根士丹利公司总部。

我对摩根士丹利的了解是从1994年开始的，当年我在中国建设银行总行国际业务部工作。

那一年，我参加了中金公司筹备初期的工作。在中金公司创立的前几年，外资股东就是摩根士丹利公司。后来由于我被总行派往海外机构担任首席代表，也就没缘与摩根士丹利的美国同事一起共事了，古人云，鱼和熊掌不可兼得嘛。

摩根士丹利公司是一家全球著名的以投资管理为主营业务的银行金融机构，总部位于美国纽约市百老汇街1585号。我们与摩根士丹利同行交流的会议室在它的总部大厦27层，交流于下午三点开始。虽然，我们双方进行了三个多小时交流，但大家似乎还有许多问题没有来得及提出。

摩根士丹利公司的英文全称为Morgan Stanley（NYSE：MS），是一家成立于美国纽约的国际金融服务公司，业务范围广泛，包括证券、资产管理、企业兼并重组和信用卡等多项金融服务。目前，在全球27个国家的600多个城市里设有代表处，雇员总数达5万多人。2008年9月，更改公司注册性质为“银行控股公司”，从此开始向综合金融发展方向迈出了步伐。我们在摩根士丹利公司接受培训的内容较多，包括银行的流动性管理、基金投资管理、企业战略、合规管理及投资者关系维护等。给我们讲解的人分别是：负责短期流动资金管理和计划支持部门的董事总经理 Richard G. McDermott 和 Jay Sweeney 博士，法律合规部总经理 Rose - Anne Richter 和副总裁 Aaron Page 等 9 人。这次赴美国学习期间，在我们对美国金融机构的拜访中，要数摩根士丹利公司的准备最充分，派出交流的专家也最多，或许是因为它与建行有过成功合作的原因。“成功合作”指什么？就是当年双方共同出资发起创建了中金公司。

摩根士丹利公司是美国的主要债券承销商之一。下面是美国市政债券（U. S. Municipal Finance Business）的近年走势图。

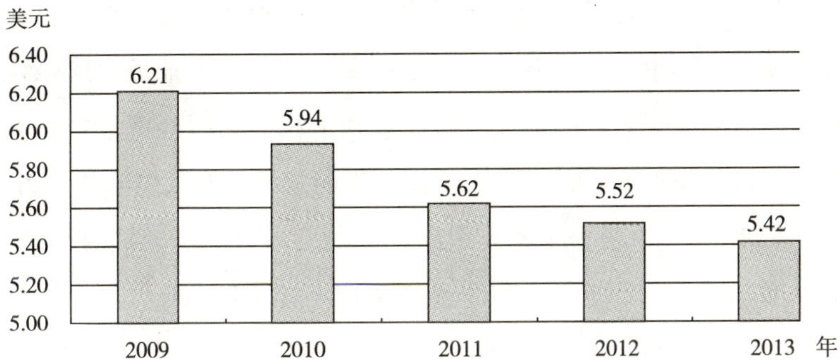

美国市政债券的平均承销费近年走势图

摩根士丹利公司培训用的 **PPT** 手册

为了更多地了解摩根士丹利公司，第二天中午，我利用午休时间前往华盛顿乔治城大学图书馆借了一本书，英文书名是“*Morgan, American Financier*《摩根——美国的金融家》”。书中详细介绍了摩根家族的兴衰，使我进一步了解了这家公司。

笑看华尔街风云、走进银行家世界

当历史的车轮进入20世纪80年代后期，摩根士丹利公司的主要业务已经逐渐脱离证券承销，转而集中到并购和投资方面的业务。应该说，摩根士丹利公司的应变能力非常强，这让它在多次的美国经济危机中都能够逢凶化吉，似乎摩根人对各类令人望而生畏的危机具有天生的免疫力。

早在1987年，摩根士丹利公司已经成功发展成为一家拥有6000多名职员的大型金融控股集团，核心的五位高管年薪超过300万美元，公司市值72亿美元，年净收益达到4亿美元，并在40多家公司持有股份。① 然而，任何一家成功企业的发展，都会像大海的波浪一样，有高潮就有低谷，有辉煌也会有挫折。比如摩根士丹利公司在初期曾遇到了法律环境的变化，《格拉斯—斯蒂格尔法案》的出台使其业务发展受到了制约。

今天的摩根士丹利公司，已经和最初在华尔街2号成立时完全不一样了，除了名字和接待大厅悬挂的杰克的巨幅肖像外，已经没有什么元素和摩根有关了。如果总结摩根士丹利公司给美国经济带来过什么危害，我想危害最大的就是其创造的“杠杆收购”，摩根士丹利公司为此筹集的巨额专项基金，几乎让美国所有公司都有被恶意并购的可能。比如，1988年由摩根士丹利公司牵头的银团项目，帮助RJR纳比斯哥公司完成了一项高达250亿美元的并购交易就是一桩“杠杆收购”的典型案例。本应在并购中扮演配角的银行家们成了大赢家，这一笔交易使银行得到了10亿美元的佣

① 摩根士丹利公司年报。

金，摩根士丹利公司从中分得四分之一。然而，与所有的“杠杆收购”一样，90%的收购资金都是银行帮助RJR纳比斯哥公司借来的，收购后银行家拿着巨额佣金立即抽身事外，RJR纳比斯哥公司却背上了沉重的借贷压力，每年贷款利息就需支付30亿美元。

以上案例对于投资银行来说，在收入上是赢家，但因并购使企业难以维持运转，使后来的美国企业对与投资银行的合作更加谨慎，RJR纳比斯哥公司的案例让企业经营者认为银行把客户公司当成了欺诈的对象。摩根士丹利公司经历了美国金融业变化的风风雨雨，见证了美国法律环境变化给银行带来的冲击。就其本身发展看，可以说它是华尔街的霸主，金融界的枭雄。和美国其他公司一样，摩根士丹利公司最初也是一家小公司，只有在时代潮流的搏杀过程中，才开始登上历史舞台。但不管怎么看，摩根士丹利公司的发展与处在各个时代的各色人物密不可分，摩根经验值得借鉴，摩根精神对企业的发展更值得研究。

建信养老金管理有限责任公司班子成员合影，右三为本书作者

摩根家族发展依靠的是养老基金庞大的资产管理规模，而为其担保信托银行的主要资金则是高净值个人客户委托的资金。截至2014年底，中国各类养老金资产规模已达到5万亿元人民币，这是一笔非常大的现金资产。我相信，随着中国经济的转型和养老金政策变化带来的机遇，未来中国的

“摩根”将会出现。2015年初，我有幸参加了中国商业银行第一家养老金管理公司——“建信养老金有限责任公司”的筹建工作，这家机构是国务院批准的首家以商业银行发起并出资的金融机构。在紧张的筹备过程中，在总行党委的领导下，在筹备组组长的带领下，作为副组长的我，带领专业团队夜以继日地努力工作，为中国建设银行的业务战略转型贡献了一份力量。我想说，当年摩根家族发展依靠的是养老金业务，今天实现我国商业银行战略转型的重要领域也是养老金业务。

拜访摩根大通银行

按照华盛顿乔治城大学的学习计划，2014 年 7 月 24 日下午，我们前往美国摩根大通银行（J. P. Morgan）交流，这是我们来美国学习的第 26 堂课，也是最后一堂课。在摩根大通银行交流后，我们还将去我行纽约分行交流，第二天将启程回国。

由于在曼哈顿停车困难，我们乘坐的巴士只能停在摩根大通银行对面的马路上，大家需要穿过十字路口，步行前往这家银行。由于天气炎热，我们脱下西服，三五成群地穿过路口。我看到，在金融和商业建筑鳞次栉比的曼哈顿，摩根大厦高耸入云，就像是座富丽堂皇的大型城堡，散发着令人畏惧的寡头气势，使人很想快速步入这座殿堂观摩。在经过严格的安检程序进入大厅后，我仰视了一下这座建筑物大厅的屋顶，发现它是我们在美国走访过的金融机构中，最高、最明亮、最有气势的一座。

在今天的交流中，班上很多同学把手机的耳机放在耳朵上，我猜测大多数人是为了准备与国内的家人通话，看来家人对同学们的思念与大家归心似箭的心情已经开始激烈地碰撞，毕竟我们已经出来三周了。

但我默默地告诉自己，今天的课程很重要，一定要充分利用现场交流的机会，深入了解摩根大通银行，尤其是它的“衡量养老金市场投资的系统”，因为我是全行养老金业务条线第一个被派到乔治城大学学习的总行部门负责人。

时间过得真快，当年我放弃前往迪拜筹备建行中东子公司，而来到总行养老金业务部工作，距今已经整整六年了。在养老金业务部，我先后分管过市场营销处、受托业务管理处、投资处、条线处等处室；现在又分管账户管理处和新一代系统项目组。我知道，摩根大通银行在养老金投资风险管理方面处于全美领先水平。

作者摄于摩根大通银行大厅

摩根大通银行美国总部位于纽约曼哈顿第一大通曼哈顿广场（One Chase Manhattan Plaza）。现在的摩根大通银行是2000年由大通曼哈顿银行及J. P. 摩根公司、富林明集团完成合并后而成立的“摩根大通（JP Morgan Chase）”银行。之后，它又在2004年、2008年分别收购了芝加哥第一银行和美国著名的投资银行贝尔斯登以及华盛顿互惠银行，其业务覆盖范围很全，在美国的分行接近一万家，是当今美国最大的金融服务机构之一，也是一家国际知名的金融控股集团公司。几年前，我曾经分析过这家银行。那篇研究摩根大通银行的报告使用的是2011年的年报数据。根据2011年的年报，2010年摩根大通银行的资产就达到了20360亿美元，存款10093亿美元，占美国存款总额的10.51%，排名第二，成为仅次于美国银行（BOA）的全美第二大金融服务机构。在国际业务领域，摩根大通银行的全球业务遍及50多个国家和地区，包括投资银行业务，商业银行业务，国际企业并购及咨询、各类基金投资服务等。

摩根大通银行的讲课人是James Glassman博士，他是摩根大通的常务董事兼商业银行首席经济学家。今天授课的内容是“美国及全球经济分析与展望”，从题目看上去有些宏观。但令我没有想到的是，James Glassman博士的开场白竟是这样两句话“Can we trust China Economy?（我们怎样相信中国经济?）”“Can we trust US Data?（我们又怎么相信美国的数据?）”，看来他对于今天所要讲的内容也没有太大的把握，担心自己说错。

其实，对宏观经济判断的指标，无非是围绕投资、消费、就业等进行分析和预测，再有就是央行政策的引导，错与对那都是后话。

在两个多小时的交流中，大家主要围绕以下问题进行了讨论。

我认为，如何相信中国的数据？美国的数据又如何？这取决于如何判断经济走势。比如在美国，有两种大相径庭的观点：一种是统计数据显示美国经济下降，另一种看法来自华尔街的投行人士，他们认为美国经济正在走向复苏。

James Glassman 博士的观点如下：当看见雇佣的人数在增加，但国民收入账户数据告诉我们经济在下滑，那我们应相信哪一个呢？所以，在考虑中国数据问题时，我会首先想到美国会怎样？

关于如何分析动荡的地缘政治产生的影响，James Glassman 博士说："可以看到金融市场对此反应并不大，那是因为媒体报道的原因，现在从一些正确的视角来观察，要看全球的 GDP 数据"。

美国预测世界的 GDP 将增长 1.6 万亿美元，相当于德国的经济总量。全球 GDP 增加会给大家带来好处，要远大于乌克兰或加沙地区给我们带来的麻烦。默克尔曾说过，"冷战时代已经一去不返了"，所以，用金融市场的数据来验证她说的话是有道理的。

在房地产危机发生后，政府出台政策时应考虑政策的稳定性。比如各国央行在制定政策时为刺激经济而降低利率，投资者便更愿意冒风险；经济的节奏很像海浪，若在沙滩上建城堡，我们就要搞清楚涨潮时，海浪会到哪里。所以，经济界、企业应该明白经济的潮浪规律在哪里。

他还说，如果让他选择一个指标观察美国经济，他会选择失业保险数据，因为每周四就会公布上周的数据。这反映了真实的 GDP 水平。

关于美联储仍维持低利率政策问题，James Glassman 博士的观点如下：

（1）因为失业率数据仅包括有意愿找工作的人，而不包括非全职工作的人。有 400 万人找不到全职工作，就业不充分，但在统计数据中未计算入失业人口。另外，还有大学毕业后找不到工作的人，之后就停止寻找工作，这群人就不会被统计在内。比如，看看学校的招生数量，每年增长 200 多万。现在劳动力市场仍不乐观，所以美联储很谨慎，维持目前的低利率。

（2）通货膨胀率仍维持在较低水平，大概控制在2%以内，所以升息压力不大。

关于对全球各大经济体 GDP 增长的预测，James Glassman 博士的观点如下：

（1）全球经济将缓慢、趋势向上的增长，尽管媒体不会这么报道。

（2）中国的增长速度会下降，这也是个自然的事情，应该是个好事情。这正证明中国经济成熟了。

（3）日本现在的情况应该仍是在恢复期。

James Glassman 博士在讲台上授课，本书作者摄于课堂上

课堂上同学们的提问很尖锐，对于我们提的一些不太好回答的问题，他作出了上图中的手势。我之前看了一些资料，对美国摩根大通银行还是有一定了解的，这些了解包括以下几个方面：

第一，十几年前，当我在韩国 KDI 商学院攻读金融银行学方向 MBA 时，推荐人是美国人 David Behling，他曾经是这家银行的高管，相当于我们建设银行总行的副行长。

我和 Behling 先生是在 1998 年韩国处置不良资产公司举办的“国际研讨会”上相识的，当时参加这个研讨会的还有北京大学光华管理学院的陈平教授。从那时起，我们就商业银行不良资产处置的话题常在一起讨论。

1999 年，他推荐我报考韩国 KDI 商学院，我被 KDI 录取，并获得了奖学金。

第二，2005 年我通过研究摩根大通银行的绩效考评模型（SVA），进一步对这家银行有了兴趣。我觉得这个模型具有超前性，我国的商业银行应该对此进行认真研究。

美国摩根大通银行在兼并化学银行后，推出了 SVA 模型，要求所有分行负责人从净收入中必须扣减占用总行（股东）的资金成本。当时，该行确定的占用总行的资金成本按 13% 计息，从而使各分行经营人的收入与股东价值直接挂钩。之后，该行经营发生了显著变化，全行收入增加 15%，各分行对总行（股东资本金）的占用明显减少，股东资金得到更有效的配置，边际利润从 11.2% 上升到 13.7%，股价上涨 30%。

由于 SVA 更多地考虑了企业不同阶段的经营表现和发展，它要求在计算得出正的净现值（NPV）后，方可决定投资，要求有较完整的历史数据积累。所以，包括商业银行在内的企业在选定投资项目时，首先要做的事情就是对预期回报和预期损失进行测算，达到风险成本与风险收入相匹配的目的。

换句话说，如果投资不能为企业带来预期的回报，投资不能按照预定期限为企业带来分红或资本没能用在整体战略发展上（比如收购重组等），这个投资项目就不可能被董事会批准。

摩根大通银行与花旗银行（Citi Group）、美国银行（BOA）都是美国全国性大银行，经营网点遍布全美国，是美国主要的金融服务机构之一。截至 2013 年底，“摩根大通”银行总资产 2.6 万亿美元，市值为 2000 亿美元，在美国本土吸存达到了 1.5 万亿美元，占美国商业银行存款总额的四分之一。

根据最新年报显示，摩根大通银行是世界 500 强企业，近年在美国的网点迅速得到了扩展。尤其是自 2000 年收购其他机构以来，摩根大通银行业务经营范围快速拓展。如今，集团员工约 26 万人，在全球管理着 5238 家机构类客户，其中 3175 家是亚洲的企业。

摩根大通银行非常重视中国业务的发展，在中国大陆拥有7家分行，分别是北京分行、上海分行、天津分行、广州分行、成都分行、哈尔滨分行和苏州分行。

除此之外，2004年，摩根大通旗下的摩根富林明资产管理公司和上海国际信托投资公司合资成立了上投摩根富林明资产管理公司，摩根大通持股49%。2006年，摩根大通又获得证监会增批的1亿美元投资额度，其QFII总额度一度增至1.5亿美元。除此之外，摩根大通还积极抢滩国内证券业务市场，并且获得了证券业经营牌照。如今，在中国大陆，摩根大通可为外资公司提供全方位的人民币业务以及全球性风险管理金融工具和服务，包括资本市场融资、财务顾问、养老金业务和现金管理服务等。

实践中，摩根大通不断调整经营思路，比如阶段性战略发展的思路。“哑铃战略”的成功实施，就是摩根大通2006年取得跳跃式增长的一大法宝。所谓“哑铃战略”，是指大企业和中小型企业双重并重的客户定位体系的确立。

摩根大通银行高层管理者认为，一手需要抓传统的大客户，主要是指大型国有企业。另一手也要狠抓民营企业和新兴产业企业。只有不断拓展各类客户群体规模，才能使金融企业在激烈竞争的市场中得到发展。近年来，管理层要求其他业务部门必须坚持为前端客户市场部门提供综合性服务与支持。

如今，在经过了早期海外上市大企业独占鳌头的发展阶段后，摩根大通的中型企业和新兴企业客户数逐年增加，并已形成一定的规模，成为资本市场的新宠，这就是摩根大通银行推行的“哑铃战略”。对2006~2013年摩根大通在亚洲的机构类客户结构进行分析，其“哑铃”两端均衡增长，既有像中海油、招商银行这样的传统大客户，也有像富力地产等中型客户。

在投资银行业务领域，摩根大通管理层认为，未来最大的挑战在于对机会成本的管理。由于可支配资源有限，一旦决定了做A项目，必然要放弃其他项目，但风险在于A项目是否是一个值得做的项目，是否优于其他项目，比如对某个中型客户的筛选，往往更能考验一个投行经理人的判断能力。

通常一个大企业的好项目显而易见，但要发掘一个好的中小企业客户项目，对于银行家的眼光、判断力以及服务的差异化选择都是一个很大的挑战。

摩根大通银行在中型企业的筛选和服务上，已形成了一套价值、服务体系，并正逐渐形成其新的竞争亮点。“哑铃战略”对银行内部的高效协调性要求非常高。在这方面，摩根大通银行做到了。比如，当年其在韩国的2个IPO项目，不仅实现了每个项目的高端定价，项目上市后都涨了10%~20%。工作中，投行团队为了每个项目的成功，短期内至少要建80~100个机构和基金公司。

做投行很辛苦。我有一位在美国投行工作的朋友对我说：“做投行业务，职业经理人要适应各种环境。具体工作中，需克服时差带来的疲倦。要通过频繁召开全球电话会议的形式，朝着最终目标前进。有的时候，一天要与多个基金公司商谈不同的项目，劳动强度非常大。”

这次在美国学习期间，我还看到摩根大通银行同时也很重视零售业务的发展。与我们在纽约居住的酒店仅隔着一个十字路口的Lexington Avenue大街拐角处，就可看到摩根大通银行网点对私业务的广告。为了证明其服务质量，我特地前往它的ATM取款。其服务不仅快捷，手续费也比其他银行少。在美国，一般ATM取款一次收手续费5美元，而这里只收3美元。

第三，10多年以前，我曾看过菲利普·乔瑞（Philippe Jorion）的名著，书名是*Value at Risk*（*VAR*），译成中文应该是《风险价值》。

在这部书中，菲利普·乔瑞提出了辨别银行风险管理的新理论；提出了金融风险管理的新标准，其中提到了摩根大通银行的“风险衡量标准(Risk Metrics)”。

他提出的“VAR”风险值管理方法，在金融衍生工具市场规模急剧增长、在英国巴林银行和日本大和银行事件后，引起监管机构高度关注，并被业内普遍采用，特别是这个方法对金融衍生交易风险的评估显得很有效。

我认为，银行经营管理中最重要的不是短期收入及利润，而是风险管理与控制的水平。如果风险机制失灵，一个交易员在一分钟内可以毁掉一家银行。无论是英国巴林银行的倒闭，还是在1995年发生的日本大和银行事件，都对银行的风险管理提出了警示，给银行高管敲响了警钟。巴林银行事件、大和银行事件分别造成亏损13亿美元和11亿美元，第一个事件还使得拥有200多年历史的巴林银行倒闭，震惊了世界。

摩根大通银行的“风险衡量标准”自20世纪90年代中期起颇受欢迎，为14个国家的300种金融工具提供了风险计量标准，后来，其范围很快得到了扩展。简单地说，这个“风险衡量标准”系统所提供的是一个方差/协方差矩阵和一些随时间变化而变化的相关系数值。为了计算出自己的VAR（风险值），用户需要使用计算机软件将“风险衡量系统”和他们自己的头寸相互结合在一起。这个系统的开发，使风险管理达到了如下目的：

第一，提高了市场风险管理的透明度。

第二，为潜在客户提供了准确的风险评估工具，特别是那些自身无力建立系统的用户。

第三，摩根大通银行的这套方法为银行风险管理建立了一个全新的行业标准。

因此，可以说，“风险衡量标准”系统激励了人们进一步研究更深入的银行风险管理问题。摩根大通银行的这个风险衡量系统从那时起就吸引了大量的系统开发人员进入了新一代的银行风险衡量系统的研发。

关于VAR的应用，如今已经有20多年的历史了。根据新的风险管控标准，银行、证券公司和保险公司都被要求拥有足够的资本以便承担不可预测的损失，发达国家银行盲目扩充资产规模的时代被新的风险衡量工具予以阻止。

综上所述，为了阻止赌博效应的经营思想，在VAR基础上基于风险的资本（risk－based capital）标准越来越受到管理者的重视，因为这种标准对银行风险的变化可以有更准确地辨别和把控。银行在面对各类风险时，VAR 已经成为一个新的基准。在我国的商业银行改革进程中，上述经验值得借鉴。

访问建设银行纽约分行

在摩根大通银行交流后，我们一行来到建设银行纽约分行，这里是建行在美国的家，大家都倍感亲切，很多学员在纽约分行 logo 牌子旁边照相留念。由于我以前也曾经在建行海外分行工作过多年，非常理解同志们此时的心情。大家为了建设银行的事业，在不同的岗位努力工作，贡献着各自的力量。

总行国际业务部孙剑波副总经理在纽约分行 logo 旁留影

历史经验告诉我们，建设银行海外分行的管理也面临着风险管理方面的问题。以往一些海外分行在经营中给全行经营带来的损失，足以抵消掉全部海外经营性机构当年的收入或利润之和，比如在 2005 ~ 2008 年，某海外分行涉及的迪拜棕榈岛事件及某海外分行的韩国泛泰公司贸易融资两个案例，就是典型的海外分行经营中的风险管理问题。两个风险事件不仅给其母公司造成了巨额损失，还给整个银行的形象造成了非常负面的影响。

当年在韩国分行工作时，我亲身经历了亚洲金融危机，因此，我一直认为，在银行管理中，风险管理是机构管理者最重要的职责。如今，这种强化对风险的管理，不仅限于商业银行，也很适合我们准备了三年的建信养老金管理公司和其他保险公司、证券公司等非银行金融机构。

关于菲利普·乔瑞的VAR方法，以及对银行等金融机构进行监管的必要性，上文已经描述得十分清楚了。我觉得这个问题应该从两个方面理解：一方面是金融机构管理者要树立他们的责任心，即对投资人的责任高于一切，而不是急功近利，追求经营中短期的“业绩”；另一方面，股东对决定其资本的投入，也要有承担风险的心理准备。在技术层面，经济资本（Economic risk capital）是评估或权衡风险与收益之间的要素。

在维护委托人利益方面，一是要通过制度保护各方的利益，比如建立存款保险公司（deposit insurance）制度和其他消费者等监督组织，美国就是这样设计的制度。2008年金融危机后，美国的消费者金融保护局（Consumer Financial Protection Bureau）的建立是个很好的例子。二是要加强对投资者的教育，增强人们对道德风险（moral hazard）的防范。三是在银行风险管理方面，要有具体的措施。比如，Satyajit Das就对信贷管理的风险做了如下的归类：（1）以资产组合（portfolio based）为依据的管理；（2）市场变化带来的风险（offsets for market risk）；（3）各种信贷违约风险（diversification for credit default risk）；（4）统计管理风险（statistical methodology）；（5）历史数据风险（use historic data）；（6）使用风险价值判断市场的风险（VAR model for market risk）；（7）使用模型评估的信贷违约风险（CREDITRISK model for credit default risk）；（8）谨慎原则（prudent approach）。①

在银行管理中，道德风险（moral hazard）的防范非常重要，无论是尼克·里森给英国巴林银行造成的巨额损失，还是井口俊男给日本大和银行造成的巨额损失，如果没有一个有效的风险管理系统，一个交易员在一夜之间就可以使一家银行倒闭。这类道德风险包括很多层次，除了银行管理者对其所有者的道德风险外，银行对存款人和存款保险公司之间的风险也都属于道德风险的不同层面。

通常，由于信息缺陷的存在，银行难以高效率、低成本地对借款人进

① Satyajit Das, Credit Derivatives and Credit Linked Notes, 2nd edition, John Wiley & Sons (Asia) Pte Ltd., p. 594.

行筛选和有效监督，因而银行对借款人的监督有限。这一道德风险问题表现为借款人在获得款项后，有可能违约。比如改变贷款用途或将银行贷款用于高风险的投资，甚至出现诈骗。一旦借款人的企业出现问题，就会造成银行贷款的损失，暴露出银行在信贷风险管理上的脆弱性。

另一个问题是银行管理者在金融自由化的发展过程中以及在市场的激烈竞争中，银行管理者生存下去的理性策略就是承担过度的风险，因此，高风险的业务使得银行业在经济周期中变得更脆弱，尤其是在资产价格调整时期。所以，银行管理中最重要的就是经营中的风险管控。一个过于追求短期利益的人，不适合担任银行的管理者，尤其是对银行的海外经营性机构主要负责人。

【日记】 2014 年 7 月 24 日 星期四 多云

走出摩根大楼，回头望着有着昔日“金融帝国”血统的这家大型金融机构，我想起了上周对摩根士丹利银行访谈时所接触到的企业文化，内心非常渴望了解。当天下课后，我没有去用餐，直接去了乔治城大学的图书馆，查阅了一些关于摩根帝国发展的资料。其中有一本书给我印象深刻，我一口气将其读完，书名是《摩根：美国金融家》（*Morgan – American Financier*），我把对昔日摩根帝国有关文化的了解与体会写入了自己的日记，也算是此行来美国进修学习后，粗浅了解到的美国早期金融发展史的体会吧。

摩根家族经过三代人的打拼，尤其是经过第二代约翰·皮尔庞特·摩根（John Pierpont Morgan）和第三代的杰克（Jack Morgan）的努力，打造了 20 世纪 90 年代前的摩根帝国。摩根家族两代人在生意场上的摸爬滚打，形成了一种独特的企业文化，使摩根帝国在事业上的表现在全世界可谓首屈一指。在事业辉煌时期，为摩根帝国发展找到了定海神针，不仅打下了一片属于自己的江山，一度长期左右了华尔街，而且在他人看来还建立了成功的摩根运作模式，谱写了摩根家族的发迹史。在美国，以摩根帝国为主导的金融体系，在19世纪末和20世纪相当长的时间里，一度盖过了美国政府的风头。第一次世界大战让整个欧洲变成了一片废墟，却给美国带来了空前的经济繁荣。战后，美国取代了老牌帝国主义英国，金融业发展迅速。从此，经济战争成为历史舞台上的主角，不仅使摩根帝国有了施展手脚的大环境，而且伍德罗·威尔逊总统也希望摩根帝国能帮助他实现美国梦。

在摩根系统的公司发展史中，包括母公司J.P.摩根、子公司摩根士丹利、摩根担保公司、摩根建富和摩根哈耶斯公司等形成了“摩根盟友”，它们在金融市场拳打脚踢，影响着美国政治、经济以及世界经济，这个金融帝国就像1911年摩根投资建造世界上最大豪华游轮“泰坦尼克号”一样，成为人们眼中的“金融泰坦尼克号”。美国“金融泰坦尼克号”的迅速拓展，首先要归功于一个人，这人就是皮尔庞特——摩根第二代的掌舵人。皮尔庞特非常勤奋、务实，有时一天工作19个小时，他说过，“不要把说空话当成自己的使命，哪怕你说得再好，也好不过去做一点实事更值得别人尊重。”[①]皮尔庞特很有人格魅力，接触过他的人都能够从他身上感受到正义。

由于摩根帝国曾经数次出手拯救过美国经济，所以他们因此把自己当成美国的恩人。所谓拯救都与金钱有关，因为任何企业发展都需要资金的支持。由于摩根帝国主导金融，它能够对所有企业施加影响，一些美国人就称皮尔庞特是“美国的老板”。他的货币“托拉斯”发展模式，使摩根掌握了美国经济的命脉，把美国中央银行的权力掌握在华尔街（摩根帝国）手中。

摩根在20世纪30年代把纽约中央铁路公司、通用电气公司和美国钢铁公司等大型企业发展成自己的客户。由摩根银行承接这些公司的债券业务，然后分配给华尔街的其他银行，通过这种

---

① Jean Strouse, Morgan - American Financier, Random House, Inc., New York, 1999.

方法占据了华尔街金字塔的顶端。当时摩根每年由此攫取的财富，达到了美国联邦政府财政收入的一半。[①] 有人说，摩根之所以在西方经济史上留下了鲜明的印记，是因为它见证并经历了超级大国美国的成长，更有人把它的发展史描述为美国发展史的缩影。不同的人们用“开拓”、“奋斗”、“智慧”、“利益”、“残酷”、“吝啬”、“强硬”等词汇来描述摩根在各个时期所扮演的角色，而我却想从公司创业初期的企业文化建立上探讨摩根早期事业成功的原因。

摩根金融帝国在建立之初，就形成了强大的文化力量，也正是对这份文化的坚守，让摩根度过了艰难时刻。但是，历史不止一次地告诉人们，任何强大的组织，都很难长盛不衰，都会经历兴衰这个过程。俗话说得好，花无百日红，能否坚定不移地守住摩根自己的初衷，留下那些依旧良好的文化，去掉那些不能与时俱进的做法，是包括摩根在内的任何一家企业继续生存和发展下去的关键。

什么是摩根文化？我查了很多资料后发现，摩根文化应包括六个方面：一是企业领导者对事业发展的前瞻性眼光。把龙头企业吸收为自己的股东，形成特定的客户群体，并保持合作共赢的关系，这是摩根早期的做法。这样做使摩根基本垄断了美国的工业界大客户。二是与时俱进地加强和改进与政府的合作。与政治家们维护好关系，无论是从伍德罗·威尔逊时期、富兰克林·罗斯福时期，还是从哈里·杜鲁门时期、德怀特·艾森豪威尔时期……以及罗纳德·里根时期，摩根都能与政府共舞。三是建立企业合伙人制度，吸收能人加入摩根金融帝国，比如在1955年推举律师出身的亨利·克莱·亚历山大[②]为J. P. 摩根的董事会主席。

---

① –Ditto–.

② 亚历山大与摩根家族没有裙带关系，父亲是田纳西州的一个饲料商。由于其工作能力出众，很受人们喜欢，当时的美国媒体更是将他形象地称之为“艾克（美国人对艾森豪威尔的昵称）式的银行家。”

亚历山大具有好莱坞影星般的气质，为人随和、谈吐自如、工作思路清晰，在20世纪60年代为摩根开辟了法兰克福、罗马和东京分行。四是摩根金融帝国的企业任人唯贤，不看出身贵贱、招聘员工以能力为第一要素，广泛吸引优秀人才进入企业，并成立专项教育基金，培养企业所需人才。五是鼓励员工低调务实，提倡领导带头、吃苦耐劳的敬业精神。六是为了激发员工的积极性，对企业全员实行绩效工资制度，这样做不仅完成了优胜劣汰的目标，也为企业营造出了良性竞争的活力。

J. P. 摩根在美国金融史上能有今天的地位，主要是第二代和第三代领导人管理时期打下的基础，这个时期是摩根发展最快的阶段。通常来讲，公司发展需经历三个阶段，即生存期、发展期和成熟期。由于皮尔庞特和杰克都具有行业选择的发展眼光，使摩根金融帝国一步就直接进入了发展期，摩根成为美国金融界的骄子。比如皮尔庞特智慧地解决了19世纪末美国铁路行业发展过剩引发的商业矛盾，通过对美国铁路行业进行的“摩根化”治理，于1900年完成了美国各大铁路公司的整合，最终将全美国60%的铁路控制在了自己的手中，铁路所占土地地下埋藏的资源自然地归摩根所有，成为摩根的固定资产，随时可以开发利用。尽管摩根金融帝国企业工作量大，但报酬丰厚，摩根仍然成为美国金融从业者向往的地方。在摩根文化下工作，这些金融从业者能学到对行业发展所需的工作经验。又比如在20世纪30年代，摩根领导人杰克对公司文化建立的贡献也很大。经济大萧条并没有改变杰克的一贯思想，在20世纪30年代美国经济出现危机后的变革年代，杰克始终相信，作为一名银行家，职业操守永远是最重要的东西。他认为，银行家应该待人诚恳、勤奋工作、处事公正，愿意助人为乐。银行从业人员应慎于言行、明于耳目。虽然，很多人对于这些传统价值观早已抛到脑后，一些人做事急功近利、损人利己，但杰克认为这些只不过是暂时的邪恶当道，只要有足够的耐心，迟早你会看到邪不压正的一天。

以上两个例子充分说明，摩根早期领导人创建的摩根金融帝国，具有针对性、前瞻性、审慎性的摩根企业文化。但随着时代的变迁和企业的重组及业务的交叉，摩根金融帝国文化也发生了变化，带入了一些其他文化元素。2008 年的金融危机，摩根再次经历了考验。我在想，摩根金融帝国若想永远存活于世，今后无论遇到什么困难，只要追求希望之火不灭，即使以后遭到比历史上曾经经历过的更大的打击，摩根人也一定能把摩根精神传承下去。

在消费者金融保护局学习心得

2008 年金融危机爆发后，在美国提出金融监管体系改革的人士认为，“消费者只有得到他们所需要的信息，才能为他们自己和家庭做出最佳的消费决定。”[①] 在这之前，消费者需要对价格一清二楚，对金融产品也要略知一二，对风险有一个心理准备。在一个正常运转的市场中，消费者应该具有在不同金融产品间做出比较的基本知识，产品提供方不能主动或迫于压力将其业务模式建立在不公平、欺诈或舞弊行径之上。正是基于上述提议，美国出现这次金融危机后，奥巴马政府才下决心对美国原有的金融监管体系进行改革。经总统提名，在沃伦领导下，经过一年充分准备后，消费者金融保护局这个新机构在美国诞生了。

2008 年 3 月，时任美国财政部长的汉克·保尔森（Hank Paulson）领衔发布了一份《财政部现代化金融监管架构蓝图》（以下简称《蓝图》），其中长期优化监管架构有关内容中也提到金融监管的三个主要目标，即市场稳定监管（market stability regulation）、审慎金融监管（prudential financial regulation），以及商业行为监管（business conduct regulation）。《蓝图》建议彻底改革美国现有的金融监管架构，建立基于目标（objectives - based）的新监管架构。在这一架构下，所有金融机构分为三类，即联邦保险存款类金融机构（federal insured depository institutions，FIDI）、联邦保险机构（federal insurance institutions，FII）和联邦金融服务提供商（federal financial services providers，FFSP），第三类即除存款类金融机构和保险机构外的所有其他类别的金融机构。除美联储作为中央银行仍负责市场稳定监

① cfpb 资料。

管外，另设审慎金融监管局（Prudential Financial Regulatory Agency，PFRA）和商业行为监管局（Conduct of Business Regulatory Agency，CBRA），后者负责监管所有金融机构的业务行为规范和对全美国的金融消费者提供保护，这种保护包括法律法规的制定以及对金融消费者进行教育引导。

出于对以上变化了解之目的，2014 年7 月18 日下午，我们来到“美国消费者金融保护局”学习。这家美国新成立的监管机构英文全称是“Consumer Financial Protection Bureau”，英文缩写为 cfpb。交换名片后，我发现 cfpb 与其他机构的英文缩写不一样，消费者金融保护局不使用大写英文字母，它的英文缩写一律使用小写英文字母 cfpb，无论是机构职员的名片上还是它的年报上，机构缩写都是使用小写英文字母。众所周知，cfpb 是 2008 年美国金融危机后新成立的金融监管机构，它既维护消费者的权益，也维护金融机构的权益。cfpb 的官员告诉我们，它的职责权利高于其他美国的金融监管机构。cfpb 对来自中国建设银行的学员们非常重视，在向我们介绍了美国监管体系的变化后，让我们与 cfpb 的官员们进行了现场交流，这次互动对我来说收获很大。

我虽然听说过加拿大、澳大利亚等国家建立了金融消费者保护的监管体系，可并没有深入地接触过。我认为，今天能面对面与美国的这类机构交流，对于我们中国的商业银行从业人员来说，是一次难得的学习机会。交流过程中，由于个别学员对国外监管体系缺少了解，提出了一些美国人“不理解”的问题，美方人员不知如何回答。比如，有学员问：“对于金融机构进行监督保护可以理解，怎么也对消费者进行教育和保护”之类的问题。关于这个问题的提出，我想主要是中美两国金融业发展所走的历程有很大区别。第一个区别是：美中两国商业银行的结构不一样，银行所走过的路和发展历史长短都有很大的区别。美国的商业银行经历了将近 100 年的发展历史，而我国的商业银行改革才走过不到 30 年的历程。美国的金融法律法规较多，银行受联邦政府和各州的法律双重管辖，而我们的银行只接受银监会和各地银监会下属机构（银监局）的管辖，是一种纵向的监管体制，且我国的相关法律还在不断地摸索完善中。第二个区别是：中国人和美国人对银行的认识不一样。美国的数千家银行中，绝大多数以服务当地企业和居民需求为主（花旗银行、美国银行、富国银行等属于跨州银行除外），我国的数百家银行虽然起家在当地，但网点扩充都向大城市进军。比如在北京、上海就可以看到包商银行、厦门国际银行的分行。而在美国的华盛顿和纽约，我没有看到“州银行”的分行。第三个区别是：在产品和服务上，我国的商业银行无论是吸收存款，还是包括信贷在内的其他业务和产品，基本上都是趋同的。比如在山西晋中这样规模的城市，人们可以看到工行、农行、中行、建行四大行的网点，也能看到其他中小银行的分支机构，此外，还有当地的晋中银行、晋商银行、农信联社等金融机构的网点，形成多家银行在一个地方竞争的局面。根据我的调查，截至2015年末，四大行在晋中的分行各自的存款余额平均在200亿~300亿元，晋中银行的规模是180亿元，信用联社的存款规模也有130亿元，充分说明了在我国其他四线、五线城市，商业银行之间的竞争也是如此激烈。第四个区别是：中美两国商业银行的资金来源结构区别非常大，美国的商业银行存款占比低于12%，我国的商业银行则高出50%。第五个区别是：自1949年以来，许多中国人不知道银行也有风险，因为我们没有经历过像美国在20世纪30年代那样的大萧条。我国的四大行在百姓心目中被普遍接受，成为宠儿。如果说我们的四大行有风险，那就是政府风险。因此，百姓有钱先存银行，买较高收益的理财产品时，也首选大银行的产品。而美国人在这点上与我们不同，因为美国的银行利率非常低。

接送我们的大巴士在一个路口停下，我看到美国消费者金融保护局的门牌号是“华盛顿特区NW1700大街20552-0003号”。进入cfpb会议室后，我发现在我们每个学员的座位前，cfpb工作人员都给准备了两本较厚的材料，还有一份2014年上半年的年报。我打开材料浏览了一下，看到cfpb登记注册的日期是2011年7月21日，是美国政府为专注于消费者保护提供服务而成立的首家联邦政府机构。奥巴马执政后，为了应对金融危机，对美国的金融监管体系进行了彻底的改革，其中最核心的变化是将金融消费者权益保护作为金融监管的重点，因而才有了这家机构。

其实，在来这家机构之前，我的一位美国朋友就已经告诉我说，美国政府成立 cfpb 的目的是为政府对金融机构的抵押贷款、信用卡及其他金融产品的监管。在人选方面，成立这家机构的准备初期，2010 年 9 月 17 日，奥巴马为了绕过国会的批准流程，提名伊丽莎白·沃伦（国会监督委员会主席）为 cfpb 的顾问，这一年沃伦 61 岁。沃伦是哈佛大学法学院教授，也是自由激进分子的代表，2008 年金融危机爆发后，她因呼吁政府打击金融公司滥用贷款而饱受华尔街的指责。成立消费者金融保护局的议案最早就是由沃伦提出的，目的是加强政府对金融机构的“抵押贷款、信用卡及其他金融产品”的监管提供更大的权力。

第一年，由这位“顾问”负责领导该局的筹备工作，说明了奥巴马当时的迫切心情。奥巴马在他的讲话中多次强调说，成立消费者金融保护局将使美国人今后“在签订信用卡、抵押贷款和学生贷款协议时，不再被长达数页、印刷精美的协议所迷惑或误导。奥巴马还说“沃伦是组建这家机构最合适的建筑师”，她最早在 2007 年就提出了美国成立这类机构的必要性。支持者认为，消费者金融保护局将会负责实施美国有史以来最严厉的金融消费者权益保护措施，成为金融机构的监视器。在随后的 10 个月里，沃伦工作积极努力，为该局招募了 500 多名员工，从无到有搭建起 cfpb 的管理架构，她奔走于全美各地，传播金融消费者保护的理念。沃伦曾对外界宣称，美国的金融“欺骗和陷阱”时代即将结束。在倾向于金融监管改革的自由派人士和消费者保护团体看来，沃伦的努力众望所归，出任 cfpb 的局长理应顺理成章。

但遗憾的是沃伦最后没有被奥巴马提名担任 cfpb 的局长。美国政治也是如此，前人栽树后人乘凉。一年后，在 cfpb 的准备工作完成时，奥巴马对这家机构领导人的提名出乎人们的意料。2011 年 7 月 18 日，在白宫玫瑰园，奥巴马宣布提名俄亥俄州司法总长理查德·科德瑞（Richard Cordray）出任消费者金融保护局局长，而仅仅对当时站在他右侧的沃伦表示感谢，有人这样说这个决定是奥巴马对改革和沃伦的背叛。可内部人士知道，总统也有他的难处，奥巴马之所以这样做，是想平衡国会两党的关系。因为，沃伦有思想，工作有开创精神，有很强的工作能力。但作为一位意志坚定的理想主义者，肯定得罪了一些人。相比而言理查德·科德瑞则比较中庸。

cfpb 成立后，科德瑞组织大家反思由次贷危机引发的美国金融危机，发现众多游离于监管之外的金融机构向消费者出售了大量复杂的包括各类衍生品在内的金融创新产品，最终使消费者资不抵债，才导致了整个金融系统的严重危机。cfpb 高层认识到，金融消费者才是金融市场存在和稳定发展的根基，对金融消费者的保护就成为美国政府检讨其监管存在问题的首要问题，围绕这些问题确定了 cfpb 的初期重要工作。因此，在整个金融系统的改革中，这家新机构和政府专门对监管进行了立法。cfpb 作为独立的金融监管机构，被赋予了非常重要的监管职能。

cfpb 刚刚成立时有四个部门，分别是调查研究部、消费者投诉部、社区服务部、老年金融保护办公室和消费者顾问委员会。cfpb 有三个特点：特点一是从美联储独立出来，使其成为一个单独的政府监管机构；特点二是 cfpb 有独立的资金来源，从美联储的费用中可以得到 12% 的份额；特点三是 cfpb 本身也受监督，如果美国的金融稳定监督委员会有 2/3 的成员认为消费者金融保护局的政策措施不利于金融稳定，可以否决它的建议和措施。

按照计划，消费者金融保护局应在《多德—弗兰克法案》生效一年后，即 2011 年 7 月 21 日正式开始运行，并获得执法权。根据《多德—弗兰克法案》的授权，美国消费者金融保护局的职责是代表联邦政府与金融机构往来的民众进行教育和消费指引，教育人们懂得金融常识并能做出正确的消费与投资决策，达到社会安定之目的。

根据 cfpb 章程，美国消费者金融保护局需要定期公布年报、季报，报告内容既要对其日常活动进行披露，也要对其管理能力（履职能力）进行说明，还要对消费者投诉进行说明和答复。同时，cfpb 的各项工作必须全面接受社会的监督，cfpb 的具体处理流程如下图所示：

资料来源：cfpb 2014 年上半年年报。

cfpb 的消费者投诉处理流程

“雷曼事件”后，美国消费者对金融产品深度了解的渴望、对市场管理的透明化以及对政府监管能力等都有了更高的需求。同时，美国政府也认识到，只有上述管理得到了加强，民众才能感觉到生活无忧。cfpb 职责明确规定，对金融产品和金融服务进行有效的监管，并根据授权监督金融消费的公平性与合理性，引导民众在了解金融产品的前提下，理性消费。引导美国消费者提高辨别风险的能力是 cfpb 的日常工作。金融消费者保护局职权范围很广，在介绍 cfpb 的职责时，总裁助理 Cheryl Parker Rose 是这样说的：“cfpb 有规则制定权；有保护消费者的监督管理权；有法律法规的执行权。比如指导消费者如何理财；对银行及其他金融机构的金融产品及服务进行跟踪监督管理；对违反《联邦消费者金融法》的行为进行惩处等。”

管理人员在为学员介绍 cfpb 机构职能、解答互动中的提问

学员们在认真听讲、提问。前排右三为现总行财务会计部总经理方秋月、右四为安徽省分行行长戴跃明

cfpb 成立后，美国的银行产品创新文化发生了变化。在课堂上，我想这种文化的变化一定与住房抵押贷款等金融产品有很大的关系。长期以来，美国的投资银行住房抵押贷款资产在打包出售时，最高的翻了十几倍，投资银行家赚了钱，而美国普通民众并不一定了解内情。针对上述现象，谁来买单？受害者一定是普通民众投资者。15 年前，当我还在韩国 KDI 商学院读研究生时，就对这个问题与 David Beling 教授交换过看法。1997 年亚洲金融危机后，Beling 先生从美国运通银行副行长的职位退休后，来到韩国 KDI 商学院执教。课堂上他向学生们介绍美国投资银行产品的创新是全球领先的。我当时就有些怀疑，但我对美国的金融创新文化还是十分信任的。长期以来，中国的银行从业者一直在学习美国先进银行的管理经验，建行 2005 年 10 月上市前后，在选择战略投资者时，两家候选人都是美国的银行，一家是花旗银行，另一家是美国银行，最后选择了美国银行。双方签约后，建行先后派往美国银行去学习的各个层级的考察团多达数十个。在我们这次与 cfpb 官员进行互动式教学实践中，他们也承认市场变化与消费者预期的复杂性现象，讲解人丹尼尔（Daniel Dodd - Ramirez）说，尽管我们努力去改变消费金融市场现况，但我们意识到美国经济的复杂程度，而且总是在变化的。他的这句话，道出了 cfpb 官员面临的挑战。

丹尼尔是 cfpb 的总裁助理，他在回答提问时说，“我们想使一切交易都能做到对消费者透明，避免所谓的‘市场’行为误导消费者或对其构成欺诈。”这种答复似乎是对过去 30 年来美国投资银行不断创新金融产品进行了批评，对美国延续近百年的监管体系提出了批评。他强调说，我们必须帮助消费者，使他们的钱花有所值，而不是出于其他目的。我们的使命是指导民众能主动掌握自己的经济生活。[①]因此，对消费者进行教育是 cfpb 的主要工作，工作目标是帮助消费者提高管理自己钱财投资和消费的能力。我根据当天笔记，记录了他对美国消费者金融保护局职能与义务的描述：

美国消费者金融保护局的战略是帮助消费者增强金融知识和能力，它通过直接向民众提供信息和工具，指引他们做出正确消费决定。[②]

在整个互动过程中，给我留下最深刻印象的是美国消费者金融保护局的信息管理系统，cfpb 主要是依靠这个系统解答消费者的疑问。对消费者进行消费引导。我曾经筹办过中国建设银行海外分行，对此深有感触。系统是分行运营的关键，一个新设海外分行的系统建设周期平均在 12 ~ 18 个月，其中培训至少需要 3 个月。我在 2002 ~ 2004 年筹备中国建设银行韩国汉城（今首尔）分行时，选择使用的是英国的“额比斯”系统，从机房装修、主机选型采购与安装到上线测试和培训，加上韩国金融监管机构验收的过程，整整用了一年半的时间，可见系统对金融机构的重要性。

业务人员给我们现场连线展示后，我觉得 cfpb 的运营系统非常先进。在银行工作 20 多年，我曾去过很多发达国家的商业银行考察，也到过很多非银行金融机构拜访、交流，还没有见到过 cfpb 这样先进的系统。在《今日美国》（*USA Today*）的报纸上，我看到民众对 cfpb 系统的良好评价。该系统通过在线服务，可以使美国民众的需求得到了满意的答复。

cfpb 在立法执法、重罚侵权行为、叫停对消费者有害的产品等方面频

① 作者笔记。

② The Bureau's strategy to increase consumers' financial literacy and capability includes providing tools and information directly to the public to help them navigate the financial choices they face.

频作为，树立了良好的市场威望。我注意到，cfpb 的网址是“consumerfinance. gov/askcfpb/”，我上网浏览了一下，这家机构主要是为保护金融消费者而制定出台相关法律法规，同时负责监督和执行，比如接受消费者投诉；对于不公平交易、欺诈行为进行监督管理；开展金融知识教育；研究消费者行为；执行打击消费金融领域存在的歧视和其他对消费者的不公平待遇及行为。它的服务内容覆盖面大。比如美国家长在为孩子选择支付教育经费时，可以通过这个系统来实现，系统根据个性化需求，为人们提供多种选择。这个系统的服务效率非常高，选择范围非常广，针对一项金融产品和服务，它可以提供 1000 个以上的选择。

cfpb 的系统不仅功能强大，而且对特殊群体的个性化需求更为先进。比如，当消费者需要帮助时，系统可以推荐给你如何做出决定，并能提供多种投资选择（包括组合投资）；系统也会告诉投资人购买某项金融产品所面临的风险与机会。总之，cfpb 的系统能够满足不同阶层美国民众的各种需求。不同阶层的美国民众指学生、成年人、老年人、低收入人群体等。

课间茶点期间，我与 cfpb 国际事务部的查理·派克·罗斯（Cheryl Parker Rose）副总经理进行了短暂交流，她告诉我说，“如何做好花钱与投资的决定不是个简单的问题，对于个人和家庭来说，花对了钱可以带来希望，可以实现梦想，达到个人和家庭的生活目标。对于整个社会来说，花对了钱能带来社会的稳定，促进国家经济的健康发展，这可不是个小问题。”上述话语听起来好像是代表了自 2008 年金融危机后美国一般民众的普遍观点，因为我有很多好友都在美国工作和生活，在与他们的平时交流中，我似乎也感觉到美国人对成立美国消费者金融保护局的一致认同。因此，完全可以说，cfpb 是一个受到美国民众信赖的机构。在走回会议室的路上，查理·派克·罗斯又对我说：美国消费者金融保护局网站信息非常可靠。

美国消费者金融保护局现任总裁理查德·科德瑞先生十分重视提供服务领域的覆盖面和对美国民众意见的反馈。用他的话说就是：花钱的决定关系到每个美国人、每个家庭的希望、梦想和生活目标，消费者金融保护局通过历年的年报来完成这项国家目标。我们的工作之所以重要，是因为有益于消费者，推动经济发展，给我们的国家带来美好的未来。①

2012 年以来，cfpb 提供的服务包括信用卡（credit cards）、存款服务（deposit）、住房按揭贷款（mortgages）、助学贷款（student loans）、银行账户管理（bank accounts）、信贷报告分析（credit reports）、日还款跟踪（payday loans）、负债集合管理（debt collection）等。

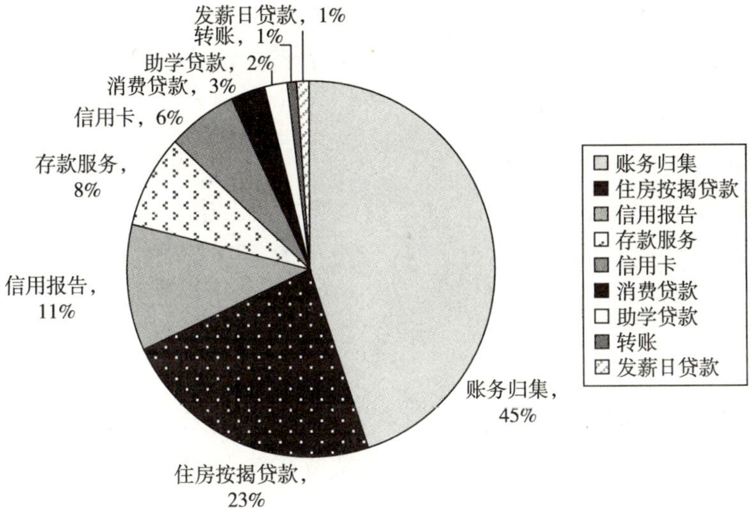

cfpb 处理业务分类投诉统计②

美国消费者金融保护局在对民众消费引导时，完全按照项目进行分类管理，对于还在工作的人群和已经退休的群体，程序及内容基本一样。在投资者教育方面，一是所需知识介绍和预测分析；二是金融常识与其他因素的关联分析；三是怎样有效地运用知识，在接受教育或引导后做出正确选择。③ 其具体做法是先做出定义，然后对问题或选择提出假设，更多的内容出自《会计管理分析和税收政策分析报告》。比如，如何规划个人财

① cfpb Financial Literacy Annual Report，July 2014. p. 3.

② cfpb 企业网银下载。

③ cfpb Financial Literacy Annual Report，July 2014. p. 66.

富投资与选择分析、现金流与账单管理、退休金管理安排分析等。

总之，包括 cfpb 在内的美国新的金融监管体系有三个核心目标：即金融系统稳定；金融机构安全稳定；保护消费者，特别是对于金融知识较少的零售消费者。与这三个目标相吻合的是两种类型的监管：关注于会对经济产生重大影响的机构的审慎监管（prudential regulation）以及确保金融机构在为其客户提供服务时遵守一定标准的商业行为监管（conduct of business）。这便是当前最前卫的左眼监管安全、右眼监管服务的“双峰模型”（twin－peaks）。

其实，对于成立 cfpb 也是有反对的声音的，以共和党议员为多。我认为，美国国会共和党人反对的不是沃伦这个人，也不是科德瑞，而是消费者金融保护局，是新的金融体系改革方案，乃至《多德—弗兰克法案》本身。中国是否也应该建立 cfpb 这类机构呢？如果建立的话，它与现在的“三会”（银监会、证监会、保监会）金融监管方式将怎样协同呢？要找出答案并回答好这个问题，首先要分析一下我国当前在金融消费管理领域的现状。

自 2011 年以来，中国人民银行、银监会、证监会、保监会已经意识到消费者保护这个问题的重要性，都分别成立了各自的承担消费者、投资者权益保护职责的内设机构，并以金融知识普及、消费者教育为途径积极推动金融消费者权益保护工作。但是，由于机构设立时间短，消费者维权等方面的工作机制尚不成熟。在当下我国金融市场混业经营、交叉经营快速发展的背景下，基于分业监管体系的消费者权益保护机构难免出现职责重叠、错位或者真空。今天在 cfpb 交流后，我认为，美国等发达国家成立消费者金融保护局的做法是值得借鉴的。

如果从“一切为民者，则民向往”的角度考虑问题，我国应该成立类似的机构。只有解决好人民群众最现实、最关心的问题，才能维护稳定的局面。监管当局要以“群众利益无小事”的原则统筹监管体系的改革，才能使改革得到人民群众的拥护和支持。我国的现状是包括银行在内的金融机构与金融消费者之间的信息根本就不对称，造成金融消费者权益保护问题凸显，由于各类非法集资、以民生项目为目的的投融资以及较高收益的短期理财产品等出现在金融市场，很多名目繁多的漂亮外衣给投资人设下了种种的陷阱。从这点看，充分揭示金融产品风险、保护金融消费者合法权益，做好金融消费者的教育和引导工作就显得非常必要。

当前，我国的金融体系正在剧烈变革中，首先，当下所谓的“全牌照”、“大资管”、“金融控股集团模式”、“银行业务分拆模式”、“海外经营性机构网点的不均衡快速突击性扩充”等现象，使人眼花缭乱。混业经营的速度正在被快速推进，比如四大商业银行都先后成立了自己控股的公募基金管理公司、金融租赁公司、信托公司、保险公司、期货公司等，这种模式一旦出现问题，其冲击将不亚于20世纪30年代初美国的金融危机。一方面，在法律制度建设上我国缺少针对性强的法律制度基础。另一方面，我国缺少统一、高效的监督和执法渠道。监管机构对于金融机构是否执行监管要求以及执行质量的监管评价、执法检查和处罚机制需要加强，金融监管机构有些管理人员的专业知识和国际视野也有待提高。我国作为配套的行业自律机制需要完善，虽然已有公平对待消费者自律公约之类的文件发布，但在具体落实方面，没有跟进机制。以上问题如果能够得到重视，消费者权益受损的各地民众围攻金融机构的事件将会大大下降。如果不对民众进行投资与金融消费常识教育，他们就会盲目投资，资金就会流向“高收益”金融产品，等出了问题后，他们就会找政府、找国有银行和国有控股保险公司等大型金融机构进行赔偿。

我看到的美国理念与社会文明

2014 年 7 月 25 日，我们一行人结束了在美国乔治城大学的学习，乘坐 CA990 班机回国。在长途飞行的十几个小时里，我拿出了在乔治城大学的课堂笔记翻看，坐在我旁边座位上的贵州省分行副行长陈中新先生问我赴美学习的体会是什么？我告诉他说，我打算回国后把这些体会全部写进书里。

陈行长是我的老朋友，2009 年我在总行企业年金中心任职时，他是河北保定分行的行长，当年我们一起成功营销了乐凯集团的企业年金。一路上我不停地思考，美国虽然是一个仅有 200 多年历史的国家，但其多元文化是国家科学技术快速发展的根基。在乔治城大学的第一节课上，Brad Blakeman 先生从一开始就强调了美国 100 年来成为世界强国的主要原因——科学技术发明。而我觉得，教育才是最重要的，美国的教育文化是美国成为世界强国的主要原因。

众所周知，自第一次世界大战结束以来，美国的国家综合实力一直位居世界第一，应该说，教育起到了关键的作用。美国的教育理念非常值得我们中国家长学习，美国家长鼓励创新，他们总是对后代给予鼓励。而不像中国的一些家长，对孩子总是批评或者埋怨。从美国家长常用的语言中，我们可以看出美国人的教育理念。例如：

Have I told you that you are creative?（孩子，我可曾说过，你是多么富有创造力?）

Have I told you that you are smart? （孩子，我可曾说过，你是多么聪明?）

Have I told you that you are brave? （孩子，我可曾说过，你是多么勇敢?）

Have I told you that you are kind? （孩子，我可曾说过，你是多么的善良?）

Have I told you that you don't give up?（孩子，我可曾说过，你要永不言弃?）

在美国进修期间，我看到美国第 44 任总统奥巴马给他女儿的一封信，受到很大的触动。那封信原文是这样写的:①

Have I told you lately how wonderful you are?

How the sound of your feet Running from afar

Brings dancing rhythms to my day?

How you laugh

And sunshine spills into the room?

美国人敢于创新，勇于开拓，这些都与其从小受到的教育有着很大的关系。正是因为美国有先进的教育文化，在人类最近 100 多年的历史中，美国吸引了全世界各行各业的人们来到这里学习、研究与深造。比如 2008 年金融危机后美国出台的《多德—弗兰克法案》，被认为是“大萧条”以来最全面、最严厉的金融改革法案，成为与《格拉斯—斯蒂格尔法案》比肩的又一项金融监管法。这项新的法案为全球金融监管改革树立了新的标尺，被业内人士称作金融监管的基石。

美国的著名高等院校不仅仅是美国的，也是全世界的，美国的大学是培养世界精英的高等学府。我们国内的很多人都为能够有机会来到哈佛大学、斯坦福大学、哥伦比亚大学和乔治城大学等美国的世界著名高校学习

① 该信翻译如下:
孩子，我最近可曾告诉你，你有多么出色?
你从远处跑来的脚步声，
给我的一天都带来舞蹈的节奏。
你的笑声，如同阳光，洒满我的房间。

或参加培训而感到庆幸。在国内，很多家长如果一生中没有机会来美国学习，大多数人也都会想方设法地安排自己的子女去美国的大学学习，其目的是为了让孩子受到世界上最先进的教育或满足自己年轻时没有能够实现的愿望，乔治城大学就是国内家长们选择的目标学校之一。

乔治城大学历史悠久，几乎与美利坚合众国同期诞生，这里除培养出了全世界著名的政治家外，也培养出了很多的金融家，我认识的南希·戴维斯（Nancy Davis）女士，就是乔治城大学的毕业生，她曾是美国总统的高级经济顾问，现为美国 QUADRATIC 资本管理公司的合伙人，她经常应邀到我国的证监会传授经验。这次在乔治城大学学习期间，我进一步了解了 100 年来美国理念与现代文明的形成过程，了解了这所大学是如何培养出像南希·戴维斯这样的优秀金融家的。

美国由于其教育理念不同、鼓励创新，国家科学技术的发展是全球最先进的，其社会、经济发展以及相关行业的制度建设是与时俱进的。比如美国的金融体制、运营管理模式及制度，在过去很长一段时间成为全球银行学习的榜样，美国是世界各国公认的先进国家。

更应指出的是，美国人认为今日美国取得的成绩与进步，最核心的是由于社会环境文化（culture by environment）的共融。在乔治城大学对面的西奥多·罗斯福岛上，有一个面积不大的广场，广场四周树立着四个钢筋混凝土制作的大型标语墙，每天早晨晨练时，我都会到广场去散步。

作者于 2014 年 7 月 16 日摄于华盛顿西奥多·罗斯福岛

广场的四座标语墙上都写着字，上面分别写的是“青年”、“国家”、“自然环境”和“成年”。广场中间有一个雕塑，雕像人物是美国第 26 任总统——西奥多·罗斯福，他是美国历史上著名的军事家、政治家。Theodore Roosevelt 岛就是以他的名字命名的。

在第一块标语牌上，西奥多·罗斯福对于美国青年提出了希望与要求。他希望年轻人能够做到“Keep your eyes on the stars, but remember to keep your feet on the ground”（中文的意思是：“眼界要高，但必须脚踏实地”）。

在第二块“国家”标语牌上，西奥多·罗斯福强调了“美国国家的平等与自由是建立在法制基础上的”，牌子上的英文原文是这样写的：“THE STATE – ours is a government of liberty – by/through and under the law ”。

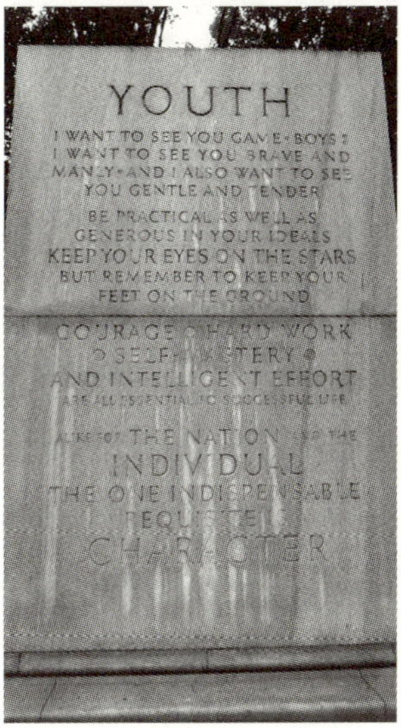

“青年”标语碑

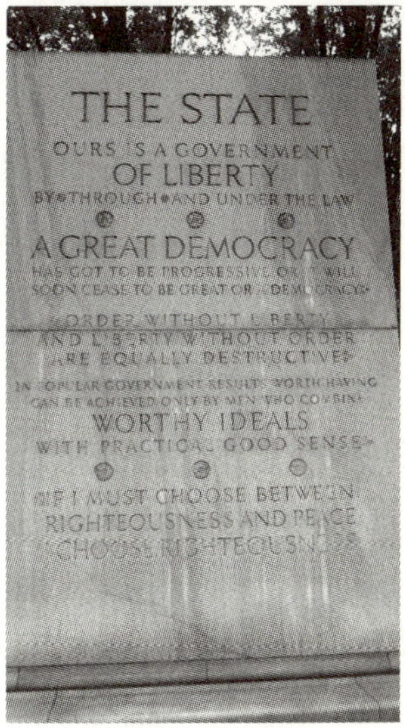

“国家”标语碑

在第三块“自然环境”标语牌上，西奥多·罗斯福说：“美国的自然资源是我们传给下一代的资产”，英文原文是这样写的“NATURAL RESOURCE as assets which it must turn over to the next generation”。试想，有这样的领导人和政府，美国人民怎能不拥护呢？

在第四块标语牌上，西奥多·罗斯福强调了一个人成年后应承担起对国家和家庭的责任和义务，要对生活充满热爱，要努力奋斗、不怕牺牲。英文是“……Joy of Life and Duty of Life”。

“自然环境”标语碑

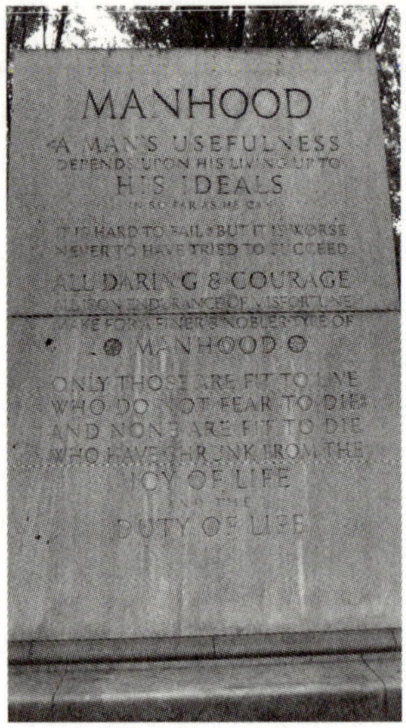

“成年”标语碑

我认为，美国人关心下一代人的精神很值得我们中国人学习。一个国家在其经济快速发展的进程中，政府要保护好国家资源，要对子孙后代负责，我们有责任爱护自然环境，我们要勇于担当，做人做事不能急功近利。

在美国文化中，非常重视人的创造力，20 世纪 90 年代曾担任美国国防部长的鲍威尔先生就鼓励美国年轻人要提高竞争力，所谓竞争力等于“思考力 + 创造力 + 执行力”。我女儿莹莹当年在韩国读的是美国人开办的学校，她每天回到公寓都要带回很多书看。我问她，你们的教科书怎么这么多？她告诉我，美国的中学没有固定课本，学生必须按照老师的要求，读完老师指定的全部参考书。这就是美国人培养创造力的方式。

而在我们中国，从小学到中学，都有统一的课本。学生必须认真听课，并且熟背每一项内容，才能得到高分。试问，这样的教学模式怎么能培养出具有创造力的学生呢？

生活花絮：感受（一）

在乔治城大学研修期间，当我每天早上在西奥多·罗斯福岛上跑步时，我看到美国民众都非常爱护自然环境，下面的照片是我现场抓拍的，我想通过对照片的解读，谈一下我对文化的理解。

照片中两个遛狗的美国妇女每人手里拿着一个塑料袋，里面装着她们捡起的狗屎，我亲眼看见她们两人不仅拾起人行道上的狗屎，还拾起了花草丛中的狗屎。我觉得她们的这种行为应该在中国大力提倡，因为我们生活的环境是大家的，不能只顾自己而不顾他人。

早上遛狗、拾起狗粪便的美国妇女

其实，文明与不文明是一种习惯，并不是美国人“笨”、中国人“聪明”。

我去过几十个国家，与西方发达国家的民众相比，我们中国人是“聪明”了很多，但用的不是地方，把占人家便宜看成“聪明”。比如，在美国和加拿大，当你去商场买东西时，事后不论任何理由，都可以去退货。因此，一些中国人假如过几天要出席重要宴会，就去“买”一套名牌衣服，穿去赴宴后，再去商场退货。我的一位同事就曾在我面前炫耀他在加拿大的孩子如何地“聪明”，他告诉我说，孩子去商场买了行李箱，用了一段时间后，坏了一个轮子，就去商场换一个新的。他认为孩子“聪明”，外国人“笨”。但我听后觉得羞愧，有些国人把奸猾看成“能力强”。在单位里，用挑拨离间的“技巧”，牺牲他人、达到自己利益最大化的事情在中资企业里是一种普遍的现象，这都是一种被宠坏的“聪明”。

美国、加拿大商店无条件退货的机制都是建立在信任的基础上的，当信任瓦解时，社会也会崩溃。他们可以容忍政客做错事，却不容许政客说谎。比如，“水门事件”导致尼克松总统下台，斯塔尔报告险些使克林顿被弹劾。

在美国，我还看到了一些不文明的现象。当我们一行人在华尔街参观时，我看到有人骑到铜牛头上拍照片，从他们的谈话中，我知道是我们中国旅游团，当时真是无地自容。

作者于 2014 年 7 月 20 日拍摄于纽约街头

谈到国民教育，这里还有一个例子。

我每天步行走过北京金融街花园上班，已经多次看到人行道旁草丛中的路灯被人故意砸坏，我不知这些对路灯下黑手的人是怎么想的。以下 3 张照片是我在上下班路上用手机拍摄的，照片 1、照片 2 是不同程度被破坏后的路灯，照片 3 是路灯原来的样子。看着被人砸坏的路灯，我的心非常难受。

1　　2　　3

作者 2014 年 12 月摄于北京金融街花园

生活花絮：感受　（二）

美国由 50 个州组成，我们这次来学习的乔治城大学就在首都华盛顿特区。

美国首都华盛顿特区的东北方向是马里兰州，西北、南部与西弗吉尼亚州、弗吉尼亚州毗邻。

马里兰州于 1788 年建立，而弗吉尼亚州和西弗吉尼亚州分别于 1788 年和 1863 年建立，难怪我们在波特马克河河畔晨练时，见到最多的车辆牌照除了华盛顿特区牌照外，最多的就是弗吉尼亚州的车牌和马里兰州的车牌。

美国人非常喜欢旅游，节假日或退休后，一家人或夫妻开着车到处溜达。在我们居住的酒店门口，早上晨练时，经常可以看到驾车旅游的美国人。与我们中国人不同的是，美国人退休后不是待在家里看孙子，他们大多会寻找自己的乐趣。有的去上老年大学，更多的人会在身体还能自理时，结伴旅行。

美国的小孩子从小就被灌输一种思想：18 岁以后要自立自强。难怪美国出了比尔·盖茨、乔布斯这类天才。美国人不强迫孩子上名校，也不追求学历。但美国人鼓励创新，鼓励孩子为实现自己的梦想去奋斗。这使我更能理解为什么比尔·盖茨、乔布斯能够做出中途退学、创业的决定了。

作者与一对来自科罗拉多州自驾车旅游的退休教师聊天

扭头回望再看美国

透过日记看美国

在纽约学习的一周很快就要结束了，我们在纽约学习的主要活动地点在普林斯顿俱乐部，这家俱乐部是美国金融家产生思想火花的聚集地，由此可见乔治城大学对来自中国建设银行的学员们的关照。

我以前曾经多次到过纽约，其中有三次印象最为深刻。第一次是在1992年8月，那次是为了中国的高速铁路建设前往美国学习。第二次印象比较深的是在建设银行香港上市后不久的2006年我去过一次纽约。第三次就是2014年在“乔治城大学学习”的培训。

我们此行在纽约逗留的时间不像以往那样仓促，因为乔治城大学给我们安排了多家金融机构的拜访。充裕的时间，使我对这座世界金融之城有了更深入的了解，尤其是读了特丽萨·卡本特（Teresa Carpenter）搜集、编纂的《纽约日记》后，使我进一步了解了美国人的心态。

美国人向往自由，经常以自己的价值观看世界。美国象征自由的标识当数“自由女神像”。“自由女神像”是纽约最著名的地标，是法国政府于1886年赠送给美国人民的礼物。20世纪80年代初，美国政府耗资6600万美元对其进行了修复。修复后的“自由女神像”白色清洁，她右手高举表示自由的火炬，左手上写着1776年7月4日的字样，表示美国的民主从这一天开始。

站在神像底部，神像看上去很高，约有151英尺，游客能乘坐电梯登上她的基座（pedestal）。1992年那一次来纽约的时候，我曾上去过，但这次听说已经取消了该项参观项目，我估计与美国人担心恐怖袭击有关。

记得在20世纪90年代，由中国著名演员王姬和姜文主演的电视剧《北京人在纽约》，详细讲述了改革开放后去纽约奋斗打拼的一批中国大陆人的生活，该剧曾经一时热播于中国大陆和海外。

如何看纽约？怎么看美国人？那部电视剧里有一句台词说，“如果你想去天堂，就去纽约吧。如果你想去地狱，也请到纽约去吧”。这句台词，道出了纽约这座城市的特点，也道出了来纽约打拼的人们对纽约的理解。

当时，这部电视剧的热播，激发了中国人都想去纽约看一看的愿望。因此，纽约不仅吸引了中国人，还吸引了数百万的来自世界各地的人们到纽约做生意、学习、考察或旅游观光，因为那里有纽约证券交易所，还有各类金融机构。

我觉得，纽约不仅仅是世界的金融中心之一，还是世界经济的晴雨表。对于从事金融职业的经理人来说，来到美国即使不去华盛顿，也必定会去纽约。

在纽约的日子里，除了上课和拜访机构外，我每天早上都去中央公园散步，身临其境了解那里的文化。当我深入了解后，才发现自己当年做中学老师、在给学生讲解美国中央公园的课文时，自己对中央公园的了解是很肤浅的。

20世纪80年代，我来北京上大学前，在华北某省的一所铁路中学教英语。在初中第二册的课本里有一篇课文，讲的就是美国纽约中央公园与英国海德公园的比较。那个时候，我根本没有出过国，竟然也能“忽悠”出中央公园的特点，现在想起来挺好笑的。

这次来美国学习后，我认为如果研究美国历史，应该从荷兰人向美国发出的“第一声礼炮”开始。美利坚建国前，为了美洲大陆的利益争夺，1664年英国和荷兰曾发生了一场殖民主义者之间的战争，英国军舰于1674年攻占了“新阿姆斯特丹”（New Amsterdam），把它更名为“纽约”（New

York)，纽约从荷兰人手中转手成为英国人的殖民地。荷英殖民战争后，纽约成为美国第一个首都，成为整个美洲大陆最大的城市。18 世纪末，纽约人口约有 6 万；19 世纪，上百万移民来到纽约，使纽约的人口暴增。但是，纽约作为美国首都的时间并不长，在 1793 年，华盛顿取代了纽约首都的位置，但纽约仍保持了西方世界最大的经济金融城市地位。如今，纽约的人口早已突破了千万，成为世界人口最多的五大城市之一。

作者拍摄的中央公园喷水池

众所周知，美国革命自一开始就对欧洲社会和政府性质产生了影响。当年，英国和荷兰是最早在美洲大陆争夺权力的欧洲列强。

什么是权力？权力原来是贵族和君主行使专治的特权。当然，现在已转变为根植于宪法和人民代表的权力，这种变化最早发生在 1767 ~ 1797 年的美洲大陆。荷兰最早承认了美国，虽然来自荷属圣尤斯特歇斯岛的应答礼炮声很微弱，却首次正式宣告了那个世纪最为伟大的事件，即一个注定要改变历史的进程，新的大西洋国家（state）已经跻身于国家（nation）的行列，它就是今日的美利坚合众国（USA）。

吃水不忘挖井人，为了纪念圣尤斯特歇斯总督约翰尼斯·德·赫拉夫

(Johannes de Graaff) 当年的决定，1939 年时任美国总统富兰克林·德拉诺·罗斯福给圣尤斯特歇斯赠送了亲笔签名的牌匾，上面写着："纪念 1776 年 11 月 16 日由此要塞向美国国旗发出的礼炮，此举系根据时任圣尤斯特歇斯总督约翰尼斯·德·赫拉夫之命做出的，是对美国战舰'安德鲁·多利亚'号发出的代表国家的礼炮的回应……由此，表明了美利坚合众国的主权首次得到一位外国官员的正式承认。"自那以后，约翰尼斯·德·赫拉夫在美国的史册中永远占有了一席之地，尽管此事并不广为人知。

美国人一直感谢荷兰人，如果不是荷兰商人的贪婪给美国人提供了帮助，美国人早就不得不放弃革命了。一方面，荷兰人是一个善于经商的民族，他们的商人在美洲的军火交易中致富。另一方面，荷兰人不屈不挠，在 1568 ~ 1648 年的抵抗西班牙的斗争中，最终赢得独立。不知欧洲是否还有别的民族像荷兰人这样在经商方面和英勇奋斗方面都值得尊敬。

荷兰的崛起是由于生存的需要，对于一个处于不毛之地边缘的民族，若要生存下去，一部分原因是他们有一种顽强的意志力和力量去超越自己的"大哥"英国，还有一部分原因在于他们从自己已经成就的伟业中得到了激励。在美国人眼里，荷兰人有一种大无畏的民族精神，凭借这种精神，他们曾经对西班牙的统治展开过长达 80 年的反抗，通过建立一个海外帝国，在 17 世纪跻身于大国之列。

荷兰人天生擅长贸易，很早就意识到自由贸易要比限制贸易更加有利可图。在荷英争夺美洲利益时，他们对英国人蛮横霸道地规定什么东西可以装运，什么东西不能，以及服从搜查或罚没之类的指令，荷兰人从不买账。这就是约翰尼斯·德·赫拉夫总督为什么敢于做出向"安德鲁·多利亚"号发射礼炮致意的原因。他的决定，虽然使美国有了地位，但加剧了荷英矛盾，使两国矛盾升级。

在纽约，"大都会"是访客必去的地方。2014 年 7 月 19 日是个星期六，我们一行人来到纽约的"大都会"艺术博物馆（Metropolitan Museum of Art）参观。这座博物馆建于 1880 年，是美国最大的艺术博物馆，也是世界著名的博物馆。“大都会”博物馆位于纽约中央公园5号大道上的82号大街，与著名的美国自然历史博物馆遥遥相对，占地面积为13万平方米，它是能与英国伦敦的大英博物馆、法国巴黎的卢浮宫、俄罗斯圣彼得堡的艾尔米塔什博物馆齐名的世界四大博物馆之一，共收藏有300万件展品，其中很多展品是列强掠夺自我们中国的物品，我粗略计算了一下，仅从中国山西省掠夺的古代展品就不下20件。

西方列强从中国山西掠夺的文物（作者摄于“大都会”）

参观时最有意思的是在“大都会”我看到了一本“日记”体裁的书，书名是《纽约日记》（*New York Diaries*）。这本书记录了1609~2009年在纽约发生的大事件，事件详细描述了以纽约人身份亲历的所见所闻，记录了纽约发生的重要历史事件，其中一些我知道，更多的我也不大清楚，但书中记录的“9·11”事件爆炸时的情景描述吸引了我，我当即买了一本。

晚上回到酒店，我一口气读完了这部分内容。

我认为，日记最能客观反映事件的当时情况。日记是历史的一面镜子，能客观反映人们当时内心的真实感受。日记是生活的备忘录，它能够真实地记录你的生活，留下你的足迹。

什么是日记？我国有一位名叫边哲的日记学者说，“人们每天把自己生活中有意义、有价值的事和思想感情用文字记录下来，这就是日记，事后哪怕过了几十年，只要见到只言片语，也能使你回忆起许多往事”。

美国“9·11”事件发生时的2001年，当时我还在国外工作，记得早上起床时，我所在国家的广播（KBS）和国家电视台滚动播放的节目全都是有关爆炸后的情景。那天上午，我们银行代表处的员工几乎没有工作，大家和大厦里其他公司的人一样，跑到办公室楼下的咖啡厅里观看电视。当看到爆炸的情景和受到巨大伤害的美国民众时，大家哑口无言，不敢相信所看到的、发生在美国纽约的爆炸情景是真实的事情。以前，我只是在好莱坞大片中看到过类似的镜头。

2001年9月11日上午，两架被恐怖分子劫持的民航客机分别撞向美国纽约世界贸易中心一号楼和二号楼，两座建筑在遭到攻击后相继倒塌，世界贸易中心其余5座建筑物也受震而坍塌损毁；9时许，另一架被劫持的客机撞向位于美国华盛顿的美国国防部五角大楼，五角大楼局部结构损坏并坍塌。事件发生后，全美各地的军队均进入最高戒备状态。虽然塔利班发表声明称恐怖事件与本·拉登无关，但美国政府仍然认定本·拉登是恐怖袭击事件头号嫌犯。作为对这次袭击的回应，美国发动了“反恐战争”，入侵阿富汗以消灭藏匿基地组织恐怖分子的塔利班，并通过了美国《爱国者法案》。2001年10月7日美国总统布什宣布开始对阿富汗发动军事进攻。

根据美方统计，“9·11”事件是发生在美国本土的最为严重的恐怖袭击行动，遇难者总数高达2996人。对于此次事件的财产损失各方统计不一，联合国发表报告称此次恐怖袭击对美国经济损失达2000多亿美元，相当于当年生产总值的2%。此次事件对全球经济所造成的损害达到1万亿美元左右。[①] 此次事件对美国民众造成的心理影响极为深远，美国民众的安全感被严重削弱。从美国人在2011年9月11日当天恐怖袭击发生后写的日记里，使我们能多了解一些美国人的心理，这些日记如实地见证了当时的情况。

---

① Voice of America.

作者在纽约华尔街地铁站

9月11日，《纽约日记》节选一

2：30p. m. The first blast jolted me out of bed !!!! My apartment shook and I heard all these people on the street screaming. WTC on fire! Both towers! I watched them burning from the Williamsburg Bridge. Unsure why – no one around me spoke English! Run back inside my apartment no phone – all TV stations static – cell doesn't work – modem does – weird – quickly listen to news on my little battery operated transistor alarm clock radio. Terrorists! Hear first tower COLLAPSED right outside my window – freak! On radio – radio news people are freaking out – run outside with my bike and camera. Everyone I see on the street is saying shit like "Oh, fucking God!" – everyone is in weird shock……

MARK ALAn

参考译文：下午2点30分，第一声爆炸声把我从床上震醒!!!! 整个公寓都在抖动，我听到了街上人们发出的尖叫声。我先从Williamsburg大桥方向望着燃烧中的世贸大厦，两栋大楼被火焰吞没！我周围人们说的话好像都不是英语。当我跑回公寓时，电话已经拨不出去了、电视频道也全都没了，我通过由电池供电、与闹钟一体的晶体管收音机听到播出的声音说“恐怖分子！”听到了公寓右侧的大楼最先倒塌的声音！在听到收音机的消息后，人们惊慌失措地向外跑，我拿着相机和单车随着人们一起往外跑。街道上，我听到人群中有人大声叫骂：“我 X，上帝啊！”每一个人的表情都惊恐怪异……

马克·阿兰

9 月 11 日，《纽约日记》节选二

The World Trade Center doesn't exist anymore. This is very weird.

JEREMIAH McVAY

参考译文：世贸大厦不复存在，令人不可思议。

杰迈·麦克维

9 月 15 日，《纽约日记》节选三

12：37：39 PM：We went to Union Square again last night. Candles everywhere. Tried to keep them lit when we could. Some have just burned down to the ground and, in some cases, the ground is burning.

JEREMIAH McVAY

参考译文：下午 12 点 37 分 39 秒，我们又一次前往昨天晚上去过的联合广场，地上到处都是蜡烛，我们试图让每一盏蜡烛都能燃烧，但有的蜡烛已经燃尽，而流落在地面上的蜡仍在燃烧。

杰迈·麦克维

上述三篇美国人的日记中的描述，仿佛让我身临其境。“9·11”恐怖袭击震撼了整个美国，第二次世界大战后美国本土还没有受到过如此大的攻击，美国人哪里见过这种场面？

第一篇日记里有这样一句话："我先从 Williamsburg 大桥方向望着燃烧中的世贸大厦，两栋大楼被火焰吞没！我周围人们说的话好像都不是英语。"我在想，日记作者的话描述了当时人们的惊慌，说话人的语速之快，让人听起来都不像英语了。第二篇日记这样写道："世贸大厦不复存在，令人不可思议。"说明美国人根本不能接受这个事实。第三篇日记则描述了恐怖袭击后的情景，令人难过。

美国这个由老牌欧洲资本主义国家后裔为主要国民的移民国家，在"冷战"结束后，成为唯一的超级军事强国和世界第一大经济体，它做梦都不会想到有人胆敢攻击美国本土？可是，由于美国在处理国际事务中的强势做法，使这个强国受到了极端主义分子的攻击。

"9·11"事件给美国造成了巨大的经济损失，对美国政府提出了挑战。在这个事件爆发前，没有人能够想到美国竟然会受到如此大的恐怖袭击。"9·11"事件爆发以来，无论是奥巴马总统还是新上任的特朗普总统，反恐都成为其就职演讲中以及执政后的重要话题，可以说，反恐是美国未来政策中一个最重要的工作目标。

感受写在日记中

2014 年 7 月 26 日，我们一行人回到了祖国。

这次赴美国乔治城大学学习，除了紧张的学习和繁忙的金融机构访谈所取得的收获外，我还有一些其他的感悟、感受，可分三个方面：一是观看巴西世界杯比赛后的感悟，即南美洲足球强队巴西和阿根廷在本土比赛输给欧洲足球队后，球迷们的痛苦感受。第二个感受是美国人敢于探险、勇于开拓的精神，美国的教育方法与亚洲国家有着很大的不同。第三个感受是通过研究美国 2008 年的金融危机，产生了自己对我国商业银行应如何转型的一些思考。我把这些感受与思考，都用日记方式做了记录。

【日记】 2014年7月26日 星期六 多云

今天，从首都机场集体乘坐大巴进入北京城内，汽车穿过了我熟悉且非常亲切的繁华街道，停在了“黑楼”（总行机关大楼）两个大狮子前的马路对面。从首都机场到北京金融街的路上，在美国学习及生活的一些场景好像过电影一样，一幕幕地在我脑海里回放。

在乔治城大学学习期间，正值四年一度的世界杯在巴西举办，那些日子里，每天下课回到酒店，同学们常聚集到一起，在酒店大厅观看世界杯比赛。

那些日子里，在酒店大厅观看球赛的人们，大都是外国人，我对其中两场比赛场景印象特别深刻，至今难忘。一场比赛是7月9日德国对阵巴西，另一场比赛是7月13日德国对阵阿根廷。

观看比赛时，在酒店大厅里，除了我们还有很多南美洲国家的游客。现场气氛紧张且热闹，令人意想不到的是两场比赛都是以欧洲强队战胜南美强队收场。我亲眼看到，对本国球队表现失望的南美球迷留下了伤心的眼泪。

众所周知，巴西、阿根廷足球队都不止一次获得过世界杯的冠军，他们曾经战绩显赫，给全世界球迷留下了深刻的印象。在以往的比赛中，南美国家足球队细腻的脚法令欧洲球队十分头痛，他们曾经在世界级球星的带领下，多次打败过像意大利、西班牙、法国、比利时、英格兰和德国等欧洲强队。贝利、苏格拉底、济科、罗纳尔多、马拉多纳、梅西等球员，不仅是巴西和阿根廷球迷的偶像，也是全世界足球爱好者热爱的超级明星。但是，这次在南美洲本土比赛，巴西和阿根廷队先后被德国队击败，而且巴西还是以悬殊比分失利，令人震惊，这可真是风水轮流转，没有常胜将军。

巴西世界杯比赛于2014年6月12日至7月13日（当地时

间）在巴西境内12座城市中的12个球场举行，开幕式在《We Are One》的歌声中拉开帷幕。这是继1950年巴西世界杯之后，世界杯第二次在巴西举行，也是继1978年阿根廷世界杯之后，世界杯第五次在南美洲国家举行。与在北京看比赛最大的不同是，我们在美国看球，没有在国内看比赛那么辛苦，不用半夜起床了。

2014年巴西世界杯是第20届世界杯足球赛，全世界热爱足球的人们都非常关注这次比赛，在我们班里球迷也很多，李从军、陈宝东、郭元析、李振宇、李民、王建立、陈金富、黄汾、张勇、邹洵游、谢国旺、岳留昌、占卫华等人都是足球迷。一下课，有时候连晚饭都顾不上吃，立刻聚在电视机旁一起看球。

这次“德国战车”在巴西大放异彩，横扫两支南美前世界杯冠军球队，7月9日在贝洛奥里藏特米内罗球场的半决赛中，德国队以7比1大胜巴西队。7月13日（北京时间14日）在马拉卡纳体育场的决赛中，德国队在加时赛期间，又以1比0战胜了阿根廷队，夺得冠军，格策在第113分钟上演绝杀、锁定胜局。

那个晚上，在我们居住的酒店大厅里，一边是德国球迷的欢呼声，一边是阿根廷球迷的眼泪。比赛结束回到房间后，我听到了酒店走廊里播放的麦当娜唱的“阿根廷别为我哭泣”（Dont Cry for me，Argentina）这首歌曲，好像是在安慰阿根廷球迷。那天，我看到有很多阿根廷球迷流下了眼泪，他们太爱自己的球队了。为了记录下这一时刻，我用手机抓拍了这些电视画面。

我一边听着这首歌曲，一边哼着歌词。

It wont be easy. 那并不容易。

you’ll think it strange. 你会感到奇怪。

when I try to explain how I feel. 当我努力说明自己的感受。

that I still need your love. 我仍然需要你的爱。

……

阿根廷球员梅西无奈的表情

哭泣的阿根廷球迷

I had to let it happen. 我无法避免其发生。

don't cry for me Argentina！阿根廷，别为我哭泣！

……

“阿根廷，别为我哭泣”是奥斯卡获奖影片《贝隆夫人》的主题曲，也是阿根廷第二国歌，更是阿根廷足球队的悲伤之曲。每当球队输球时，阿根廷人总是习惯地唱起它。我查阅了一些资料，发现这首歌曲最早出自《艾薇塔》（Evita）一部很著名的音乐剧，是一出由蒂姆·赖斯与安德鲁·劳埃德·韦伯共同制作的音乐剧。剧情描述了阿根廷前第一夫人伊娃·贝隆（即艾薇塔）的一生，艾薇塔也称贝隆夫人，她从一个受尽社会歧视的私生女到权倾阿根廷的主政者，一生十分传奇。后来，阿根廷人采用各种方式纪念这位已经故去了60年的女人。正是有了这部音乐剧，我们才知道她是谁。

其实，人生也是如此，何必在乎一时的胜败呢？我想说，阿根廷队，努力！下届世界杯再战！

【日记】　2014年7月27日　星期日　晴

进修期间，在美国航天中心展馆内，我看到了很多美国中小学生在老师的带领下参观展厅，解说员这样告诉学生，“如果你有梦想，就努力去实现它。”

我站在学生参观队列旁边，一直在思考着美国人的教育方式。

美国人一代又一代鼓励年轻人去探险的文化，使我想起了曾经看过的一本书，书名是《每天冒一点险》（*Run Risks Everyday*），作者是美国人 Clement Stan（克莱门特·斯坦）。书里强调了“行动就是力量”，充分体现了美国人勇于探险的精神，据说这是一本美国总统推荐过的书。

美国人是欧洲人的后裔，他们的祖先就是敢于冒险才乘船远航，成为最早登上北美洲大陆的欧洲人，这些人是今天的美国人的祖先。欧洲人喜欢冒险，自马可波罗之后，1492 年哥伦布扬起了风帆。在 1609 年，哈德逊船长最早发现了今天的纽约。据说，这位船长当时是为了寻找通往我们北京的航路，途中意外地发现了纽约。

中央公园内纪念早期登陆纽约的荷兰人雕像（本书作者拍摄）

通常来说，弱者都是不敢冒险的。站在河边呆立不动的人，永远也不可能渡过河去。优柔寡断的人，不敢决定每件事，大多数美国人不属于这类人，因为他们从小就被鼓励去冒险。家长和老师们教育孩子要相信自己，要有足够的自信，要摆脱弱者心态。如何做到以上所说的呢?

首先，你要坚韧不拔。坚韧是克服一切困难的保障，它可以帮助人成就事情，实现理想。坚韧是所有成就大事业的人的共同特征。他们中有的人没有受过高等教育，或许有其他弱点和缺陷，比如美国前总统杜鲁门没有上过大学，他出身于密苏里州的一个农场，完全凭自我奋斗获得了政治上的成功。这类人之所以能够成功，是因为他们遇到困难会坚韧不拔，为理想而奋斗。他们失败了会含笑而起，以更大的决心和勇气继续前进，比如韩国前总统金大中就是这样的人，他九死一生，73 岁时才当选韩国总统，带领韩国走出了 1997 年的金融危机。

其次，要聪明决断。世间最可怜的是那些做事举棋不定，犹豫不决、不知所措的人，是那些自己没有主意，不能抉择的人。你若想成功、成就一番事业，就必须要具有坚毅与决断的能力。这次来美国学习的第二天，我在乔治城大学书店，花了 35 美元买到美国著名政治家希拉里所写的 *Hard Choices* 一书，这本书译成中文是《我的艰难抉择》，我一口气看完了这本书，受益匪浅。希拉里是美国第 42 任总统比尔·克林顿的妻子，她的丈夫卸任后，她自己又于 2008 年参加了总统竞选，虽然最后在竞选中败给了奥巴马，但她成功获得奥巴马总统提名，出任第 67 任国务卿。这如果没有勇气，是根本做不到的。

最后，要乐观向上。一个能够在事情不顺利时都微笑的人，比一个遇到困难就垂头丧气的人更具有胜利的条件。我坚信，一切事情，全靠人的勇气和信心、靠人们乐观的生活态度。对于一个精神良好的人来说，把心中的忧郁在很短的时间内驱出心境是完全可能的。

克莱门特·斯坦说：“当你感到忧郁、失望时，你应该试着改变环境。无论遭遇怎样，不要反复想你的不幸和目前使你痛苦的事情。要想那些愉快的事情，以最大的努力让自己乐观起来。”美国人的这种人生态度，值得学习。

【日记】 2014年7月28日 星期一 晴

此行赴美学习，有很多方面都需要认真总结，身为一个银行人，必须要认真剖析2008年美国出现金融危机的原因，分析人家处理危机的方式方法。他山之石，可以攻玉。

2008年美国出现金融危机后，无论是奥巴马政府还是美国的银行都在谈监管、论转型，而在大洋彼岸的中国，我们国内的商业银行和学术界也都张口闭口谈转型、评论美国的“次贷危机”。那么，怎么转、往哪儿转？应该是国内银行界在相当长一段时间内的话题。

自从有了金融这个行当以来，金融市场天生就具有不稳定性，总是在过度乐观与过度悲观之间震荡。建设银行在过去近30年的职能转换过程中，经历了1995年从专业银行向商业银行的转变；经历了1999年剥离不良资产的重大转折；经历了2005年国内首家银行在香港成功上市的重要发展历程；也经历了自2008年国际金融危机后，收入模式从过度依赖传统信贷业务到创造多元收入结构的转型。

那么，如何防范金融风险？怎样经营好商业银行，一直是全球经济界人士探讨的热门话题，我们需要终生学习。

【日记】 2014年7月29日 星期二 晴

在美国学习时，我看到了美国监管体制的一些变化。我认为，分析某个国家的金融危机，既要研究这个国家的有关法律，还要全面客观地分析危机产生的背景，这样我们才能从中总结出对我国金融业发展的经验。

美国在经历了20世纪30年代的“大萧条”后，通过立法及加强对银行经营行为的监管与约束，基本保持了相当长的时间稳定发展阶段。在2008年“次贷危机”引起的金融危机爆发前，在相当长的时间里，美国金融业成为全球银行业学习、效仿的对象。在20世纪80--90年代的中国，业内经常可以听到“看看人家美国的金融监管多么到位”、“我们应该学习美国的银行金融产品创新”之类的话，类似这样的话，当时经常挂在中国商业银行人士的口中。然而，2008年美国再度爆发金融危机后，国内出现了一片抨击的声音，就像当年猛烈抨击1997年韩国金融危机时一样。试问，我们能不能静下心来认真、客观地分析一下人家金融危机爆发的原因及应对措施呢？

1982年，经济学家海曼·P. 明斯基（Hyman P. Minsky）在其《通货膨胀、经济萧条与经济政策》一书中这样写道：“‘大萧条’还会再次发生吗？如果会，为什么在第二次世界大战之后的这些年里一直没有再现呢？在回顾历史记录和过去35年相对比较成功的经验时，我们会自然而然地联想到这些问题。为了回答这些问题，有必要创造一种经济学理论。在该理论中，我们的资本主义经济可能自发地进入‘大萧条’状态。”但是，这位经济学家没有预想到“大萧条”后，金融危机在2008年又一次冲击了像美国这样的“监管健全”的高收入国家；影响了欧洲富裕国家乃至全球经济，并且改变了我们的世界。

按照海曼·P. 明斯基的观点，如果说“资本主义经济（在经过一段稳定快速发展后）可能会自发地进入‘大萧条’状态。”那么，社会主义市场经济体制下的国家又将如何避免金融危机呢？我认为，我们的学术界应该认真讨论、研究一下这个问题。

我们的学者不能总是事后诸葛亮，事前跟风跑、事后猛抨击。可否提出一个不按照西方经济学理论逻辑分析经济的课题。当年，我对国内经济界分析韩国“1997金融危机”的判断就有过不同的观点，[①] 如果我当初也跟风跑、随声附和，就不会有今天

① 杭琛：《韩国岁月话金融》（第二版），北京，中国金融出版社，2015。

的中国建设银行首尔分行。或许也会有这家建行海外分行，但可能会晚成立8~10年。熟悉建设银行当时情况的同事们都知道，建设银行韩国分行是建行海外机构发展规划中，唯一一家计划外诞生的海外分行，从来没有被列入发展计划中。这家分行能够在2004年初开业，应该感谢当时的王行长，王行长是一位被大家公认的银行家，他在2001年上半年访问韩国时，在听取了代表处的汇报后，拍板将代表处升格为分行。

这次在乔治城大学听课的内容不仅涉及金融、经济，也包括政治、外交等多个领域，第一堂课就是从美国的政治体制与“民主”拉开的帷幕。

在全球经济向一体化趋势快速发展的今天，应该说，一国发生金融危机也必将会造成全球金融市场的动荡。但作为国有控股银行的职业经理人，我们应该站在更高的台阶上，全视野、多角度地分析“金融危机”，才能使我们作出的决定正确。比如，20世纪90年代中后期，当我在韩国担任中国建设银行首席代表时，最早提出了建设银行需要设立韩国经营性机构的动议，之后我的建议被总行采纳，才产生了建设银行第六家海外分行。又比如，在2008年总行公示我为迪拜子行筹备组负责人时，由于受全球经济危机的影响，在迪拜出现主权危机后，建设银行决定停止筹备工作。这时我仍建言总行领导应该考虑继续加快筹备建设银行在中东海湾国家的经营性机构。在迪拜子行筹备工作停止两年后，建设银行迪拜子行筹备工作重新启动。事实证明，我当初的判断是正确的。因此，我们在分析“金融问题”时，不能就“金融危机”狭义地分析“金融危机”，一个错误的决定会让我们付出更多的机会成本。

附录 1

佛罗里达州公共养老金受托人协会股份有限公司章程

目　　录

第6条：非正式行动

6.01　通知弃权

6.02　同意采取行动

第7条：常务委员会

7.01　常务委员会

1. 章程委员会
2. 选举委员会
3. 审计委员会
4. 行政监督委员会

7.02　委员会任命

第8条：公司运营

8.01　财政年度

8.02　文件的执行

8.03　账簿和记录

8.04　查看账簿和记录

8.05　非营利性运营—报酬

8.06　管理层借贷

8.07　资产权利

8.08　年审

第9条：修正案

9.01　公司章程修正案

9.02　本规则的修改

第10条

10.01　罗伯特议事规则

佛罗里达州公共养老金受托人协会股份有限公司
非营利性机构

第1条：介绍

1.01　章程定义。

本章程专属于佛罗里达州公共养老金受托人协会有限公司（d/b/a FPPTA）所有，用于公司日常事务管理。（1996年7月2日变更）

1.02　宗旨和权力。

公司宗旨和权力如章程所规定，依据相关法律制定。

本公司的主要宗旨是协助保护和保留佛罗里达州公共养老金信托，以及其他法律许可的非营利性公司的宗旨。

第2条：办公场所和代理

2.01　关于办公场所：公司可根据需要，在佛罗里达州辖内设置办公室。

第3条：会员资格和会议

3.01　确定会员资格。会员是指根据附则规定拥有会员权利的个人、公司或其他实体。

3.02　会员等级。本公司会员分为八个等级：活跃会员、准会员、名誉董事成员、荣誉会员、非居民公共养老金基金会员、退休会员、福利计划会员及个人会员。（1999年1月19日变更）（2009年1月31日）

3.03　会员资格。会员资格和权利如下：

1. 活跃会员：所有合法设立的退休金、企业年金、福利计划及社会团体或退休金计划，其主要宗旨是为促进本体系内公职人员现在或未来权益的保护协会。满足这些条件的团体，在提出申请、评估合格、支付会费后将成为会员。这些会员将拥有本公司所赋予的全部权利和特权。

2. 准会员。准会员可以是个人或公司，在佛罗里达州内外均可，对保护公职人员养老金信托基金有兴趣，并致力于为这些信托基金提供服务。满足这些条件的个人和公司在提出申请、评估合格、支付会费后将成为会员。除表决权外，这些会员将拥有本公司所赋予的全部权利和特权。

3. 名誉董事成员将由董事会指定，加入会员花名册，可以作为嘉宾参加协会会议。除表决权外，名誉董事成员拥有董事会成员的全部权利。名誉董事成员可免除会员费、评估费，可以参加所有会议。名誉董事成员是终身会员。

4. 荣誉会员：董事会指定的任何个人。荣誉会员将被加入会员花名册，有资格作为嘉宾参加所有公司会议。荣誉会员是为答谢那些代表公司提供杰出服务的人员，或为公司作出重大贡献的人员。这些会员被指定后将立刻免除24个月的会费和评估费用。在这24个月期间，除表决权外，荣誉会员拥有本公司所赋予的全部权利和特权。在上述24个月期间，董事会将有权指定荣誉会员在期满之后额外获得24个月的荣誉会员资格。董事会有权在每连续24个月期间授予该个人一次额外的24个月荣誉会员资格。此外，董事会拥有独家权力，依据本章程规定，撤销荣誉会员资格。（1998年11月13日）（2012年2月4日）

5. 非居民公共养老金基金会员：佛罗里达州以外地区的合法设立的退休金、年金福利体系的社会团体或退休体系，任何名目的、其主要宗旨是为促进本体系内公职人员现在或未来权益的保护协会。满足这些条件的团体，在提出申请、评估合格、支付会费后将成为会员。除表决权外，这些会员将拥有本公司所赋予的全部权利和特权。

6. 个人会员：任何个人，在佛罗里达州内外均可，对保护公职人员养老金信托基金有兴趣，否则将不符合会员条件。满足这些条件的个人在提出申请、评估合格、支付会费后将成为会员。此类会员的设置为某些个人提供了机会，可以获得公司的教育和证书。除表决权外，这些会员将拥有本公司所赋予的全部权利和特权。

7. 退休人员部门：曾是公职人员的个人，正在领取公职人员退休金（包括任何类型的延期支付计划），或有权未来领取公职人员养老金（包括任何类型的延期支付计划），居住在佛罗里达州，居住时间不限，即便佛罗里达州不是本人的主要居所。退休人员部门的职能是作为佛罗里达公共养老金受托人协会的委员会。此委员会将自行选举官员。退休人员部门的董事会主席将由一位佛罗里达公共养老金受托人协会董事会委员担任，但对任何事情都没有表决权。退休人员部门董事会的官员将通过其成员选举产生，包括一位主席，一位副主席，一位秘书和两位董事。佛罗里达公共养老金受托人协会的主席、律师、首席执行官、首席运营官或他们指定的人将作为代表加入退休人员部门董事会。只有经选举产生的、在退休人员部门董事会任职的退休官员，拥有退休人员部门董事会的表决权。每位官员每个职位的任期为两年。（2009 年 1 月 31 日）

8. 福利计划：福利计划会员在佛罗里达公共养老金受托人协会没有表决权或发言权，除非他们符合其他七类会员的条件。（2009 年 1 月 31 日）

3. 04　会费。会员每年的会费由董事会确定。第一年的会费应当在提交会员申请时全额缴纳。年度会费为预付，应当在公司财年第一天每年 1 月 1 日全额缴纳。首次成为会员应全额缴纳年度会费，除非他们的会员资格是 8 月 1 日当日或以后生效的，则只需缴纳半年的会费。（2009 年 1 月 31 日）（2009 年 10 月 3 日）

3. 05　会员资格评估。会员资格将由董事会在认为必要时进行评估。经过评估具有会员资格，收到通知后未能按时支付会费的，将失去会员资格。

3. 06　会议地点。会员会议的时间和地点由董事会确定。

3. 07　年会。会员的年会将于年度大会的第一天召开。

3. 08　特别会议。以下情形可以召集特别会议：

1. 董事会半数以上；

2. 首席执行官；

3. 董事会主席；

4. 至少 25% 以上会员投票。

3. 09　会议通知。书面或打印的通知，说明时间、地点、会议时长，特别会议要说明召集会议的目的。必须在会议日期之前不少于五天，以主席或首席执行官名义，通过美国邮政、传真或电子邮件向每位有表决权的参会会员发出通知。如果邮寄，将视为通知已发出，公司已预付邮费并有记录。

3.10　表决权。每个活跃级别会员董事会将有一票资格参与表决。为了投票，会员必须处于正常缴纳会费的良好状态。当前的受托人清单必须在佛罗里达公共养老金受托人协会处留有备案。他们不可以欠费，例如以前的学校或会议费用。(2002 年 1 月 26 日）表决人、受托人、或经会员董事会正式授权的代表必须到场。

3.11　委托投票。不允许委托投票。

3.12　会议法定人数。定期的会员会议的法定人数为全部在董事会议注册会员的 10%，由独立的审计人员予以确定、验证。

一次会议所需的法定参会人数或百分比是全部有表决权会员的十分之一，除非法律、公司章程或本规则另有规定要求必须有更大比例人员参会。

3.13　会员资格可转让性。本公司的会员资格不可转让。

3.14　会员资格终止。发生如下情况会员资格终止：

1. 董事会收到该会员或其代理人的书面辞呈。
2. 活跃会员亡故。
3. 会员未能如期支付会费和评估费用。
4. 通知和听证后，不符合会员资格。除主动请辞外，一位会员由于任何原因被终止会员资格之前，将获得一次董事会听证的机会。

第 4 条：董事

4.01　定义。董事会是依据法律、公司章程、本规则所授予的权力，管理本公司业务及事务的一批人。

4.02　结构。本公司的董事会将构成单独的一类。

4.03　任职资格。本公司董事的任职资格如下：

1. 董事必须在佛罗里达州居住。

2. 董事必须作为受托人或管理人员积极参与佛罗里达州的公共养老金计划。独立承包的管理人员如果是公司准会员，或位于佛罗里达州的一个养老金计划的管理人员，有资格成为公司董事。

3. 被选举后，如果一位董事不再积极参与位于佛罗里达州的受托人工作或公职人员养老金管理工作，那么该董事将完成他/她剩余的任期。

4. 董事必须是持有佛罗里达公共养老金受托人协会证件的公共养老金受托人。(2000 年 1 月 26 日)

4.04　董事人数。公司董事人数为七人。

4.05　董事任期。公司章程中任命的首届董事会成员将担任公职，直至首次年度董事选举之时。在 2000 年年会之前，董事将由选举产生，任期两年。其中三位董事在偶数年选举产生，四位在奇数年选举产生。2000 年年会时，选举产生的这三位董事任期为三年。2001 年年会时，获得最高选票的两位董事候选人将当选，任期三年。得到第二高选票的两位董事候选人将当选，任期一年。此后，董事当选后任期为三年。每位董事将在任期担任公职，直至有选出合格的继任者。(2000 年 1 月 26 日)

董事必须真诚地履行其职责，包括作为委员会成员的职责。谨慎行事，维护公司的利益。

无论是否有原因，占法定人数三分之二的董事到会表决即可免除一位董事的公职。下列步骤全部完成后免职生效：

1. 选举之前，任何活跃会员都可以提议，请求董事会将免除某位董事公职的事项提上下次定期会议的议事日程。

2. 一旦请求免除一位董事的公职，行政监督委员会将围绕免职的事实展开调查。行政监督委员会将调查、收集证据，并且如果需要的话召开听证会。然后，行政监督委员会将汇报他们的调查结果，并给董事会提出建议。

3. 当行政监督委员会向董事会汇报并提出建议，董事会将对此做出评审。根据评审，如果董事会有五票支持免职，那么唯有在这种情况下，免职提议将提上议事日程以供投票并作出最终决定。(2009 年 1 月 31 日)

撤销某位董事的会议通知应明确说明将要免职的董事。

会议提议免除董事公职的，对于需要免职的每位董事都需要单独表决。以书面协议免职的，需要给每一位被免职的董事准备单独的协议。

如果以书面协议免除董事公职，必须在董事会召开之前至少30天将文件提交董事会。

如果在会员会议期间免职生效，因此产生的职位空缺应当在同次会议由活跃会员予以填补。参加投票的所有人员都可以作为此职位空缺的候选人被提名。所有其他空缺职位都已添补之后，得到第二高选票的人当选。(2009年10月3日)

任何被免职的董事在下一次会员年会之前，没有资格再次参加选举。

任何被免职的董事应当在72小时内向董事会交回手中的全部公司记录。

如果被免职董事不按本附则规定的要求离开办公室或交回记录，公司可以向所在辖区的巡回法院提出申请干预令，立即命令该董事离开办公室并交回公司记录。

4.06　董事会空缺。董事辞职将立即生效，或于特定日期生效，职位空缺随即产生。佛罗里达公共养老金受托人协会办公室一旦收到辞呈，首席执行官将通知各位董事，以及所有合格的可以填补该职位空缺的活跃会员，确定一个日期，收取填补上数职位空缺的请求。活跃会员将获得30天为该职位空缺提交提名。职位空缺通知和提名请求可以通过美国邮政、传真或者电子邮件发出。关于此空缺的所有被提名者和任职资格都将通知董事会。30天提名期之后的14天之内，董事会将召集一次特别会议，确定填补职位空缺的人选。新任董事将完成他/她的前任未完成的任期并参加下一次董事会议。

4.07　会议地点。定期的或特别的董事会议，将由董事会召集在佛罗里达州召开。所有定期或特别的董事会会议纪要都要经过董事会记录并批准。

4.08　定期董事会议。定期董事会议在年会时在每个学校召开。

(1994年6月15日) 只有在法定董事人数不足时可以取消定期董事会议。(2008年10月4日)

4.09　特别董事会议通知。奉董事会主席或首席执行官之命，书面或印刷的通知将在会议日期之前，通过一级美国邮政、传真、电子邮件发送至每位董事，告知董事会特别会议的日期、时间、地点。如果邮寄，将视为通知已发出，公司已预付邮费并有记录。此通知应当说明交易的具体业务或会议的目的。每位董事应当告知已收到通知。(2008年10月4日)

特别会议的参会董事达到法定人数，各位董事可以亲自到场开会，或者通过电话会议、视频会议开会。(2008年10月4日)

4.10　特别董事会议召集。董事会主席、首席执行官、占半数以上董事可以召集董事会特别会议。一经召集，首席执行官将通知各位董事并为会议作出相应的安排。参会董事未达到法定人数可以取消特别会议。(2008年10月4日)

4.11　通知弃权。董事参加董事会议的到会情况将包括弃权通知，除非董事在会议开始时因为会议是非法召集的而特地到场反对任何商业交易。

4.12　董事法定人数。法定董事人数为四人。任何行动、决策都应当经最少四位董事表决方可生效。(2008年10月7日)

董事会议应当通知名誉董事、首席执行官、咨询委员会主席、公司律师、公司会计和公司审计。董事会有权召集董事召开经营管理会议。(2009年2月1日)

4.13　(撤销) (2001年6月26日采用)

第5条：官员

5.01　官员。董事会将从董事中选举下列官员：

1. 主席
2. 副主席
3. 秘书
4. 司库

5.02　官员甄选。董事会的这些官员将由董事会每年选举、任命。每位官员将在职，直至有选举产生继任者接替其职位。这种选举只在年会期间的董事会议时进行。

5.03　官员职责。董事会主席主持董事会议和会员会议。主席将履行本规则所规定的所有职责，并执行董事会随时产生的其他所有任务。(2008 年 1 月 26 日)

当董事会主席缺席或无法行动时，副主席将履行主席的所有职责，并行使主席的所有权力。副主席将执行董事会随时产生的其他所有任务。

秘书负责保管所有的会员会议和董事会议的纪要，确保维护公司记录。通常，履行董事会秘书的所有职责，并根据法律、公司章程、本规则的要求，以及董事会随时的指派，完成所有其他的任务。(2009 年 10 月 3 日)

司库负责确保维护公司财产、业务交易的充足、准确的账目记录，根据董事会、会员或附则的要求，提交报告和账单。履行司库职务通常的所有职责，以及法律、公司章程、附则所要求的其他所有职责。(2009 年 10 月 3 日)

财产和公司业务由董事会管理。但是，为了有效地处理公司业务，董事会可以指派任何人履行任何职能。(2011 年 1 月 29 日)

首席执行官的权力和职责是遵照公司的规章、流程，负责公司业务、日常事务，接受董事会的管控。

5.04　官员免职。为了公司的利益，本规则所授权的个人可以免去任何经选举产生或指定的董事会官员的公职。但是，被免职的官员仍享有合同中约定的各种权利，不得对他们存有偏见。

第 6 条：非正式行动

6.01　弃权通知。根据法律、公司章程、本规则的规定，当需要发出任何通知时，授权签发该弃权通知的人，无论是在弃权时间之前还是之后发出此通知，都有同等效力。在会员特别会议的情况下，这种弃权通知必须具体说明进行交易的业务类型。

6.02 同意采取行动。根据公司章程、本规则将采取的行动，或可能在会员会议或董事会议时采取的行动，如果经全体拥有表决权的人员或全体董事的签字，并且在公司秘书处留有存档，那么可以不必采用开会的形式，书面形式即可。

第7条：常务委员会

7.01 常务委员会。公司可以设有常务委员会。每个常务委员会包括两个或更多董事或名誉董事。(2008年1月26日）这些委员会可以行使董事会的某些权力来治理公司。

1. 本规则委员会。本规则委员会负责定期评审附则，并根据需要向董事会提议修订、获得批准。(2008年1月26日）

2. 选举委员会。选举委员会创建董事会选举的规则。这些规则需要获得董事会的批准。

3. 审计委员会。审计委员会将对财务报告系统进行年度审计，对会计政策和原则的选择、内部控制流程进行监督，审查外部审计人员的聘用和表现。审计委员会发现的任何差异或可疑行为将向董事会汇报。(2008年1月26日）

4. 行政监督委员会。行政监督委员会将评审公司董事、官员或雇员的不当行为。评审结果将向董事会汇报。(2008年1月26日）

但是，任何委员会都不享有董事会的权力对下列事项产生影响：

1. 要求会员采取任何根据法律需要董事会批准的行为。

2. 填补董事会的职位空缺。

3. 本规则的采用、修订和废止。

4. 任何董事会决议的修订或废止。

5. 根据本规则或董事会决议对另一委员会采取行动。

7.02 委员会任命。除上述常务委员会之外，半数以上的董事可以指定或任命一个或多个专门委员会，代表该委员会行使特定的管理权；该委员会所受的限制与上述常务委员会相同。但是，这个委员会的创立并不会减轻董事会或单个董事依法所应承担的责任。所有委员会都将经半数以上董事选举产生主席。所有的委员会成员都必须是董事会成员，由半数以上董事表决任命。董事会可以通过表决终止这样的委员会。（2008 年 1 月 26 日）

第 8 条：公司运营

8.01　财政年度。本公司财政年度是日历年。

8.02　文件的执行。合同、租赁协定或其他法律文件必须以公司的名义执行。非预算项目超过 3500 美元必须由秘书签字，由董事长会签，并且附有董事会决议的副本，由秘书证明授权执行。首席执行官有权签署预算内的支票、汇票、本票、支付命令以及其他凭证。首席执行官将在下次定期董事会议时，提交有关上述支出活动的报告以供审批。首席执行官和首席运营官还将有权签署不超过预算 110% 额度的支票、汇票、本票、支付命令或其他凭证。所有超过 3500 美元的非预算项目支出必须先经 3 ~4 位公司官员的批准。

8.03　账簿和记录。本公司将保留正确、完整的账簿、账户记录，并将保留会员、董事、指导委员会的会议纪要。公司将在办公室或董事会指定的其他地点保留会员登记簿，姓名、地址、等级以及其他会员信息，以及公司章程的原件或复印件，包括经由秘书证明的修订件。

8.04　查看账簿和记录。任何会员、他的代理或律师无论带有任何目的，在提出书面需求并宣誓后，都可以随时查看本公司的全部账簿和记录。

8.05　非营利性运营—报酬。本公司不持有、也不发行股票。不支付股息，公司的收入也不会分发给会员、董事或官员。但公司将为会员、官员或董事提供补贴。

8.06　管理层借贷。本公司不会贷款给董事、官员或任何其他管理层或个人。

8.07　资产权利。当会员资格终止，或未处于良好的会员状态，本公司任何会员对公司的资产、职能、事务或经销权都没有可转让或可继承的既定权利、利益、特权。被开除的会员无权拥有公司的资产。

破产时，支付所有债务之后剩余的公司资产，是指有条件持有的资产的归还、转移、转让，收到或持有的资产的转移或转让（受限制只可用于慈善事业的、宗教的、教育的或类似的用途）之后剩余的部分。这些剩余的公司资产将由董事会分配。

本公司董事会无需会员批准即可授权担保交易或处理公司资产。

8.08 年审。每年将请一家注册公共会计师事务所对公司进行审计，报告财务运营情况和公司状况。

第9条：修正案

9.01 公司章程修正案。变更、改正或废止公司章程的权力由董事会和活跃会员授予。必须经一半以上董事和会员的同意，才可采取此类行为。

9.02 本规则的修改。变更、改正或废止本规则的权力，或采用新规则的权力，由董事会授予。

第10条

10.01 罗伯特议事规则。除非另有规定，本公司将依罗伯特议事规则的最新版本进行管理。

2012年2月4日董事会批准并采用。

证明：

皮特·布莱尔安·汤普森

主席秘书

【注：1. 美国各地养老金受托管理规则都是以佛罗里达州的规则为蓝本而制定的。2. 由于是法律文本，应以英文原件为准，中文翻译版本仅供读者参考。】

附录 2

美国企业年金（EA）计划招标要求[①]

XXX

Enterprise Annuity Plan

Vendor Selection

XXX 企业年金计划招标

Request for Proposal

具体要求事项

Jan，xxxx

xxxx 年 1 月

企业年金（EA）招标程序及所含事项：

Basic Information

基本信息

1. Who is the contract person in your organization responsible for this proposal service?

你公司项目联系人姓名？

2. How many people are dedicated to XXX EA trustee service? How many management levels and how many customer service levels?

企业年金受托管理规模情况介绍？管理层人数？客服情况介绍？

3. Please provide detail information on your current service network inmainland China.

你公司在中国大陆服务情况介绍。

4. Briefly described available EA operation models in your models in your

① 中文部分由本书作者翻译。

company and relevant experience under these model.

概述你公司企业年金服务模式以及过往经验。

5. Briefly described your firm's competitive advantage in the trustee and account administration or investment manager (if applicable) business.

你公司受托、账管及投管人（如果有的话）业务方面的优势介绍。

6. Describe your commitment to the EA trustee and account administration (or investment manager) (if applicable) business. Are EA trustee and account administration (or investment manager) (if applicable) your organization's core business?

介绍你公司企业年金受托、账管（或投管）服务保证？以上三项服务是否是你公司的核心业务？

7. What percentage of your firm's overall revenue is derived from EA business (if expected, what's your growth plan)?

在企业年金中，你公司的受托、账管（或投管）业务收入占比？（含预期增长计划介绍）

Technology

技术

1. What system (s) is (are) being used to manage your trustee and account administration (if applicable) service?

你公司受托业务、账管业务系统介绍？

2. Describe your general IT infrastructure, i. e. server, network, etc. to support the system.

你公司信息技术架构介绍？比如，系统所用的服务器、网络等。

3. Describe your firm's strategy on IT.

你公司信息系统更新发展规划。

4. Is your core trustee or account administration (if applicable) system purchased or in – house develop? If purchased, please identify the vendor details and software version information.

你公司受托服务、账管服务系统是外购的？还是自我研发的？如果是外购的，请提供 IT 供应商详细情况、软件版本情况。

5. Describe your future technology development plan.

介绍一下你公司未来 IT 发展规划。

6. Describe key factors that distinguish your company from other competitors with regard to the technology.

请说明在技术层面你公司与其他竞争对手之间的主要不同之处。

7. How long have your system been in place?

现系统使用时间（年限）？

8. Do you maintain an integrated or separate database for different clients?

对于不同客户，是使用集合的、还是不同的数据库？

9. Describe your Disaster Recovery process. How often is the system tested forDisaster Recover?

灾备处理程序？系统灾备恢复处理频率？

10. Please describe security management process and access control.

你公司安全管理流程？接口管控标准？

11. How do you communicate data integrity（if will be）with client?

（必要时）如何与客户就数据的真实性进行沟通？

12. Briefly describe the interfaces of trustee service system with other providers' system.

你公司受托服务系统与其他服务商系统接口情况？

【作者解读：分析美国企业的企业年金（EA）计划招标要求，企业年金受托人系统建设非常重要，委托方既问到了 IT 整体架构，也问到了系统选型及软件的应用，还问到了与外部其他系统的接口情况。因此，任何服务于企业年金的金融机构，在提供企业年金基金管理的全链条服务中，受托人服务系统的建设是重中之重，任何机构都必须高度重视这项工作。】

<u>Trustee Responsibility</u>

受托人职责

1. How are the processes and procedures placed to ensure trustee's fiduciary duty is well performed?

为了保证委托人利益，你公司如何履行好受托人职责？

2. Describe your internal risk management and compliance process and procedures.

请介绍你公司风险管理和内控管理流程。

3. Describe your account administrator, custodian and investment manager selection criteria and procedures.

你公司账管、托管、投管人选择流程？

4. How would you aggregate plan sponsor's input the selection process? What the dispute resolution procedure?

你公司梳理委托方需求的流程？解决处理争端的方式？

5. Describe on – going working relationship management process with administration, custodian bank and investment manager.

处理与账户管理人、托管银行和投管人关系的通常做法？

6. List your evaluation result (if any) of custodian banks, account administration and investment manager.

对托管银行、账管人及投管人的管理模式？

7. How do you measure the performance of the account administrator, custodian bank and investment manager?

你公司如何评估（评价）账管人、托管银行和投管人业绩？

8. Describe your procedure for monitoring/control of the account administrators, custodian banks and investment manager. In case of non – compliance, what's the process to rectify the problem?

介绍你公司是如何监督管理账管人、托管银行和投管人的？出现问题后，怎样纠错？

9. Describe your experience in assisting your EA client with their EA client

with their EA plan filing. Did you ever help any wholly owned foreign companies EA plan filing?

你公司帮助EA客户就其企业年金计划进行管理的经验？是否有服务外资独资企业年金计划的经验？

10. Describe the process and procedures that you manage fund contribution and benefits distribution. What's the control process to ensure funds are invested as instructed and within the agreed time?

你公司管理年金基金缴费及收益分配的流程？如何在规定的时间内、按照确定的资产配置保证基金投资到位？

11. What are other obligations of trustee and relevant indemnity terms?

其他受托人服务及赔付条款？

【作者解读：从这部分需求可以看出，受托人作为企业年金全链条服务的龙头（全链条四种角色：受托人、账户管理人、托管人、投资管理人），其扮演的角色非常关键。这种龙头角色职责既包括了对企业年金计划服务中其他角色选择的话语权，也包括了对运作过程中的风险进行监督管理等职责权力，对于任何有企业年金管理资格的机构来说，在竞标中，首先要积极争取中标受托管理人资格，这样，对于接下来的其他资格的入围会有很大的帮助。】

<u>Account Administrator Responsibility (only for qualified service providers)</u>

账户管理人职责（仅限已入围的机构）

1. Describe how your system processes fund contributions and benefit distributions. What's the dispute resolution procedure?

你公司对缴费和收益分配的管理流程？纠纷解决程序？

2. Describe how forfeitures and terminated employee accounts are handled.

离职员工账户如何管理？

3. Describe how you will communicate for plan eligibility.

计划通过后，如何进行沟通？

4. Describe how you will keep individual account data consistent with custodian.

怎样使个人账户与托管账户保持一致?

5. Describe the enrollment process for eligible employee.

符合条件的员工录入登记程序?

6. Describe how your system handles tax reporting.

解释一下系统如何处理缴税?

7. How does the system handle participant investment elections?

系统如何处理投资选择?

8. Identify any restrictions for multiple vesting schedules.

对多项计划的授权管理?

9. Please describe your data reconciliation capability with custodian bank. Briefly describe your processing feature.

与托管银行的数据核对处理能力？你公司流程特点?

Investments

投资

1. Please describe your investment manager selection criteria and process and how you evaluate investment manager.

你公司对投资管理人的选择以及如何评估其业绩?

2. Which investment manager do you recommend for XXX's EA plan and why.

如何向委托人推荐投管人？并说明原因。

3. Briefly describe investment manager's collective investment funds currently available for XXX's EA plan.

投管人选择标准？对 XXX 企业年金计划的投资建议。

4. Please describe the asset allocation of each available fund.

如何进行基金资产配置?

5. Please describe the expected risk（Sharp Ratio）and return of each fund

available and describe performance bench mark of each available funds and the actual fund performance in past 3 years respectively.

如何进行预期风险管理（夏普比率）、每只基金投资回报管理、基金业绩基准管理以及近3年投资业绩管理实际情况？

6. How do you measure the performance of the investment managers? Please describe your detail standard operating procedures and performance measurement matrix.

你公司如何对投资经理业绩进行评估？请具体说明考核标准、程序等。

7. What's the control procedure to ensure fund are invested as per stated allocation and time? in case of non - compliance, what's the procedure to rectify the matter?

如何按照资产配置确保资金及时投资到位（投资内控管理）？出现问题后的纠错机制？

Client Service

客服

1. Describe your approach to provide superior client service.

如何保证服务质量？

2. Describe your client service scope.

客服内容都包含了什么？

3. Describe your client service team, i. e. whether a dedicated team is assigned team is assigned team is assigned and issue escalation procedures.

服务团队陈述……有没有专属团队？

4. How do you measure the performance of the client service team? What is the measurement matrix?

你公司客服团队管理、如何对业绩进行考核？

5. Please describe the channels available for plan sponsor to communicate with Trustee and Account Administration. Please provide a summary of various

reports available for plan sponsor.

介绍一下你公司计划发起人与受托人、账管人的沟通方式，概述对各类报告的处理方式。

6. What reports/services are offered to ensure that clients are kept abreast of legislative changes and trends on EA?

对于法律及企业年金计划的改动，你公司能及时向客户提供哪些服务？

7. Describe your ability to serve clients with different locations.

你公司属地化服务情况介绍？

8. What tools are available to assist client service representatives to fast respond to client and participant's questions?

针对客户反映的问题，你公司快速反应机制及手段？

9. Describe your procedures for monitoring client and participant satisfaction.

你公司如何进行客户跟踪服务及满意度服务？

10. What channels (i. e. call center service or on – line inquiry) are available to plan participants' inquiry?

你公司现有服务渠道介绍（比如呼叫中心、在线咨询等）。

11. How many clients do you currently provide trustee service, as well as administrative or investment management services (if applicable)? Of your EA clients, how many of them are wholly owned foreign companies? (Please provide two reference clients who are providing EA service, including Client name, Contact name and telephone number. If necessary we will contact them.)

对你公司企业年金服务现有受托、账管、投管服务的介绍，其中有多少外资企业？（举两个例子进行说明，请提供客户名称、联系人姓名、联系电话等，必要时，我们会与其联系。）

12. Any other information you wish to furnish to demonstrate your capability of superior client service.

如果有其他需要进一步说明你公司属于优秀管理机构的材料，可一并提供给我们。

【作者解读：在这部分里，对于各家机构是否有能力服务于外资企业的年金服务需求，提出了具体要求。我们看出，客户关系维护在整个企业年金管理中，委托人对其关注的程度。这对于我国有资格提供企业年金基金管理资质的各家机构来说，是证明其能否成为一流的企业年金服务管理机构的关键。因此，我国能够提供企业年金管理的机构，若想在中标外资企业的投标中获胜，就必须要提高其国际服务水平。】

Implementation

工作启动

1. Describe your implementation process including tasks, responsibilities and interdependencies.

工作启动程序介绍，包括任务、职责以及相互之间的联系。

○ Initial set - up 初始情况

○ On - going 过程中

2. Describekey factors necessary for a successful implementation.

哪些是成功的必须因素？

3. Describe the required information for Trustee and Account Administration (if applicable) service set - up.

受托、账管服务启动所需信息？

4. What's the data format do you prefer to receive from the plan sponsor?

你公司要求的数据格式？

5. What's the level of involvement from the client is necessary during the implementation process?

计划启动后，希望客户提供哪些支持？

○ Initial set - up 初期

○ On - going 进行中

6. Please commit timeline of implementation process with breakdown for all related aspect.

各阶段具体时间表?

Documents Required

需要提供的文件

Please provide sample of documents together with the proposal in both English and Chinese.

请同时用中英文提供标书样本和建议。

1. Sample Trustee Contract;

受托合同样本。

2. Sample Account Administrator Contract (if applicable);

账户管理人合同样本（可用的）。

3. Sample client service reports prepared on a regular basis;

通用的客服报告样本。

4. Sample Service Provider Selection Report;

其他角色挑选报告。

5. Any other contract sample you think necessary for a successful EA plan implementation.

其他认为需要提供的合同样本。

Other information required

其他信息

1. Company audited financial details including number of employees, turnover and balance sheet for the past 2 years.

公司审计后的财务报表，包括员工人数、营业额及最近两年的资产负债表。

2. Detail of any international standards (e. g. ISO 9001) that your company complies with.

你公司执行 ISO9001 国际标准情况。

3. Copy of Business License.

营业执照复印件。

4. Qualification for EA service.

企业年金资格证书。

5. Authorized personnel. This statement contains the names, address, and positions of your organization's personnel specifically authorized to execute the EA service contracts on behalf of your organization and the company has FULL capacity to execute such contract.

被授权人情况介绍，包括姓名、地址、职务以及履行合同的情况等。

Schedule 1: Scope of Service and Check List

计划1：服务范围及清单

○ Proposal Check List

建议清单

○ Scope of Service and Fee Schedule

服务范围及拟报价格

○ Financial Analysis Template

财务分析模板

Schedule 2: Pricing

计划2：报价

附录3

对我国养老基金管理模式的思考

2016年6月，我应邀参加了“世界医疗旅游与全球健康大会”（World Medical Tourism & Global Healthcare Congress 2016），来自世界各地的数千名代表与会，大家围绕全球医疗服务的发展趋势与中国健康旅游的创新发展需求以及养老金基金投资产融结合等课题展开了交流和讨论。本届博鳌大会的宣传口号是“Transboundary and Cross - Border Leaping and Win - Win”（跨界与共赢），力求探索创新发展国际医疗旅游先行先试的新思路，旨在促进我国养老医疗服务行业与国际健康旅游行业和养老金融投资的有效对接。

世界医疗旅游协会、世界健康产业协会、联合国人口基金会（UNF-PA）、世界银行、中国健康管理协会、国家老龄委、美国普林斯顿健康医疗有限公司、美国美联医邦、摩尔健康公司、美国德勤健康保健中心、美国麦迪医疗技术有限公司、印第安纳大学、匹斯堡大学、约翰霍普金斯大学、韩国延世大学、南洋理工学院、欧洲健康联盟、英国瑟科集团、瑞士医疗投资集团、加拿大健康管理协会、澳大利亚HCF保险公司、毕马威中国公司等机构以及《中新社》、《第一财经日报》、《经济参考报》、《人民网》、《新华网》等新闻媒体的代表参加了本次大会。这是WMTC第一次在我国举办会议，是一次顶级的盛会，说明随着中国人口老龄化发展的加速，未来中国养老基金管理与投资市场的发展潜力巨大。

我作为大会特邀发言嘉宾，在“产融结合——医疗健康产业园区的价值再造”分论坛做了发言，与中外嘉宾共同探索医疗健康旅游产业及养老金融项目合作的PPP投资运作模式；与中国社科院健康研究中心、国家老龄委以及来自美国和挪威等国家的专家讨论了建立我国大健康服务产业的模式。站在养老金基金管理人的角度，参加这次博鳌论坛后，我对我国养老制度及模式的转型有以下思考和建议：

第一，国家要考虑从制度上进行包括医疗健康服务在内的国民养老全覆盖架构设计，构建多支柱、可持续的医养结合基金架构。自2004年国家有关部委出台的关于“建立企业年金制度”的办法以来，作为补充养老金的这个“第二支柱”基金规模目前已经达到万亿元，但仍远低于专家的预期。截至2015年，我国城镇人口已达到总人口的三分之一，但正规的医疗健康及养老保障制度覆盖人口低于40%。随着2016年国家“职业年金制度”建立工作的启动，“第二支柱”基金规模将增加3900亿元左右，个人账户数将增加约3300万人。虽然“第二支柱”覆盖面有了扩大，但还有待进一步完善，比如农民工“第二支柱”的覆盖问题；外资企业在华“第二支柱”的覆盖问题；我国地方国企“第二支柱”的覆盖问题以及民营股份制企业的“第二支柱”覆盖问题等。应该说，在农村医疗健康养老制度建设上，南美国家巴西是一个成功的案例。巴西农业人口多且分散，为解决老龄人口的医养健康与保险问题，巴西政府在减少不公平和根除绝对贫困方面取得了成绩，值得研究。

根据世界其他国家的经验，医疗健康服务架构与养老制度建设紧密相关，针对上面出现的社会问题，我们一是应采取强制性制度，这样才能在短时间内达到预期目标，为建设全民小康社会铺平道路。二是要变政府的单一福利为混合福利，即上面提到的“补养”制度的不断完善，除了政府以外，雇主和雇员也应该对社会保障制度负责，鼓励私营企业以职业年金与私人养老计划和医疗计划参与福利资源分配。在这次博鳌会议上，我从珠海高新区金鼎社区卫生服务中心的医疗健康服务架构模式上，了解了我国社区在这个领域上的有效模式。珠海这个社区对辖内所有居民建立了医疗健康档案，提供为老年人有针对性的上门服务。在资金配置方面，政府每年都拿出1000万元予以支持。

第二，借鉴瑞士、美国的做法，在养老基金投资管理方面，建议基金由委托人个人做出投资选择，而不是由单位（企业年金理事会）或受托机构来决定，后者的职责仅是提供投资产品，供投资人选择而已。当然，若要达到这种模式要求，企业外部法律环境和内部经营状态都很重要，外部法律环境能体现一个国家或地区的整个制度、政策及系统条件，企业内部经营状态关系到一个企业经营的稳定性（生命周期），包括公司治理结构、管理方式、经验与技术、企业文化等一系列因素及与外界环境的融合和效果。

第三，根据民政部2016年7月公布的《2015年社会服务发展统计公报》，截至2015年底，我国65岁及以上人口14386万人，占总人口的10.5%。60岁及以上老年人口22200万人，占总人口的16.1%。比照联合国标准，我国已迈入重度老龄化社会，但全国各类养老服务机构和设施仅11.6万个，各类养老床位672.7万张，每千名老人拥有养老床位30.3张，供需紧张。因此，建议由各级政府牵头，专业金融机构支持，采用PPP模式，加快各类养老社区和庭院的规划和建设步伐，以解决国家面临的社会老龄化问题。同时，可通过加快推进与医疗养生产业相结合的全产业链服务养老模式进程，结合国情具体情况，考虑以居家为基础、社区为依托、机构为补充的模式。

参 考 文 献

中文文献

[1] 巴拉克·奥巴马：《我们相信变革：重塑美国未来希望之路》，北京，中信出版社，2009。

[2] 查尔斯·俾耳德、威廉·巴格力等：《美国的历史：从蛮荒时期到帝国时代》，北京，新世界出版社，2015。

[3] 罗格·C. 吉布森：《资产分配管理（英文原版）》，新加坡，McGraw－Hill，2000。

[4] 高克：《外交家与战争：顾维钧外交官生涯片段》，上海，上海人民出版社，1995。

[5] 杰里尔·A. 罗塞蒂著：《美国：对外政策的政治学》，北京，世界知识出版社，1997。

[6] 韩飞：《西点军校：男人的准则》，北京，中国华侨出版社，2015。

[7] 斯德斯·特克尔：《美国人谈美国》，北京，中国对外翻译出版社，1982。

[8] 朱迪思·布莱尔斯：《信心的力量》，北京，电子工业出版社，2003。

[9] 迈克尔·阿伯拉肖夫：《这是你的船》，北京，机械工业出版社，2011。

[10] 卡耐基：《正能量》，北京，中国商业出版社，2012。

[11] 邵万钦：《美国企业并购浪潮》，北京，中国商务出版社，2005。

[12] 朱民等：《改变未来的金融危机》，北京，中国金融出版

社，2009。

［13］欧阳卫民：《二十世纪重要经济学家货币金融思想》，北京，中国金融出版社，2009。

［14］刘金凤等：《海外信托发展史》，北京，中国财政经济出版社，2009。

［15］尼克·里森：《我如何弄垮巴林银行》，北京，中国经济出版社，1996。

［16］苏洲：《企业杠杆收购与银行金融创新》，北京，中国财政经济出版社，2006。

［17］凌涛等：《存款保险制度的国际经验与借鉴》，上海，上海三联书店，2007。

［18］拉里·基利等：《创新十型》，北京，机械工业出版社，2014。

［19］稻盛和夫：《活法》，北京，东方出版社，2014。

［20］安德鲁·J. 谢尔曼：《从创业筹资到IPO》，北京，人民邮电出版社，2015。

［21］塔让·沙赫：《风投的选择：谁是下一个十亿美元级公司》，北京，人民邮电出版社，2015。

［22］杰弗里·佩雷特著：《肯尼迪传》，武汉，长江文艺出版社，2013。

［23］简·爱德华·史密斯：《罗斯福传》，武汉，长江文艺出版社，2013。

［24］艾德温·李费佛：《股票作手回忆录》，海口，海南出版社，2015。

［25］资中筠：《战后美国外交史》，北京，世界知识出版社，1994。

［26］熊志勇：《中国与美国：迈向新世纪的回顾》，郑州，河南人民出版社，1995。

［27］中国证监会：《中国资本市场二十年》，北京，中信出版社，2012。

[28] 李麟等：《移动金融：创建移动互联网时代新金融模式》，北京，清华大学出版社，2013。

[29] 马梅等：《支付革命：互联网时代的第三方支付》，北京，中信出版社，2014。

[30] 姚文平：《互联网金融：即将到来的新金融时代》，北京，中信出版社，2014。

[31] 马丁·沃尔夫：《转型与冲击》，北京，中信出版集团，2015。

[32] 杭琛：《韩国岁月话金融（第二版）》，北京，中国金融出版社，2015。

[33] 莉斯塔娜：《希拉里：我的抉择时刻》，北京联合出版公司，2015。

[34] 普林提斯·马尔福德：《思想的力量》，北京，群言出版社，2016。

[35] 本·伯南克：《行动的勇气：金融风暴及其余波回忆录》，北京，中信出版社，2016。

[36] 水木然：《跨界战争：商业重组与社会巨变》，北京，电子工业出版社，2016。

[37] 王坚：《在线数据改变商业本质：计算重塑经济未来》，北京，中信出版社，2016。

[38] 伯顿·A. 艾布拉姆斯：《美国历史上的10大经济失误》，北京，新华出版社，2016。

[39] 托尼·施瓦茨：《特朗普自传：从商人到参选总统》，北京，中国青年出版社，2016。

英文文献

[1] Alan Axelrod, The American Presidency. The Penguin Group, USA, 2009.

[2] Alan Grant, The American Political Process. Dartmouth, UK, 1994.

[3] Allan Nevins and Henry Steele Commager with Jeffrey Morris, A Pock-

et History of the United States. Columbia University , 1992.

[4] Allan R. Bosworth, America's Concentration Camps, W. W. Norton & CompanyInc. , New York, 1967.

[5] AndrewRoss Sorkin, Too Big to Fail. McCormick & Williams – Andrew Nurnberg Associates International Ltd. , 2009.

[6] Antonia Felix, Condi: The Condoleezza Rice Story. New Market Press, New York, 2002.

[7] Benjamin Graham, The Intelligent Investor, revised edition. HarperCollins Publishers, New York, 2006.

[8] BillWoodward, Madam Secretary: Madeleine Albright. Miramax Books, New York, 2003.

[9] Bonnie Angelo, First Mother: The Women Who Shaped The Presidents. An Imprint of Harper Collins Publishers, New York, 2000.

[10] Bob Greene, Fraternity: A Journey in Search of Five Presidents. Crown Publishers, New York, 2004.

[11] Bob Woodward, Maestro: Greenspan's FED and the American Boom. Simon & Schuster, 2000.

[12] BruceCumings, The Origins of the Korean War. Princeton University Press, 1989.

[13] BruceCumings, North Korea – Another Country. The New Press, New York , 2004.

[14] CFPB, Financial Literacy Annual Report. July 2014.

[15] CFPB, Semi – Annual Report of the Consumer Financial Protection Bureau. March 31, 2014.

[16] Clair Wilcox, Public Policies Toward Business, 3rdEdition. Richard D. Irwin, Inc. , 1966.

[17] D. A. Benton, How to Think Like a CEO. A Time Warner Company, New York , 1999.

[18] David McCullough, Truman. Simon & Schuster, 1992.

[19] DavidB. Sicilia and Jeffrey L. Cruikshank, The Greenspan Effect. McCRAW - HILL, 2000.

[20] Eugene M. Schwartz, How to Double Your Power to Learn. Executive Research Institute, New York, 1965.

[21] DonOberdorfer, The Two Koreas. Addison Wesley, Massachusetts, 1997.

[22] DouglasR. Casey, Crisis Investing: Opportunities and Profits in the Coming Great Depression. Stratford Press, New York, 1980.

[23] FrancisFukuyama, Trust: The Social Virtues and the Creation of Prosperity. The Free Press, New York, 1995.

[24] Frederic A. OGG, Introduction to American Government. D. Appleton Century Company, New York, 1945.

[25] George Manning & Kent Curtis, The Art of Leadership. McGraw - Hill Companies, Inc. , 2Boston, 2003.

[26] GeorgeS. Yip, The Global Strategy: Managing for Worldwide Competitive Advantage. Prentice Hall Inc. , 1995.

[27] GeorgeW. Bush, Decision Points. Crown Publishers, 2011.

[28] Gertrude Hartman, America: Land of Freedom. D. C. Heath and Company, 1961.

[29] Glen Chambers and Gene Fisher, United States History for Christian Schools. Bob Jones University Press, 1982.

[30] Greg N. Gregoriou, Operational Risk Toward Basel III. Wiley Finance, New Jersey, 2009.

[31] HansonW. Baldwin, World War I. Harper & Row, Publishers, New York, 1962.

[32] Harold Coy, The Americans. Little, Brown & Company (Canada) Limited, 1958.

[33] HarrisonE. Salisbury, The Assassination of President Kennedy.

McGraw – Hill, 1964.

[34] Henry Kissinger, Diplomacy. Simon & Schuster, 1994.

[35] Herb Cohen, You Can Negotiate Anything. Bantam Books, Bantam edition, 1982.

[36] Hillary Rodham Clinton, Living History. Simon & Schuster, 2003.

[37] Hillary Rodham Clinton, Hard Choices. Simon& Schuster, 2014.

[38] Hughes/Ginnett/Curphy, Leadership. McGraw – Hill International Editions, Singapore, 1999.

[39] Jack Welch, Jack: Straight From The Gut. Warner Books, 2001.

[40] James K. Van Fleet, Power with People. Parker Publishing Co, Inc. , 1970.

[41] Jean Strouse, Morgan: American Financier. Random House, Inc. , 1999.

[42] JeffreyJ. Fox, How to Become CEO. New York, 1998.

[43] JohnA. Mullaney, REITs: Building Profits with Real Estate Investment Trusts. John Wiley & Sons, Inc. , Canada, 1998.

[44] JohnC. Hull, Options, Futures, and Other Derivatives. Prentice Hall, New Jersey, 2003.

[45] John D. Finnerty& Douglas R. Emery, Debt Management. Harvard Business School Press, 2001.

[46] Joseph E. Persico, Colin Powell. Random House, USA, 1996.

[47] Katharine Savage, The Story of the United Nations. The Bodley Head Ltd. , 1962.

[48] Kati Marton, Hidden Power: Presidential Marriages That Shaped Our History. Anchor Books, 2001.

[49] Kitty Kelley, Nancy Reagan. Simon & Schuster, 1991.

[50] Kiron K. Skinner, Annelise Anderson, Martin Anderson, Reagan: A Life in Letters. Free Press, New York, 2003.

[51] Larry King, How to Talk to Anyone, Anytime, Anywhere. Three Riv-

ers Press, 1994.

[52] Laurent Balthazar, From Basel 1 to Basel 3: The Integration of State - of - the - Art Risk Modeling in Banking Regulation. Palgrave Macmillan, New York, 2006.

[53] Larry R. Donnithorne, The West Point Way of Leadership. Doubleday, New York, 1994.

[54] Lee Iacocca, Iacocca An Autobiography. Bantam Books, 1984.

[55] Max Hastings, The Korean War. Simon & Schuster, First Touchstone Edition, 1998 .

[56] Michael T. Kaufman, Soros: The Life and Times of a Messianic Billionaire. Vintage Books, New York, 2002.

[57] Mihaly Csikszentmihalyi, Creativity. Harper Perennial, New York, 1996.

[58] Morton Glantz, Managing Bank Risk. Academic Press, California, 2003.

[59] Phil Kuntz, The Starr Report: The Independent Counsel's Complete Report to Congress on the Investigation of President Clinton. Pocket Books, Simon & Schuster, 1998.

[60] Ralph L. Block, Investing in REITs. Bloomberg Press, Princeton, 2002.

[61] Report of the Warren Commission, The Assassination of President Kennedy. The New York Times Edition, McGRAW - HILL BOOK COMPANY, 1964.

[62] Richard L. Daft, Leadership: Theory and Practice. The Dryden Press, 1999.

[63] Robert Holzmann, Landis Mackellar and Jana Repansek, Pension Reform in Southeastern Europe: Linking to Labor and Financial Market Reform. The World Bank Washington, D. C. , 2009.

[64] Robert W. Kolb, Financial Derivatives. New York Institute of Finance, 1993.

[65] Roger C. Gibson, Asset Allocation: Balancing Financial Risk, McGraw - Hill, 2000.

[66] Ron Chernow, Titan: The Life of John D. Rockefeller, SR. Random House, Inc. , 1998.

[67] Rosemary Foot, The Wrong War, American Policy and the Dimensions of the Korean Conflict: 1950 - 1953. Cornell Studies in Security Affairs, Cornell University Press, 1987.

[68] Roy C. Smith & Ingo Walter, Global Banking. Oxford University Press, 2003 .

[69] Scott Hart, Washington at War 1941 - 1945. Prentice - Hall. , INC. , 1970.

[70] Stephen R. Covey, The 7 Habits of Highly Effective People. Simon & Schuster Paperbacks, 2004.

[71] Tab Bowers. Greg Gibb. Jeffrey Wong, Banking in Asia. John Wiley & Sons (Asia) Pte Ltd. , Singapore, 2003.

[72] Teresa Carpenter, New York Diaries: 1609 to 2009. Modern Library, 2012.

[73] Teresa Esser, The Venture Café: Secrets, Strategies and Stories from America's High - Tech Entrepreneurs. Warner Books, 2002.

[74] Terrence E. Deal and Allen A. Kennedy, Corporate Cultures: The Rites and Rituals of Corporate Life. Addison - Wesley Publishing Company, Inc. , Canada, 1991.

[75] Terry S. Maness& John T. Zietlow, Short - Term Financial Management. South - Western Thomson Learning, 2002.

[76] Thomas L. Friedman, The World is Flat. Penguin Books, The Washington Post, 2004.

[77] Thomas G. Paterson, American Foreign Policy. D. C. Heath and Company, Lexington, 1983.

[78] Vance Bourjaily, The Man Who Knew Kennedy, The Dial Press, 1967.

[79] Webster's New Secondary School Dictionary, G. & C. Merriam Co., 1961.

[80] W. H. Hutchinson, California: Two Centuries of Man, Land, and Growth In The Golden State, American West Publishing Company, 1969.

[81] William J. Crerend, Fundamentals of Hedge Fund Investing: A Professional Investor's Guide. McGraw – Hill, 1998.

后　　记

身为一家大型商业银行的管理者，此行赴美国乔治城大学学习，我通过与美国政府人士、企业管理层、金融界人士以及学者们的广泛交流，进一步了解了2008年国际金融危机后美国为重塑金融服务业所做出的尝试与努力，虽然中美两国在国家制度建设和产业发展道路上有着很大的差别，但美国处理金融危机的方法及实践还是值得我们借鉴的。同时，更值得我们学习的是美国鼓励创新的文化。只有不断地去创新，国家才有希望。

我看过《乔布斯传》（*Steve Jobs by Walter Isaacson*）这本书，这本英文原版图书中有这样一句话："The people who are crazy enough to think they can change the world are the ones who do."，这在一定程度上说明了美国社会鼓励创新的文化氛围。近十年来，苹果公司产品的不断创新足以说明创新来自有"古怪"想法的创业者。乔布斯是这类人，比尔·盖茨也是这类人。他们都没能读完大学本科，都是在中途辍学后创新式地完成了让世人赞叹的事业。我在想，我们国家目前鼓励的"大众创业、万众创新"也是在营造一种各行各业努力创新的气氛，这是一个新时代的序曲。对于国有控股商业银行来说，在新金融形态日新月异的情况下，我们的业务转型与创新迫在眉睫，不创新就没有出路。

20世纪70~80年代，很多日本的电器公司按照市场行事，取得了令人瞩目的成绩，使日本电器风靡全球。随后，韩国三星电子也是依靠不断地创新，战胜了当年独霸市场的日本索尼等电子产品厂家。在当今中国，马云创造的神话更是震惊了世界，用他自己的话说就是“世界很多不可能的事情，倒着看就可以变成可能的。”马云的“倒立思维”方式，是为了让人学会换个角度看世界。所以，未来只属于“有想法”的人，正如黑格尔说过的话——“人是靠思维站立起来的”。马云在金融支付领域创新的过程中，曾经遇到过大银行的白眼与不合作。但支付宝等产品最后获得了成功，对商业银行形成了挑战。当初，马云面对压力说了一句很经典的话，这句话在当时被很多人用“痴心妄想”来形容。马云的原话是这样讲的：“如果银行不改变，我们就来改变银行！”后来的事实证明，“不可能”变成了可能，这就是创新的魅力。如今，由阿里巴巴最先发起的第三方支付平台发展非常迅速，“支付宝”、“余额宝”等一系列世界领先的移动服务平台正在冲击着传统的商业银行业务。

多年来，我一直记着老领导周道炯行长对我说过的一句话，江河不曲水不流。针对今天我国大型商业银行所面临的挑战，我深刻地认识到，发展到今天，银行不转型不行，没有创新的银行是没有出路的银行，没有创新的民族是落后的群族。目前，银行业的 Uber Moment 时刻（优步时刻）即将到来。“优步时刻”指的并非银行自身，而是银行分支机构的脱媒化。巴克莱前 CEO 詹金斯（Antony Jenkins）说，未来 10 年全球银行业需要裁减半数员工和分支机构，才能在汹涌的科技变革中求得生存。我们银行业面临的挑战是巨大的，“躺着赚钱”的日子已经一去不复返了。因此，我们必须主动工作，为我国大型商业银行的转型献计献策。

本书能够顺利出版，首先要感谢中国金融出版社的肖炜老师，根据他的专业指导，我反复对原稿进行了修正。同时，感谢中国建设银行乔治城大学第七期高级研修班的全体学员，大家的热情鼓励和支持让我体会到一个积极向上团队的力量。在书稿的形成和完善过程中，中国社科院美国研究所郑秉文所长、波士顿 EMS 资本的斯坦利·P. 萨凯董事长、博时基金耿红总裁助理、北京大学岳庆平教授、外交学院熊志勇教授以及麦克多诺商学院的罗汉·威廉姆逊教授等都给予了我大力支持、热情鼓励和专业指导，我在这里向专家们表示感谢。

最后，请允许我代表“乔七班”全体同学感谢三位同声传译员，他们是李红女士、袁旎女士和梅江中先生。

谨以此书献给我的父亲和祖父。

杭　琛
2017 年春节于北京